EG-Regionalpolitik

Europa 2000+

Europäische Zusammenarbeit bei der Raumentwicklung

Europäische Kommission

Die auf dem Umschlag dargestellten Karten sind aus der Datenbank Corine, die von der Europäischen Kommission und den Mitgliedstaaten als Förderinstrument für die Umwelt- und Raumordnungspolitik angelegt wurde.

Karten:

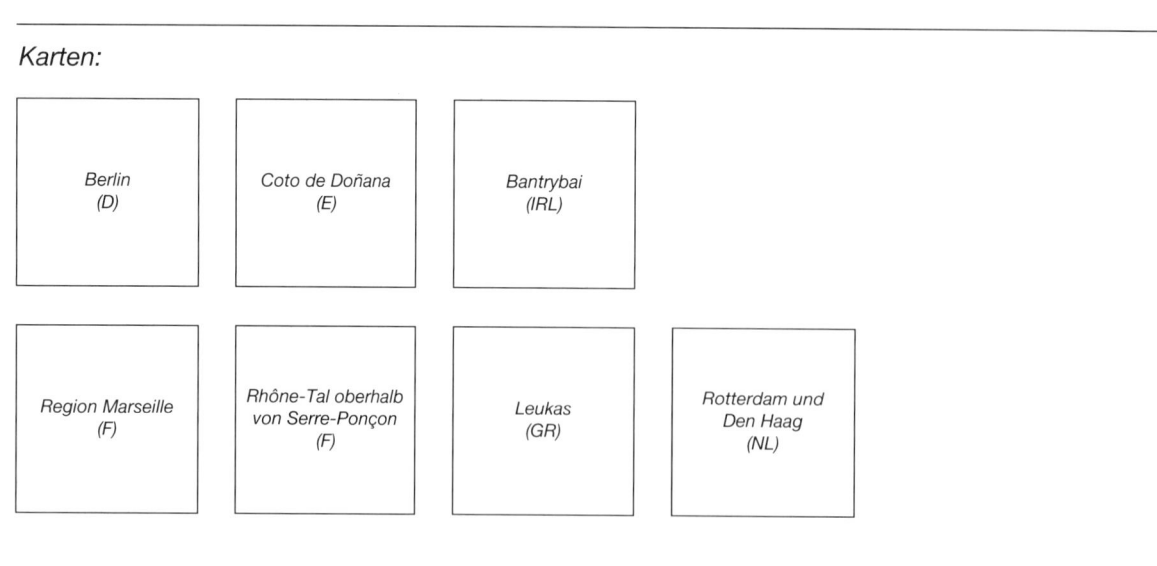

Bibliographische Daten befinden sich am Ende der Veröffentlichung.

Luxemburg: Amt für amtliche Veröffentlichungen der Europäischen Gemeinschaften, 1995

ISBN 92-826-9097-0

© EGKS-EG-EAG, Brüssel • Luxemburg, 1994
Nachdruck – ausgenommen zu kommerziellen Zwecken – mit Quellenangabe gestattet.

Printed in Germany

Vorwort

Der grundlegende Aspekt, der sich durch *Europa 2000+* zieht, ist, daß die Europäische Union im Zuge ihrer Vorbereitungen auf den Beginn des 21. Jahrhunderts einer zunehmenden Interdependenz zwischen den die Union konstituierenden Regionen und verstärkten Beziehungen zu anderen Teilen Europas gegenübersteht und daher einer engeren und systematischeren Zusammenarbeit bei der Raumplanung in ganz Europa bedarf.

Der erste Bericht *Europa 2000*, der 1991 erschienen ist, hat bereits die Notwendigkeit einer gemeinsamen Vorgehensweise bei der Raumplanung unter Berücksichtigung des Subsidiaritätsprinzips hervorgehoben, damit die Gemeinschaft die größtmöglichen Vorteile aus dem Binnenmarkt erreicht und die benachteiligten Regionen in vollem Umfang an dem sich daraus ergebenden gestiegenen Wohlstand teilhaben.

Die Entwicklungen der letzten drei Jahre, die von den Staats- und Regierungschefs der Mitgliedstaaten im Europäischen Rat getroffenen Entscheidungen und die von der Kommission durchgeführten Untersuchungen zeigen deutlich, daß nun mehr denn je die Notwendigkeit konkreter Maßnahmen der Zusammenarbeit bei einer großen Bandbreite von Problemen besteht. Eine solche Zusammenarbeit muß auf einem gemeinsam vereinbarten Rahmen beruhen, der als Referenz für alle Verantwortungsträger der Raumplanung in der Union auf nationaler, regionaler oder lokaler Ebene dienen kann.

Der Vertrag von Maastricht hat den wirtschaftlichen und sozialen Zusammenhalt – und damit das regionale Gleichgewicht – zusammen mit der Verwirklichung des Binnenmarktes und der Wirtschafts- und Währungsunion zu einem der Hauptziele der Union gemacht. Ebenso hat er das grundsätzliche Ziel eines Schutzes der Umwelt bekräftigt und den Ausbau transeuropäischer Netze für Verkehr, Telekommunikation und Energie in Aussicht gestellt, um die Wettbewerbsfähigkeit der europäischen Wirtschaft zu stärken und eine ausgeglichene Raumentwicklung in der gesamten Union zu gewährleisten.

Das Weißbuch der Kommission, *Wachstum, Wettbewerbsfähigkeit, Beschäftigung*, hat ein Aktionsprogramm zur Erreichung dieser Ziele entworfen, das die Stärkung der Solidarität zwischen Regionen und sozialen Gruppen einbezieht, um Maßnahmen für eine nachhaltige Entwicklung zu unterstützen und die Arbeitslosigkeit in der Gemeinschaft zu reduzieren.

Die Anerkennung der Bedeutung einer Verminderung regionaler Disparitäten, die, wie in dem kürzlich erschienenen *Fünften periodischen Bericht* aufgezeigt, nach wie vor beträchtlich sind, hat dazu geführt, daß die für die weniger entwickelten Regionen im Zeitraum 1994 bis 1999 verfügbaren Mittel erhöht und Verfahrensregeln festgelegt wurden, um eine effektivere Zusammenarbeit zwischen der Kommission, den Mitgliedstaaten und den regionalen Behörden zu gewährleisten.

Bei ihrer Aufgabe zur Erreichung eines größeren regionalen Gleichgewichts sieht sich die Union seit der Einbeziehung der neuen Bundesländer einer neuen Herausforderung gegenüber, wo gewaltige Probleme einer wirtschaftlichen und räumlichen Umstrukturierung anstehen. Die bevorstehende Erweiterung der Union durch die Beitritte Österreichs, Finnlands, Norwegens und Schwedens bringt neben möglichen

Vorwort

neuen Wachstumsimpulsen auch neue regionale Probleme mit sich, die sich aus den stark klimatisch bedingten Nachteilen der abgelegenen Gebiete im Norden ergeben.

Außerhalb der Union haben die Länder Mittel- und Osteuropas und der ehemaligen Sowjetunion nicht nur mit der wirtschaftlichen Umstrukturierung zu kämpfen, sondern auch mit größeren Problemen, die durch die Jahrzehnte der Vernachlässigung ihrer Infrastruktur und ihrer Umwelt entstanden sind. Die Länder südlich und östlich des Mittelmeers sehen sich ähnlich gravierenden Problemen gegenüber. In beiden Fällen besteht ein wechselseitiges Interesse der Gemeinschaft, zur Überwindung dieser Probleme durch eine engere Zusammenarbeit mit den betreffenden Ländern beizutragen.

Auf keinen Fall beabsichtigt die Kommission durch die Veröffentlichung von *Europa 2000+* in die Verantwortlichkeiten nationaler, regionaler oder lokaler Behörden in Fragen der Raumplanung einzugreifen. Vielmehr sollen Informationen zur Diskussion dieser Fragen – im Europäischen Parlament, im neuen Ausschuß der Regionen und in den Mitgliedstaaten – bereitgestellt und die Grundlagen für politische Entscheidungen in diesem Bereich verbessert werden.

Die Kommission ist der festen Überzeugung, daß das letztendliche Ziel der Union einer nachhaltigen und ausgeglichenen wirtschaftlichen Entwicklung nur durch Zusammenarbeit und gemeinsame Maßnahmen aller interessierten Beteiligten auf allen Ebenen mit Hilfe eines gemeinsamen Rahmens für die Raumplanung erreicht werden kann. Dies ist die zentrale Aussage von *Europa 2000+*.

Bruce Millan
Mitglied der Kommission

Inhaltsverzeichnis

Vorwort von Kommissionsmitglied Millan

Karten- und Tabellenverzeichnis

Die wichtigsten Ergebnisse und Leitlinien für eine Zusammenarbeit bei der Raumplanung

Abschnitt A Die wichtigsten Einflußfaktoren der Raumordnung in Europa

Trends in der räumlichen Verteilung von Bevölkerung und Beschäftigung

Neuere Veränderungen in der regionalen Verteilung von Auslandsinvestitionen

Die regionalen Wirkungen transeuropäischer Netze

Der Schutz von Freiflächen und Wasserressourcen

Abschnitt B Entwicklungen in spezifischen Gebieten

Stadtgebiete: Wege zu einem ausgeglicheneren System

Ländliche Gebiete: Probleme und Perspektiven

Grenzgebiete: Von der Teilung zur Integration

Abschnitt C Systeme der Raumplanung und öffentlicher Transfers in den Mitgliedstaaten

Instrumente und Politiken der Raumplanung in den Mitgliedstaaten

Die räumliche Wirkung öffentlicher Finanzen: Vorläufige Analyse

Anhang Transnationale Perspektiven europäischer Raumentwicklung

Die transnationalen Untersuchungsgebiete

Die regionalen Untersuchungsgebiete in der Europäischen Union

Die Ballungsgebiete des Zentrums
Der Alpenbogen

Inhaltsverzeichnis

Die Kontinentale Diagonale
Die fünf neuen Bundesländer
Die Mittelmeerregionen
Der Atlantische Bogen
Die Nordseeregionen
Die äußersten Randgebiete

Die Nachbarländer der Europäischen Union

Die nordischen Länder
Mittel- und Osteuropa
Die ehemalige UdSSR
Die südlichen und östlichen Mittelmeerländer

Die in diesem Bericht zum Ausdruck kommenden Meinungen entsprechen nicht unbedingt denen der Mitgliedstaaten.

Der Text wurde unmittelbar nach dem informellen Ministertreffen in Leipzig am 20. September 1994, also vor den Referenden über den EU-Beitritt in Finnland, Norwegen und Schweden, fertiggestellt.

Kartenverzeichnis

Karte 1 Die Europäische Union und ihre Nachbarn
Karte 2 Voraussichtliche Erweiterung des Gebiets der Europäischen Union, 1995
Karte 3 Fördergebiete für Regionalbeihilfen der Gemeinschaft, 1994-1999
Karte 4 Zusammenarbeit in Europa
Karte 5 Bodennutzung in der Union – Details aus dem CORINE-System
Karte 6 Bevölkerungsveränderungen, 1981-1991
Karte 7 Bevölkerungsveränderungen, 1981-1991
Karte 8 Bevölkerungsveränderungen in Deutschland, 1987-1991
Karte 9 Europäische Union – Nettowanderungen, 1980-1990
Karte 10 Europäische Union – Verteilung der Einwanderer aus Drittstaaten
Karte 11 Direktinvestitionen von außerhalb der Europäischen Union in Frankreich, Italien, Portugal und Spanien
Karte 12 Transeuropäische Netze – Vorrangige Verkehrsprojekte
Karte 13 Breitbandkabelnetz im Mezzogiorno
Karte 14 Verringerung des europäischen Raumes
Karte 15 Konzentration des europäischen Marktes
Karte 16 Europäische Union – Ströme und Überlastung im Straßennetz
Karte 17 Europäische Union – Ströme und Überlastung im Eisenbahnnetz
Karte 18 Transeuropäische Elektrizitätsnetze
Karte 19 Transeuropäische Erdgasnetze
Karte 20 Geschützte Gebiete von internationaler Bedeutung in Europa
Karte 21 Grenzüberschreitende Verschmutzung im Elbebecken
Karte 22 Wasserauffanggebiete in Europa
Karte 23 Europäische Union – Bevölkerungsdichte, 1991
Karte 24 Europäische Union – Nebenerwerbstätigkeit in der Landwirtschaft, 1987
Karte 25 Verstädterung – Gegensätze zwischen Küsten- und Binnengebieten
Karte 26 Europäische Union – Fördergebiete nach INTERREG II
Karte 27 Untersuchungsgebiete transnationaler und externer Wirkungen
Karte 28 Strukturplan der Benelux-Länder
Karte 29 Ballungsgebiete des Zentrums – Trendszenario
Karte 30 Ballungsgebiete des Zentrums – Aktives Szenario
Karte 31 Alpenbogen – Umweltbelastung
Karte 32 Alpenbogen – Belastung durch Verkehr und Tourismus
Karte 33 Kontinentale Diagonale – Bevölkerungsdichte, 1991
Karte 34 Kontinentale Diagonale – Raumtypologie
Karte 35 Die neuen Bundesländer – Raumentwicklung
Karte 36 Westliches Mittelmeer – Trendszenario
Karte 37 Westliches Mittelmeer – Aktives Szenario
Karte 38 Zentrales Mittelmeer – Trendszenario

Karte 39 Zentrales Mittelmeer – Aktives Szenario
Karte 40 Atlantischer Bogen – Veränderung der Erreichbarkeit
Karte 41 Atlantischer Bogen – Trendszenario
Karte 42 Atlantischer Bogen – Aktives Szenario
Karte 43 Nordseeregionen – Umweltmanagement
Karte 44 Nordseeregionen – Zukunftsszenario
Karte 45 Die nordische Perspektive
Karte 46 Zusammenarbeit in der Ostseeregion
Karte 47 Die Länder Mittel- und Osteuropas – Umweltverschmutzung
Karte 48 Das Donaubecken
Karte 49 Raumaufteilung und Umweltprobleme in der ehemaligen UdSSR
Karte 50 Die südlichen und östlichen Mittelmeerländer

Tabellenverzeichnis

Tabelle 1 Verteilung der jährlichen Bevölkerungsveränderung nach Fläche, 1981-1991
Tabelle 2 Dichte und Qualität von Telefonnetzen
Tabelle 3 Flächenstillegung in den Mitgliedstaaten nach dem neuen System (Schätzungen für 1994)
Tabelle 4 Ländliche Entwicklung und komparative Vorteile
Tabelle 5 Indikatoren der transnationalen Gruppen in der Union
Tabelle 6 Vergleich der drei Gebietstypen der Kontinentalen Diagonalen
Tabelle 7 Die interregionalen Unterschiede im Mittelmeerraum
Tabelle 8 Sozioökonomische Indikatoren für die äußersten Randgebiete
Tabelle 9 Sozioökonomische Indikatoren für die südlichen und östlichen Mittelmeerländer

Abbildungsverzeichnis

Direktinvestitionen in der Europäischen Union, 1984-1991

Die wichtigsten Ergebnisse und Leitlinien für eine Zusammenarbeit bei der Raumplanung

Einleitung

Im Jahre 1991 hat die Europäische Kommission das Dokument *Europa 2000: Perspektiven der künftigen Raumordnung der Gemeinschaft* veröffentlicht. Dieses war das Ergebnis einer 1989 begonnenen Arbeit im Anschluß an die 1988 erfolgte Reform der Strukturfonds.

Das Ziel des *Europa 2000*-Programms war es, zur Erreichung zweier Gemeinschaftsziele beizutragen: dem wirtschaftlichen und sozialen Zusammenhalt und der Vollendung des Binnenmarktes. Es wurde argumentiert, daß Raumplanung auf europäischer Ebene eine Voraussetzung für die harmonische Entwicklung der Gemeinschaft und die bessere Integration der peripheren Regionen sei. Gleichzeitig werden die möglichen Vorteile des Binnenmarktes eher erreicht, wenn die räumlichen Probleme wie Überlastung, fehlende Verbindungen in Kommunikationsnetzen oder Inkonsistenzen, die eine effiziente Allokation von Ressourcen behindern, gelöst oder zumindest verringert werden. Die Art und Weise, wie der europäische Raum zu Land und zu Wasser genutzt wird, ist in der Tat ein entscheidender Faktor der wirtschaftlichen Wettbewerbsfähigkeit und damit für den langfristigen Wohlstand in der europäischen Wirtschaft.

Wie die Kommission hervorgehoben hat, war es das Ziel des *Europa 2000*-Dokuments, einen in sich stimmigen Referenzrahmen für Planer auf europäischer, nationaler und regionaler Ebene zu entwickeln und gleichzeitig das Subsidiaritätsprinzip und die auf unterschiedlichen Regierungsebenen bestehenden Zuständigkeiten für die Durchführung der Raumordnungspolitik zu berücksichtigen. Viele Probleme können nicht auf rein nationaler Ebene gelöst werden. Zahlreiche von einzelnen Mitgliedstaaten getroffene Entscheidungen haben Auswirkungen auf andere Mitgliedstaaten oder sogar die gesamte Gemeinschaft. Gleichzeitig haben viele Gemeinschaftspolitiken, ob mit spezifisch regionaler Dimension oder nicht, beträchtliche Wirkung auf die europäische Raumordnung. Zwei Anforderungen wurden daher als grundlegend für eine rationale Entscheidungsfindung über Fragen mit räumlichen Auswirkungen betrachtet: die Notwendigkeit eines Informationsaustausches auf Gemeinschaftsebene und ein angemessener Konsultationsprozeß durch Bildung eines Ausschusses für Raumentwicklung.

Diese Ideen gelten nach wie vor und es gab einen beachtlichen Fortschritt in Richtung auf die im *Europa 2000*-Dokument dargelegten Ziele. Ein bedeutender Diskussionsprozeß über die die europäische Raumordnung betreffenden Faktoren kam zustande und die Notwendigkeit, auf Unionsebene gemeinsam Fragen der Raumplanung zu behandeln, wird zunehmend anerkannt. Darüber hinaus haben sich in den vergangenen Jahren zahlreiche Initiativen zur Zusammenarbeit in der Raumplanung zwischen zwei oder mehreren Mitgliedstaaten entwickelt. Dies hat sich vollzogen, ohne die Zuständigkeit der jeweiligen nationalen Regierungen, und in vielen Fällen der regionalen und lokalen Körperschaften, für die auf diesem Gebiet letztendlich getroffenen Entscheidungen und durchgeführten Maßnahmen in Frage zu stellen.

Zugleich sind seit dem Ende der 80er Jahre wichtige politische, soziale und ökonomische Veränderungen eingetreten: eine größere Europäische Union durch die deutsche Wiedervereinigung und die bevorstehenden Beitritte von Österreich, Finnland, Norwegen und Schweden; eine Öffnung der europäischen Grenzen – intern und extern – von historischer Bedeutung in Verbindung mit dem Auftreten lokaler Kriege und Konflikte vor der Haustür; weniger günstige wirtschaftliche Bedingungen mit einer Rezession und einem hohen Niveau an Arbeitslosigkeit; und ein neuer institutioneller und politischer Rahmen für die Europäische Union (Karte 1).

Diese Entwicklungen sind in Studien und Analysen nach der Veröffentlichung des ersten *Europa 2000*-Dokuments untersucht und in dem vorliegenden Dokument zusammengefaßt worden. Daraus geht die Notwendigkeit hervor, über neue politische Optionen und Möglichkeiten für gemeinsame Maßnahmen nachzudenken. Im Hinblick auf die Erweiterung und Vertiefung der Europäischen Union zielt dieses Dokument

auf die Schaffung eines Rahmens für eine Zusammenarbeit in Fragen der Raumentwicklung zwischen den Planungsbehörden der Mitgliedstaaten und anderer Länder ab, wobei zugleich das Subsidiaritätsprinzip und die Verantwortlichkeiten für die Durchführung der Raumplanungspolitik auf den verschiedenen Regierungsebenen beachtet werden.

Die Struktur von *Europa 2000+*

Der erste Abschnitt untersucht die wichtigsten Trends, die den europäischen Raum betreffen. Zunächst werden die Veränderungen in der räumlichen Verteilung der Bevölkerung in den letzten Jahren beschrieben. Im Anschluß daran werden die Unterschiede in der Mobilität der Bevölkerung und der Veränderungen in der Beschäftigung sowie die Bedeutung internationaler Investitionen für die regionale Entwicklung aufgezeigt. Transeuropäische Netze für Telekommunikation, Verkehr und Energie werden dann in bezug auf ihre regionalen Wirkungen betrachtet. Schließlich wurden zwei bedeutende Umweltprobleme, der Schutz von Freiflächen und von Wasserressourcen, ausgewählt, um die Bedeutung grenzüberschreitender Zusammenarbeit aufzuzeigen.

Der zweite Abschnitt betrachtet grundlegende Entwicklungen in Stadt-, Land- und Grenzgebieten. Vorrangige Aufmerksamkeit gilt dem erneuten Wachstum von Großstädten in den meisten Teilen Europas, mit zunehmenden Problemen der sozialen und räumlichen Segregation und für Verkehr und Umwelt sowie der zunehmenden Schwäche kleiner und mittelgroßer Städte, die besondere politische Maßnahmen erfordern. In bezug auf den ländlichen Raum liegt der Schwerpunkt auf verschiedenen Trends, die unterschiedliche Typen von Regionen betreffen, sowie den möglichen Lösungsansätzen für das veränderte Muster landwirtschaftlicher Aktivitäten und der Bedeutung von kleinen und mittelgroßen Städten für die Regionalentwicklung. Der Abschnitt wird mit einer Untersuchung der Grenzgebiete im Innern und am Rande der Union beendet, für die die Zusammenarbeit bei der Raumordnung von besonderer Relevanz ist.

Der dritte Abschnitt befaßt sich mit den Systemen der Raumplanung in den Mitgliedstaaten und versucht, eine erste Betrachtung der in jedem Land durchgeführten, verschiedenen Planungsinstrumente und -politiken vorzunehmen. Insbesondere werden Veränderungen betrachtet, die sich aus der zunehmenden europäischen Dimension von Fragen der Raumplanung ergeben. Daneben enthält er eine vorläufige Betrachtung der regionalen Wirkung öffentlicher Transfers und Besteuerung, die zum Teil auf die Einkommens- und Mittelumverteilung ausgerichtet sind.

Schließlich bietet ein Anhang eine transnationale Perspektive des europäischen Raumes, der auf einer Reihe von Studien beruht, die die Kommission während der letzten drei Jahre in Auftrag gegeben hat, um Trends und Perspektiven für über nationale Grenzen hinausgehende Regionengruppen zu analysieren. Acht solcher Gruppen sind innerhalb des Unionsgebiets identifiziert worden, wobei die fünf neuen Bundesländer aufgrund der speziellen, sie betreffenden Probleme separat behandelt werden. Entwicklungen in den umliegenden Gebieten nördlich, östlich und südlich der Union werden anschließend untersucht, um ihre möglichen Wirkungen auf die europäische Raumordnung einzuschätzen. Verschiedene politische Antworten zur Vermeidung einer unausgewogenen Raumentwicklung werden für jede regionale Gruppe herausgearbeitet. (Die im Anhang zusammengefaßten Studien werden separat veröffentlicht.)

Die neuen institutionellen und politischen Rahmenbedingungen für die Europäische Union

In institutioneller und politischer Hinsicht hat es seit 1991 beträchtliche Veränderungen gegeben:

Seit dem 1. November 1993 ist die Europäische Gemeinschaft zur Europäischen Union mit einem neuen Vertrag geworden, der wichtige neue Regelungen beinhaltet, die eine bedeutende Wirkung auf die weitere wirtschaftliche und räumliche Integration und den Zusammenhalt haben sollten:

— die Etablierung des wirtschaftlichen und sozialen Zusammenhalts als einer der Hauptpfeiler der Union (Titel XIV, Artikel 130a bis 130e) und als Element anderer Gemeinschaftspolitiken (Artikel 130b);

— die Entwicklung transeuropäischer Netze in Verkehr, Telekommunikation und Energie (Titel XII, Artikel 129b bis 129d) unter besonderer Berücksichtigung der ,,Notwendigkeit, insulare, eingeschlossene und am Rande gelegene Gebiete mit den zentralen Gebieten der Gemeinschaft zu verbinden";

– der Schutz der Umwelt (Titel XVI, Artikel 130r bis 130t) beinhaltet „Maßnahmen der Raumordnung" und „der Bodennutzung".

Das Weißbuch der Kommission über *Wachstum, Wettbewerbsfähigkeit, Beschäftigung* hat die Grundlage geschaffen, auf der der Europäische Rat in Brüssel im Dezember 1993 einen Aktionsplan zur Erreichung einer deutlichen Reduzierung der Arbeitslosigkeit bis zum Ende dieses Jahrhunderts angenommen hat. Er unterstreicht, daß eine gesunde und offene wie auch von Solidarität getragene Volkswirtschaft notwendige Voraussetzungen für eine erfolgreiche Umsetzung dieses Plans seien. Der Europäische Rat vom Juni 1994 in Korfu hat die im vorhergehenden Dezember beschlossene Strategie erneut bestätigt und eine Reihe von Punkten hervorgehoben, die einen neuen Anstoß für die sich anschließende Debatte über das Weißbuch geben sollten:

– Förderung von Reformen in den Mitgliedstaaten zur Verbesserung der Effizienz der Beschäftigungssysteme;

– besondere Maßnahmen im Hinblick auf eine vollständige Nutzung des Beschäftigungspotentials kleiner und mittlerer Unternehmen;

– verstärkte Koordinierung der Forschungspolitik;

– rasche Durchführung transeuropäischer Vorhaben in den Bereichen Verkehr und Energie, denen hohe Priorität zukommt;

– vollständige Nutzung der Möglichkeiten und Chancen, die die Informationsgesellschaft bietet;

– Förderung des neuen Modells einer nachhaltigen Entwicklung, unter besonderer Berücksichtigung der Umweltdimension.

Maßnahmen in diesen Bereichen werden eine positive Wirkung für eine ausgeglichenere Entwicklung des europäischen Raumes haben. Von besonderer Bedeutung ist die Entscheidung, Verkehrsprojekte als bis zum Ende dieses Jahrhunderts fertigzustellende Schlüsselprojekte transeuropäischer Netze auszuwählen. Andere Verkehrs-, Energie- und Umweltnetze werden weiter untersucht. Der Europäische Rat hat darüber hinaus verlangt, Studien über die Ausweitung des transeuropäischen Netzes mit Nachbarländern wie insbesondere den mittel- und osteuropäischen Ländern und den Ländern des Mittelmeerraums durchzuführen.

Der Europäische Rat von Edinburgh hat im Dezember 1992 mit seiner Entscheidung über Umfang und Struktur des Gemeinschaftshaushalts bis 1999 für eine weitere umfangreiche Erhöhung der Mittel für den wirtschaftlichen und sozialen Zusammenhalt gesorgt. Die Strukturfonds und der neue Kohäsionsfonds, die bedeutende Verkehrs- und Umweltprojekte in Spanien, Griechenland, Irland und Portugal fördern, werden die europäische Raumentwicklung unterstützen, während insbesondere durch das INTERREG II-Programm die grenzüberschreitende Zusammenarbeit gefördert wird.

Schließlich haben sich zahlreiche andere Gemeinschaftspolitiken entwickelt, die die Bodennutzung und die europäischen Raumstrukturen betreffen: die Gemeinsame Agrar- und Fischereipolitik, Industriepolitik, Forschungs- und Technologiepolitik und Politiken zur Entwicklung des Humankapitals. Die gemeinschaftliche Außenpolitik hat durch Handelsabkommen und wirtschaftliche Entwicklungszusammenarbeit mit Drittländern Auswirkungen sowohl für unsere Nachbarn als auch für die Regionen in der Union.

Grundlegende Veränderungen in einem größeren Europa

Die Integration der fünf neuen Bundesländer ist eine bedeutende Herausforderung für Deutschland, das die Hauptlast zu tragen hat, und für die Gemeinschaft, die sich an diesen Maßnahmen beteiligt.

Die Verhandlungen über den Beitritt Österreichs, Finnlands, Schwedens und Norwegens in die Union sind abgeschlossen worden. Der Beitritt dieser Länder wird eine Erhöhung der Unionsbevölkerung um 7,5 % und des Unionsgebiets um 50 % mit sich bringen (Karte 2). Arktische und subarktische Regionen mit ihren spezifischen Eigenschaften werden zur Union gehören und neue Grenzgebiete im Innern und am Rande der Union werden geschaffen.

Trotz des abweichenden Weges, den die Schweiz eingeschlagen hat, wird diese weiterhin und verstärkt in die grenzüberschreitende Zusammenarbeit mit ihren Nachbarn eingebunden sein, die bald alle Mitglieder der Europäischen Union sein werden.

Die meisten Staaten Mittel- und Osteuropas befinden sich in einem Prozeß der Konsolidierung ihres demokratischen und wirtschaftlichen Übergangs, obwohl sie nach wie vor mit großen Problemen und beträchtlichen Herausforderungen konfrontiert sind, viele

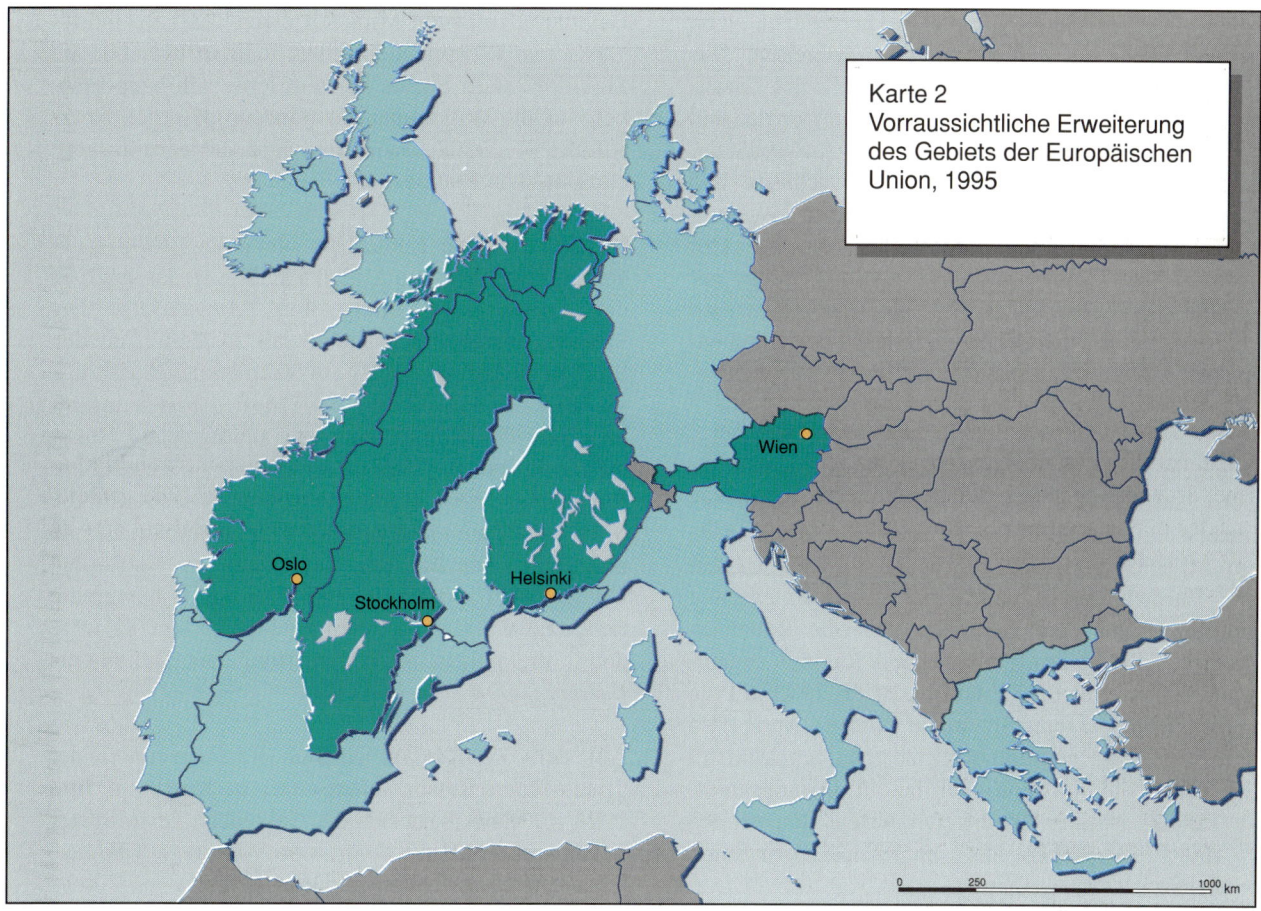

Karte 2
Vorraussichtliche Erweiterung des Gebiets der Europäischen Union, 1995

davon räumlicher Art. Assoziierungsabkommen sind mit den meisten von ihnen unterzeichnet worden, während Polen und Ungarn bereits ihre Anträge auf Mitgliedschaft in der Europäischen Union überreicht haben. Der Europäische Rat von Korfu im Juni 1994 hat erneut seine Entscheidungen von Kopenhagen im Juni 1993 bekräftigt, daß die assoziierten Staaten Mittel- und Osteuropas, die dies wünschen, Mitglieder der Europäischen Union werden könnten, sobald sie die entsprechenden Verpflichtungen erfüllen können. Ihr Beitritt zum Europarat erlaubt einen Dialog über Raumplanung auf europäischer Ebene. Auf der anderen Seite hat der Krieg im ehemaligen Jugoslawien die Landverbindungen Griechenlands mit seinen Partnern in der Union abgeschnitten.

Die Union hat darüber hinaus seine Außenbeziehungen durch den Abschluß von Partnerschaftsabkommen mit der Ukraine, Rußland und Kirgisien erweitert und intensiviert; Verhandlungen mit den anderen durch das TACIS-Förderprogramm unterstützten Länder gehen weiter voran. Die Schaffung einer Ländergemeinschaft um die Schwarzmeerregion herum wird ebenfalls zur Zusammenarbeit beitragen. In der näheren Zukunft wird die Union nach den Beitritten Norwegens und Finnlands eine gemeinsame Grenze mit Rußland teilen.

Die Mittelmeerregion stellt eine weitere bedeutende Herausforderung für Europa im nächsten Jahrzehnt dar. Dabei sind die in den verschiedenen Teilen dieses Gebiets vorherrschenden Bedingungen sehr unterschiedlich. Beitrittsverhandlungen mit Zypern und Malta stehen an und die Revision der Assoziierungsabkommen mit den südlichen und östlichen Mittelmeerländern wird Handel und Zusammenarbeit weiter entwickeln.

Raumplanung auf europäischer Ebene und Zusammenarbeit zwischen Mitgliedstaaten

Die Notwendigkeit einer Raumplanung auf gesamteuropäischer Ebene wird zunehmend anerkannt, mit anhaltender und immer stärkerer Unterstützung von den Mitgliedstaaten und von Expertenkreisen. Das Europäische Parlament, der Wirtschafts- und Sozialausschuß, der Beisitzende Ausschuß der regionalen und lokalen Verwaltungen und jüngst der Ausschuß der Regionen haben alle sehr positive Entschlüsse und Meinungen über die Notwendigkeit einer insgesamt kohärenten Sicht der europäischen Raumstruktur geäußert. Sie haben den Bedarf an Maßnahmen auf europäischer Ebene und an stärkerer Zusammenarbeit über Fragen der Raumplanung zwischen den Mitgliedstaaten oder den Regionen in der Union hervorgehoben.

In einem weitergefaßten Zusammenhang haben der Europarat und die OECD wiederholt ein deutliches Interesse an diesen Fragen gezeigt. Im Anschluß an ein Ministertreffen des Europarats in Ankara hat die Europäische Kommission eine gemeinsame Konferenz mit dem Europarat über die Raumperspektiven des gesamteuropäischen Raumes organisiert. Ein zweites dieser Treffen ist für 1995 in Prag vorgesehen. Auf ihrer Sitzung in Wien im April 1994 haben die für Regionalpolitik zuständigen Minister der OECD die Notwendigkeit betont, Lösungsansätze für die stärker ausdifferenzierten Disparitäten zu finden, die insbesondere im europäischen Raum entstehen.

Darüber hinaus haben mehrere informelle Ministertreffen zwischen 1989 und 1994 der Diskussion über eine Raumplanung auf Gemeinschaftsebene wichtige Impulse gegeben. Im Jahre 1989 hielt die französische Ratspräsidentschaft ein erstes solches Treffen in Nantes ab. Die Minister baten die Kommission, ein Dokument vorzulegen, das einen Gemeinschaftsansatz für eine Raumplanung entwirft.

Im November 1990 hat die Kommission eine Mitteilung mit dem Titel *Europa 2000: Perspektiven der künftigen Raumordnung der Gemeinschaft – Vorläufiger Überblick* verabschiedet, die auf dem zweiten Ministertreffen in Turin unter der italienischen Ratspräsidentschaft vorgelegt wurde.

Das endgültige *Europa 2000*-Dokument wurde von der Kommission im Jahre 1991 angenommen und auf einem Ministertreffen unter niederländischer Ratspräsidentschaft in Den Haag im November desselben Jahres vorgelegt. Die Minister drückten ihre volle Unterstützung für das Dokument aus und akzeptierten den Vorschlag der Kommission, einen informellen Ausschuß für Raumentwicklung zu schaffen. Dieser Ausschuß sollte einen wechselnden Vorsitz und ein durch die Kommissionsdienste bereitgestelltes Sekretariat haben.

Das darauffolgende Ministertreffen unter der portugiesischen Ratspräsidentschaft fand in Lissabon im Mai 1992 statt. Dieses konzentrierte sich hauptsächlich auf die Wirkungen der transeuropäischen Netze auf die Regionalentwicklung und die Struktur des europäischen Raumes.

Das Treffen von Lüttich im November 1993 unter der belgischen Ratspräsidentschaft war das erste in der Form eines informellen Ministerrats. Die Minister waren der Ansicht, daß zusätzlich zu den Studien zu *Europa 2000+* im Rahmen des Ausschusses für Raumentwicklung die Mitgliedstaaten zusammen mit der Kommission ein strategisches Dokument mit dem Titel *Perspektiven europäischer Raumentwicklung* erarbeiten sollten. Dieses für die Mitgliedstaaten nicht verbindliche Dokument könnte räumliche Aspekte der verschiedenen sektoralen Gemeinschaftspolitiken enthalten und bestimmte Grundziele und -prinzipien herausarbeiten. Es wäre damit die politische Verlängerung des Dokuments *Europa 2000+*.

Auf dem zweiten informellen Rat, der unter der griechischen Ratspräsidentschaft in Korfu im Juni 1994 stattfand, basierten die Gespräche der Minister auf einem von der Kommission vorgelegten Papier, das die wichtigsten der im Dokument *Europa 2000+* zu behandelnden Punkte enthielt und ein Papier über die *Perspektiven einer europäischen Raumentwicklungspolitik*, vorbereitet vom Ausschuß für Raumentwicklung. Die Schlußfolgerungen der Ratspräsidentschaft betonten die Notwendigkeit, einen gemeinsamen Ansatz im Anschluß an diese Arbeit beizubehalten, der die aktive Teilnahme aller Mitgliedstaaten gewährleistet.

Die Europäische Kommission hat das Dokument *Europa 2000+: Europäische Zusammenarbeit für eine Raumentwicklung* auf dem informellen Ministertreffen vorgelegt, das von der deutschen Ratspräsidentschaft im September 1994 in Leipzig durchgeführt wurde. Die Minister diskutierten darüber hinaus die möglichen Maßnahmen zur Umsetzung der *Perspektiven einer europäischen Raumentwicklungspolitik*.

Die Minister begrüßten das Dokument *Europa 2000+* und betonten die große Bedeutung der Analysen von Entwicklungstrends und politischen Optionen zur Vorbereitung der Perspektiven europäischer Raumentwicklung. Darüber hinaus ersuchten sie die Kommission, weitere tiefergehende Forschungsarbeiten und Pilotprojekte durchzuführen und den Ausschuß für Raumentwicklung eng in diese Arbeit miteinzubeziehen.

Optionen einer besseren Raumordnung

Die Raumordnung der Europäischen Union ist durch eine Tendenz zu einem komplexeren und vielfältigeren Raum gekennzeichnet, während in anderen Teilen Europas gleichermaßen bedeutsame Veränderungen stattfinden. Diese Entwicklungen verlangen eine verstärkte Zusammenarbeit bei der Raumplanung.

Die seit der Veröffentlichung von *Europa 2000* im Jahre 1991 durchgeführten Studien zeigen die Herausbildung einer neuen Anordnung räumlicher Disparitäten und das Auftreten neuer Organisationsmuster des gesamten europäischen Kontinents, wodurch neue Gravitationszentren und neue Bereiche von gemeinsamem Interesse entstehen.

Diese Entwicklungen stehen im Zusammenhang mit dem wirtschaftlichen Strukturwandel, den neuen Formen der Unternehmensorganisation, dem technischen Fortschritt und einem erhöhten Bewußtsein über einen gemeinsamen „Lebensraum" mit den Nachbarregionen. Folge davon ist innerhalb der Union ein Mosaik, in dem fortschrittliche und wohlhabende Gebiete unmittelbar neben rückläufigen Gebieten liegen. Die gestiegene Bedeutung der wichtigsten Ballungsgebiete geht einher mit größeren internen Ungleichgewichten durch Überlastungen und Umweltprobleme. Die Veränderung der räumlichen Anordnung von Wirtschaft und Wohnen führt ebenfalls zu Problemen. Einige ländliche Gebiete diversifizieren sich, während andere, weniger gut erreichbare Gebiete weiterhin durch natürliche Hemmnisse Nachteile haben oder an den Rand gedrängt werden. Neue Wachstumszentren entstehen in peripheren Regionen, oft jedoch mit einer schwachen Wirtschaftsstruktur und mit Schwierigkeiten, eine ausreichend große kritische Masse zu erreichen, um eine entscheidende Rolle in der gesamten Region oder auf Unionsebene zu spielen. Die Gebiete mit Industrien im Niedergang oder in Umstrukturierung haben trotz ihrer Nähe zu den Hauptentscheidungszentren der Union Anpassungsprobleme.

Zugleich haben die deutsche Wiedervereinigung, der Beitritt der EFTA-Länder und die stattgefundenen Veränderungen in den mittel- und osteuropäischen Staaten der Ost-West-Dimension auf dem europäischen Kontinent im Verhältnis zur Nord-Süd-Dimension eine neue Bedeutung gegeben. Sie lassen neue potentielle Gravitationszentren Richtung Osten hervortreten und erfordern eine Umstrukturierung von Kommunikationsnetzen und die Bekämpfung von Umweltproblemen und Umweltbelastungen auf Gebieten von gemeinsamem Interesse. Dies beinhaltet die Notwendigkeit, Maßnahmen der Zusammenarbeit im Hinblick auf den Umgang mit Barentssee, Ostsee und Schwarzem Meer zu entwickeln, um sie vor weiteren Umweltbelastungen zu schützen und den Seeverkehr über lange Strecken wiederzubeleben.

Die in überregionalen und thematischen Studien zum Ausdruck kommenden Trends, die sich in den vergangenen Jahren kaum grundlegend verändert haben, heben hervor, daß die Disparitäten der Raumentwicklung die räumlichen Ungleichgewichte sowohl innerhalb der Union zwischen den wettbewerbsfähigsten Gebieten und anderen Gebieten als auch zwischen der Union und ihren Nachbarländern ausweiten könnten. Dies könnte nicht nur den wirtschaftlichen und sozialen Zusammenhalt der Union und Versuche zur Nutzung ihrer im globalen Vergleich guten Ausstattung an räumlicher Vielfalt gefährden, sondern auch den langfristigen Entwicklungsperspektiven Gesamteuropas und dem Ausbau der für alle Seiten vorteilhaften wirtschaftlichen Beziehungen zwischen der Union und anderen Teilen des Kontinents schaden. Im Hinblick auf Wirtschaft, Soziales und Umwelt und damit für die Lebensqualität insgesamt könnte dies daher Einbußen mit sich bringen.

Die Notwendigkeit zur Zusammenarbeit bei der Raumplanung ist somit von zunehmender Bedeutung und Breite. Hinsichtlich dieser Zusammenarbeit sind drei Arten von Optionen zu untersuchen:

— allgemeine Optionen;

— transnationale Optionen;

— Optionen zur Zusammenarbeit mit Nachbarländern.

Allgemeine Optionen

Die Anforderungen an die Wettbewerbsfähigkeit, an die Organisation der Wirtschaft auf der Grundlage eines neuen Modells nachhaltiger Entwicklung und an einen Ausgleich haben deutliche räumliche Implikationen. In dieser Hinsicht ist es vor allem wichtig, nicht nur die kurzfristigen, sondern auch die langfristigen Erfolge zu berücksichtigen. Die in den Bestimmungen des Maastrichter Vertrags und vom Europäischen Rat im

Anschluß an die Veröffentlichung des Weißbuchs festgelegte globale Strategie enthält eine starke Raumplanungskomponente in bezug die drei nachfolgenden Themen.

Eine größere Wettbewerbsfähigkeit des europäischen Raumes

Die Union hat bestimmte Nachteile hinsichtlich ihrer internationalen Wettbewerbsfähigkeit, die zum Teil durch Schwächen ihrer Raumordnung erklärbar sind. Das im Weißbuch vorgestellte Entwicklungsmodell setzt den Aufbau eines Wirtschaftsraumes voraus, der auf Unionsebene hinreichend homogen und flexibel ist, um Unternehmen überall einen für ihr Wachstum notwendigen Zugang zu Dienstleistungen, die Schaffung von Arbeitsplätzen sowie die Nutzung von Kostenersparnissen und der von der Vollendung des Binnenmarktes gegebenen Potentiale zu erlauben. Ebenso setzt dies eine Organisation dieses Raumes in einer Weise voraus, die dezentralen Wettbewerb und die Schaffung neuer Unternehmen und Arbeitsplätze begünstigt, wobei in den diversifizierten Gebieten beide wettbewerbsfähig sind.

Die Union muß daher einer zweifachen Herausforderung begegnen. Die erste Herausforderung betrifft die globale Wettbewerbsfähigkeit. Sie erfordert eine Fortführung und sogar Beschleunigung des Aufbaus großer transeuropäischer Netze in Verkehr, Energie, Telekommunikation und Information, um die durch den Binnenmarkt eröffneten Chancen vollständig nutzen zu können. Ebenso ist es notwendig, Bildung und Ausbildung zu verstärken, um die Fähigkeiten und die Mobilität der Arbeitskräfte zu erhöhen, sowie die Versuche zur Beseitigung von Hindernissen an den Grenzen fortzusetzen, um die Maßnahmen interregionaler Integration voranzubringen.

Solche Maßnahmen reichen alleine jedoch nicht aus. Die Analyse der Mobilität von Beschäftigung und Investitionen und der Wirkungen von Verkehrs- und Kommunikationsnetzen zeigt, daß es innerhalb der Union ein hohes Risiko einer Zunahme spontan entstehender Ungleichgewichte gibt. Die Risiken ergeben sich aus der Stärkung der Zentren zu Lasten der peripheren Regionen, aus der größeren Bedeutung wichtiger Ballungsgebiete zu Lasten kleiner und mittlerer Städte sowie aus der Tendenz zur Konzentration von Entscheidungszentren, Innovation und Know-how in begünstigten Gebieten. Dieses Risiko stellt bereits eine starke Bedrohung für die räumliche Wettbewerbsfähigkeit Europas dar: zu den „Kosten durch Agglomerationsnachteile" (insbesondere durch Zeitverlust, Überfüllungs-, Überlastungs-, Umwelt- und Sicherheitsprobleme) kommen „Kosten durch Zersiedlung" in anderen Gebieten, ganz zu schweigen von den die öffentlichen Finanzen stark belastenden sozialen Kosten.

Im europäischen Zusammenhang und im Rahmen des vom Weißbuch vorgeschlagenen neuen Wachstumsmodells besteht die zweite Herausforderung in der Sicherstellung der Wettbewerbsfähigkeit der verschiedenen Gebiete der Union. Dies beinhaltet die Vermeidung inakzeptabler Risiken und Kosten zunehmender Disparitäten. Ebenso wichtig ist es, die Entwicklung der „endogenen Entwicklungspotentiale" der regionalen und lokalen Gemeinschaften weiterzuführen und die Unterschiede in den kulturellen Traditionen und dem Know-how ihrer Bewohner zu nutzen.

Verschiedene Ansätze sind zu verfolgen, um diese Integration diversifizierter und wettbewerbsfähiger Räume in einen international wettbewerbsfähigen europäischen Raum sicherzustellen:

– Steigerung der Wirkungen transeuropäischer Verkehrs- und Energienetze: systematische Entscheidungen sollten auf der jeweils angemessenen Ebene getroffen werden, so daß sie – wann immer nötig – von Zubringernetzen begleitet werden, die die durchquerten Regionen bedienen und zur Verbesserung ihrer Erreichbarkeit zentral sind; eine Erhöhung der Produktivität der Infrastruktur von europäischem Interesse sollte ebenfalls ein weiteres Ziel sein, wie z.B. die Formulierung von „Raumplanungsinitiativen", um Alternativen für die am meisten überlasteten Strecken bereitzustellen und benachteiligte Gebiete zu begünstigen;

– Organisation der Informationsgesellschaft: Telekommunikationsnetze sind ein mögliches Mittel, um die Gefahren verstärkter Konzentration um die großen Entscheidungszentren herum zu vermeiden; ein für den Wettbewerb günstiges Umfeld, das durch nachvollziehbare Regulierungen die Versorgung mit Dienstleistungen sichert, und die Finanzierung von Anwendungen und lokalen Netzen mit Unterstützung der Strukturfonds würden die benachteiligten Regionen in die Lage versetzen, das Bestmögliche aus den neuen Informations- und Kommunikationstechnologien herauszuholen; ebenso erforderlich sind Preispolitiken, die nicht die abgelegenen oder peripheren Regionen benachteiligen;

– Förderung der Entwicklung mittelgroßer Städte und der Netze kleiner und mittlerer Städte als Organisations- und Dienstleistungszentren der Regionen: aufgrund fehlender Erreichbarkeit einer kritischen Masse an physischer oder anderer Infrastruktur, vor allem im Hinblick auf Bildung und Ausbildung, und an wirtschaftlicher Diversifizierung sind die bestehenden Wachstumsinseln in Gefahr, wirtschaftlich zurückzugehen und damit die Zukunft der benachbarten ländlichen Gebiete zu gefährden;

— Sicherung der Entwicklung qualitativ hochwertiger Bildungs- und Ausbildungsmöglichkeiten in der gesamten Union.

Ein lebensfähiger Raum für nachhaltige Entwicklung

Nach Artikel 2 des Maastrichter Vertrags ist es eine wesentliche Aufgabe der Union, „ein beständiges, nicht-inflationäres und umweltverträgliches Wachstum ..." zu erreichen. Die Erreichung dieses Ziels beinhaltet die Integration von Umweltaspekten in andere Politikbereiche (wie in Artikel 130r erwähnt). Das Umweltaktionsprogramm von 1992 hat einen neuen Rahmen für eine nachhaltige Entwicklung geschaften, der dazu die zentrale Rolle der Raumplanung explizit anerkennt.

Der Schutz von Umwelt und Artenvielfalt sowie die Bekämpfung von Umweltverschmutzung (Artikel 130s des Vertrags von Maastricht) muß künftig eine Priorität von Raumplanungsorganisationen sein und muß Unionsprogramme und -politiken zu systematischen Umweltverträglichkeitsstudien, auch beim Entwurf von Planungsprojekten, anregen.

Das im Weißbuch enthaltene Modell nachhaltiger Entwicklung erfordert eine Raumordnung, die auf einem behutsamen Umgang mit den natürlichen Ressourcen beruht, der ihre Erneuerung und Verfügbarkeit für zukünftige Generationen und die Erhaltung von Umwelt und Artenvielfalt sicherstellt. Neben den spezifischen Vorteilen dieses Modells für die europäischen Bürger wird es letztendlich auch die räumliche Wettbewerbsfähigkeit stärken. Die Untersuchungen über Standortfaktoren von Unternehmen und Personen zeigen, daß die Umwelt eine immer wichtigere Rolle hinsichtlich der Attraktivität von Regionen spielt.

Die Suche nach einer geringeren Nutzung natürlicher Ressourcen und der Entwicklung von Formen des Ressourcenmanagements, die ihre Erneuerbarkeit sichern, erfordert die Verfolgung einer Reihe von Ansätzen, von denen einige bereits Anwendung finden:

— kombinierte Straßen-Schienen-Verkehrsnetze sollten ausgebaut werden, um den in bezug auf Energieverbrauch und Umweltverschmutzung besonders schädlichen Straßenverkehr zurückzuführen;

— moderne Technologien zur Strukturierung der neuen Informationsgesellschaft sollten eingeführt werden, um den Verkehr innerhalb der Ballungsgebiete und im gesamten Raum zu vermindern;

— in ländlichen Gebieten sollten Anbaumethoden gefördert werden, die eine den Boden belastende Land- und Forstwirtschaft vermeiden; extensive Technologien und eine vernünftige und nachhaltige Ressourcennutzung sollten gefördert werden; die Entwicklung von Methoden zu einem langfristig überlebensfähigen Umgang mit Fischbeständen und Wasservorräten sollte ebenfalls unterstützt werden.

Dabei sind drei Faktoren hervorzuheben:

— die Solidarität in Umweltfragen erfordert Maßnahmen der Zusammenarbeit auf transnationaler Ebene, die über das Unionsgebiet hinausgehen, wie dies bereits bei zahlreichen transnationalen Konventionen und Abkommen wie z.B. in der Alpenkonvention der Fall ist;

— der Trend zur Desertifikation und zu übermäßigem Tourismus in ökologisch sensiblen Gebieten verlangt spezifische Schutzmaßnahmen zur Erhaltung des Naturerbes und der Landschaft;

— die Planungsmethoden in Stadtgebieten müssen auf Politiken und integriertem Management basieren, in denen die Umwelt nicht mehr nur eine untergeordnete Rolle spielt (Bekämpfung von Verschmutzung, Verbesserung der städtischen Ökologie und Landschaft), insbesondere in den wichtigsten Ballungsgebieten und in anderen Städten.

Ein Raum mit mehr Solidarität, der ausgeglichener organisiert ist und den wirtschaftlichen und sozialen Zusammenhalt berücksichtigt

Wirtschaftlicher und sozialer Zusammenhalt, eines der drei wichtigsten im Vertrag über die Europäische Union festgelegten Ziele, erfordert langfristige Maßnahmen zur Reduzierung von Einkommens-

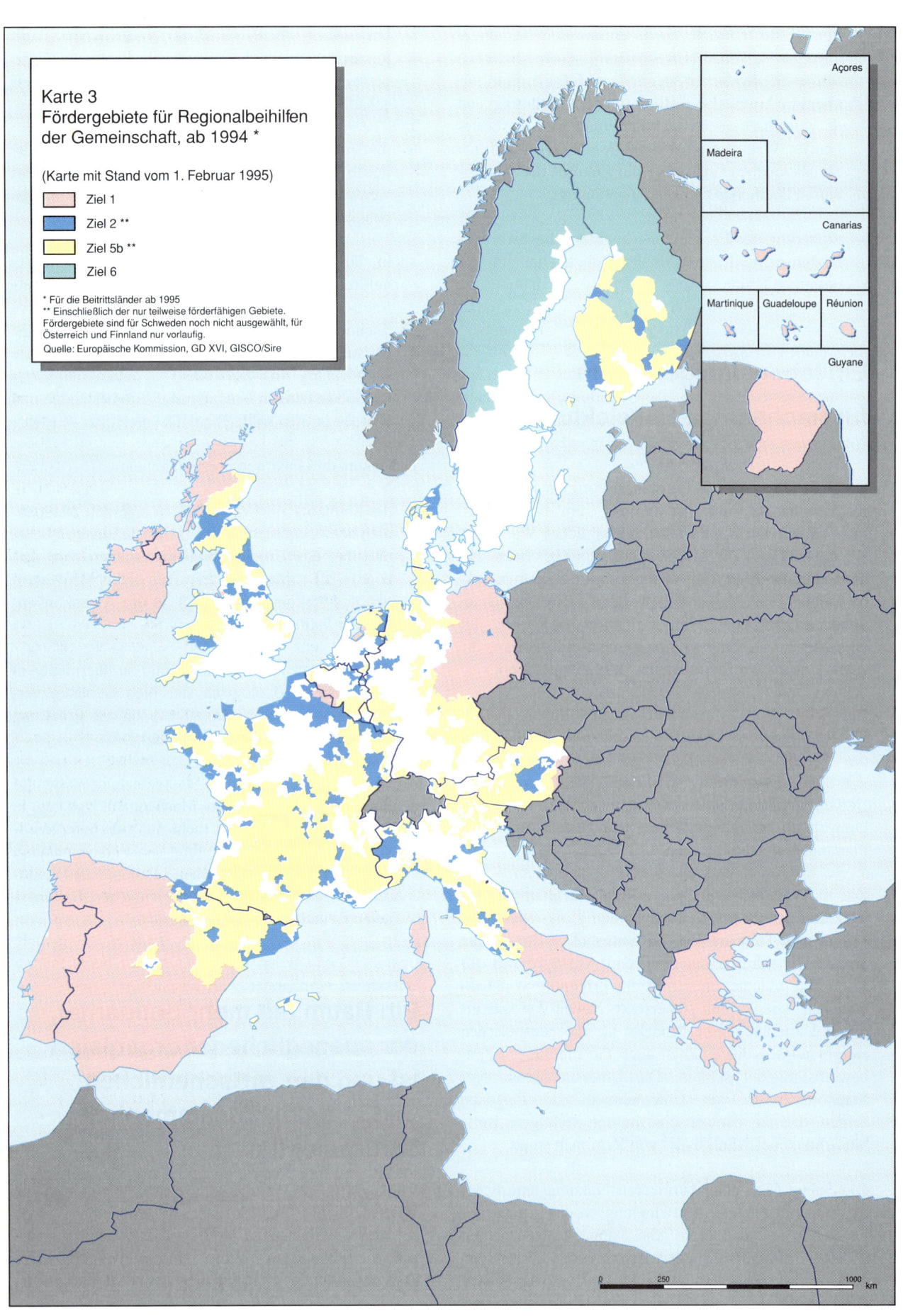

ungleichheiten und Entwicklungsunterschieden zwischen Regionen. Die notwendige Solidarität zur Erreichung des Kohäsionsziels bedeutet auch, daß angemessene Antworten auf drei Hauptprobleme zu finden sind: Randlage, soziale Segregation und wirtschaftliche Disparitäten. Solche Antworten sollten auch die langfristige Effizienz der vorgeschlagenen Maßnahmen berücksichtigen (siehe Karte 3 zu den zur Stärkung ihrer wirtschaftlichen Entwicklung von der Gemeinschaft geförderten Regionen).

In dieser Hinsicht hebt der vorliegende Bericht die Vielfältigkeit und Wichtigkeit von Transfer- und Ausgleichsmechanismen hervor, die zu einer wirklichen interregionalen Solidarität beitragen, obwohl sie nicht auf das Kohäsionsziel ausgerichtet sind. Es ist wichtig, eine genaue Untersuchung über die Kohärenz, Transparenz und die tatsächliche Wirkung auf die Regionalentwicklung der angewandten Kombinationen von Umverteilungsmechanismen durchzuführen. Anstatt die verschiedenen Finanzmittel räumlich gestreut zu verausgaben, sollte es möglich sein, sie nach und nach in eine umfassende Strategie zur Wiederherstellung des räumlichen Gleichgewichts in Europa zu integrieren.

Transnationale Optionen

Ein räumliches Gleichgewicht in der Union macht die Durchführung spezifischer transnationaler Maßnahmen in vier Bereichen erforderlich: der Ausbau grenzüberschreitender Zusammenarbeit, die Verminderung der Isolation peripherer Regionen, die Gewährleistung einer ausgeglichenen Entwicklung des Städtesystems und die Bewahrung der ländlichen Gebiete (Karte 4 zeigt die Probleme, die von den gegenwärtigen Trends ausgehen, wie sie von den transnationalen Studien im Anhang aufgezeigt werden; Karte 5 zeigt mögliche Gegenmaßnahmen).

Grenzüberschreitende Zusammenarbeit

Externe und interne grenzüberschreitende Zusammenarbeit stellt ein wichtiges Mittel zur Integration und Harmonisierung des europäischen Raumes dar. In bezug auf interne Zusammenarbeit könnte die Zusammenarbeit zwischen den großen Ballungsgebieten beim Aufbau komplementärer Beziehungen helfen und die Entwicklung koordinierter Maßnahmen der Raumplanung fördern. Z. B. könnten abgestimmte Politiken zur Beschränkung des Straßenverkehrs und die Entwicklung intermodaler Verkehrssysteme in den Regionen der Ballungsgebiete des Zentrums (die den traditionellen Kern der europäischen Wirtschaft darstellen und sich vom Südosten Englands über Nordfrankreich und die Benelux-Staaten ins Ruhrgebiet erstrecken) und des Alpenbogens (mit der neuen Wachstumsregion Süddeutschlands, Norditaliens und Südwestfrankreichs sowie Österreichs und der Schweiz) Überlastung und Umweltschäden vermindern. Die grenzüberschreitenden Städtenetze von Maastricht-Hasselt-Aachen-Lüttich, Großraum Lille und Saar-Lor-Lux, bestehend sowohl aus alten Industriezentren als auch aus aufstrebenden Gebieten, sollten alle Vorteile aus den Chancen nutzen, die sich aus der Öffnung der internen Grenzen und der verstärkten Zusammenarbeit mit der Perspektive eines Aufbaus wirklich integrierter Metropolen ergeben. Die Alpenkonvention zeigt den politischen Willen, eine abgestimmte Entwicklung der Alpen mit Hilfe harmonisierter Verkehrspolitiken und gemeinsam entwickelter Leitlinien für den Umweltschutz fortzuführen (siehe im Anhang dieses Berichts zu den Definitionen der in diesem Abschnitt erwähnten regionalen Gruppierungen).

In bezug auf externe Zusammenarbeit und die oben erwähnten koordinierten Umweltschutzmaßnahmen ist es vor allem wichtig, die Verbindungen zwischen Griechenland und den Nachbarländern in Mitteleuropa und an der Mittelmeerküste, zwischen den neuen Bundesländern und Polen und der Tschechischen Republik, zwischen der Alpenregion und der Schweiz, sowie bei einem Beitritt Finnlands zur Union zwischen Finnland und Rußland zu verstärken. Diese Zusammenarbeit ist deshalb besonders wichtig, weil hier in den meisten Fällen die Wirkungen des Binnenmarktes das genaue Gegenteil der an den internen Grenzen beobachteten Wirkungen sind, indem die Disparitäten nicht abgebaut, sondern verstärkt werden.

Die Zusammenarbeit bei Umweltmaßnahmen sollte aufgenommen oder ausgebaut werden. Diese Maßnahmen beinhalten ein gemeinsames Management großer Naturräume mit Hilfe umfassender Aktionen und Strategien, die über traditionelle sektorale Ansätze hinausgehen. Einige auf Gemeinschaftsebene entwickelte Maßnahmen und Leitlinien bewegen sich bereits in diese Richtung. Diese sollten jedoch ergänzt und ausgebaut werden, indem das Wissen über die Situation und die Perspektiven von Gebieten erweitert, die Zusammenarbeit zwischen Gebietskörperschaften gefördert, gemeinsame Strategien zur Bewahrung von Freiflächen entworfen und die Umwelt um die Stadtgebiete herum wiederhergestellt wird. Internationale Zusammenarbeit im Bereich des Schutzes und der Verbesserung der Meeresumwelt sollte ebenso unterstützt werden. Als Beispiele dienen hierzu die Ministerkonferenzen über die Nordsee; die Barcelona-Konvention, die eine Umsetzung des „Blauen Plans" und des METAP-Programms für das Mittelmeer zum Ziel hat; und der Barents-Rat, der eine koordinierte und umweltfreundliche Entwicklung der arktischen Regionen in bezug auf Ressourcen, Handel und Sicherung der regionalen Stabilität fördert.

Im Bereich der Technologie sollten andere Wege der Zusammenarbeit beschritten werden und von größeren Programmen zu Ausbildung, Finanzmanagement und Verbreitung von Informationen für Unternehmen begleitet werden. Die Regionen des Atlantischen Bogens (die sich von Schottland und Irland im Norden bis nach Portugal im Süden erstrecken) und an die Nordsee grenzende Regionen könnten diese Art von Technologienetzen in Bereichen wie Biologie, Meereswissenschaften und Technologien zur Nutzung erneuerbarer Energiequellen und landwirtschaftlicher Produkte aufbauen. Der letztgenannte Sektor könnte ebenfalls für die ländlichen Gebiete im Innern Spaniens und Frankreichs (der Kontinentalen Diagonalen) wichtig sein. Technologische Zusammenarbeit bei Landwirtschaft und Umweltschutz sollte in den Mittelmeerregionen ebenfalls ausgebaut werden.

Reduzierung der Isolation peripherer Regionen

Die Öffnung von peripheren Regionen und ihre verbesserte Erreichbarkeit ist eine zweite Komponente des transnationalen räumlichen Ausgleichs.

Die peripheren Regionen des Atlantischen Bogens, der Kontinentalen Diagonalen und des Mittelmeerraums (Regionen von Spanien, Mezzogiorno und Griechenland) haben ein besonderes Interesse am Aufbau von Kommunikationsnetzen. Die Lückenschlüsse der transeuropäischen Netze, begleitet von angemessenen Nebennetzen, sind für ihre Integration von besonderer Bedeutung:

– die Überquerung der Pyrenäen über die Hauptstrecke Madrid-Zaragoza-Toulouse-Paris, die Transversale zwischen Atlantik und Mittelmeer und die Strecke Madrid-Lissabon sind wichtige Projekte zur Entwicklung der Kontinentalen Diagonalen als Kreuzung und als Mittel zur Entlastung der Verkehrsströme in den Küstengebieten;

– die Verbindungen zwischen Andalusien und Murcia und dem Rest des Romanischen Bogens (der die östlichen Regionen Spaniens, die südlichen Regionen Frankreichs und die westlichen Regionen Italiens von der französischen Grenze bis nach Rom umfaßt) sollten verbessert werden, insbesondere mit Valencia und zwischen Barcelona und Genua;

– im Zentralen Mittelmeerraum sind Verbesserungen der Nord-Süd-Verbindungen vor allem im Mezzogiorno (Tyrrhenischer Hochgeschwindigkeitszug, Flughafen in Neapel und die Fertigstellung der Autobahn Messino-Palermo), in Griechenland zwischen dem Peleponnes und dem Rest des Landes (die Brücke Rion-Antirion) sowie die Öffnung der westlichen Landesteile notwendig;

– die Formulierung von Verkehrsleitlinien ist eine weitere wichtige Priorität für die atlantischen Regionen, zusammen mit der Entwicklung des Küstenseeverkehrs, intermodalen Punkten und kombiniertem Verkehr an den Schnittpunkten der Nord-Süd- und Ost-West-Verbindungen (z. B. Nantes, Bordeaux, Bayonne, und Baskenland).

Andere Verkehrsnetze haben ebenfalls hohe Priorität in den Regionen der Union, die demgegenüber stark überlastet sind. In diesen Gebieten sollte der kombinierte Verkehr (z. B. entlang dem Alpenbogen zwischen Lyon und Turin) oder die optimale Nutzung der bestehenden Infrastruktur (befahrbare Wasserstraßen an Nordseeküstenregionen und multimodale Punkte) gefördert werden.

Die ausgeglichene Entwicklung des Städtesystems

Die Erneuerung der Großstadtzentren muß mit Maßnahmen zur Bekämpfung der – wo auch immer – auftretenden Verstädterung ländlicher Gebiete einhergehen. Gut durchdachte Politiken werden notwendig sein, um unberührte Räume in der Nähe der Stadtgebiete zu bewahren, insbesondere in den Ballungsgebieten des Zentrums und den Nordseeküstenregionen. Diese Stadtpolitiken müssen multisektoral sein und soziale

Integration sowie das Ziel eines internen Gleichgewichts in jedem betroffenen Stadtgebiet berücksichtigen. Verschiedene bedeutende Initiativen zur Bekämpfung der sozialen Segregation sind bereits auf den Weg gebracht worden, sowohl in den Mitgliedstaaten (*Contrats de ville* in Frankreich und *City Challenge* im Vereinigten Königreich) als auch auf Gemeinschaftsebene (Artikel 10 des EFRE und *Quartiers en Crise*-Initiative). In Zukunft werden die Gemeinschaftsmaßnahmen durch die URBAN-Initiative und die verstärkte Unterstützung von Städten in Ziel 1- und Ziel 2-Gebieten erweitert.

Das Problem des Ausgleichs der städtischen Rahmenbedingungen ist gleichfalls entscheidend, insbesondere für den Atlantischen Bogen, die Kontinentale Diagonale und die Mittelmeerregionen. Das Wachstum der Küstenstädte ist zum Teil auf Städte im Landesinnern umzulenken. Dazu benötigen kleine und mittelgroße Städte Unterstützung, da sie ein zentrales Element der regionalen und lokalen Entwicklung darstellen. Sie müssen ausreichende öffentliche und private Dienstleistungen bereitstellen können, um die ländlichen Gemeinden und die lokalen Unternehmen anhaltend unterstützen zu können. Die Kommunikationsverbindungen müssen stabil und zuverlässig genug sein, um ihre Erreichbarkeit sicherzustellen.

In dieser Hinsicht ist der deutsche Ansatz der Organisation von Städtenetzen um sechs Stadtsysteme herum zur Sicherung des Gleichgewichts bemerkenswert. Dieser Ansatz beruht auf dem Grundsatz der „dezentralen Konzentration". Um dieses Modell übertragbar zu machen, muß es jedoch an die Situation in anderen europäischen Gebieten angepaßt werden, darunter diejenigen mit geringer Bevölkerungsdichte.

Die negativen Wirkungen der Verstädterung bestehen im gesamten europäischen Raum, und ihre Verminderung ist vor allem dort wichtig, wo die sie umgebende Umwelt besonders sensibel ist, wie im Alpenbogen und entlang der Flüsse und Küsten. Bereits ergriffene Maßnahmen wie die Alpenkonvention oder das METAP-Programm für das Mittelmeer, das auch die Finanzierung von Kläranlagen in Großstädten wie Athen oder die zukünftige Zusammenarbeit zwischen Mittelmeerländern im Bereich des Stadtmanagements (Abfall und Luftverschmutzung) einschließt, müssen fortgesetzt und ausgebaut werden. Obwohl eine Reihe von europäischen Städten schon Maßnahmen für Schutz und Überwachung der Umwelt eingeführt haben, erfordert ein wirksames Management der städtischen Umwelt integrierte Aktionen für das gesamte Stadtsystem auf der Grundlage des Ansatzes nachhaltiger Entwicklung (z. B. das THERMIE-Programm). Die Kosten des Umweltschutzes sind höher, wenn die Stadtbevölkerung dichter wohnt und der verfügbare Raum knapp ist; dies ist mit ein weiterer Grund zur Unterstützung des Wachstums kleiner und mittelgroßer Städte.

Bewahrung ländlicher Gebiete

Ländliche Gebiete können in dicht besiedelten Gebieten in der Nähe von Ballungsgebieten oder in den weniger stark besiedelten Regionen der Union liegen. Die Herausforderung einer erneuten Entwicklung des ländlichen Raum hängt stark von der Lage im Verhältnis zum Städtenetz ab. Ländliche Gebiete am Rande von Städten, wie in den Ballungsgebieten des Zentrums und den Nordseeregionen, sollten durch aktive Raumordnungsmaßnahmen bewahrt werden, um die unkontrollierte Besiedlung unbewohnter Gebiete (z. B. in der Region von Paris, in Belgien oder in Luxemburg) und die übermäßige Entwicklung intensiver Landwirtschaft zu verhindern.

Im Gegensatz dazu sind Ressourcen, die mit der Ausstattung und Qualität schwach besiedelter Gebiete verbunden sind, zu bewahren, zu entwickeln und zu nutzen, vor allem in der Kontinentalen Diagonalen und den im Landesinnern gelegenen Unionsgebieten der Atlantik- und der Mittelmeerküste. Die aktuelle und zukünftige Herausforderung bleibt es, die Wirtschaftsstruktur zu diversifizieren und gleichzeitig die ländliche Lebensqualität zu bewahren. Diese Diversifizierung muß auf der Grundlage einer systematischen Ermittlung der Möglichkeiten einer harmonischen Entwicklung von Stadt und Land erfolgen. Die Zusammenarbeit zwischen den ländlichen Städten zur gemeinsamen Nutzung von Dienstleistungen und Aufteilung der städtischen Funktionen, ist gleichfalls zu berücksichtigen.

Optionen zur Zusammenarbeit mit den Nachbarländern der Union

Im Norden sind Finnland, Norwegen, Schweden und Island mit Inkrafttreten des Europäischen Wirtschaftsraums in den Binnenmarkt mit einbezogen worden. Die drei erstgenannten Länder könnten von 1995 an Vollmitglieder der Europäischen Union werden. Der Handel dieser Länder mit der Union und anderen mitteleuropäischen Ländern wird voraussichtlich zunehmen, und ihre Märkte werden sich durch die Verbesserungen der Schienen- und Straßenverbindungen zwischen Schweden, Dänemark und Deutschland weiter öffnen. Finnland wird in einer Randlage bleiben. Obwohl es durch die neuen Beziehungen zwischen der Union, Rußland und den baltischen Staaten in eine günstigere Position gelangen könnte, dank einer gemeinsamen Grenze mit Rußland (in einer Länge von 1.270 km) und seiner traditionellen Handelsverbindungen mit diesen Ländern.

Der Beitritt dieser drei nordischen Länder wird die grenzüberschreitende Zusammenarbeit der Union mit den Anrainerstaaten der Ostsee verstärken, um die Häfen komplementär zu gestalten und ein funktionales System von Ostseestädten aufzubauen. Die Europäische Union wird zunehmend an den Entwicklungspotentialen des fernen Nordens, an der Zusammenarbeit in der Region der Barentssee und an Hilfen zum Schutz und zur Nutzung der gesamten arktischen Zone interessiert sein.

Die Länder Mittel- und Osteuropas haben einen Prozeß zum Aufbau engerer Beziehungen mit der Union eingeleitet, der sich bereits in der Unterzeichnung von Kooperations- oder Assoziierungsabkommen mit elf dieser Länder konkretisiert hat: Polen, Ungarn, Tschechische Republik, Slowakische Republik, Rumänien, Bulgarien, Albanien, Slowenien und die drei baltischen Staaten. Die Möglichkeit eines Beitritts wurde in den Schlußfolgerungen des Europäischen Rates von Korfu im Juni 1994 erneut bekräftigt. Vor diesem Hintergrund sind der Standort dieser Länder, die Modernisierung ihrer Volkswirtschaften, die Aussicht eines Umweltschutzes, die wirtschaftliche Infrastruktur und die notwendige Umstrukturierung ihrer Landwirtschaft von besonderem Interesse für die Union. Kurzfristig werden die gegenwärtigen Entwicklungen einige Regionen der Union mehr betreffen als andere, einschließlich der an diese Länder grenzenden Regionen und der Industrieregionen, die auf die Produktion von Gütern spezialisiert sind (wie Stahl, Textilien und Agrarprodukte), wo sich der Wettbewerb durch Importe aus diesen Ländern intensiviert.

In der ehemaligen Sowjetunion wird die Einführung der Marktwirtschaft und die größere Öffnung nach Westen eine weitreichende Umklassifizierung von Landgebieten und eine Umorientierung der Verkehrsnachfrage mit sich bringen. Drei Arten von Gebieten werden am meisten betroffen sein:

– Polarregionen, wo die Besiedlung durch Zwangsmaßnahmen und intensive Militarisierung strategischer Gebiete künstlich aufrechterhalten wurde;

– ländliche Gebiete, wo der Anteil der auf dem Land lebenden Bevölkerung von 35 % (in der Ukraine und in Moldawien) bis zu 60 % (in Zentralasien) reicht und ein Überschuß an Arbeitskräften in der Landwirtschaft infolge der Modernisierung der Produktionstechniken bestehen wird;

– monoindustrielle Regionen werden Probleme bei der Umstrukturierung und einen weitreichenden Überschuß an Arbeitskräften haben.

Die Beziehungen verändern sich wegen des Zusammenbruchs des Handels zwischen der ehemaligen UdSSR und ihren früheren Partnern. Das Handelsvolumen ist dramatisch gesunken und schwere Güter werden nun aus und in den Westen über die Straße transportiert statt über die Schiene, die früher 75 % der Fracht ausmachte. Die Umstrukturierung des Handels zwischen der ehemaligen UdSSR und dem Westen wird eine umfangreiche Modernisierung von Schienen, Häfen, Luftverkehrsüberwachung und Produktion und Leitung von Erdgas und Öl notwendig machen.

Für die Länder Mittel- und Osteuropas, und zum Teil auch der ehemaligen UdSSR, wird ein starkes Wachstum des Handels mit der Europäischen Union und den zukünftigen Mitgliedstaaten vorhergesagt. Dies wird grundlegende Verbesserungen, eine Umorientierung und eine Stärkung der von Ost nach West verlaufenden Schienen-, Binnenwasserwege-, Energie- und Telekommunikationsnetze mit sich bringen. Die Risiken durch Umweltverschmutzung und Überlastung machen internationale Zusammenarbeit und technische Hilfe in diesem Bereich unverzichtbar.

Die Staaten des östlichen und südlichen Mittelmeers haben eine Reihe von Eigenschaften gemeinsam. Die wichtigste und offensichtlichste ist die Bevölkerungsexplosion; bis zum Jahre 2025 wird mit einem Anstieg der Bevölkerung von 200 auf 345 Millionen gerechnet, woraus sich ein massiver Zustrom junger Menschen auf den Arbeitsmarkt und die Gefahr einer Einwanderungswelle in die Union ergibt. Das durchschnittliche Pro-Kopf-Einkommen in diesen Ländern lag 1960 bei etwa 26 % des Unionsdurchschnitts und 1990 bei 23 %. Ihre Volkswirtschaften sind stark von der Landwirtschaft, mit häufig niedrigem Produktionsniveau, sowie von Dienstleistungen und Tourismus abhängig. Das Wachstum großer Ballungsgebiete (z. B. Kairo, Istanbul, Tunis und Algier) wird voraussichtlich weiter anhalten. Dieses Wachstum wird die Probleme von Stadtplanung,

Stadtverkehr, Wasserversorgung und Reinigung verschärfen und wahrscheinlich Armut und Arbeitslosigkeit ansteigen lassen. Die Verkehrsinfrastruktur innerhalb des Mittelmeerraums, die in bezug auf Häfen und Flughäfen spärlich und veraltet ist, stellt eher ein Handelshemmnis dar, als daß es den Handel erleichtern würde. Wasserversorgung und Umweltprobleme, vor allem des Mittelmeers, sind zwei weitere Herausforderungen der Raumplanung in diesen Ländern, die wenig Spielraum zur Finanzierung ihrer unzureichenden und ungleich verteilten öffentlichen Infrastruktur haben.

Die von der Europäischen Union im Rahmen ihrer Mittelmeerpolitik durchgeführten Maßnahmen müssen fortgeführt werden. Insbesondere muß die Unterstützung der Handelsliberalisierung den Weg frei machen zu einer wechselseitigen Öffnung der Märkte für die Mittelmeerländer und die Sektoren, die dem Wettbewerb auf den Weltmärkten standhalten können, vor allem Zypern und Malta im Hinblick auf ihren voraussichtlichen Beitritt zur EU, und die Türkei im Hinblick auf ihre zukünftige Zollunion mit der Gemeinschaft.

Eine führende Rolle in experimentellen Entwicklungsprogrammen für den Mittelmeerraum sollte zur Zeit dem Verkehr, der Telekommunikation, dem Stadtmanagement, der Bildung, der wirtschaftlichen Entwicklung sowie der Nutzung und dem Schutz der natürlichen Ressourcen zukommen, welches Hauptprobleme der Regionalplanung in diesen Ländern darstellen. Schließlich sollten mehr Programme grenzüberschreitender Zusammenarbeit zwischen den südlichen und östlichen Mittelmeerländern und der Europäischen Union (so wie zwischen Spanien und Marokko geplant) unterstützt werden, wobei der Austausch und die Ausbildung junger Menschen zwischen dem Mittelmeerraum und der Europäischen Union zu fördern ist. Die Neuverhandlung der Assoziierungsabkommen mit Marokko und Tunesien wird die Zusammenarbeit weiter intensivieren helfen.

Schlußfolgerungen und Leitlinien für die zukünftige Zusammenarbeit

In Fragen der Raumordnung müssen die durchzuführenden Maßnahmen im Einklang mit der sich aus dem Subsidiaritätsprinzip ergebenden Aufteilung der Zuständigkeiten stehen. Diese Maßnahmen werden zunächst und vor allem national, regional und lokal sein, da sie sich aus den jeweiligen Entscheidungsfindungsprozessen und den in jedem Land getroffenen Entscheidungen ergeben. Aber die Komplexität, die Vielfältigkeit und die zunehmende Interdependenz der Gebiete in der Union zusammen mit der wachsenden Bedeutung transnationaler Fragen führen dazu, daß Maßnahmen auch auf europäischer Ebene durchzuführen sind, um die Entwicklung des gesamten Raumes zu beeinflussen.

Europäische Zusammenarbeit ist der einzige Weg, um eine Raumentwicklung voranzubringen, die nicht zu übermäßigen Disparitäten zwischen den Regionen führt und eine größere Chancengleichheit zur Gewährleistung der für eine verbesserte Wettbewerbsfähigkeit notwendigen Bedingungen ermöglicht.

Verschiedene Ebenen regionaler Zusammenarbeit erscheinen notwendig unter dem Vorbehalt, daß keine zentralisierte Methode erfolgreich sein würde und jeder Teilnehmer in Bereichen eigener Verantwortung seine Entscheidungen in Übereinstimmung mit den gemeinsam vereinbarten allgemeinen Leitlinien trifft.

Zusammenarbeit auf europäischer Ebene

Diese Zusammenarbeit sollte um die folgende Punkte herum aufgebaut werden:

— die Formulierung von Perspektiven europäischer Raumentwicklung auf der Grundlage des auf der informellen Ratssitzung von Lüttich im November 1993 beschlossenen Mandats; diese Leitlinien wären von den Mitgliedstaaten und der Kommission im Ausschuß für Raumentwicklung zu beschließen;

— die Kommission sollte systematisch alle von horizontalen Gemeinschaftspolitiken über Netze (Umwelt, Forschung und Technologie, Landwirtschaft usw.) ausgehenden Wirkungen auf die Regionen berücksichtigen, um die für ein räumliches Gleichgewicht erforderliche Kohärenz und Wirksamkeit zu ermöglichen;

— die räumlichen Wirkungen der Strukturfonds sollten durch eine Evaluierung der in den Förderregionen durchgeführten Maßnahmen stärker berücksichtigt werden.

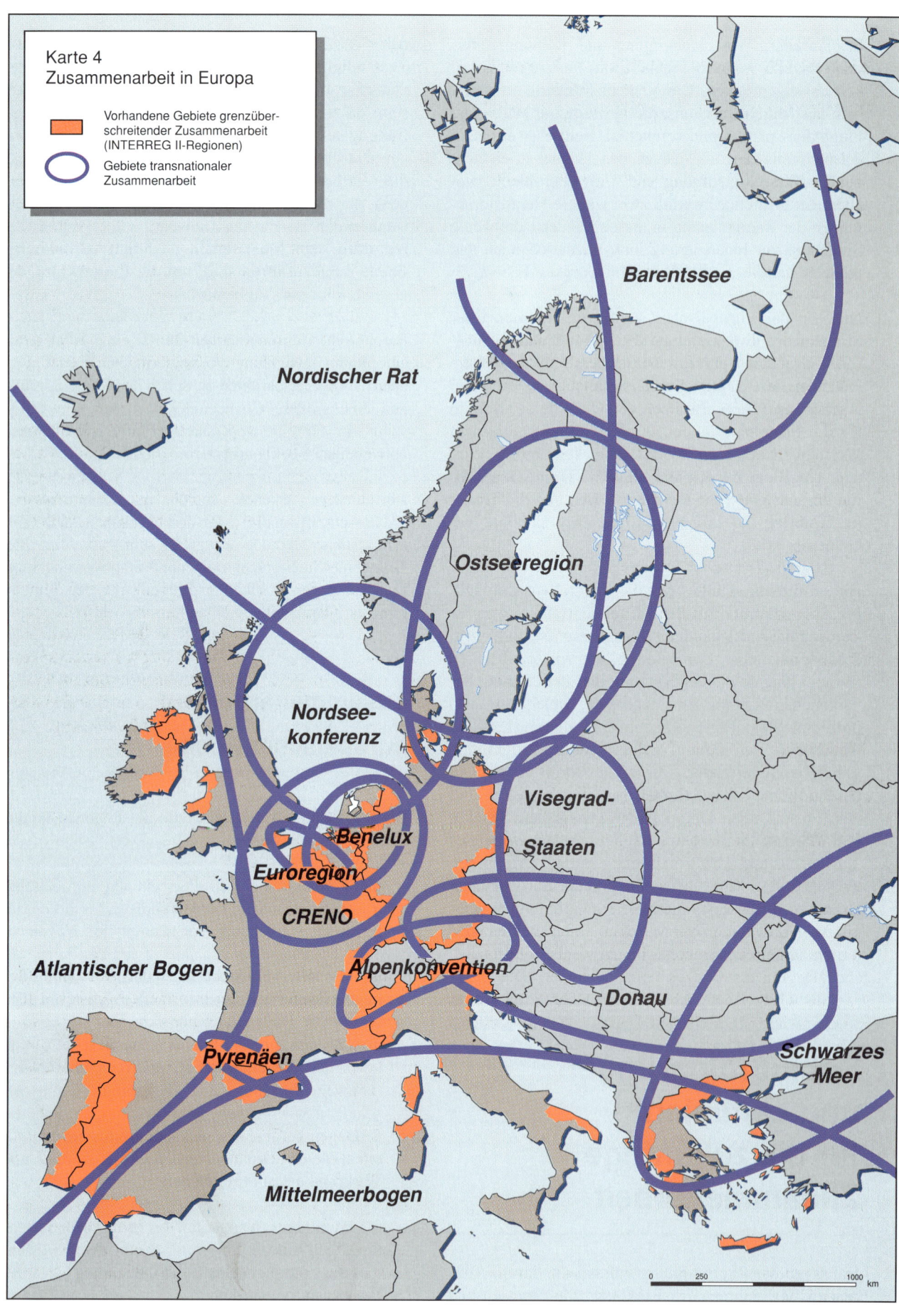

Europäische interregionale und transnationale Zusammenarbeit

Drei Formen von Zusammenarbeit sind vorstellbar (Karte 6):

- interregionale und grenzüberschreitende Programme der Zusammenarbeit, wie z. B. das INTERREG II-Programm;

- transnationale Programme der Zusammenarbeit auf der Grundlage der Ergebnisse der transnationalen Studien, wie z. B. Pläne für Flußläufe, Gebirgsregionen und Küstengebiete;

- interregionale und transnationale Programme der Zusammenarbeit, die horizontale Themen von gemeinsamem Interesse betreffen, wie z. B. Probleme in Städten.

Die Kommission könnte die beiden letztgenannten Formen der Zusammenarbeit auf der Grundlage der über Artikel 10 des EFRE getroffenen Entscheidungen der Mitgliedstaaten oder einzelner betroffener Regionen fördern.

Transnationale und interregionale Zusammenarbeit mit Drittstaaten

Programme der Zusammenarbeit könnten mit Ländern im Norden, im Süden und im Osten aufgestellt werden, um ein kohärentes Management der europäischen Region als Ganzes voranzubringen. Die Programme würden eine Abstimmung über Fragen der Raumentwicklung zwischen den betroffenen Gebieten erfordern und spezifische Bereiche der Zusammenarbeit beinhalten.

Die Verbreitung von Informationen

Die Verbesserung der Informationen über die Entwicklung der europäischen Regionen sowie die Weiterleitung dieser Erkenntnisse an die Entscheidungsinstanzen erfordern Maßnahmen auf europäischer Ebene. Mit diesem Ziel wird die Europäische Kommission das von EUROSTAT koordinierte Geographische Informationssystem (GIS) weiterentwickeln und es auf neue Anwendungen, wie die Einbeziehung neuer Satellitendaten, ausweiten. Ziel ist die Fertigstellung des CORINE-Bodennutzungsprojekts bis Ende 1995. Dieses Informationssystem wird erstmals vollständige und detaillierte Informationen über die Lage, insbesondere der Umwelt, in der Europäischen Union und ihren Nachbarregionen zur Verfügung stellen helfen. Dadurch wird ein sehr nützliches transnationales Informationsmittel für die Regionalplanung der europäischen Regionen verfügbar gemacht.

In ähnlicher Weise ist der Aufbau eines Netzes von Forschungsinstituten, die auf die Raumplanung in den Mitgliedstaaten spezialisiert sind, vorgeschlagen worden. Die Kommission könnte hierzu über Artikel 10 des EFRE eine begrenzte finanzielle Unterstützung leisten.

Die Kommission wird darüber hinaus in drei Jahren in zusammengefaßter Form einen aktualisierten Bericht über die im vorliegenden Bericht behandelten Fragen vorlegen, der die wichtigsten Änderungen auf regionaler Ebene aufzeigt und eine Bestandsaufnahme der laufenden transnationalen, regionalen und anderen Programme der Zusammenarbeit liefert.

Institutionelle Aspekte und die Vertragsrevision 1996

In institutioneller Hinsicht wird der Ausschuß für Raumentwicklung und der informelle Ministerrat für Regionalpolitik und Raumplanung weiterhin mit der Kommission im Bereich der Raumentwicklung und -planung auf Gemeinschaftsebene zusammenarbeiten.

Der Ausschuß für Raumentwicklung wird neben der Vorbereitung des Dokuments über die *Perspektiven einer europäischen Raumentwicklungspolitik* bis Mitte 1995 das *Kompendium über die Planungssysteme und -politiken in den Mitgliedstaaten* fertigzustellen haben, das eine vergleichende Analyse der gegenwärtig Anwendung findenden nationalen Systeme liefern wird.

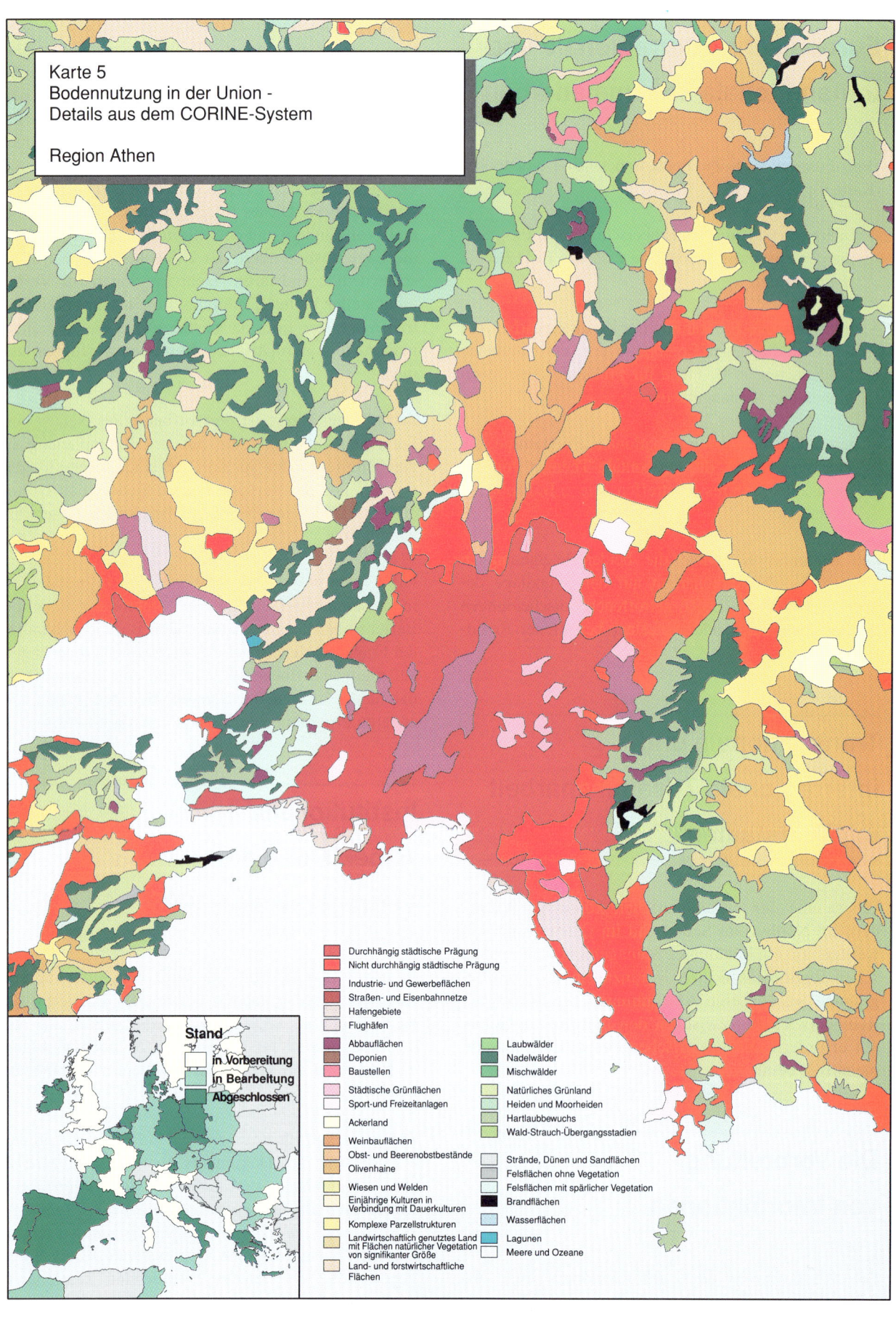

Schließlich sollte die Kommission zusammen mit den Mitgliedstaaten die Möglichkeit einer Einbeziehung weiterer Elemente (z. B. über die Vertragsstellen zu transeuropäischen Netzen hinaus) in den Vertrag in Betracht ziehen, die zur Weiterentwicklung der Raumplanung auf europäischer Ebene unter voller Berücksichtigung des Subsidiaritätsprinzips nützlich sein würden.

Abschnitt A : Die wichtigsten Einflußfaktoren der Raumordnung in Europa

Trends in der räumlichen Verteilung von Bevölkerung und Beschäftigung

Die Trends in der räumlichen Verteilung der Bevölkerung spiegeln sowohl die veränderten sozialen Ansprüche als auch wirtschaftliche und technologische Entwicklungen wider. Während der 80er Jahre hat sich die Bevölkerung in einigen Gebieten stärker konzentriert und in anderen stärker verstreut. Dies hat bedeutende Konsequenzen für die Regionalplanung, indem entweder gegen eine Überlastung anzukämpfen ist oder im Gegensatz dazu versucht wird, die Entleerung einiger Gebiete aufzuhalten oder die jeweiligen Einrichtungen und Infrastrukturen an das neue Muster der Bevölkerungsverteilung anzupassen.

Zusätzlich zu den demographischen Veränderungen wird das Bevölkerungswachstum auch von Wanderungsbewegungen beeinflußt. Im Anschluß an die Vollendung des Binnenmarktes wurde eine Zunahme der Mobilität, teilweise als Reaktion auf die gestiegenen Bewegungen von wirtschaftlichen Aktivitäten und Arbeitsplätzen, erwartet. Neuere Ergebnisse deuten jedoch darauf hin, daß trotz einer erhöhten Mobilität auf lokaler Ebene, zum Teil aufgrund der starken Zunahme von Pendlern zwischen Wohnung und Arbeitsplatz, die Gemeinschaftsbevölkerung auf regionaler Ebene sehr stabil geblieben ist, während wirtschaftliche Aktivitäten und Arbeitsplätze „flüchtiger" geworden sind in dem Sinne, daß die Schaffung und Vernichtung von Arbeitsplätzen sich beschleunigt haben, teilweise als Folge des technologischen Wandels, teilweise als Folge verstärkten Wettbewerbs. Diese Divergenz zwischen einem niedrigen Niveau an Bevölkerungsbewegungen und einer Zunahme der Flüchtigkeit von Beschäftigung kann ernsthafte Probleme für die Raumplanung hervorrufen, wenn sich daraus eine erhöhte Konzentration von Bevölkerung und Arbeitsplätzen in den wohlhabendsten und am stärksten bevölkerten Gebieten und ein Rückgang der wirtschaftlichen Aktivität mit erhöhten Einkommensdisparitäten und Bevölkerungsrückgang in den weniger begünstigten Regionen ergibt.

Veränderungen im Beschäftigungsmuster in Verbindung mit dem allgemeinen wirtschaftlichen Wachstums- und Entwicklungsprozeß sind Teil der normalen Funktionsweise der Marktkräfte. Probleme ergeben sich jedoch dann, wenn sich die Veränderungen sehr schnell vollziehen und wenn es umfangreichere Arbeitsplatzverluste in Regionen gibt, deren Wirtschaft nicht sehr diversifiziert ist und sich daher dem Wandel nicht schnell genug anpassen kann. Diese Probleme verschärfen sich, wenn die Bevölkerung räumlich nicht mobil ist. Dann besteht ein Risiko sich kumulierender Ausbreitungsprozesse in einigen Gebieten und eines Rückgangs in anderen Gebieten mit der Folge, daß sich die regionalen Disparitäten ausweiten, räumliche Ungleichgewichte zunehmen und die Kosten durch Überlastung in den Wachstumsregionen und durch Unterauslastung der Infrastruktur und gemeinsamen Einrichtungen in anderen Regionen ansteigen, woraus ein Druck auf die öffentlichen Finanzen resultiert.

Das vorliegende Kapitel zeigt die wichtigsten, den europäischen Raum beeinflussenden Bevölkerungs- und Wirtschaftsentwicklungen sowie mögliche politische Reaktion auf.

Veränderungen in der räumlichen Bevölkerungsverteilung

Allgemeine Trends

Detaillierte Karten über den demographischen Wandel in den 80er Jahren zeigen deutliche Unterschiede zwischen den Mitgliedstaaten sowohl in der Höhe des Bevölkerungswachstums als auch in der wechselseitigen Beziehung zwischen Gebieten mit zunehmender und Gebieten mit rückläufiger Bevölkerungsdichte (Karten 6 und 7).

Zunächst lassen sich zwei Typen von Gebieten in einer Reihe von Ländern, insbesondere in Italien und Portugal, in dem Sinne klar unterscheiden, daß sie jeweils relativ groß und ohne Überlagerungen in sich

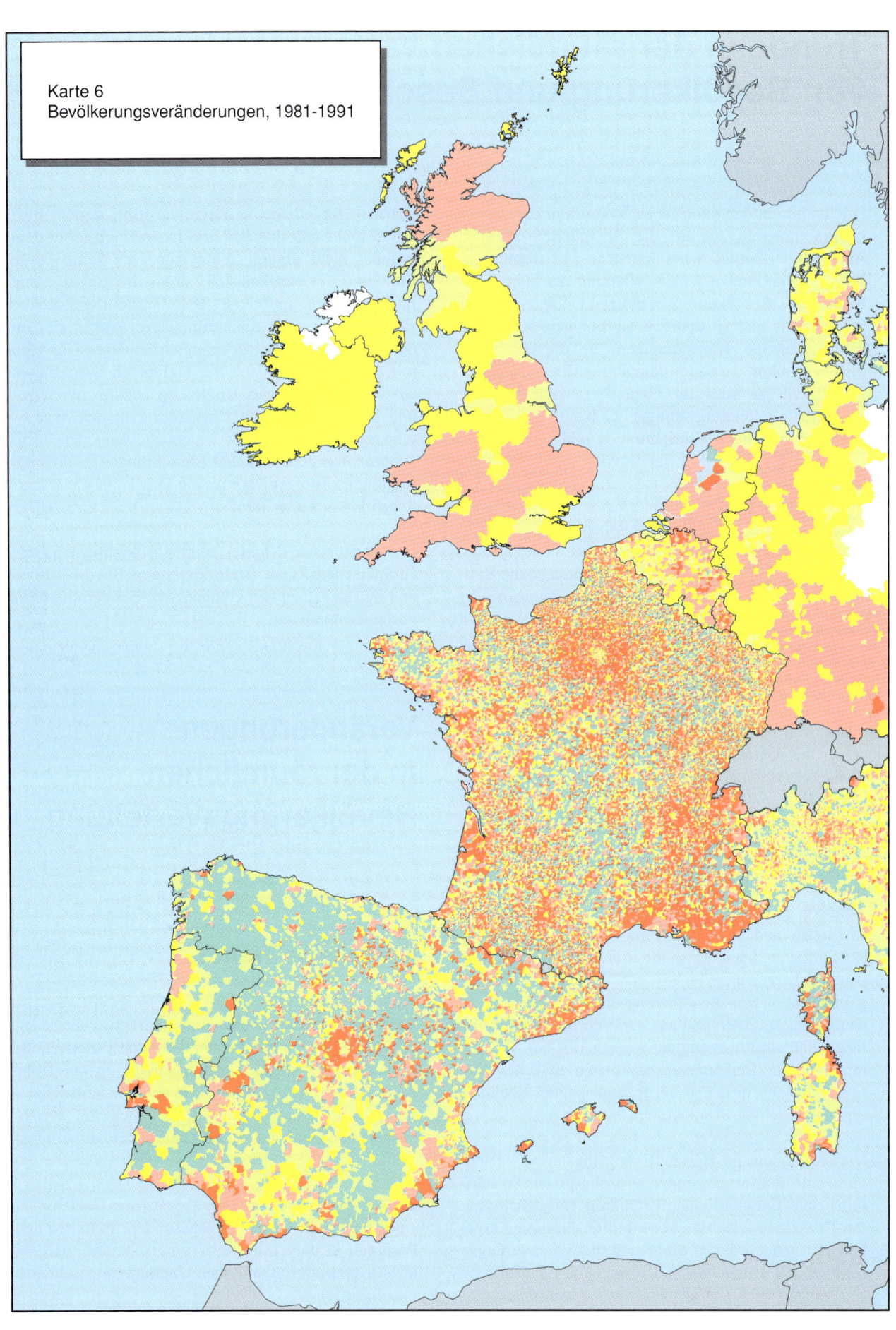

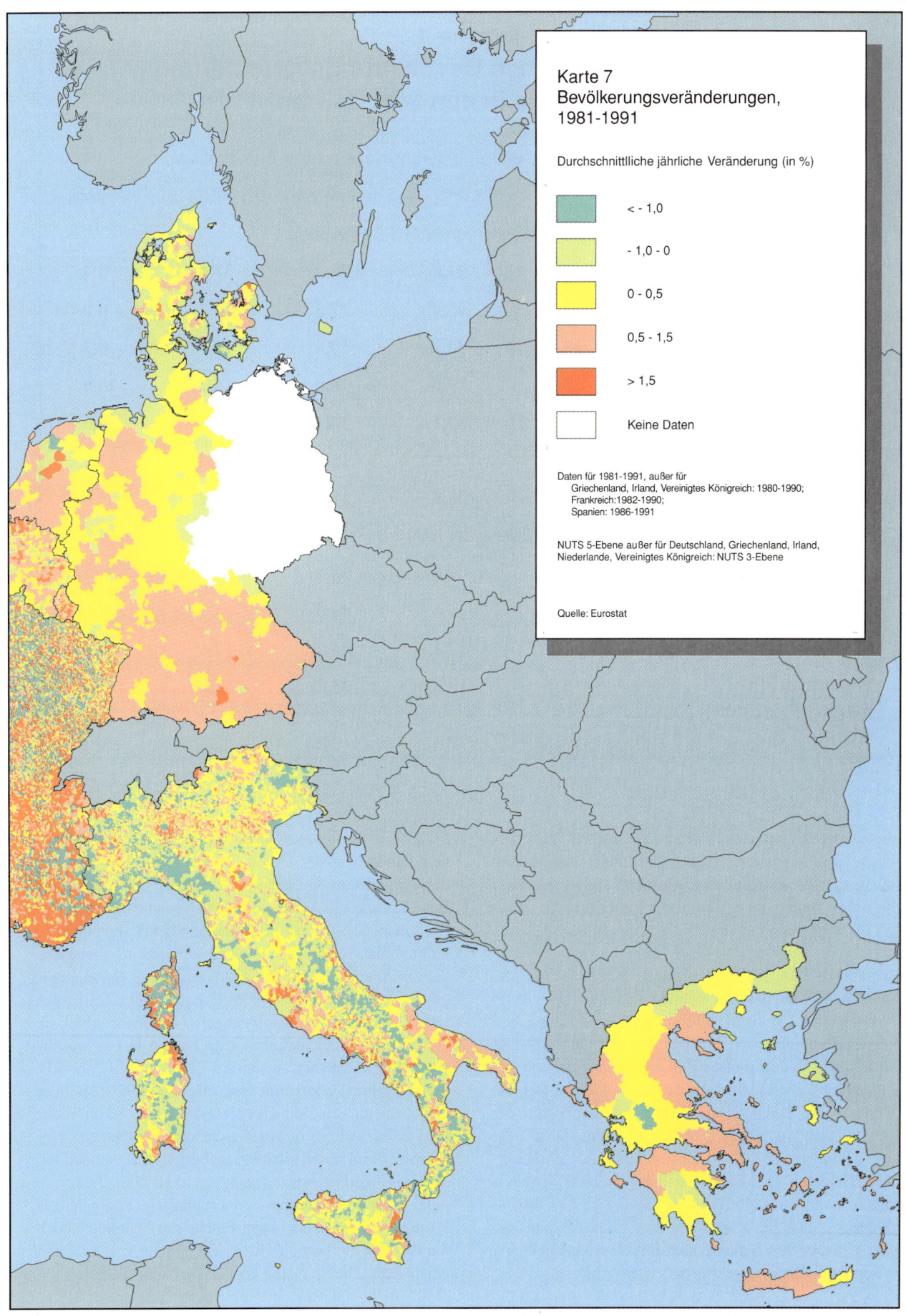

Tabelle 1
Verteilung der jährlichen Bevölkerungsveränderung nach Fläche in den 80er Jahren

in % der Fläche mit einer jährlichen Veränderungsrate in einer Bandbreite von:

		<-1,0 %	-1,0 % – 0	0 – +0,5 %	0,5 –1,54 %	> 1,5 %
\multicolumn{7}{c}{Daten auf der Ebene von NUTS 5-Regionen}						
Belgien	(1981-91)	0,0	21,8	36,2	37,6	4,4
Dänemark	(1981-91)	2,1	45,4	37,5	14,2	0,8
Spanien	(1986-91)	46,0	24,2	10,6	10,9	8,3
Frankreich	(1982-90)	23,1	19,0	10,8	18,2	28,9
Italien	(1981-91)	14,1	39,1	24,1	18,1	4,6
Luxemburg	(1981-91)	0,3	9,9	16,4	50,9	22,5
Portugal	(1981-91)	38,7	35,5	11,8	10,2	3,8
\multicolumn{7}{c}{Daten auf der Ebene der NUTS 3-Regionen}						
Deutschland	(1980-90)	0,0	9,8	38,9	50,9	0,4
Griechenland	(1980-90)	1,4	16,6	40,5	41,5	0,0
Niederlande	(1980-90)	1,9	12,1	34,2	47,6	4,2
Vereinigtes Königreich	(1980-90)	0,0	15,6	35,7	48,7	0,0

Anmerkung: Keine regionalen Daten für Irland; Deutschland ohne die neuen Bundesländer

abgeschlossen sind. Die Fortsetzung dieses Prozesses würde zu einer immer größer werdenden räumlichen Aufspaltung zwischen zwei Gebieten führen, wovon die einen immer mehr und die anderen immer weniger dicht besiedelt sind.

In anderen Ländern, insbesondere in Frankreich und Spanien, erfolgt die Aufspaltung in diese zwei Arten von Gebieten auf einer wesentlich feineren räumlichen Ebene, zumindest in den Gebieten, die eine gewisse Entfernung zu den großen Ballungsgebieten haben. Im allgemeinen überlagern sich die relativ kleinen Gebiete zunehmender Bevölkerungsdichte mit denjenigen der Entvölkerung in einem größeren Umfang. Dies zeigt sich vor allem im Massif Central und anderen ländlichen Gebieten Frankreichs und im Norden Spaniens mit Ausnahme des Nordwestens. Setzt sich dies fort, so könnte sich das Gleichgewicht durch eine Begrenzung oder Umkehr der Tendenz zum Bevölkerungsrückgang in den ländlichen Gebieten wieder einstellen.

Es gibt jedoch einen Gegensatz zwischen verschiedenen Ländern in der Union, im wesentlichen zwischen den Ländern im Norden, wo sich in den 80er Jahren die Bevölkerung nur wenig zersiedelt hat, und den Ländern im Süden, wo dies im allgemeinen stärker war, obwohl Griechenland eine Ausnahme zu sein scheint. Insbesondere in Spanien, Portugal, Frankreich und, etwas weniger, in Italien ist die Bevölkerung in weiten Teilen des Landes deutlich zurückgegangen (um mehr als 1 % jährlich). Auf der anderen Seite wiesen in den nördlichen Mitgliedstaaten in diesem Zeitraum nur sehr wenige Regionen überhaupt einen Bevölkerungsrückgang auf. Zugleich stieg die Bevölkerung deutlich (um mehr als 1,5 % jährlich) in fast dem gesamten Gebiet zweier Länder, Frankreichs und Luxemburgs, an. Dennoch lag die Bevölkerungsveränderung in den 80er Jahren – unter Vernachlässigung von Frankreich, Spanien und Portugal – in über 75 % der Fläche der Mitgliedstaaten nur zwischen einem jährlichen Rückgang von 1 % und einem jährlichen Anstieg von 1,5 % (siehe Tabelle 1).

Verdichtungsgebiete

Eine Reihe von Bevölkerungsveränderungen waren den meisten Mitgliedstaaten in den 80er Jahren gemeinsam. Eine erste Tendenz ist, daß die Bevölkerung Richtung Süden zieht. Dies war ziemlich charakteristisch für Deutschland, wo es in der südlichen Hälfte des Landes ein wesentlich größeres Bevölkerungswachstum gab als im Norden. Dies wird genauso deutlich sichtbar in Frankreich, sowohl im Südosten als auch im Südwesten, und in Spanien (Murcia, Andalusien). Ebenso trifft dieses Phänomen, wenn auch in geringerem Umfang, für das Vereinigte Königreich (Südwesten, East Anglia), Portugal (Algarve) und Italien (Mezzogiorno) zu.

Eine zweite Entwicklung besteht in einer zunehmenden Bevölkerungsdichte in den Gebieten, die am stärksten verstädtert sind, begleitet von ihrer Ausweitung zum Teil über weite Gebiete, und in einem relativen Bevölkerungsrückgang im Zentrum. Dies ist der Fall in Frankreich, Portugal, Nord- und Mittelitalien, Spanien und Irland. Andererseits sind gegenläufige Tendenzen im Vereinigten Königreich (die Dichte ist in ländlichen Gebieten hoch, wie in Nord-Schottland, im westlichen Teil von Wales usw.) und in Luxemburg (wo die Dichte überall, außer in der Hauptstadt und in ehemaligen Industriegebieten, ansteigt) zu beobachten.

Die Bevölkerungsdichte hat im allgemeinen in der Umgebung der großen Ballungsgebiete deutlich zugenommen, insbesondere in Frankreich, im Fall von Paris und Städten mit regionaler Bedeutung, in Portugal um Lissabon und Porto, in Spanien um Madrid, in Belgien in Brabant und in Griechenland um Athen und Thessaloniki. In Italien ist dies ein weitverbreitetes Phänomen nicht nur um die Großstädte herum (Rom, Mailand und Turin), sondern auch um mehrere mittelgroße Städte herum (wie z. B. Brescia, Verona, Padua und Parma). Im allgemeinen scheinen diese Tendenzen in den 80er Jahren in den südlichen Mitgliedstaaten stärker gewesen zu sein, während in der nördlichen Hälfte der Prozeß der geringeren Bevölkerungskonzentration in den Städten und der Bildung von Vororten älter ist. Dennoch setzte sich dies in den 80er Jahren in einigen Ländern wie Deutschland deutlich fort.

Eine dritte Tendenz besteht in einer steigenden Bevölkerungsdichte in den Küstengebieten im Vergleich zu den mehr im Landesinnern gelegenen Gebieten. Dies ist zum Teil auf ihre Attraktivität zurückzuführen, so daß das Wachstum besonders stark im Süden war, insbesondere in Portugal (wo die Bevölkerung entlang des Setubal-Braga-Korridors und der Algarve-Küste angestiegen ist), in Frankreich (entlang der Mittelmeer- und Atlantikküsten), in Spanien (auf der Mittelmeerseite), in Italien (an der Adriaküste und dem südlichen Teil der tyrrhenischen Küste; auf den Inseln Sizilien und Sardinien) und in Griechenland (an der ionischen Küste und auf Kreta). Dagegen gab es entlang der spanischen Atlantikküste kaum Anzeichen eines Bevölkerungswachstums.

Der Norden besitzt zwar häufig ausgeprägte Bevölkerungskonzentrationen entlang der Küste (insbesondere in den Niederlanden und Dänemark), doch war hier die Tendenz zu einer erhöhten Bevölkerungsdichte geringer. Nur in wenigen speziellen Gebieten, z. B. an der norddeutschen Küste, scheint es einen Bevölkerungsdruck zu geben. Im Vereinigten Königreich gibt es andererseits einige Fälle von Verdichtung in Küstenregionen mit kleinen attraktiven Städten, z. B. im Südwesten, während sich in Irland die Verdichtung in den Hauptballungsgebieten der Küsten im Osten und Südosten ausdehnt.

Eine vierte Tendenz ist eine Bevölkerungszunahme entlang der Achsen und Korridore, die die Großstädte miteinander verbinden. Dieses Phänomen hat beispielsweise in Deutschland im Rheintal Tradition und ist ebenso bedeutend in Frankreich (Rhône-Tal, unteres Tal der Seine, Val de Loire) und in Italien (von Mailand entlang des Po-Tals nach Bologna und Florenz). In Spanien ist dagegen die Verdichtung entlang des Ebro-Tals und an der Mittelmeerküste ebenso wie in Portugal entlang der Küste zwischen Setubal und Braga unregelmäßiger. Im Vereinigten Königreich kann eine Tendenz zunehmender Bevölkerungsdichte nur in kleinen Gebieten entlang der Hauptstraßen in den Südwesten und nach Wales festgestellt werden. Auch in Griechenland zeigt sich dies für die zwei wichtigsten Korridore (Thessaloniki-Volos-Athen und Athen-Corinth-Patras).

Während die europäische Integration voranschreitet, entstehen neue Korridore, und andere, die im Laufe der Geschichte zurückgedrängt wurden, tauchen wieder auf. Dies ist besonders in Deutschland der Fall (Karlsruhe-Stuttgart-München-Wien, Frankfurt-Würzburg-Nürnberg-Prag und Köln-Hannover-Berlin).

Schließlich unterliegen die Gebiete mit natürlichen Vorteilen in den meisten Ländern einem Verdichtungstrend. Dies ist unter Umständen eine Erklärung für das Bevölkerungswachstum in Ostbelgien (besonders in den Ardennen), wo es beträchtlich mehr Wälder und

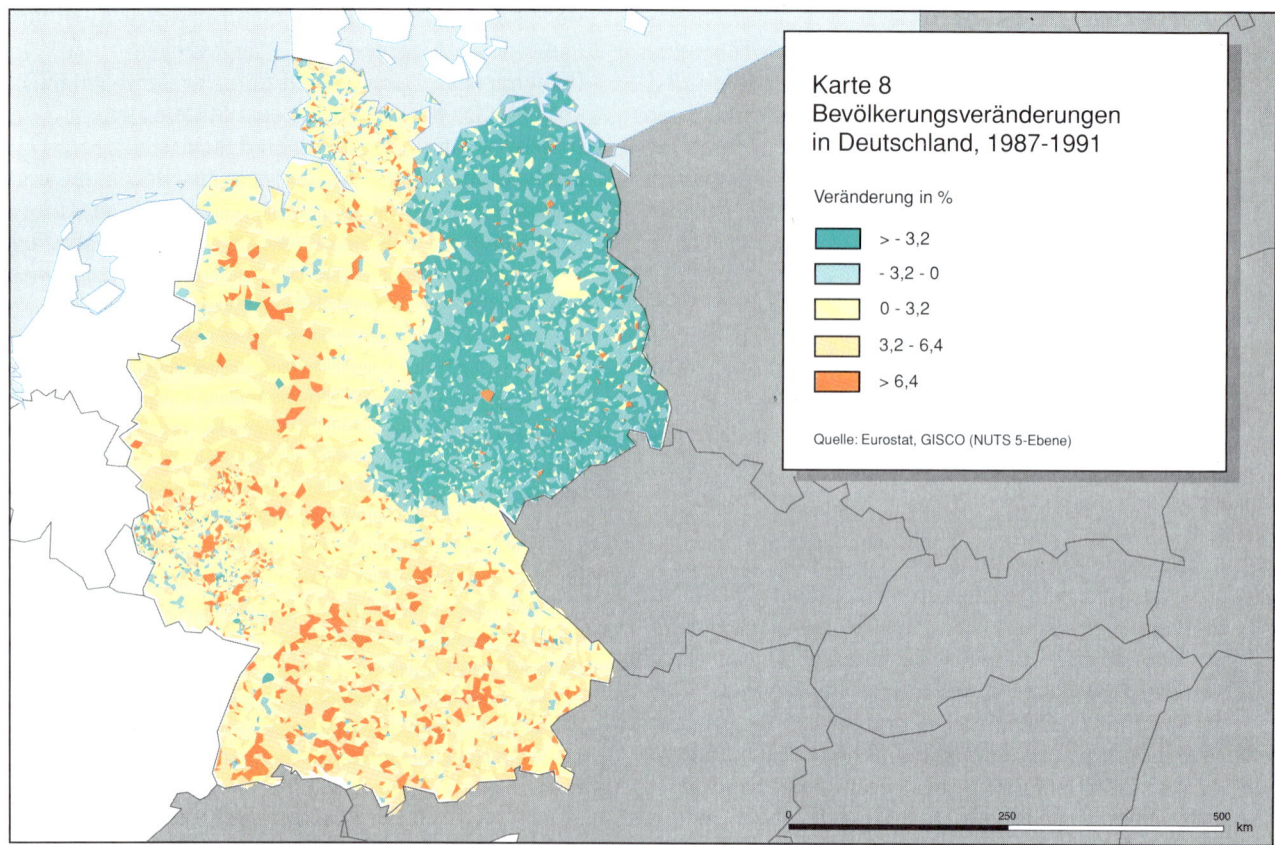

Hügel als im Rest des Landes gibt, im nördlichen Brabant und in Veluwe in den Niederlanden, in den französischen Alpen, in den Dolomiten Italiens und auf einigen griechischen Inseln (Dodecanese, Kreta).

Gebiete mit rückläufiger Bevölkerung

Eine abnehmende Bevölkerungsdichte kann durch Abwanderung oder durch einen natürlichen Rückgang der Bevölkerung im Alterungsprozeß verursacht werden. In einigen Fällen sind beide Gründe miteinander verbunden.

Die während der 80er Jahre betroffenen Gebiete waren sehr verschieden. Am meisten ging die Bevölkerung nicht wie in der Vergangenheit in den ländlichen Gebieten, sondern in den Zentren der Städte zurück. Dies ist das Gegenstück zu dem oben bereits erwähnten Trend zunehmender Bevölkerung in der Umgebung der Ballungsgebiete.

Die Tendenz zum Wegzug der Bevölkerung aus den Stadtzentren ist im Norden der Union weiter verbreitet, besonders im Vereinigten Königreich, in Belgien, in Luxemburg und in Dänemark. In Deutschland hat sich diese Tendenz schon seit langem durchgesetzt, wurde jedoch insgesamt umgekehrt durch neuere Einwanderungsströme. Indessen verbreitet sie sich ziemlich schnell in den südlichen Mitgliedstaaten, besonders in Italien, aber auch in Spanien, und neuerdings auch in Portugal.

Dies ist besonders ausgeprägt in den großen Ballungsgebieten (Inner London, Paris, Brüssel, Mailand, München und Kopenhagen), aber auch in mittelgroßen Städten vollzieht sich dies, besonders in Italien (z. B. Ancona, Cagliari, Verona, Padua, Parma und Siena).

Die Zersiedlung und Entvölkerung setzt sich auch in einer großen Anzahl an früheren Industrieregionen fort, besonders in Belgien entlang des alten Industriekorridors von Hainaut nach Limburg (vor allem in Charleroi und Lüttich), in Esch-sur-Alzette in Luxemburg, im Norden, Merseyside und Südwales des Vereinigten Königreichs, in den Städten an der

Ruhr (Mülheim, Oberhausen, Remscheid, Solingen, usw.) und an der Saar (Neunkirchen) in Deutschland, während in den neuen Bundesländern im Osten in den meisten Gebieten, auch in den Industriestädten, Abwanderung stattfindet (siehe Karte 8, die sich auf den Zeitraum 1987 bis 1991 bezieht). In Frankreich zeigt sich diese Tendenz verstärkt in den Departements Nord, Meuse, Moselle und Meurthe et Moselle und in Spanien im Baskenland.

Der Bevölkerungsrückgang in ländlichen Gebieten, der in den meisten Mitgliedstaaten ein Charakteristikum der letzten Jahrzehnte war, ist in den 80er Jahren seltener geworden. Dies betrifft aber nach wie vor abgelegene ländliche Gebiete oder Gebirgsregionen, die relativ isoliert und für Personen oder Firmen nicht sehr attraktiv sind.

In Deutschland gab es einen relativ geringen Rückgang in den ländlichen Gebieten im Westen (z. B. die Landkreise Hof, Wunsiedel-Fichtelgebirge und Friesland) und wesentlich umfangreicher in den neuen Bundesländern. In Italien ging die Bevölkerung in zwei großen Gebirgsregionen zurück, die erste von den Alpen südwärts zwischen Turin und Mailand und weiter entlang den Appenninen nach Lazio, und ein zweiter, der sich von der Adriaküste ins Landesinnere entlang der Abruzzen und im Norden im unteren Po-Tal und im Süden bis nach Calabrien erstreckt; die Gebirgsregionen der Inseln Sizilien und Sardinien sind ebenfalls durch einen Rückgang gekennzeichnet. Der Bevölkerungsrückgang in vielen ländlichen Gebieten im Norden und im Zentrum Italiens ist jedoch eher auf eine Überalterung als auf Abwanderung zurückzuführen. In vielen Fällen war sogar die Zuwanderung größer als die Abwanderung.

In Portugal vollzieht sich die Entvölkerung mit zunehmender Geschwindigkeit in nahezu allen Gebieten im Landesinnern, und große Gebiete stehen vor einer Entleerung. Im Norden gehen die Bewohner ins Ausland, im Süden nach Lissabon. Eine ähnliche Tendenz, aber weniger generalisierbar, kann ebenfalls in vielen spanischen Regionen beobachtet werden: in Andalusien, Extremadura, Galicien und den beiden Kastilien. In Frankreich hält die Entvölkerung in entlegenen ländlichen Gebieten an, wie beispielsweise im Massif Central. Allerdings ist sie schwächer, da es einige kleine Regionen gibt, in denen die Bevölkerung noch zunimmt. In Belgien geht die Bevölkerung in den ländlichen Gebieten im Westen weiter zurück (z. B. in Groß-Roselaere, Ieper, Kortrijk) und in den Niederlanden im Norden (Groningen und Friesland), im Osten (Overijssel) und im Süden (Zeeland).

Grenzgebiete

Eine gewisse Anzahl an Grenzgebieten folgt einem Verdichtungstrend. Generell sind das die Umgebungen der Ballungsgebiete oder landschaftlich reizvolle Gebiete.

In Belgien befindet sich so gut wie die gesamte Grenze mit den Niederlanden in einer Verdichtungsphase, und ein ähnliches Phänomen tritt in verschiedenen Gebieten auf der niederländischen Grenzseite auf. In Deutschland kann eine Verdichtung im nördlichen Teil des Grenzgebiets mit den Niederlanden (Emsland) und in den meisten Grenzgebieten der südlichen Hälfte beobachtet werden. In Frankreich gehören hierzu die nördlichen Alpen, die Randgebiete der Pyrenäen und der nördliche Teil des Großraums Lille und in Italien die Dolomiten und das Aosta-Tal. In Gebieten, in denen die Dichte auf beiden Seiten der Grenze zunimmt, gibt es häufig größere Interdependenzen und Integration (z. B. Algarve – West-Andalusien und Katalonien – Roussillon).

In einer Reihe anderer Grenzgebiete ist die Bevölkerung ebenfalls rückläufig, so in Grenzgebieten am Rande der Union wie im Nordwesten Irlands, hauptsächlich aufgrund von Abwanderung, in Spanien (Galicien und Castilla-y-Leon im Nordwesten), in Griechenland im Norden (Thrakien, Ost-Mazedonien) und auf einigen Inseln in der nördlichen Ägäis (Lesbos), in Dänemark auf der Insel Bornholm und in Italien in bestimmten Teilen der Alpen, insbesondere in der nordwestlichen Lombardei und im nördlichen Venetien und Friaul. Die östlichen Grenzgebiete der fünf neuen Bundesländer erfahren ebenfalls eine beschleunigte Entvölkerung.

Auch viele Grenzregionen im Innern der Union zeigen eine Tendenz in Richtung Entvölkerung, insbesondere im Süden der Union entlang der spanisch-portugiesischen Grenze, in den Pyrenäen und den französisch-italienischen Alpen. Im Norden zeigt sich dies insbesondere entlang der belgischen Grenze mit Nord-Pas-de-Calais.

Ausblick auf die Siedlungsentwicklung

Die wichtigsten Punkte aus den oben aufgezeigten Entwicklungen sind:

- die Zunahme räumlicher Disparitäten in bezug auf die Bevölkerungsveränderungen in einer Reihe von Ländern, wobei die jeweilige Bedeutung und das Ausmaß der Überschneidung der betreffenden Gebiete sehr unterschiedlich ist;

- die Tendenz in Richtung Ausdehnung der Großstädte und zum Wegzug ihrer Bevölkerung aus den Zentren in die Umgebung führt zu bedeutenden räumlichen und sozialen Ungleichgewichten;

- die Bevölkerung von Küstengebieten und die Entstehung von Vororten verstärken den Druck auf Freiflächen und natürliche und sensible Gebiete; dies hebt die Notwendigkeit hervor, ein Gleichgewicht zwischen der Entwicklung der natürlichen Vielfalt und der Bevölkerung zu erhalten; besonders in städtischen Gebieten in bezug auf Erholung, natürliche Ressourcen, Wasserversorgung usw.;

- die Verstärkung einiger großer Bevölkerungskorridore, entlang derer die wichtigsten Städte und neu entstehende Verdichtungszentren liegen, sowie das Auftreten „grauer Gebiete" zwischen ihnen sind Beweis für die strategische Bedeutung großer Kommunikationsnetze;

- eine Umkehr des Bevölkerungsrückgangs in einer großen Anzahl ländlicher Gebiete hebt die Bedeutung von kleinen und mittelgroßen Städten hervor und zeigt Wege der Raumordnungspolitik auf, um den Rückgang in den am wenigsten begünstigten ländlichen Gebieten anzuhalten oder zu verlangsamen;

- die geringe Zahl an Grenzgebieten mit Bevölkerungsrückgang und das Wachstum in den meisten von ihnen zeigt teilweise, daß die europäische Integration voranschreitet und ein Bedarf an einer abgestimmten und einheitlichen Politik in diesen Regionen besteht.

Veränderungen in der Mobilität der Bevölkerung

Die Mobilität der Bevölkerung ist ein komplexes Phänomen mit zwei Hauptaspekten:

- dauerhafte Zu- oder Abwanderung, die einen Wohnortwechsel erfordert und nicht nur die erwerbstätige Bevölkerung betrifft;

- tägliches oder wöchentliches Pendeln, das in erster Linie die Erwerbstätigen, aber zum Teil auch Nicht-Erwerbstätige (z. B. Schüler und Studenten) betrifft.

Dauerhafte Zu- oder Abwanderung kann drei Formen haben:

- interregionale oder intraregionale Bewegungen innerhalb der Mitgliedstaaten;

- Bewegungen zwischen den Mitgliedstaaten;

- Bewegungen zwischen der Europäischen Gemeinschaft und Drittstaaten (Einwanderung).

Tägliches Pendeln findet demgegenüber zumeist intraregional statt.

Bewegungen innerhalb der Mitgliedstaaten

Interregionale Mobilität

Die einzigen, auf europäischer Ebene harmonisierten Daten über Bevölkerungsbewegungen sind diejenigen über Nettoströme zwischen den Regionen. Die Bedeutung dieses Indikators für Arbeitsmobilität ist jedoch für die hier beabsichtigte Untersuchung eingeschränkt, da z. B. ein ausgeglichener Saldo von Zu- und Abwanderung Folge einer starken Abwanderung von jungen Beschäftigten und einer ebenso starken Zuwanderung von Personen im Ruhestand sein kann.

Die interregionalen Wanderungen scheinen zwischen 1970 und dem Beginn der 80er Jahre abgenommen und sich danach stabilisiert zu haben, um gegen Ende der 80er Jahre wieder leicht anzusteigen (Karte 9). Der Umfang von Bewegungen ist daher zur Zeit wesentlich geringer als nach Kriegsende.

Zwei andere Indikatoren bekräftigen diese Tendenz:

- in Frankreich zeigen Ergebnisse von Volkszählungen, daß der Bevölkerungsanteil, der seinen Wohnsitz von einem Département in ein

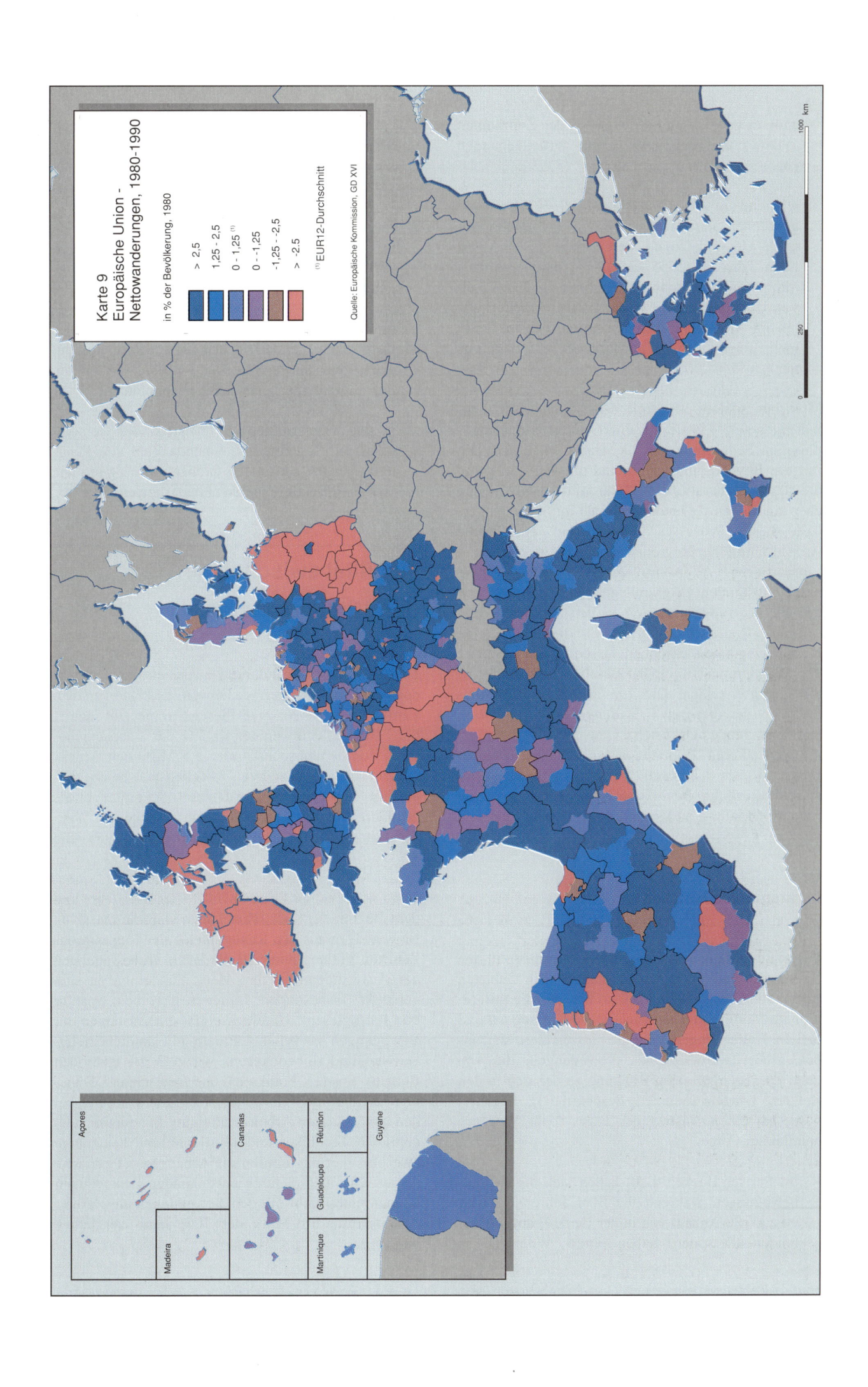

Karte 9
Europäische Union - Nettowanderungen, 1980-1990

in % der Bevölkerung, 1980

- > 2,5
- 1,25 - 2,5
- 0 - 1,25 [1]
- 0 - -1,25
- -1,25 - -2,5
- > -2,5

[1] EUR12-Durchschnitt

Quelle: Europäische Kommission, GD XVI

Açores | Canarias | Réunion | Guyane | Madeira | Guadeloupe | Martinique anderes gewechselt hat, zwischen den Zeiträumen 1968-75 und 1982-1990 leicht zurückgegangen ist;

– während in Westdeutschland 29 % der 1950 geborenen Personen vor ihrem 30. Lebensjahr noch nie umgezogen waren, lag dieser Anteil beim Jahrgang 1955 bei 38 %; darüber hinaus nimmt unter den mobilen Personen die Häufigkeit von Umzügen ab: 13 % der 1950 Geborenen waren im Alter von 30 Jahren schon sechsmal oder mehr umgezogen, beim Jahrgang 1955 waren es nur 8,5 %.

Mobilität scheint also mit dem Alter zusammenzuhängen und könnte zu einer zunehmend geographischen Segregation der Generationen führen. Die jüngere Bevölkerung lebt in und um die Städte und die ältere Generation im Ruhestand wohnt in den eher ländlichen Gegenden, oftmals im Süden. Innerhalb dieses Prozesses „exportieren" eine große Anzahl ländlicher Regionen junge Arbeitskräfte und „importieren" Ältere im Ruhestand. Dies könnte unter Umständen zu grundlegenden Veränderungen der Bevölkerungsstrukturen in den „Export"- und „Import"-Regionen führen, obwohl die Zahlen keine Nettobewegungen erkennen lassen. Dieses Muster der Wanderungsströme hat deutlichen Einfluß auf die Geburtenzahlen. Die von den jungen Arbeitskräften bevorzugten Ballungsgebiete weisen stark steigende Geburtenzahlen auf, wohingegen die von älteren Personen aufgesuchten Gegenden immer weiter sinkende Zahlen aufweisen. Das starke natürliche Bevölkerungswachstum in Île de France, Greater London und Madrid sind Beispiele hierfür.

Intraregionale Mobilität

Die umfangreichen Bevölkerungsbewegungen in den Ballungsgebieten und den sie umgebenden Gebieten in den 80er Jahren deuten darauf hin, daß die intraregionale Mobilität einen beachtlichen Umfang hat und daß die Entfernungen, über die hinweg diese stattfindet, größer werden. Diese Bewegungen, die von einer entgegengesetzten Richtung zu der sich in den Zentren konzentrierenden Beschäftigung begleitet wird, hat einen Anstieg der Tages- oder Wochenpendler zur Folge:

– im Pariser Becken z. B. haben sich die Pendelbewegungen während der 80er Jahre verstärkt: eine große Anzahl von in der Île de France arbeitenden Personen haben ihren Wohnsitz in entfernten Départements wie dem Calvados, der Seine oder Maritime usw.; der TGV wird häufig für die Fahrten zwischen Wohnung und Arbeitsplatz benutzt (z. B. auf der Strecke Paris-Le Mans);

– in Belgien wird das Pendeln zunehmend wichtiger, insbesondere zwischen Brüssel und den übrigen Landesteilen;

– in Deutschland arbeiten viele Bewohner des Bergischen Landes in der Rhein-Ruhr-Region; ebenso hat der Pendelverkehr entlang der ehemaligen innerdeutschen Grenze zugenommen;

– in den Ländern des Nordwestens der Gemeinschaft gibt es eine zunehmende Zahl von Pendlern über die nationalen Grenzen hinweg (so wie zwischen Belgien und den Niederlanden).

Mobilität zwischen den Mitgliedstaaten

Die Zu- oder Abwanderung zwischen den Ländern der Union ist sehr gering. Obwohl es keine genauen Zahlen über das Ausmaß dieser Ströme gibt, deutet die Tatsache, daß weniger als 2 % der Staatsangehörigen der Gemeinschaft (oder 2,5 Millionen Arbeitnehmer) in einem anderen Mitgliedstaat leben, darauf hin. Sie leben dort größtenteils schon länger als ein Jahrzehnt und sind oft Teil zurückliegender Wanderungsströme in den Jahren zwischen 1950 und 1970.

Denn während der zweiten Hälfte der 80er Jahre und dem Beginn der 90er Jahre haben sich die massiven Bewegungen aus den Randgebieten der Union in das Zentrum verlangsamt und die Rückkehrbewegungen der Auswanderer in ihre Heimatländer haben sich verstärkt (insbesondere Italiener, Griechen, Spanier und Portugiesen). Unterdessen ist ein Ansteigen der Bewegungen zwischen Ländern mit ähnlichem Lebensstandard zu beobachten, wie z. B. zwischen den Benelux-Staaten, Frankreich und Deutschland. Daneben zeichnet sich ein neuer Hang zur Mobilität bei den qualifizierten Arbeitskräften ab: Ingenieure, ausgebildete Techniker und Kaufleute sind heutzutage zwei- bis viermal mobiler als Arbeiter oder einfache Angestellte. Die dadurch entstehenden Bewegungen können indes nicht mit den Bewegungen ungelernter Arbeitskräfte bis Mitte der 70er Jahre verglichen werden.

Die Mobilität der Einwanderer aus den Drittstaaten

Obwohl die Europäische Union nicht mehr die mit der Zeit vor 1974 vergleichbaren Arbeitsmöglichkeiten bietet, stellt sie immer noch ein sehr attraktives Ziel für die Staatsangehörigen der mittel- und osteuropäischen Staaten und der Staaten südlich und östlich des Mittelmeers dar. Dies ist kaum überraschend, wenn man die großen Einkommensunterschiede berücksichtigt.

Hinsichtlich der Raumplanung stellt die Ankunft von Einwanderern im Prinzip eine Möglichkeit zur Wiederherstellung des Ungleichgewichts von Bevölkerung und Beschäftigung dar. In der Vergangenheit trug die Einwanderung zum Lückenschluß bei den für die einheimische Bevölkerung unattraktiven Arbeitsplätzen oder Wohngebieten bei.

Neuere Entwicklungen deuten darauf hin, daß Einwanderung aus Drittstaaten weniger zur Wiederherstellung von Gleichgewichten als zur Verstärkung von Disparitäten beiträgt.

Die Wiederbelebung der Einwanderung

Seit dem Ende der 80er Jahre ist vor allem aus sozialen oder politischen Gründen eine Wiederbelebung der Einwanderung in die Gemeinschaft zu beobachten.

Der Konflikt im ehemaligen Jugoslawien hat eine starke Auswanderungswelle zur Folge gehabt, hauptsächlich nach Deutschland. Deutschland hat auch eine große Anzahl deutschstämmiger Personen aus Mittel- und Osteuropa sowie aus der ehemaligen UdSSR aufgenommen. Der Zufluß dieser Personen lag 1985 bei einer Zahl von 39.000 und stieg bis zum Fall der Mauer auf 700.000 Personen an. Insgesamt hat Westdeutschland in den 80er Jahren einen positiven Wanderungssaldo von 2,4 Millionen Menschen aufzuweisen.

Die südlichen Mitgliedstaaten, die lange Auswanderungsländer waren, sind jetzt auch von der Einwanderung betroffen, insbesondere aus Nordafrika, aber auch aus Albanien, Bulgarien, Schwarzafrika und Lateinamerika.

Unabhängig von der von den Mitgliedstaaten betriebenen Einwanderungspolitik dürfte sich die Anzahl der, zumeist illegalen, Einwanderer erhöhen. Deutschland rechnet in seinen 1993 erstellten Schätzungen mit einer Zahl von 5 Millionen Einwanderern, Deutschstämmige inbegriffen, bis zum Jahre 2000.

Wohnort und Mobilität der Einwanderer

Aus den Drittländern stammende Personen werden in der Entscheidung über ihren Wohnort vor allem von zwei Kriterien beeinflußt: zum einen durch die Standorte zum billigen Wohnen und zum anderen durch den Arbeitsmarkt. Daher konzentrieren sie sich im wesentlichen auf stark verstädterte und industrialisierte Gebiete (Karte 10).

Für Frankreich zeigt die Karte über den Anteil der Nichtstaatsangehörigen an der Bevölkerung ein „Skelett" des Landes, das sich auf die wichtigsten Zentren und Kommunikationsverbindungen beschränkt. Dies hat sich im Zeitverlauf nur wenig verändert, mit der Ausnahme einer Tendenz zur Zunahme der ausländischen Bevölkerung in westlichen Regionen und der zunehmenden Ausbreitung in Gebieten in Grenznähe.

Je nach ethnischen Gruppen ist ein verschieden hoher Konzentrationsgrad festzustellen. Die türkischen, algerischen und marokkanischen Gemeinschaften in Deutschland, Belgien, den Niederlanden und Frankreich sind am meisten konzentriert, wohingegen insbesondere die asiatischen Minderheiten im Vereinigten Königreich eine gewisse Zersiedlung aufweisen. Dies läßt sich zum Teil durch ihre unternehmerischen Fähigkeiten erklären, wodurch sie weniger von der Verfügbarkeit von Arbeitsplätzen abhängig sind.

Die Einwanderer sind im allgemeinen weniger mobil als die einheimische Bevölkerung, unter Vernachlässigung der rein lokalen Bewegungen. Sie leben tendenziell dort, wo ihre Nationalität am stärksten vertreten ist und wo sie mit der Unterstützung von Familiennetzen rechnen können, worauf sie stärker angewiesen sind als die einheimische Bevölkerung.

Nicht-Erwerbstätige

Die Veränderungen der Altersstrukturen der europäischen Bevölkerung führen zu einem zunehmenden

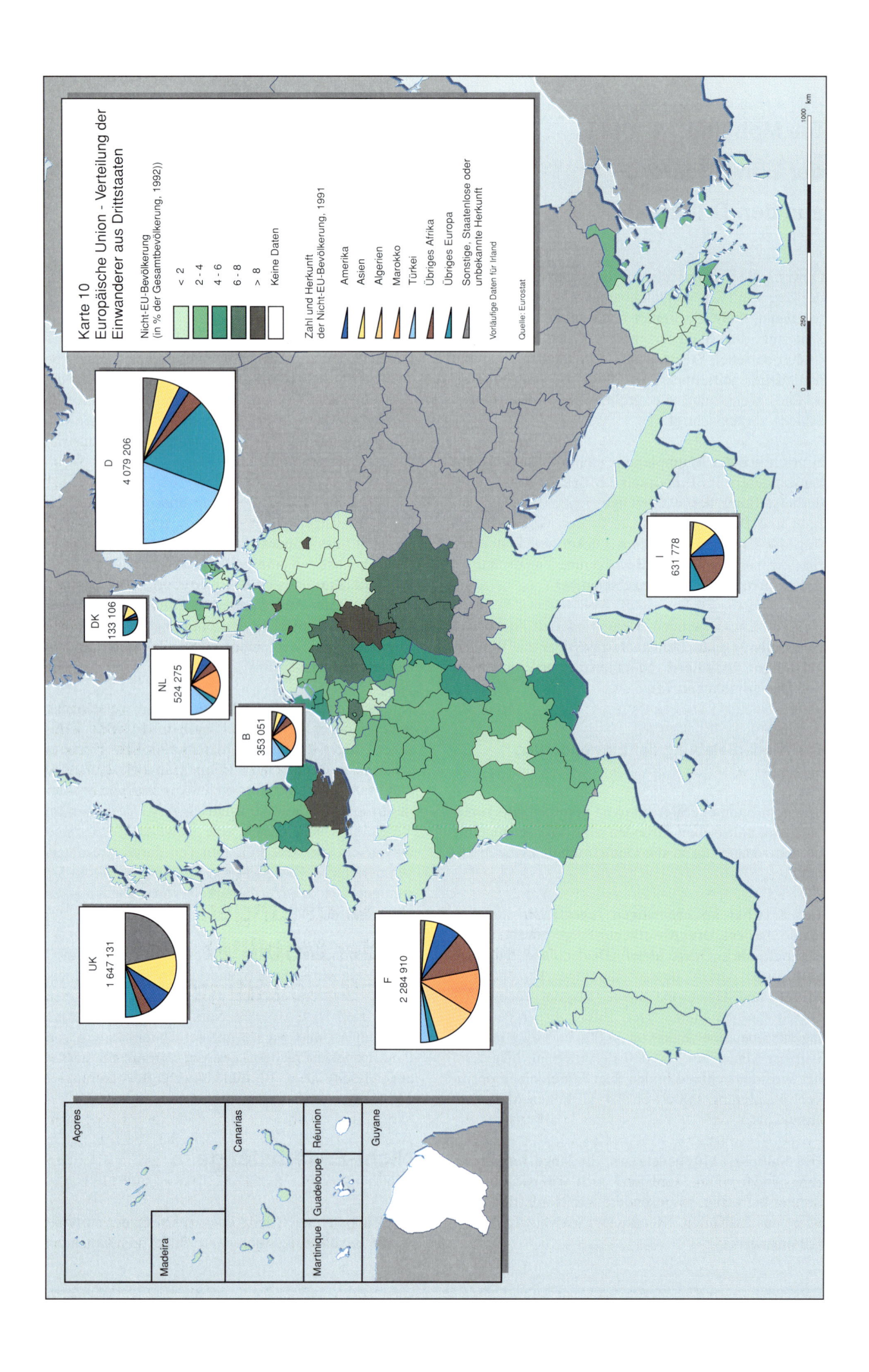

Karte 10
Europäische Union - Verteilung der Einwanderer aus Drittstaaten

Nicht-EU-Bevölkerung
(in % der Gesamtbevölkerung, 1992))
- < 2
- 2 - 4
- 4 - 6
- 6 - 8
- > 8
- Keine Daten

Zahl und Herkunft der Nicht-EU-Bevölkerung, 1991
- Amerika
- Asien
- Algerien
- Marokko
- Türkei
- Übriges Afrika
- Übriges Europa
- Sonstige, Staatenlose oder unbekannte Herkunft

Vorläufige Daten für Irland

Quelle: Eurostat

- D: 4 079 206
- DK: 133 106
- NL: 524 275
- B: 353 051
- UK: 1 647 131
- F: 2 284 910
- I: 631 778

Açores
Madeira
Canarias
Guadeloupe
Martinique
Réunion
Guyane

Anteil der Nicht-Erwerbstätigen (obwohl dies durch die gestiegene Erwerbsbeteiligung der Frauen ausgeglichen wird):

— in der jungen Bevölkerung durch eine Verlängerung der Schulzeit und die erhöhten Studierendenzahlen;

— in der älteren Bevölkerung durch den Einfluß des Vorruhestandes und der Erhöhung der Lebenserwartung.

Die Jüngeren

Die Jüngeren, und besonders die Studierenden, sind im Vergleich zu anderen eine relativ mobile Bevölkerungsgruppe. Die Schaffung einer Vielzahl von regionalen Universitäten in mittelgroßen Städten in einer großen Anzahl von Ländern (insbesondere in Deutschland, Frankreich, Portugal, Spanien und Griechenland) hatte zwei Konsequenzen:

— sie erlaubte einerseits einem Teil der aus wenig entwickelten Regionen und aus einfachen Verhältnissen stammenden Studierenden ein Hochschulstudium in der Nähe ihrer Heimat zu relativ niedrigen Kosten; ohne diese Hochschulen hätten einige von ihnen ihre Ausbildung kaum fortsetzen können;

— sie brachte einen Teil der aus Großstädten mit relativ vollen und anonymen Hochschulen stammenden Studierenden dazu, sich in regionalen Universitäten mit besseren Studien- und Lebensbedingungen einzuschreiben.

Die erste Tendenz wirkt sich nur schwach auf die Mobilität aus. Die zweite aber kann dazu genutzt werden, die Absolventen mit einer aktiven Beschäftigungspolitik außerhalb der Großstädte anzusiedeln.

Die Älteren

Die Zahl der Ruheständler wird zunehmend größer und sie sind mobiler als in der Vergangenheit. Sie siedeln sich immer stärker in den klimatisch günstigeren Regionen ihres Landes oder manchmal auch anderer Mitgliedstaaten an (z. B. Cornwall, Südfrankreich, Andalusien und die Kanarischen Inseln). Für diese Gebiete stellen sie eine Quelle regelmäßiger Einkünfte dar.

Das Rentenalter wirkt sich auf das Niveau der Mobilität aus. Vorruheständler sind im allgemeinen mobiler, so daß dann, wenn in Zukunft zur Finanzierung der Sozialbudgets das Rentenalter heraufgesetzt wird (wie dies z. B. kürzlich in Italien durchgeführt wurde), der Einfluß auf die Mobilität sicherlich negativ sein wird. Andererseits könnte die im Zeitverlauf bessere Gesundheit und erhöhte Aktivität älterer Menschen eine umgekehrte Wirkung haben.

Unter den mobilen Rentnern lassen sich verschiedene Gruppen unterscheiden:

— Personen mit relativ hohen Einkünften, die in einer attraktiven Region wohnen wollen (z. B. Küsten- oder Bergregionen);

— aus ländlichen Gebieten stammende Personen, die in ihre Heimat zurückkehren möchten; dies hängt weniger von dem Einkommensniveau ab, da familiäre Beziehungen zu diesen Regionen bestehen;

— oftmals zu den höheren Altersgruppen zählende Personen, die aufgrund der verfügbaren Pflege- und Gesundheitseinrichtungen sowie eines breiten Kulturangebotes in die Städte zurückkehren möchten.

Die Mobilität der älteren Personen ist demnach stark nach räumlichem Ziel und sozialer Herkunft differenziert. Die Raumplanung muß sich diesen unterschiedlichen Gegebenheiten anpassen und versuchen, die Verfügbarkeit der erforderlichen Einrichtungen sicherzustellen.

Veränderungen in der Mobilität der Beschäftigung

Eine vergleichende Analyse für die erste und die zweite Hälfte der 80er Jahre zeigt, daß es einen Anstieg in der Variation der Zuwachsraten der Beschäftigung zwischen den meisten europäischen Regionen (auf der NUTS 3-Ebene) gegeben hat. Dies gilt auch unter Berücksichtigung des allgemein höheren Beschäftigungswachstums in der zweiten Hälfte.

In Frankreich z. B. ist die jahresdurchschnittliche regionale Abweichung von 0,62 % im ersten auf

0,81 % im zweiten Zeitraum gestiegen; in Belgien von 0,67 % auf 0,80 %, in den Niederlanden von 0,65 % auf 1,98 % und in Spanien von 0,73 % auf 1,69 %. In Italien konnte man mit einer Verringerung von 1,17 % auf 1 % eine geringere Mobilität der Beschäftigung erkennen.

Die zunehmende regionale Abweichung im Beschäftigungswachstum kommt nicht nur von der größeren Mobilität der Unternehmen. Sie wird auch von Entstehung und Untergang von Unternehmen beeinflußt, die sich beide beschleunigt haben.

Die deutliche Abweichung im Beschäftigungswachstum auf regionaler Ebene ist kein neues Phänomen. Während der großen Industrialisierungsschübe nach dem Krieg unterlag die Beschäftigung im Rahmen einer massiven Abwanderung vom Land ebenfalls starken räumlichen Veränderungen. Aber eine Vielzahl der damals entstandenen Arbeitsplätze hat sich über mehrere Jahrzehnte hinweg am selben Standort gehalten, was heutzutage nicht mehr der Fall ist. Die Beschäftigung ist bedeutend weniger seßhaft geworden als früher.

Die räumliche Mobilität von Unternehmen hat sich verändert durch:

— den technologischen Wandel: die Produktionsprozesse hängen immer weniger von Rohstoffen, also von lokalen Gegebenheiten, ab und verarbeiten dagegen immer mehr immaterielle und daher potentiell mobilere Inputs; selbst die Produktion im Agrarsektor, das führende Beispiel für Immobilität, ist immer weniger vom Boden abhängig;

— der wirtschaftliche Strukturwandel, insbesondere das Wachstum des Dienstleistungssektors;

— die wirtschaftlichen Notwendigkeiten: die Unternehmensorganisation hat sich verändert, indem Produktionsbetriebe an den für ihre Märkte strategischen Standort gehen; die Verkürzung der Produktlebenszyklen wirkt ebenfalls in diese Richtung; die immer höher entwickelten Produkte führen die Unternehmen an Standorte nahe der großen Dienstleistungszentren (z. B. für Finanzen, Innovation und Handel) sowie mit gutem Zugang zu Verkehrs- und Telekommunikationsverbindungen;

— die erhöhte Wettbewerbsintensität: die Öffnung der Märkte führt zu einer fortlaufenden Suche nach den günstigsten Produktionsstandorten mit den größten Standortvorteilen, die sich aus dem Unternehmensumfeld in Form von öffentlichen Einrichtungen und Dienstleistungen (Berufsbildungszentren, Verfügbarkeit von hochqualifiziertem Personal usw.) ergeben.

Wirkungen auf die Erwerbsbevölkerung

Die Mobilität der erwerbstätigen Bevölkerung ist vor allem deshalb von Bedeutung, weil sie nicht mit der räumlichen Entwicklung der Arbeitsplätze übereinstimmt. Es gibt keine auf europäischer Ebene harmonisierte Informationsquelle, die eine Analyse oder eine Vorhersage über die Mobilität der Arbeitskräfte erlauben würde. Dennoch ist es wichtig, zwischen den beobachteten und den potentiellen Bewegungen zu unterscheiden.

Im Prinzip sollte sich die Arbeitsmobilität erhöht haben durch:

— den schnelleren wirtschaftlichen Strukturwandel, wobei Arbeitsplätze nicht unbedingt dort geschaffen werden, wo sie verloren gegangen sind;

— verbesserte Kommunikationsmöglichkeiten, die eine größere Auswahl an Wohnorten zulassen und die Attraktivität einiger Gebiete steigern, welche eine bessere Umgebung und eine höhere Lebensqualität (z. B. ländliche Gebiete) haben, die sich mit Bildungseinrichtungen, Beschäftigungsmöglichkeiten, Kultur- und Freizeitaktivitäten (z. B. Großstädte) verbinden lassen; das Vorhandensein neuer Telekommunikationstechnologien kann den Wohnortwechsel von einigen städtischen Arbeitern in ländliche Gebiete ermöglichen (Telearbeit);

— erhöhte Ausbildungsmöglichkeiten und mehr berufliche Aufstiegschancen, insbesondere in an mehreren Orten präsenten Unternehmen;

— soziale Entwicklungen wie die Erhöhung der Partnerschaftstrennungen und das Auseinanderbrechen traditioneller Familieneinheiten;

— die Öffnung der Grenzen zwischen den Mitgliedstaaten seit der Einheitlichen Europäischen Akte und die Suche nach besseren Lebensbedingungen in anderen europäischen oder außereuropäischen Ländern.

Andere Faktoren scheinen die Mobilität vermindert zu haben:

- die Zunahme von Familien mit Doppelverdienern, deren dadurch erreichter Komfort und Sicherheit nur schwer an andere Orte übertragbar ist;

- Beschränkungen durch die Ausbildung der Kinder;

- spezielle Systeme von Sozialleistungen, einschließlich der Beihilfesysteme und Unternehmensleistungen;

- die Notwendigkeit zum Wohnungswechsel, einschließlich Kauf oder Verkauf, Besteuerung der Immobilientransaktionen und Wohnraummangel in den potentiell attraktiven Wohngebieten;

- die Arbeitslosigkeit insbesondere von wenig ausgebildeten Arbeitnehmern, da bei dieser Gruppe von Personen die Arbeitslosenzahl heutzutage in praktisch allen Regionen erhöht ist und die Nachfrage nach wenig qualifizierten Arbeitnehmern in den meisten entwickelten Regionen zurückgegangen ist;

- die zunehmende Bedeutung von Identitäts- und Kulturwerten hat den Wunsch nach einem Verbleiben in der Heimat verstärkt.

Die hemmenden Faktoren scheinen insgesamt stärker als die fördernden Mobilitätsfaktoren zu sein. Insbesondere die Wohnungsengpässe und die Zunahme von Doppelverdienern betreffen eine steigende Anzahl von Personen, da sich die Neigung zu Wohneigentum und die Erwerbsbeteiligung von Frauen tendenziell erhöhen. Insgesamt ist somit wichtig, die sich daraus ergebenden Konflikte in bezug auf die wachsende Mobilität der Arbeitsplätze zu betrachten.

Die Probleme für die Raumplanung

Aus diesen unterschiedlichen Entwicklungen ergeben sich eine Reihe von Problemen für die Raumplanung. Vor allem die zunehmende Zahl von Personen und die von ihnen zurückgelegten Entfernungen sind eine direkte Folge davon, daß Arbeitsplätze und Wohnungen immer weiter auseinander liegen. Der Wegzug von Personen aus den Städten macht, wie bereits erwähnt, zusammen mit der Konzentration von Arbeitsplätzen dort, das tägliche Zurücklegen größerer Entfernungen erforderlich, wodurch sich Überlastungen, Umweltverschmutzung und erhöhter Verbrauch von Energie und Zeit ergeben. Das Problem steht in enger Verbindung zum Verkehr und vor allem zu den öffentlichen Verkehrssystemen. Die Ausgestaltung der Straßen- und Schienennetze (die zumeist konzentrisch sind) und die Subventionierung des öffentlichen Verkehrs scheinen die Tendenz zur Konzentration von Arbeitsplätzen in den Innenstädten, insbesondere in den Dienstleistungen, zu verstärken. Die sich daraus ergebenden sozialen Kosten könnten daher größer sein, als sie der Versuch einer stärkeren Dezentralisierung der Beschäftigung mit sich bringen würde.

In den nördlichen Mitgliedstaaten hat der Umfang des schon alten Phänomens des täglichen Pendelns zu einer Entwicklung von Wiederansiedlungsstrategien über den Weg der Stadterneuerung und der Entwicklung von neuen Wohnfunktionen in den Stadtzentren geführt. Diese Politiken werden ebenfalls von einer Dezentralisierung der Beschäftigung in Richtung nahegelegener kleiner und mittelgroßer Städte begleitet. Eine solche Politik wurde z. B. für die Randstad in den Niederlanden angewandt.

Ein weiteres Problem ergibt sich durch das in vielen Gebieten hohe Niveau von Langzeitarbeitslosen. Die neuen Investitionen gehen immer mehr in Richtung besonders attraktiver Gebiete (mit guter Erreichbarkeit, hoher Umweltqualität und Technologiezentren usw.). Die im Vergleich zu den Jüngeren weniger mobile erwerbstätige Bevölkerung der alten Industrieregionen kann nicht mehr genügend Arbeitsplätze finden. Daraus folgen sehr hohe soziale Kosten (z. B. in Form von Arbeitslosenhilfen). Der zunehmend selektive Prozeß inter- und intraregionaler Mobilität schafft immer mehr Gebiete mit geringfügig ausgebildeten Arbeitskräften, wodurch der Verlust an Attraktivität dieser Gebiete noch verstärkt wird. Der Zustrom an Einwanderern aus Drittländern, häufig mit einem niedrigen Berufsbildungsniveau, unterstützt diese Tendenz zusätzlich.

Die politischen Optionen

Raumplanung muß dazu beitragen, die Vereinbarkeit der räumlichen Anordnung von Beschäftigungsmöglichkeiten und erwerbstätiger Bevölkerung sicherzustellen. Ebenso sollte die Regionalpolitik jedoch die Vorteile der relativen Mobilität der nicht erwerbstätigen Bevölkerung in ihre Strategien mit einbeziehen. In dieser Hinsicht gibt es zwei alternative Ansätze in dem Sinne, daß die Politik entweder auf die Erhöhung der Mobilität der Bevölkerung oder auf die Veränderung der Standorte von Arbeitsplätzen ausgerichtet sein kann.

Maßnahmen zur Förderung der Bevölkerungsmobilität

Es gibt verschiedene Möglichkeiten zur Förderung der Mobilität der Bevölkerung:

- die Anbindung von Wohngebieten an Gebiete mit Beschäftigung ist nur möglich bei relativer Nähe und oft nur bei einer Verbesserung des öffentlichen Verkehrsangebotes; aber die Verstärkung von Pendelbewegungen kann in einer Vielzahl von Fällen große Probleme an Verkehrsüberlastungen mit sich bringen; die intraregionale Verkehrspolitik spielt also eine Schlüsselrolle, obwohl die Subventionierung des öffentlichen Verkehrs zu wachsender räumlicher Abtrennung der Funktionen führen kann;

- die Mobilitätshemmnisse müssen vermindert werden, indem Wohnungswechsel erleichtert (durch Erhöhung der Verfügbarkeit und der Möglichkeit eines Transfers der Darlehen oder Senkung von Steuern auf Immobilientransaktionen usw.) und die aus der Verschiedenheit der sozialen Sicherungssysteme folgenden Hindernisse reduziert werden (vor allem in Grenzgebieten);

- die Einrichtungen für ältere Personen sind dort, wo diese ihren Ruhestand verbringen, zu verbessern, indem angemessene Unterbringung, spezialisierte Dienstleistungen, Verkehr, kulturelle Angebote usw. gesichert sind; diese Art von Strategie benötigt zahlreiche Arbeitskräfte, die nicht mehr in allen ländlichen Regionen zur Verfügung stehen; auf diesem Gebiet kann es, insbesondere in den ländlichen Gegenden des Nordens, einige Engpässe geben; einige Gebiete der Highlands in Schottland sind davon bereits betroffen;

- die mittleren Universitätsstädte können mittels einer aktiven Politik einer an das Lehrangebot angelehnten Unternehmensansiedlung versuchen, die jungen Absolventen in der Region zu halten; während die Entwicklung regionaler Universitäten in vielen Mitgliedstaaten gefördert wird, ist die Errichtung von spezialisierten und genügend großen Beratungszentren oft ein ebenso entscheidender Punkt wie die Beziehungen zwischen Universitäten und Unternehmen.

Maßnahmen zur Beeinflussung der Standorte von Arbeitsplätzen

Herkömmlicherweise zielt die Regionalpolitik auf eine Optimierung der Ressourcennutzung und eine Sicherstellung der Chancengleichheit. Die Förderung der Beschäftigungsentwicklung in spezifischen Gebieten, um eine bestmögliche Übereinstimmung mit der Entwicklung der Erwerbsbevölkerung herzustellen, ist Bestandteil dieser Politik. Eine bessere Übereinstimmung von Unternehmensstandorten und Raumordnungszielen kann auf zwei verschiedenen Wegen angestrebt werden:

- durch eine Verbesserung der für Unternehmen an ihrem Standort verfügbaren Einrichtungen und Dienstleistungen, um eine Abwanderung der Unternehmen insbesondere in die Ballungsgebiete wegen solcher Standortmängel zu vermeiden;

- durch die Förderung von mit dem Gebiet stark verbundenen Unternehmen, die auf endogenen Ressourcen basieren.

Maßnahmen zur Erreichung eines besseren Ausgleichs der Standorte von Wohnen und Arbeiten

Im Rahmen der Formulierung von Raumplanungspolitiken muß systematisch auf die möglichen Konsequenzen der Ansiedlung von Wohnungen und von Unternehmen auf die Mobilität geachtet werden. In dieser Hinsicht können mehrere Optionen angewandt werden:

- die Förderung im Rahmen der Stadterneuerung und des Wiederaufbaus von für eine breite Bevölkerungsschicht nutzbarem Wohnraum; eine bessere Abstimmung zwischen den Standorten von Büros und Wohnungen vermeidet die Entstehung neuer Pendlerströme; solche Politiken wurden z. B. in Cardiff, Liverpool, Amsterdam und Rotterdam durchgeführt;

- die Beschäftigungsförderung in den Randgebieten der Städte und in den Vororten, wo es zur Zeit wenige Arbeitsplätze gibt;

- die Anwendung neuer Methoden, so wie der Telearbeit, die eine Reduzierung des täglichen Pendelns oder vielleicht sogar von den Städten weiter entfernte Wohngebiete ermöglichen.

Neuere Veränderungen in der regionalen Verteilung von Auslandsinvestitionen

Wie im vorangegangenen Kapitel gezeigt wurde, ist die Mobilität von Unternehmen – und damit auch der Beschäftigung – ein Element von strategischer Bedeutung für die Regionalplanung. Zunehmend findet die Mobilität von Unternehmen auf internationaler Ebene statt.

In der folgenden Analyse wird im ersten Abschnitt die Entwicklung der Zuflüsse an Investitionen in die und aus der Union untersucht. Daran anschließend werden die geographischen Effekte dieser Investitionsströme auf die Integration von Südeuropa und Irland in die internationale Wirtschaft, die Stärkung der Bedeutung von Großstädten und die ungleiche Verteilung solcher Investitionen zwischen den Regionen betrachtet.

Internationale Investitionsströme

Die mit Investitionen verbundenen Kapitalströme sind in bezug auf die Mitgliedstaaten sowohl bedeutend als auch schnellen Veränderungen unterworfen. Zwischen 1984 und 1987 wurden in der Union pro Jahr im Durchschnitt 7,8 Mrd. ECU von Drittländern investiert. Zwischen 1988 und 1991 waren es durchschnittlich 24,6 Mrd. ECU mit einem Maximum von 33 Mrd. ECU im Jahre 1990.

Die regionalen Auswirkungen von Direktinvestitionen lassen sich nach den historischen Entwicklungen unterscheiden, die in den nördlichen Ländern anders verliefen als im Süden. In den 50er Jahren erfuhren die nördlichen Mitgliedstaaten eine größere Welle des Zuflusses ausländischer Investitionen. Der Zufluß von internationalen Investitionen in diese Länder verblieb seitdem auf einem relativ hohen Niveau, obgleich deutliche Unterschiede zwischen ihnen, bezogen auf das Bruttoinlandsprodukt (BIP), bestehen (sie sind deutlich höher für Irland, das Vereinigte Königreich und die Benelux-Staaten als für Frankreich oder Deutschland). Die Ströme in die südlichen Länder – insbesondere nach Spanien und Portugal – haben ein vergleichbares Volumen erreicht, sind jedoch im wesentlichen erst seit Mitte der 80er Jahre zu verzeichnen. Zwischen 1950 und 1980 wirkten sich die Effekte einer wirtschaftlichen Globalisierung nur auf eine relativ beschränkte Anzahl von Regionen im Süden aus. Die Jahre nach der Erweiterung der Gemeinschaft um Spanien und Portugal riefen ein Wachstum der Direktinvestitionen in der Region des westlichen Mittelmeers hervor, das weit über dem Durchschnitt der Gemeinschaft lag.

Während die USA der wichtigste Auslandsinvestor in den 50er und 60er Jahren waren, haben in der jüngeren Vergangenheit die Investitionsströme zwischen den europäischen Ländern an Bedeutung gewonnen.

Die Wirkungen der Direktinvestitionen auf die Volkswirtschaften der Empfängerländer scheinen im großen und ganzen vorteilhaft gewesen zu sein. Dort, wo solche Investitionen neue Produktionsrichtungen geschaffen haben, führten diese zu einer stärker diversifizierten Wirtschaftsstruktur, zu einer größeren Produktivität (und Rentabilität), zur Schaffung neuer Arbeitsplätze mit häufig auch höheren Löhnen und zu neuen Forschungsaktivitäten (auch wenn diese um die ausländische Muttergesellschaft konzentriert sind). Es muß jedoch festgestellt werden, daß die meisten internationalen Investitionen nicht von dieser Art sind, sondern in der Veränderung von Eigentumsstrukturen bereits bestehender wirtschaftlicher Vermögenswerte bestehen (wie die Beteiligung an inländischen Unternehmen), wo die Wirkungen weniger eindeutig sind. Dies ist ein wichtiger Punkt, der bei der Interpretation der hier vorgestellten Zahlen zu den Investitionsströmen zu berücksichtigen ist.

Die Richtung der internationalen Investitionen, 1984-91

Die internationalen Investitionsströme, die die Mitgliedstaaten betreffen, werden vom Austausch innerhalb einer Gruppe von Staaten, die die größeren und wirtschaftlich stärkeren Mitgliedstaaten sowie die Benelux-Staaten umfaßt, dominiert. Innerhalb dieser Gruppe scheinen die Investitionsflüsse, bis auf wenige Ausnahmen, wechselseitig in der Form zu sein, daß Zahlungen von ähnlichem Volumen wieder zurückfließen. In bezug auf die Länder in der Peripherie der Union zeigt sich, daß sich eine Nord-Süd-Achse mit

Investitionsströmen vom Vereinigten Königreich, Frankreich, Deutschland und den Niederlanden nach Spanien und Portugal herausgebildet hat. Diese Ströme werden noch durch Investitionen auf der erweiterten europäischen Ebene, durch die EFTA-Länder, in die beiden letztgenannten Länder verstärkt. Eine etwas schwächere Ost-West-Achse ist ebenfalls zu beobachten, die die Form von Investitionen aus dem Vereinigten Königreich, Frankreich, Deutschland und Dänemark nach Irland annimmt.

Zwischen 1984 und 1991 betrugen die Direktinvestitionen in der Union einschließlich der Direktinvestitionen zwischen den Mitgliedstaaten durchschnittlich weniger als 1 % des BIP der Union. Von dieser Summe kamen 45 % aus anderen Ländern, hauptsächlich den USA, Japan und den EFTA-Ländern, während 55 % Investitionen unter den Mitgliedstaaten waren. Während dieser Periode sind jedoch ein deutlicher Anstieg der Investitionsströme, ein Anstieg der Bedeutung von internen Investitionen in Relation zu externen und große Unterschiede in den Investitionsvolumina in den verschiedenen Mitgliedstaaten zu beobachten. So betrugen in den ersten vier Jahren dieses Zeitraums, von 1984 bis 1987, die Direktinvestitionen in die Mitgliedstaaten der Union im Durchschnitt 0,6 % ihres gemeinsamen BIP. In den vier Jahren von 1988 bis 1991 erreichten die Direktinvestitionen dagegen einen Durchschnitt von 1,3 % des BIP der Union. Darin zeigt sich zum Teil schon die Verwirklichung des Binnenmarktes, der sowohl die Attraktivität der Union als Standort für Investitionen aus Ländern außerhalb der Union gesteigert hat, als auch Anreize für Aktivitäten der Mitgliedstaaten zur Schaffung von Produktionsmöglichkeiten in einem anderen Mitgliedstaat geschaffen hat, und zum Teil ein stärkeres Wirtschaftswachstum (siehe Schaubild).

Der Anstieg des Investitionsvolumens war allen Mitgliedstaaten gemeinsam, wobei vor allem Irland ein beträchtlicher Zuwachs an Investitionen in den beiden Perioden zuteil wurde (der Durchschnittswert stieg von 1,3 % des BIP auf 8,5 %), während der Anstieg in Griechenland nur relativ gering ausfiel.

In der gleichen Zeit stiegen die internen Investitionsströme zwischen den Mitgliedstaaten von 53 % auf 58 %, was den Trend zu einer stärkeren wirtschaftlichen Integration innerhalb der Union widerspiegelt.

In beiden Zeiträumen gab es auffallende Unterschiede in der Bedeutung von Direktinvestitionen für einzelne

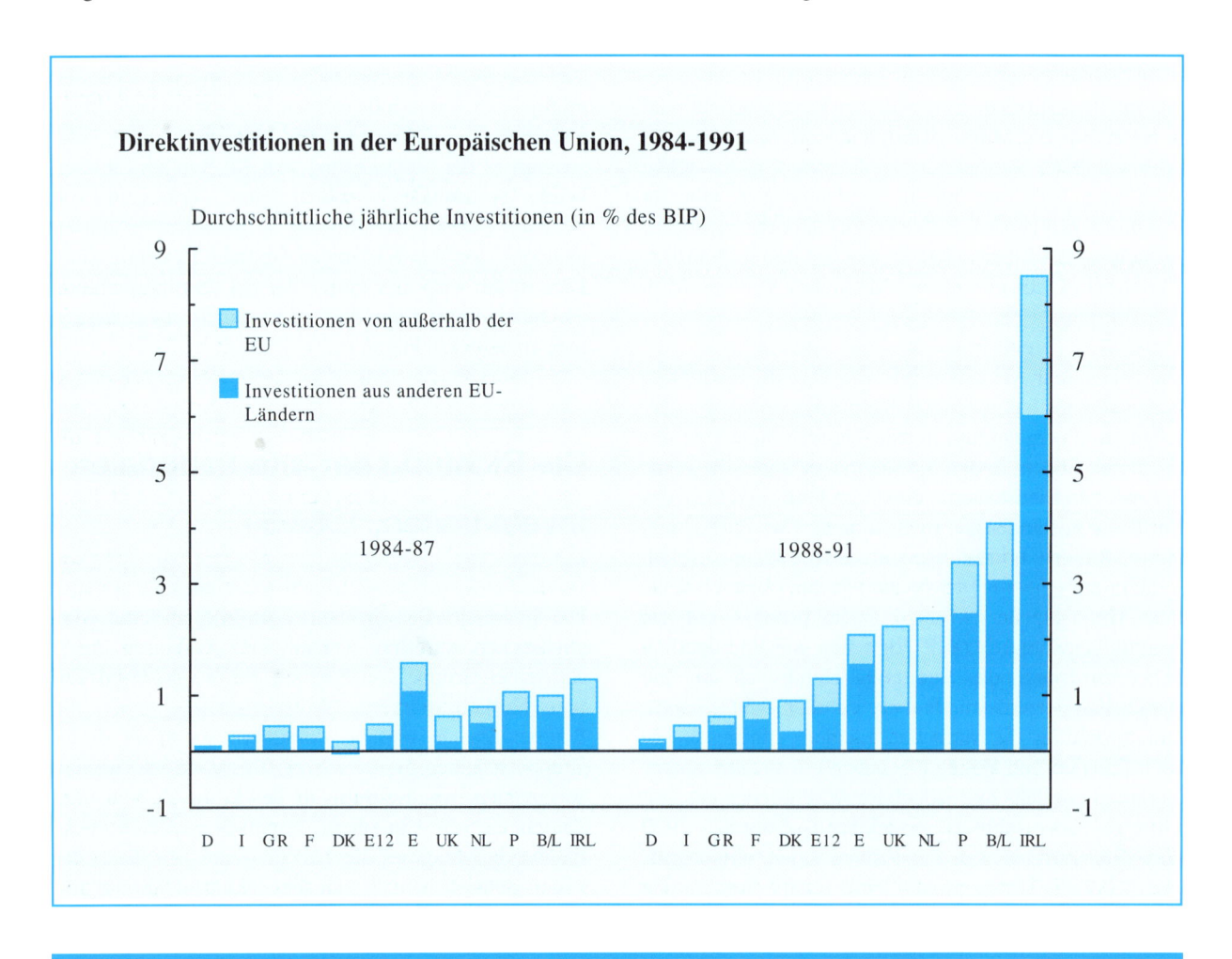

Mitgliedstaaten. Außerdem zeigt sich ein gleiches Muster der Verteilung zwischen den Mitgliedstaaten, obgleich im allgemeinen das Niveau der Investitionen in den ersten vier Jahren niedriger war als in der späteren Periode. Zwischen 1988 und 1991 variierte das Investitionsvolumen von 8,5 % des BIP in Irland und 4 % des BIP in Belgien/Luxemburg (die zusammengefaßt sind, soweit sie die verfügbaren Daten betreffen) bis etwas unter 0,5 % des BIP in Italien und nur 0,2 % des BIP in Deutschland. In Portugal erreichten die Investitionen im Durchschnitt über 3 % des BIP und in den Niederlanden, dem Vereinigten Königreich und Spanien über 2 %, während sie überall sonst unter 1 % des BIP betrugen.

Es gab auch auffallende Unterschiede in dem Verhältnis von Investitionszuflüssen zu Investitionsabflüssen. Deutschland, Frankreich, die Niederlande und Dänemark investierten stärker in andere Länder als in den beiden Zeiträumen bei ihnen investiert wurde. Spanien, Portugal, Griechenland und Irland erhielten deutlich mehr als sie investierten; im einzelnen:

- zwischen 1984 und 1991 waren die Investitionsabflüsse aus Deutschland sechsmal so groß wie die Zuflüsse;

- für Frankreich und die Niederlande waren die Abflüsse zweimal so groß wie die Zuflüsse;

- in Italien überstiegen die Abflüsse die Zuflüsse um etwa 20 %;

- im Vereinigten Königreich und in Belgien/Luxemburg waren die Zuflüsse etwa 5-10 % größer als die Abflüsse;

- in Spanien und Irland sind die Zuflüsse etwa dreimal so hoch wie die Abflüsse;

- in Griechenland und Portugal sind die Zuflüsse um das Zehnfache größer als die Abflüsse.

Für die meisten Mitgliedstaaten waren die Direktinvestitionen von anderen Unionsländern größer als von Drittländern, insbesondere in der späteren Periode. Zwischen 1988 und 1991 erhielten Spanien, Portugal, Griechenland und Belgien/Luxemburg 70 % der Direktinvestitionen von den anderen Mitgliedstaaten, und nur im Fall von Italien, Dänemark und dem Vereinigten Königreich war der Anteil geringer als die Hälfte; für die beiden letztgenannten Länder betrug er unter 40 %.

Die Quellen von Direktinvestitionen unterscheiden sich ebenfalls deutlich in den einzelnen Staaten der Union. Die größeren Länder sind – wie zu erwarten – die bedeutendsten Investoren, wobei die Niederlande eine vergleichbare Bedeutung haben. Innerhalb dieses Zeitraums waren für Spanien und Griechenland die wichtigsten Investoren das Vereinigte Königreich, Deutschland, Frankreich und die Niederlande, die zusammen zwei Drittel aller Direktinvestitionen zwischen 1988 und 1991 in Spanien tätigten. Das gleiche gilt für Portugal, wobei hier auch Spanien ein gleichgewichtiger Investor war.

Im Fall der Investitionen, die von außerhalb der Union kamen, ist es vielleicht überraschend, daß die EFTA-Länder sogar eine wichtigere Quelle als die USA oder Japan darstellten und etwa 15 % aller Direktinvestitionen (sowohl intern als auch extern) zwischen 1988 und 1991 und 35 % aller Direktinvestitionen aus Drittländern tätigten. Im Vergleich dazu waren die USA verantwortlich für 10 % der Gesamtinvestitionen und Japan für 5 %. Die Bedeutung der EFTA-Länder ist gleich für alle Mitgliedstaaten, Spanien und Portugal eingeschlossen, wo zwischen 1988 und 1991 aus dieser Quelle mehr investiert wurde als von den USA und Japan zusammen (für Irland und Griechenland erschweren die Datenlücken die Bestimmung der relativen Bedeutung). Nur für das Vereinigte Königreich und Belgien/Luxemburg waren die USA in dieser Periode ein größerer Investor als die EFTA-Länder.

Stärkung der Bedeutung von Großstädten

Die Struktur der internationalen Investitionen, die in die Gemeinschaftsländer fließen, erfährt einen relativ starken Wandel, wobei sie traditionell im Industriesektor konzentriert waren. Zum Beispiel konzentrierten sich in den 50er und 60er Jahren die Investitionszuflüsse (insbesondere amerikanischen Ursprungs) in die Benelux-Staaten auf den Öl- und Petrochemischen Sektor. Ebenso verdanken einige der peripheren Länder und Regionen (Irland, Schottland und Wales) einen großen Teil ihrer industriellen Entwicklung und/oder Diversifizierung den Auslandsinvestitionen. In Irland betrug 1989 der Anteil der Industriebeschäftigten in ausländischen Firmen 58 % im Mittleren Westen, 53 % im Westen und 50 % im Nordwesten, wobei der Anteil nirgendwo kleiner als 32 % ist.

Die 80er Jahre zeugen von einem schnellen Anstieg ausländischer Investitionen in Dienstleistungen parallel und manchmal sogar vor der allgemeinen Zunahme der Bedeutung des Dienstleistungssektors, wo zwischen 1984 und 1991 über 60 % aller Direktinvestitionen in die Union erfolgten. Die Internationalisierung des Dienstleistungssektors (Einzel- und Großhandel, Banken, Versicherungen, Unternehmens- und Rechtsberatung etc.) ist anhand einer Anzahl von Faktoren weitgehend zu erklären:

- die Anbieter von Dienstleistungen, beispielsweise von Finanzdienstleistungen, zieht es meistens zum Standort ihrer Kunden;

- das Entstehen neuer Bedürfnisse beim Anstieg des Einkommens (beispielsweise der Fremdenverkehr);

- die Verringerung von Unterschieden von Steuer-, Sozial- und sonstigen Vorschriften erhöht die Möglichkeiten von Unternehmen, gleichzeitig Dienstleistungen an multinationale Unternehmen in mehreren Ländern anzubieten. Der Binnenmarkt dient nur dazu, diesen Trend zu verstärken.

Diese Trends bedeuten ebenfalls, daß ausländische Investitionen in den zentralen Regionen der Gemeinschaft einen höheren Gesamtanteil aufweisen, als dies ansonsten der Fall gewesen wäre, und zwar aufgrund zweier Hauptfaktoren:

- erstens ist in den zentralen Regionen die Konzentration von Großstädten der Entwicklung von hochwertigen Dienstleistungen dienlich: dies gilt insbesondere für spezielle Dienstleistungen wie das Bankwesen (so in London, Frankfurt und Amsterdam); zudem haben sich viele große internationale Firmen mit ihrem Hauptsitz in einer beschränkten Anzahl von Städten wie in Brüssel – aufgrund der Anwesenheit der Institutionen der Europäischen Union – oder in Paris, London, Amsterdam, und im Fall japanischer Firmen in Düsseldorf, niedergelassen;

- zweitens ist die zentrale Lage ein entscheidender Standortfaktor für Investitionen in *Headquarters* (strategische Planung) und in den Bereich des Absatzes, der durch den Binnenmarkt erneut verstärkt wurde; insbesondere die Niederlande, und hier vor allem das Gebiet südlich von Amsterdam mit dem Schiphol-Flughafen, ist imstande gewesen, eine große Anzahl an Planungs- und Absatzzentralen multinationaler Unternehmen anzuziehen, die so die notwendigen Verbindungen mit einem Großteil Europas organisieren und zur Verfügung stellen können.

Diese Entwicklungen weisen darauf hin, daß es wichtig ist, eine Unterscheidung der Verteilung der Investitionsströme zwischen den Ländern und Regionen (makro-räumliche Perspektive) und innerhalb der Länder und Regionen (mikro-räumliche Perspektive) zu treffen:

- in makro-räumlicher Perspektive haben, wie oben aufgezeigt, die Direktinvestitionen sowohl zu einer Verbesserung der wirtschaftlichen Situation in Südeuropa – insbesondere in Spanien und Portugal – als auch zur Beschleunigung des industriellen Strukturwandels einiger alter Industrieregionen (Nordengland, Wales, Nord-Pas-de-Calais, Lothringen) beigetragen und dadurch den wirtschaftlichen und sozialen Zusammenhalt verstärkt;

- in mikro-räumlicher Perspektive haben die Direktinvestitionen durch ihre Präferenz für die Großstädte oder für die attraktivsten Gebiete die Ungleichgewichte innerhalb der Länder oft vergrößert.

Ungleiche Entwicklung innerhalb Südeuropas

Obwohl die Auslandsinvestitionen beträchtlich zur räumlichen Integration Südeuropas beigetragen haben, sind die Wirkungen der Internationalisierung nicht überall gleich. Spanien und Portugal haben einen außergewöhnlichen Investitionszufluß erfahren, der eine schnelle Integration in die internationale Arbeitsteilung deutlich macht. In Italien, auf der anderen Seite, waren die Auslandsinvestitionen im Verhältnis zum BIP wesentlich geringer, während in Frankreich das Investitionsvolumen irgendwo zwischen diesen beiden lag. Die Auslandsinvestitionen waren in Griechenland über lange Jahre niedrig, obwohl sich in letzter Zeit ein leichter Anstieg zeigt. Diese Erfahrungsunterschiede können durch zwei Hauptfaktoren erklärt werden:

- durch den Binnenmarkt, der im Fall Spaniens und Portugals wichtig war;

- durch die Produktionsstückkosten im Vergleich zu anderen Ländern, die von Land zu Land eine unterschiedliche Bedeutung hatten; sie sind ein bestimmender Faktor im Falle Portugals (und Griechenlands) gewesen, nicht aber in Frankreich oder Italien, und in Spanien sind sie kaum noch ein entscheidender Faktor; dennoch lassen sich die ausländischen Investoren oftmals in Regionen mit relativ höheren Arbeitskosten nieder, so lange diese Kosten bei den Standortfaktoren weniger wichtig sind als die Verfügbarkeit von qualifizierten Arbeitskräften, die

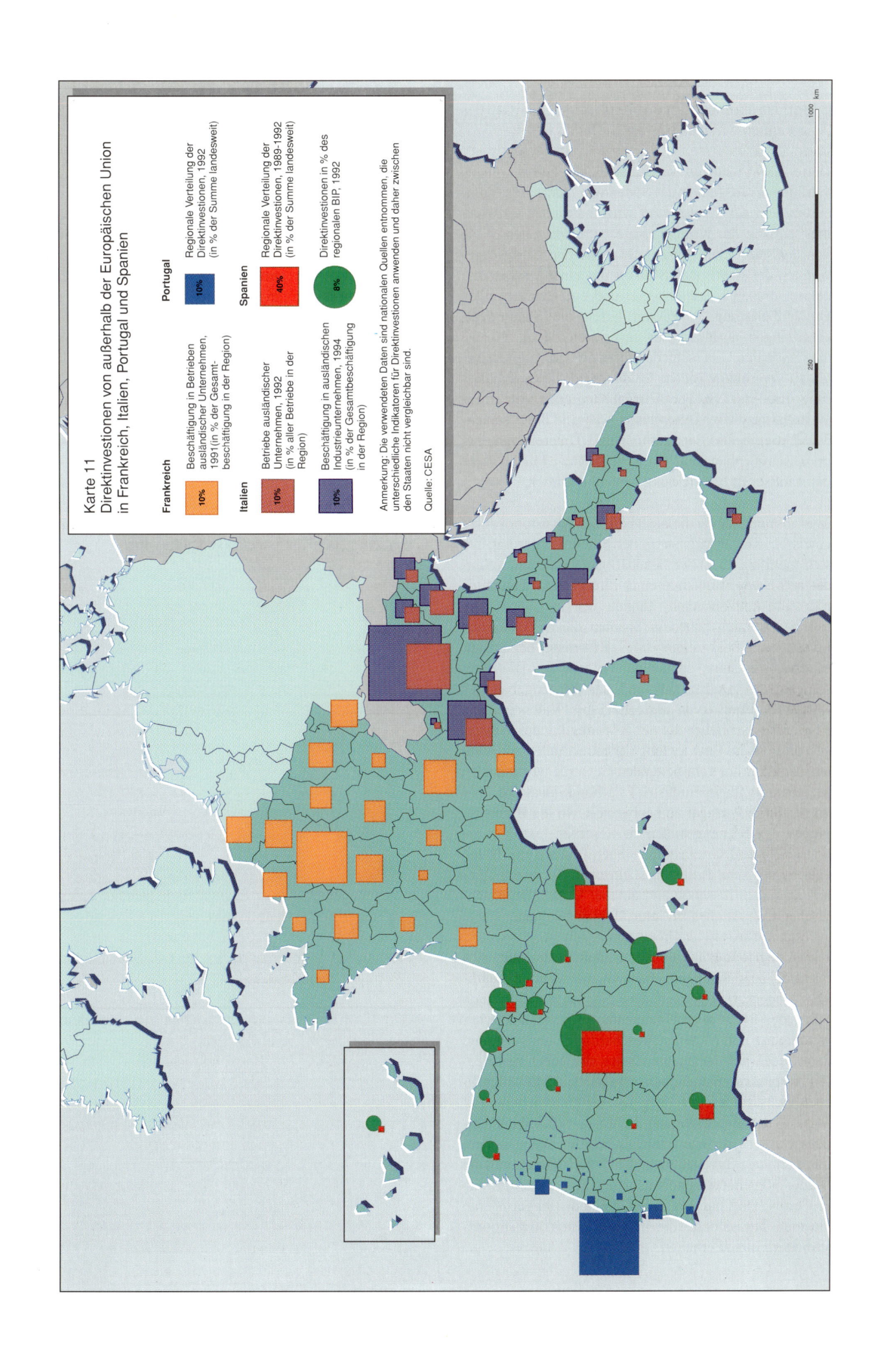

Karte 11
Direktinvestitionen von außerhalb der Europäischen Union in Frankreich, Italien, Portugal und Spanien

Frankreich
- Beschäftigung in Betrieben ausländischer Unternehmen, 1991 (in % der Gesamtbeschäftigung in der Region) — 10%

Italien
- Betriebe ausländischer Unternehmen, 1992 (in % aller Betriebe in der Region) — 10%
- Beschäftigung in ausländischen Industrieunternehmen, 1994 (in % der Gesamtbeschäftigung in der Region) — 10%

Portugal
- Regionale Verteilung der Direktinvestitionen, 1992 (in % der Summe landesweit) — 10%

Spanien
- Regionale Verteilung der Direktinvestitionen, 1989–1992 (in % der Summe landesweit) — 40%
- Direktinvestitionen in % des regionalen BIP, 1992 — 8%

Anmerkung: Die verwendeten Daten sind nationalen Quellen entnommen, die unterschiedliche Indikatoren für Direktinvestitionen anwenden und daher zwischen den Staaten nicht vergleichbar sind.

Quelle: CESA

Infrastrukturausstattung und die Qualität des gesamten wirtschaftlichen Umfelds.

Diese Entwicklungen verlaufen nicht ohne räumliche Wirkungen. Allgemein ist Südeuropa stärker als Nordeuropa von der Tendenz zur wirtschaftlichen Entwicklung entlang der Küstengebiete betroffen, ebenso wie von der städtischen Ausdehnung und den Ungleichgewichten der städtischen Struktur mit einer Verstärkung der regionalen Ungleichheiten und einer gravierenden Umweltbelastung. Insgesamt liefen die Standortentscheidungen ausländischer Investoren darauf hinaus, die regionalen Unterschiede innerhalb der Mitgliedstaaten zu vergrößern, indem sie die regionale Spezialisierung manchmal bis zur Alleinabhängigkeit von einem Wirtschaftszweig intensivierten, während die bestehenden Extreme der Entwicklung und Unterentwicklung im Zusammenhang mit einem schlechten Management der städtischen Entwicklung verstärkt wurden.

In Frankreich haben die ausländischen Investoren einen gewissen Konservativismus der Standorte gezeigt, wo sich mehr als 83 % der Beschäftigten in neuen ausländischen Betrieben östlich einer Linie von Le Havre bis Marseille konzentrieren, ähnlich wie im Jahre 1971 (88 %). Ähnlich haben in Spanien die ausländischen Investitionen vor allem zwei Regionen begünstigt: Madrid, das seine speziellen Vorteile im Dienstleistungssektor gestärkt sah, und das Küstengebiet des Mittelmeerraums (von Barcelona bis Valencia), das sich bereits schneller als der Rest des Landes entwickelt und wo die Entwicklung der industriellen Aktivitäten vor allem im verarbeitenden Gewerbe (Automobil-, Metall- und Chemieindustrie) stattfand. Dasselbe Phänomen ist in Portugal zu beobachten, wo die Binnenregionen den Küstengebieten als Reservegebiete für Arbeitskräfte und Grundstoffe dienen und wo die Häfen eine strategische Rolle im städtischen Netzwerk spielen. So haben Lissabon und Setubal 85 % aller ausländischen Investitionen im Jahre 1992 angezogen.

Die Verstärkung regionaler Unterschiede läßt sich ebenfalls in Italien beobachten: Dort besteht ein deutlicher Gegensatz zwischen dem Norden auf der einen Seite, der 54 % aller Unternehmen mit ausländischer Beteiligung und 67 % der Beschäftigung aufweist, und dem Süden auf der anderen Seite, der neben niedrigeren Arbeitskosten und einem erheblichem Maß öffentlicher Investitionen nur 18 % solcher Unternehmen mit 14,5 % der Beschäftigung aufweist. Schließlich verdeutlicht der Fall Griechenlands klar den Weg, auf dem internationale Investitionen die Polarisierung um die bedeutenderen Metropolen an der Küste herum vergrößerten: Dort hat Athen und in einem viel geringeren Ausmaß Thessaloniki die meisten neuen Investitionsströme im Inland erhalten.

Schlußbemerkungen

Während der zukünftige Umfang und die Richtung von Direktinvestitionen schwer vorherzusagen ist, scheint es doch wahrscheinlich, daß der Aufwärtstrend in den Strömen zwischen den Mitgliedstaaten im Vergleich zu den Strömen von außerhalb zunehmen wird, selbst unter Berücksichtigung des automatischen Anstiegs durch den Beitritt der EFTA-Länder. Zudem ist zwar der Umfang der Direktinvestitionen im Verhältnis zum BIP oder zu den inländischen Investitionen für die Mitgliedstaaten gering, für bestimmte Sektoren und Regionen werden sie voraussichtlich jedoch nach wie vor wichtig bleiben. Schließlich könnte in dieser Hinsicht der Trend eines zunehmenden Anteils der Direktinvestitionen im Dienstleistungssektor, vor allem für Finanz- und Unternehmensdienstleistungen, räumliche Ungleichgewichte verschärfen, indem das Wachstum in den wirtschaftlich stärksten Gebieten jedes Landes und vor allem in den Großstädten verstärkt wird.

Die regionalen Auswirkungen transeuropäischer Netze

Einleitung: Eine neue Gemeinschaftspolitik

Die Schaffung von großen Netzen im Infrastrukturbereich ist eine der fünf Prioritäten für Gemeinschaftsmaßnahmen, die im Weißbuch der Kommission über *Wachstum, Wettbewerbsfähigkeit, Beschäftigung* vorgeschlagen wurden. Diese Initiative, die von Titel XII des Vertrags über die Europäische Union abgedeckt wird, gilt als einer der wichtigsten Ansatzpunkte zur Verbesserung der Wettbewerbsfähigkeit der europäischen Wirtschaft.

Transeuropäische Netze können nicht nur zur Verstärkung des Binnenmarktes beitragen, sondern sollen laut Unionsvertrag explizit auch eine harmonische Entwicklung der Gemeinschaft als Ganzes fördern. Sie könnten die Anbindung peripherer Regionen, seien diese Inseln oder isolierte Gebiete auf dem Festland, verbessern.

Die beiden wichtigsten Entwicklungslinien sind:

– der Ausbau von Informations- und Kommunikationsnetzen, welche technisch in der Lage sind, gleichzeitig Ton, Text, Daten und Bilder zu übertragen, um damit eine Anpassung an den stattfindenden Wandel in der Organisation von Produktion, Arbeitsweise und Verbraucherverhalten zu vollziehen; der Zugang zu solchen Netzen wird mit Sicherheit wesentliche Veränderungen in den Lebens-, Arbeits- und Freizeitgewohnheiten hervorrufen; sofern eine flächendeckende Bereitstellung erfolgt, könnten dadurch regionale Disparitäten in Wirtschaft und Beschäftigung verringert und den weniger entwickelten Regionen die Nutzung der durch die gegenwärtig im Aufbau befindliche „neue europäische Informationsgesellschaft" geschaffenen Chancen ermöglicht werden;

– der Aufbau transeuropäischer Verkehrs- und Energienetze, einschließlich des Baus fehlender Verbindungen zwischen nationalen Netzen und neuer Verbindungen bzw. der Verbesserung bestehender Verbindungen, mit dem Ziel einer Stärkung der internationalen Wettbewerbsfähigkeit der Wirtschaft der Union und der Vermeidung einer übermäßigen Konzentration von Wohlstand und Bevölkerung in denjenigen Regionen, die bereits die beste Infrastrukturausstattung besitzen.

Die Gemeinschaftspolitik der Netze hat zwei Schwerpunkte:

– Liberalisierung des Wettbewerbs zwischen den Unternehmen und zwischen verschiedenen Verkehrsträgern; diese haben entscheidende Konsequenzen für die Raumentwicklung, z. B. durch die Veränderung der den Verbrauchern angebotenen Dienstleistungen, die Neugestaltung von öffentlichen Dienstleistungen und die Wirkungen einer neuen Preispolitik;

– die Formulierung von Leitlinien für Netze auf der Ebene der Europäischen Union, die unter Umständen deutliche Effekte auf die Raumentwicklung haben, insbesondere auf die intermodalen Konzepte im Verkehrssektor.

Die Wirkungen dieser Leitlinien werden jedoch im wesentlichen abhängen von der Geschwindigkeit, mit der die Projekte durchgeführt werden, welche zum Teil von der Verfügbarkeit von Finanzmitteln abhängt, und ihrem Betrieb nach der Fertigstellung, wie insbesondere den administrativen und rechtlichen Rahmenbedingungen, der Preispolitik und den zu zahlenden Steuern.

Der Europäische Rat von Korfu und die Kommission haben im Juni 1994 den Bericht der Bangemann-Gruppe über vorrangige Projekte zum Aufbau einer neuen „Informationsgesellschaft" erhalten. Der Rat hat entschieden über (siehe Kasten über die Christophersen- und die Bangemann-Gruppe):

– den Bau von elf großen vorrangigen Verkehrsprojekten mit einem Baubeginn so bald wie möglich und nicht später als 1996 (siehe Karte 12);

– fortlaufende Durchführbarkeitsstudien zu einer vorrangigen Liste von acht Energienetzprojekten;

Die Christophersen- und die Bangemann-Gruppe

Der Europäische Rat in Brüssel hat 1993 eine Reihe von Entscheidungen getroffen, die auf eine Beschleunigung und Vereinfachung der Schaffung und Entwicklung von transeuropäischen Netzen abzielen. Er hat eine Gruppe von Vertretern der Staats- und Regierungschefs geschaffen, die für die Unterstützung der Kommission zunächst in den Bereichen Verkehr und Energie verantwortlich sind. Dieses Mandat ist durch den Rat in Korfu ausgeweitet worden. Die Gruppe unter Vorsitz des Vizepräsidenten der Kommission, Christophersen, hat 34 vorrangige Projekte im Verkehrsbereich und acht im Energiebereich festgelegt. Die vorrangigen Verkehrsprojekte sind in drei Abschnitte gemäß der Phase ihrer Fertigstellung unterteilt. Die Christophersen-Gruppe hat dem Europäischen Rat in Korfu einen vorläufigen Bericht vorgelegt und wird eine Endfassung im Dezember 1994 in Essen vorstellen.

Der Europäische Rat in Brüssel hat eine zweite Gruppe geschaffen, die sich aus führenden Persönlichkeiten aus dem Informationstechnologiebereich zusammensetzt und deren Vorsitzender Kommissionsmitglied Bangemann ist. Die Aufgabe der Gruppe bestand in der Ausarbeitung eines Berichtsentwurfs zu den Prioritäten und Mitteln, die die Union wählen sollte, um Telekommunikationsnetze zu schaffen. Die Gruppe hat ihren Bericht dem Europäischen Rat in Korfu vorgelegt.

Liste vorrangiger Projekte

Verkehrsnetze

I. Projekte, die begonnen haben oder im Laufe der nächsten zwei Jahre beginnen werden

1. Hochgeschwindigkeitszug/kombinierter Nord-Süd-Verkehr
   Brennerachse: Verona-München-Nürnberg-Erfurt-Halle/Leipzig-Berlin
2. Hochgeschwindigkeitszug (Paris)-Brüssel- Köln-Amsterdam-London
   Abschnitte, die durch das Projekt abgedeckt werden:
   Belgien: F/B-Grenze-Brüssel-Lüttich- B/D Grenze
   Brüssel-B/NL-Grenze
   Vereinigtes Königreich: London-Zugang zum Ärmelkanaltunnel
   Die Niederlande: B/NL-Grenze-Rotterdam-Amsterdam
   Deutschland: (Aachen-) Köln-Rhein/Main
3. Hochgeschwindigkeitszug Süd
   Madrid-Barcelona-Perpignan
   Madrid-Vitoria-Dax
4. Hochgeschwindigkeitszug Ost
   Abschnitte, die durch das Projekt abgedeckt werden:
   Paris-Metz-Straßburg-(Karlsruhe)
   davon die Abschnitte Metz-Saarbrücken-Mannheim und Metz-Luxemburg
5. Die Betuwestrecke: kombinierter Verkehr/konventioneller Schienenverkehr
   Rotterdam-NL/D-Grenze-(Rhein-Ruhr)
6. Hochgeschwindigkeitszug/kombinierter Verkehr Frankreich-Italien
   Lyon-Turin
7. Autobahn Patras-GR/bulgarische Grenze zusammen mit dem Ost-West-Autobahnprojekt:
   Via Egnatia
   Igoumenitsa-Thessaloniki-Alexandroupolis
8. Autobahn Lissabon-Valladolid
9. Zugverbindung Cork-Dublin-Belfast-Larne-Stranraer
10. Flughafen von Malpensa (Mailand)
11. Feste Schienen-Straßenverbindung zwischen Dänemark und Schweden
    (feste Verbindung Öresund)
    einschließlich Zubringer

II. Projekte, die beschleunigt werden können, so daß sie in ungefähr zwei Jahren beginnen könnten

12. Kombinierter Verkehr
    Bisher sind Projekte in Frankreich, Deutschland, Italien, Belgien, Portugal und Spanien ausgewählt worden
13. Autobahn Nürnberg-Prag
14. Autobahn Berlin-Warschau-(Moskau)
    Alternativprojekt: Hochgeschwindigkeitszug Berlin-Warschau-(Moskau)
15. Autobahn Dresden-Prag
16. Straßenverbindung Irland/UK-Benelux
17. Flughafen Spata
18. Flughafen Berlin
19. Autobahn Maurienne

20. Autobahn Marateca-Elvas
21. Hochgeschwindigkeitszug in Dänemark

III. Projekte, für die zusätzliche Untersuchungen notwendig sind

22. Überfahrt nach Fehmarn: Verbindung zwischen Dänemark und Deutschland
23. Autobahn Bari-Otranto
24. Rhein-Rhône-Kanal
25. Seine-Escaut-Kanal
26. Elbe-Oder-Kanal
27. Donauausbau zwischen Straubing und Vilshofen
28. Hochgeschwindigkeitszug Randstad-Rhein/Ruhr Amsterdam-Arnheim (-Köln)
29. Straßenverbindung Valencia-Zaragoza-Somport
30. Hochgeschwindigkeitszug Turin-Venedig-Triest
31. Hochgeschwindigkeitszug (Brenner-) Mailand-Rom-Neapel
32. Transappeninnenautobahn Bologna-Florenz
33. Magnetbahn: Transrapid
34. Hochgeschwindigkeitszugverbindung Luxemburg-Brüssel

Energienetze

Von den Projekten im Energiebereich, welche kurz- und mittelfristig durchgeführt werden könnten, schlägt die Christophersen-Gruppe die folgenden vorrangigen Projekte zur Umsetzung vor:

Projekte im Elektrizitätsbereich

Verbindung Italien-Griechenland (Kabel)
Verbindung Frankreich-Italien
Verbindung Spanien-Portugal
Verbindung zwischen den östlichen und westlichen Teilen Dänemarks (Kabel)

Projekte im Gasbereich

Einführung von Erdgas in Griechenland
Einführung von Erdgas in Portugal
Verbindung des Gasnetzes zwischen Spanien und Portugal
Gaspipeline Algerien-Marokko-Europäische Union
Gaspipeline Rußland-Weißrußland-Polen-Europäische Union

– die Untersuchung anderer im Zwischenbericht der Christophersen-Gruppe festgelegter Verkehrsprojekte;

– die Vorbereitung der Erweiterung der Netze auf die zukünftigen Mitgliedstaaten und die Koordinierung mit anderen europäischen Ländern und Mittelmeerländern.

Darüber hinaus hat die Kommission mehr als 60 Projekte zur Verbesserung der Energieversorgung in peripheren Regionen in Betracht gezogen.

Informationsnetze

Die neue Informationsgesellschaft wird wahrscheinlich zu beträchtlichen Veränderungen in dem Verhältnis zwischen wirtschaftlichen Aktivitäten und räumlicher Entwicklung führen, auch wenn diese noch nicht genau abschätzbar sind.

Aufbau neuer Netze

Das Weißbuch betont die Notwendigkeit einer schnellst-möglichen Entwicklung von Informationsnetzen zur Ausschöpfung der Möglichkeiten, die durch die neuen digitalen Technologien geschaffen wurden. Die Bangemann-Gruppe hat die Bedeutung von Netzen und von sogenannten generischen Dienstleistungen als Eckstein einer zukünftigen europäischen Informationsgesellschaft erneut aufgegriffen. Sie legte daneben zehn vorrangige Programme fest, von denen eine große Anzahl wesentliche Auswirkungen auf die Raumentwicklung haben wird. Das Programm zur Telearbeit, welches die Schaffung von 10 Mio. neuen Arbeitsplätzen bis zum Jahr 2000 vorsieht, zielt insbesondere auf einen verstärkten wirtschaftlichen und sozialen Zusammenhalt ab. Die Anwendungen, die es KMUs ermöglichen sollen, ihre Geschäftsvorschläge über E-Mail zu schicken und telematische Dienstleistungen zu nutzen, wird dazu beitragen, den Unternehmen in abgelegeneren Gegenden zu helfen, sich in einem größeren Maße im Binnenmarkt zu integrieren.

Ebenso bestehen Pläne zum Aufbau von Netzen für ein offenes Fernstudium, unterstützt durch den Aufbau von Fach- und Ausbildungszentren (vor allem unter den Programmen Socrates und Leonardo), das unter

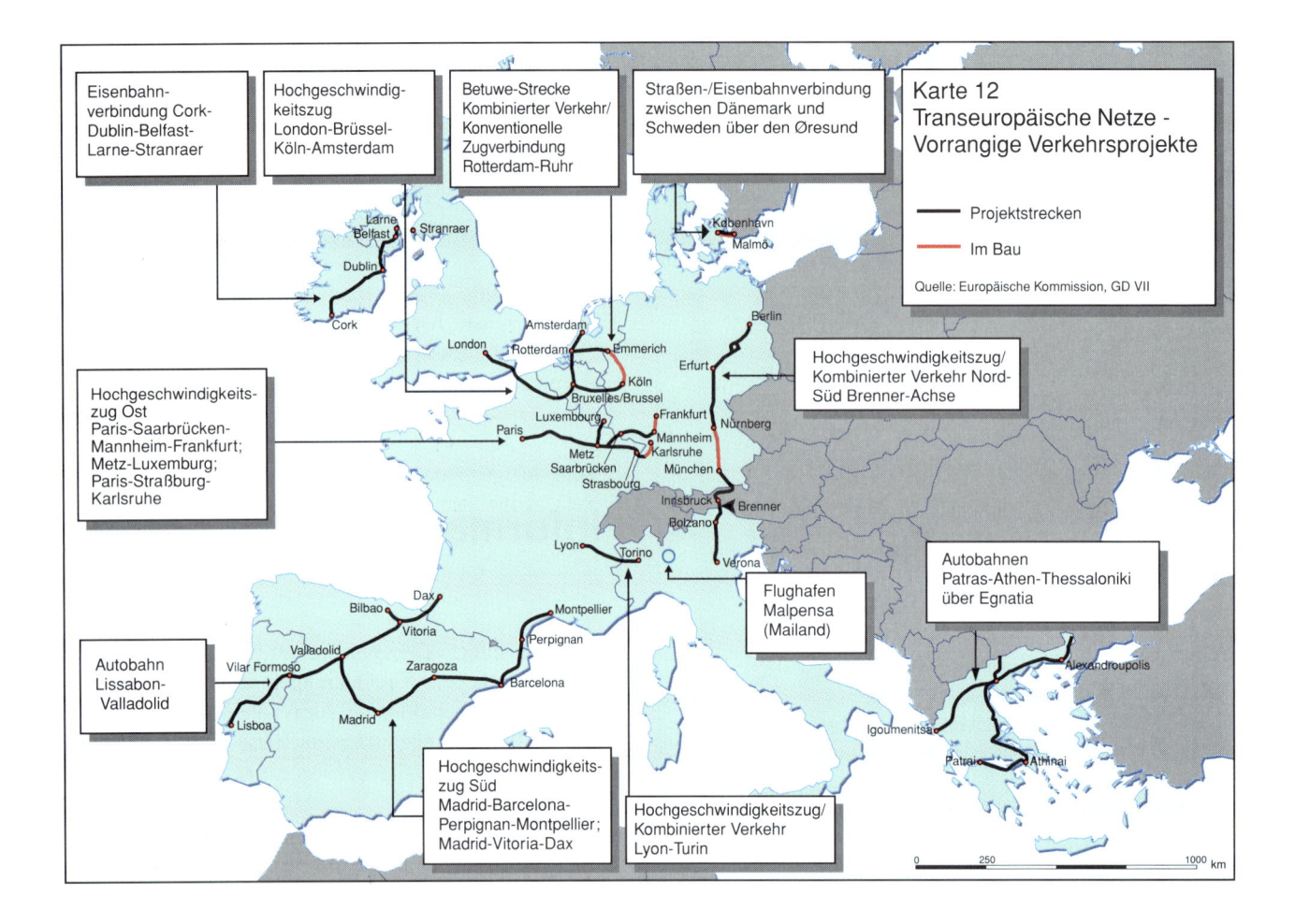

Die regionalen Auswirkungen transeuropäischer Netze

**Karte 12
Transeuropäische Netze -
Vorrangige Verkehrsprojekte**

Umständen einen wichtigen Beitrag zur Qualifizierung von Arbeitskräften in der Union leisten kann, um so die Wirtschaft vor allem in peripheren und dünn besiedelten Gebieten zu stärken.

Die anderen ausgewählten Programme beinhalten ein Netz für Universitäten und Forschungszentren, Verkehrsmanagement, Luftverkehrskontrolle, Gesundheitsnetze, ein transeuropäisches Netz für öffentliche Behörden und ein System für „Informationsautobahnen" in Großstädten.

Die politische Vorgehensweise

Da die wesentlichen Veränderungen im Telekommunikationsbereich insbesondere durch Marktkräfte und Geschäftspolitiken bestimmt werden, zielen die vorgesehenen Maßnahmen auf die Förderung und das Management der Veränderungen ab.

Gemeinschaftsprioritäten bestehen in der Entwicklung der Nutzung von Informationstechnologien, der europaweiten Bereitstellung von grundlegenden Dienstleistungen, der Schaffung eines angemessenen Rechtsrahmens und der Verbesserung der technologischen Leistungen der Industrie.

Im Hinblick darauf ist es wichtig zu unterscheiden zwischen:

— „Datenautobahnen" (Breitbandnetze), die einen schnellen und gleichzeitigen Fluß von großen und verschiedenartigen Informationsmengen ermöglichen;

— Dienstleistungen, vor allem die Förderung jener Dienstleistungen, die den Zugang zu Informationen (Datenbanken), ihre Übertragung (E-Mail) und ihren Austausch (interaktives Fernsehen) erleichtern;

— neue Anwendungen für die Berufswelt, in den Bereichen Gesundheitsfürsorge, Bildung und Freizeit; zu den Anwendungen, denen von der Kommission eine Priorität gegeben wurde, gehören die Telearbeit, die Telematik, die Telemedizin und Netze, die öffentliche Behörden verbinden.

Im Herbst 1993 hat die Kommission ein Leitlinienprojekt zum Integrierten Digitalen Dienstleistungsnetz (ISDN) veröffentlicht, neben einer Übersicht für die Konzeption eines Breitbandnetzes.

Die erwarteten Wirkungen

Die Veränderungen, die von der Umsetzung dieser neuen Dienstleistungen erwartet werden, sind die folgenden:

- Kostenersparnisse für kleine und mittlere Unternehmen (KMU), die eine entscheidende Rolle in der regionalen und räumlichen Entwicklung spielen, von bis zu 4 % ihres Umsatzes;

- Änderungen in den Arbeitsbedingungen und in den Standortfaktoren aufgrund der Ausbreitung der Telearbeit;

- ein reduzierter Bedarf an physischer Mobilität und dadurch mögliche Auswirkungen auf die Nachfrage nach Verkehrsmitteln.

Die räumliche Wirkung

In der Gemeinschaft bestehen deutliche Unterschiede in bezug auf die Zahl der Telefonanschlüsse je 100 Einwohner, in der Digitalisierungsquote und in der Qualität der Leistungen (ausgedrückt in der Zahl der Fehlschaltungen je Verbindung – siehe Tabelle 2). Daneben gibt es in einigen Bereichen einen Mangel an modernen Dienstleistungen und Verbindungen mit hoher Kapazität, während die Tarife für weite Entfernungen wesentlich höher als anderswo sind (wie in dem 1992 veröffentlichten ersten Bericht der Kommission über die Lage der Telekommunikationsdienstleistungen dargelegt).

Im allgemeinen sind Telekommunikationssysteme Mittel zur räumlichen Harmonisierung, welche die Überwindung einer Reihe von physischen und geographischen Hindernissen ohne übermäßige Kosten und größere Umweltprobleme ermöglichen. Ihre Weiterentwicklung kann daher mit dem Ziel der Raumplanung der Aufrechterhaltung des räumlichen Gleichgewichtes im Einklang stehen, wobei insbesondere ihre Auswirkung auf die Standortwahl von Unternehmen und ihr Einfluß auf die Dynamik des Konzentrationsprozesses zu berücksichtigen sind.

Die Wirkung auf die Standortwahl von Unternehmen

Die am meisten von der Telekommunikation abhängigen Firmen sind im wesentlichen große Dienstleistungsunternehmen, die in mehreren Branchen tätig sind, insbesondere im Bereich der Unternehmensdienstleistungen (Beratung und Forschung) und solche mit großen Verteilungsnetzen und Subunternehmern. Zum Beispiel benutzen in Nordirland 80 % der Firmen und Organisationen mit mehr als 500 Beschäftigten das British Telecom „Kilostream"-Netz, wobei der Anteil der KMU nur bei 8 % liegt.

Die Telekommunikation ist im allgemeinen kein Faktor, der zum Standortwechsel von Unternehmen führt, er unterstützt jedoch solche Bewegungen, insbesondere innerhalb von Städten und bei kurzen Entfernungen. Sie vereinfacht ebenso die Reorganisation von Unternehmen in dem Maße, in dem sie es ermöglicht, den Hauptsitz im Stadtzentrum zu halten und die Produktion in die Vororte zu verlagern.

Dennoch scheint die Verfügbarkeit von qualitativ hochwertigen Telekommunikationsdienstleistungen ein entscheidender Faktor zu sein, der der Standortwahl von Direktinvestitionen zugrundeliegt. Eine Umfrage bei mehr als 500 großen Unternehmen in Europa hat ergeben, daß 59 % von ihnen die Qualität von Telekommunikationsnetzen als wichtig ansehen für die Standortwahl ihrer verschiedenen Produktionseinheiten.

Aus diesem Grunde können Unternehmen ihre vorgelagerten Unternehmensbereiche in Randgebiete verlagern. Dies ist zum Beispiel der Fall in Irland, wo US-Unternehmen ihre Informationsverarbeitungsbereiche angesiedelt haben. Der Bau einer Glasfaserverbindung zwischen Großbritannien und Nordirland hat zur Schaffung von 350 der insgesamt 430 Arbeitsplätze, die dort durch Ansiedlung entstanden sind, in diesem Bereich vorgelagerter Büros geführt.

In Schottland sind in den Highlands und auf den Inseln bis Ende 1992 schätzungsweise 230 Arbeitsplätze durch das Programm der modernen Telekommunikation (Digitalisierung und ISDN) geschaffen worden und 1000 bestehende Arbeitsplätze sind durch dieses neue System erhalten worden.

Die Einführung von ISDN hat in dieser Region zu einer Reihe von Anwendungen geführt, wie z. B.:

Tabelle 2
Dichte und Qualität von Telefonnetzen

	Hauptanschlüsse je 100 Einwohner	Digitalisierungsquote[1]	Anzahl der Fehlschaltungen je Verbindung	Pro-Kopf-Investitionen im Telekommunikationsbereich (in ECU)
Belgien	39,2	41,0		66,9
Dänemark	56,6	28,0	0,16	65,2
Deutschland	50,3			187,7
Griechenland	39,0	8,1	0,55	43,6
Spanien	32,3	28,3		120,6
Frankreich	49,4	75,0	0,14	87,4
Irland	27,9	60,0	0,42	65,7
Italien	38,7	42,2	0,18	109,6
Luxemburg	48,6	31,0		133,9
Niederlande	46,2	33,3		87,2
Portugal	27,4	27,0	0,69	79,4
Vereinigtes Königreich	44,1	46,9	0,20	81,0
EUR12	42,9			96,8
Ziel 1	29,8			

Quelle: Nationale Telekommunikationsgesellschaften
Anmerkung: Alle Zahlen sind von 1991, mit Ausnahme der Anzahl der Fehlschaltungen, die von 1990 sind.
[1] *Digitalisierungsquote = prozentualer Anteil der Kunden, die an digitale örtliche Verteiler angeschlossen sind (für Griechenland in % der installierten digitalen Einrichtungen) im Jahre 1991.*

– der Gründung eines Unternehmens mit 35 Beschäftigten, die Entwürfe für Zusammenfassungen von wissenschaftlichen Untersuchungen im Medizinbereich vorbereiten und von denen drei Viertel zu Hause arbeiten, von wo aus sie Text und Bilder übertragen;

– der Ansiedlung eines Beratungsdienstes der British Telecom für PC-Benutzer in Thurso, in Nordschottland, welcher am Ende des Jahres 1992 100 Beschäftigte zählte;

– der Entwicklung von Videokonferenzen mit den Hebriden und den Shetland-Inseln, was den Reisebedarf um 50 % verringert hat.

Die neuen Telekommunikationsdienstleistungen sind ebenso wichtig für die Industrie. Eine neue Autofabrik in Italien, die in Melfi im Mezzogiorno angesiedelt wurde und 7000 Menschen beschäftigen soll, wird die Breitbandnetze, die im Rahmen des STAR-Programms entwickelt wurden, benutzen (siehe Kasten über Gemeinschaftsmaßnahmen und Karte 13).

Eines der wichtigsten Hindernisse bei der Schaffung von modernen Telekommunikationsnetzen ist die Notwendigkeit, ihre Rentabilität zu sichern. Die Rentabilität ist in den dichtbesiedelten Gebieten sehr hoch und die für den Bau von Netzen verantwortlichen Firmen haben deshalb diese als erste Märkte für die Versorgung ausgewählt, wodurch sich die Disparitäten vergrößern könnten. Während die Preise von Dienstleistungen im allgemeinen dazu beitragen, die Wirkungen von Entfernungen innerhalb von Ländern zu verringern, scheinen sie auf transnationaler Ebene periphere Standorte eher zu benachteiligen. Die

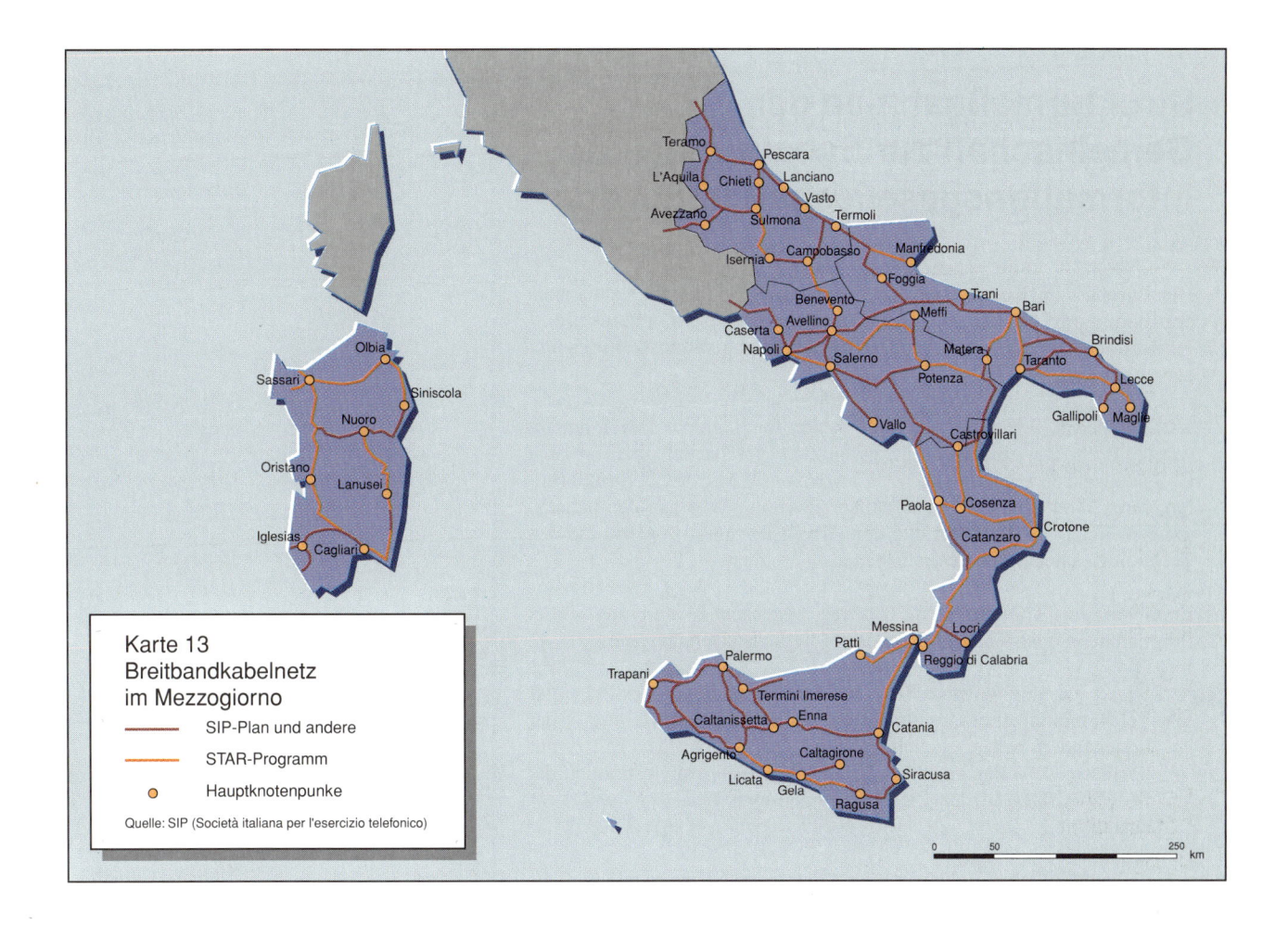

Die regionalen Auswirkungen transeuropäischer Netze

**Karte 13
Breitbandkabelnetz
im Mezzogiorno**

— SIP-Plan und andere
— STAR-Programm
○ Hauptknotenpunkte

Quelle: SIP (Società italiana per l'esercizio telefonico)

Wirkungen von Grenzen auf die Preise bleiben somit weiterhin erheblich.

Es ist jedoch wichtig anzumerken, daß weder bereits bestehende technische Kapazitäten noch die eher ausgeglichenen Preisstrukturen eigenständig die Dezentralisierung von Wirtschaftsaktivitäten fördern können. Ein allgemeiner Zugang zu hochqualitativen Telekommunikationsnetzen zu angemessenen Preisen müßte in eine breit angelegte Strategie eingebracht werden, welche die Entwicklung der Telearbeit und die Dezentralisierung der öffentlichen Verwaltung und der privaten Industrie beinhaltet. Obwohl einige periphere Regionen aufgrund des unzureichenden Zugangs zu Verbindungen weiterhin benachteiligt bleiben, wird die zügige Modernisierung von grundlegenden Netzen jedoch diese Nachteile deutlich verringern.

Zwei Themenbereiche, welche die Raumplanung insbesondere betreffen, sind die Bereitstellung allgemeiner Dienstleistungen und der Zugang zu neu entwickelten Dienstleistungen.

Die Zukunft von allgemeinen Dienstleistungen

Die Liberalisierung des Angebots und die sich daraus ergebenden Kostensenkungen und neuen Dienstleistungen werden wahrscheinlich zu einer Stärkung von allgemeinen Dienstleistungen beitragen; d. h. schnelle und durchgehend qualitative Dienstleistungen zu niedrigen Preisen, unabhängig von dem geographischen Standort (die Grundprinzipien zu diesem Bereich wurden in einer Mitteilung der Kommission vom 15. November 1993 erläutert). Allgemeine Dienstleistungen scheinen besonders wichtig für periphere Regionen, obwohl auch die Notwendigkeit besteht, Verzerrungen zu verringern, die durch die Anwendung von hohen internationalen Preisen für Kurzstreckengespräche über die Grenze hinweg verursacht werden.

Strukturmaßnahmen der Gemeinschaft zur Schaffung einer Informationsgesellschaft in Europa

Die Europäische Kommission hat bereits eine Reihe von Maßnahmen ergriffen, um in den benachteiligten Regionen die Telekommunikationsinfrastruktur zu stärken und moderne Telekommunikationsdienstleistungen zu fördern.

STAR (Special Telecommunications Action for Regional Development) wurde 1986 für einen Fünfjahreszeitraum geschaffen und umfaßte Gesamtausgaben von 1,5 Mrd. ECU, wovon 750 Mio. ECU Strukturhilfen waren. Ziel dieses Gemeinschaftsprogramms war es, in den benachteiligten Regionen die Schaffung von Arbeitsplätzen zu fördern und den Technologiestandard in diesen Gebieten zu erhöhen.

Eine von der Kommission in Auftrag gegebene Evaluierung dieser Programme in den sieben einbezogenen Mitgliedstaaten hat gezeigt:

– STAR hat eine wichtige Rolle bei der Unterstützung der Pläne der Telekommunikationsgesellschaften zur Modernisierung der bestehenden Netze gespielt (obwohl der Beitrag des EFRE nur höchstens 3 % der gesamten Telekommunikationsinvestitionen der Mitgliedstaaten in den Ziel 1-Regionen zwischen 1986 und 1991 ausmachte);

– die STAR-Gemeinschaftsinitiative hat einen Schwerpunkt auf die Schaffung digitalisierter Infrastruktur und öffentlicher Datenübertragungsnetze gelegt;

– STAR war von entscheidender Bedeutung, um den Aufbau des Mobilfunknetzes in Portugal zu unterstützen; die irischen und korsischen Netze sind ebenfalls von STAR gefördert worden;

– die wichtigste Erfahrung aus den Demonstrationsvorhaben ist, daß zukünftige Initiativen zur Unterstützung von KMUs sich auf die Verbesserung ihrer Wettbewerbsfähigkeit konzentrieren sollten; zukünftige Programme müssen direkte Beratungsangebote an KMUs nutzen, die die Anwendung moderner Telekommunikations- und Informationstechnologie einbeziehen.

Die TELEMATIK-Initiative wurde 1991 mit Gemeinschaftshilfen in Höhe von 233 Mio. ECU mit dem Ziel geschaffen, die Nutzung von mit modernen Telekommunikationssystemen in Verbindung stehenden Dienstleistungen in den benachteiligten Regionen zu fördern und zur Bereitstellung von Dienstleistungen durch den öffentlichen und privaten Sektor anzuregen. In diesem Sinne führt sie die unter dem STAR-Programm begonnene Arbeit fort.

Schließlich hat die Europäische Kommission eine Untersuchung in Auftrag gegeben, die die Aspekte des sozialen und wirtschaftlichen Zusammenhalts beim Aufbau einer Informationsgesellschaft in Europa bewerten soll. Dazu ist die heutige Situation der telematischen Infrastruktur und Dienstleistungen zu analysieren, und es sind mögliche Wege zur Förderung ihrer zukünftigen Entwicklung im Zusammenhang mit der Deregulierung aufzuzeigen.

Zugang zu neuen Dienstleistungen

Zusätzlich zur Bereitstellung von grundlegenden Dienstleistungen, besteht ein wesentlicher Aspekt der Raumplanung in der Sicherstellung eines ausgeglichenen Zugangs zu modernen Kommunikationsnetzen. Die Herausforderung dabei ist zum Teil die Art der Finanzierung von „Datenautobahnen" und zum Teil die Festlegung von Preisen für neue Dienstleistungen. In diesem Zusammenhang scheinen die hohe Kosten aus den Glasfaserverbindungen die Gefahr in sich zu bergen, neue Disparitäten zwischen dicht besiedelten und anderen Gebieten zu schaffen.

Verkehrsnetze

Die Politik transeuropäischer Verkehrsnetze

In bezug auf die Raumplanung legt das Weißbuch eine Politik für die Struktur und den Ausbau von Verkehrsnetzen auf der Grundlage der folgenden Ziele fest:

- räumliche Wettbewerbsfähigkeit: die Notwendigkeit eines schnelleren, sichereren und billigeren Verkehrs, um die Wettbewerbsfähigkeit gegenüber dem Rest der Welt zu verbessern, indem ein Niveau an Infrastruktur erreicht wird, das dem der anderen großen Industrieländer entspricht;

- räumliches Gleichgewicht: die Notwendigkeit einer Planung des europäischen Raumes, um die Konzentration von Wohlstand und Bevölkerung zu vermeiden, insbesondere durch eine Stärkung der Verbindungen mit den abgelegensten Regionen und durch eine Erhöhung der Erreichbarkeit dünn besiedelter ländlicher Gebiete;

- räumliche Qualität: die Notwendigkeit einer Suche nach der optimalen Kombination von bestehenden Verkehrsmitteln (Multimodalität, Interoperabilität), um ihre Leistung bei gleichzeitiger Senkung der schädigenden Wirkungen auf die Umwelt zu verbessern;

- die Schaffung von Verbindungen mit dem Mittelmeerraum und mit Mittel- und Osteuropa, was eine Voraussetzung für die Verminderung ihrer Probleme ist, indem die wirtschaftliche Partnerschaft ausgebaut und der Handel gefördert wird.

Im Anschluß daran sind Leitlinien für Netze vorbereitet worden, welche das Ergebnis einer Verknüpfung von einzelstaatlichen und Gemeinschaftsprioritäten sind. Seit 1990 hat der Rat dem Plan zum Hochgeschwindigkeitseisenbahnnetz zugestimmt und im Oktober 1993 hat der Rat die folgenden drei Pläne angenommen: für ein Verbundverkehrssystem, für ein Straßennetz (mit 55.000 km an transeuropäischen Verbindungen, von denen 12.000 innerhalb von zehn Jahren fertiggestellt werden sollen) und für befahrbare Wasserwege (mit der Schaffung eines interoperablen Netzes in zehn Jahren).

Die Kommission hat im April 1994 einen Vorschlag angenommen, der die verschiedenen Verkehrssysteme integriert und Pläne ankündigt für:

- die Integration der konventionellen Schienenverkehrsverbindungen für Personenverkehr (regional und städtisch) und Güterverkehr in ein intermodales Netz und eine Ausweitung der Verbindungen mit Mittel- und Osteuropa;

- Flughäfen zur besseren Verbindung zwischen europäischen und internationalen Netzen sowie als Hilfe zur Öffnung bestimmter Regionen der Union;

- Häfen zur Erleichterung des Handels und zur Verringerung der Überlastung einer Reihe von Landstrecken bei gleichzeitiger Verringerung der Umweltbelastungen.

Wie in dem Weißbuch *Die künftige Entwicklung der gemeinsamen Verkehrspolitik* (1992) angedeutet wurde, plant die Kommission die Entwicklung eines „Bürgernetzes" aus einer Kombination von Luft-, Straßen- und Schienenverkehr von privaten und öffentlichen Anbietern.

Transeuropäische Verkehrsnetze und Raumplanung

Der Ausbau großer transeuropäischer Verkehrsnetze kann dazu beitragen, die räumliche Verteilung von

Bevölkerung und Wirtschaftstätigkeit in Europa zu verbessern, indem die potentielle Wettbewerbsfähigkeit peripherer Regionen über ihre verbesserte Erreichbarkeit im Vergleich zu zentralen Regionen erhöht wird. Dies kann jedoch auch zu größeren Problemen führen, die ergänzende Maßnahmen erforderlich machen. Aufgrund der großen Entfernungen zwischen den Zugangspunkten zu den Netzen kann es dazwischen zur Entstehung leerer Gebiete oder „Wüsten" kommen, wenn nicht die Nebennetze zur Verbesserung der Erreichbarkeit dieser Gebiete ausgebaut werden. Durch die Verstärkung des Prozesses räumlicher Konzentration von Wirtschaftstätigkeit können Netze ebensogut zur Erhöhung von Überlastungs- und Umweltproblemen auf bestimmten Strecken und in bestimmten Regionen beitragen. Transeuropäische Netze müssen daher die Folgen engerer Verbindungen mit anderen Ländern in Europa und im Mittelmeerraum berücksichtigen, um erhöhte Disparitäten zu vermeiden, die gegenläufige Wirkungen für die wirtschaftliche Entwicklung der Europäischen Union haben würden.

Die Verbesserung der Erreichbarkeit peripherer Gebiete

Unterschiede in der physischen Erreichbarkeit werden zunehmend in Kosten und Zeit gemessen und nicht in Entfernungen. Für eine bestimmte Region bedeutet dies das Vorhandensein eines oder mehrerer in den europäischen Leitlinien enthaltener Netze, um den Zugang zu den wichtigsten Märkten der Union zu sichern. Die Anwendung von verschiedenen Indikatoren der Erreichbarkeit auf die verschiedenen Teile Europas verdeutlicht die enormen regionalen Disparitäten.

Das Weißbuch von 1992 hebt die unterdurchschnittlichen Investitionen im Infrastrukturbereich in den peripheren Gebieten der Union hervor, trotz eines Anstiegs der Anstrengungen seit Mitte der 80er Jahre. Die Gründe für solche unterdurchschnittlichen Investitionen können die hohen Baukosten aufgrund geographischer Probleme (Landschaft, Entfernungen, Existenz von natürlichen Hindernissen) in Verbindung mit einer niedrigen Rentabilität aufgrund einer niedrigen Bevölkerungsdichte sein. Beispielsweise weist der Keeble-Index über die regionalen Potentiale (ein zusammengefaßter Index, der die Entfernung einer bestimmten Region zu anderen Regionen und ihren Märkten ausdrückt) Werte auf, die zwischen 178 für die zentralen Gebiete der Union und weniger als 48 für die peripheren Gebiete liegen, d. h. ein Verhältnis von 4 zu 1.

Ebenso zeigt der BFLR-Index, der die durchschnittliche Erreichbarkeit von den 194 Wirtschaftszentren der NUTS 3-Regionen mißt in bezug auf den Personenverkehr folgende Punkte:

– unbestreitbare Vorteile für die zentralen Gemeinschaftsgebiete, die zusätzlich verstärkt werden durch die kürzlichen Verbesserungen im Hochgeschwindigkeitspersonenverkehr (durchschnittliche Erreichbarkeit unter vier Stunden);

– eindeutige Nachteile, denen die peripheren Gebiete unterliegen, in denen die Wahl der Verkehrsmöglichkeiten beschränkt ist und in denen die Verbindungen untereinander weniger entwickelt sind.

Die transeuropäischen Netze dürften die interregionale und internationale Erreichbarkeit peripherer Regionen in bezug auf den Personenverkehr durch reduzierte Reisezeiten in unterschiedlichen Verkehrsmitteln deutlich verbessern. Dennoch zeigen Simulationen für die Atlantikregionen, daß der Aufbau von Netzen zwar ihre Isolationslage behebt, dies jedoch nur selektiv stattfindet. Die gleiche Schlußfolgerung gilt für Spanien und Portugal (siehe Kasten über Algarve-Andalusien-Murcia). In zentralen Regionen wird die Zeitersparnis insgesamt geringer sein, die wirtschaftlichen Wirkungen wegen der Marktgröße und der Bevölkerungsdichte dafür um so größer.

Daneben dürfte die Deregulierung im Luftverkehr auch die Entwicklung von Verbindungen zwischen peripheren Regionen begünstigen. Diese sind zur Zeit noch sehr schwach ausgebaut, so daß vor allem die Ausweitung regionaler Luftlinien und die Anbindung mittelgroßer Städte mit konventionellem Schienenverkehr an Hochgeschwindigkeitszüge zu fördern sind. Ähnlich wie das Beispiel der Region Rhône-Alpes in Frankreich könnte so der direkte Zugang benachteiligter Regionen zu den Hauptnetzen verbessert werden.

Die Notwendigkeit eines gleichzeitigen Ausbaus von Nebennetzen und Zugangspunkten zu den Hauptnetzen

Viele Gebiete sind immer noch schlecht an Zugangspunkte zu den Hauptnetzen angebunden (z. B. Autobahnkreuze oder Hauptbahnhöfe). Untersuchungen zeigen, daß es in einigen Binnenregionen wie Andalusien, Portugal, West-Wales, Irland und Nordschottland über zwei Stunden dauert, um ein Hauptnetz zu erreichen (siehe Karte 40 im Anhang). Das gleiche gilt für viele isolierte Gebiete im Mittelmeerraum wie dem Innern Griechenlands, zahlreichen Inseln und Teilen Süditaliens.

Die Erreichbarkeit ist ebenso schlecht, wenn auch etwas besser, in einigen weniger peripheren, aber dünn besiedelten Regionen, wo es wenige Verbindungspunkte mit den Hauptnetzen gibt, so wie in Teilen Westfrankreichs, Cornwall, Devon und dem Kantabrischen Gebirge.

Der Ausbau transeuropäischer Netze könnte die Erreichbarkeit von Gebieten verringern, die bereits von Hochgeschwindigkeitsnetzen isoliert sind und daher von den Hauptentwicklungskorridoren abgeschnitten werden könnten. Das Problem der Nebennetze und der Integration von Verkehrssystemen wird so zu einem Problem der Anbindung an die Hauptnetze. Zu berücksichtigen sind auch wichtige Trends in der Entwicklung von Verkehrssystemen, die bei größeren Entfernungen noch stärker hervortreten, so die Internationalisierung des Verkehrs und die zunehmende Dominanz von Hochgeschwindigkeitstransporten. Der Autobahnverkehr nimmt immer noch schneller zu als der Verkehr auf anderen Straßen und Hochgeschwindigkeitszüge entwickeln sich schneller als konventionelle Züge. Der gleiche Trend zeigt sich im Frachtverkehr, wo zunehmend Kurier- und Expreßdienste in Anspruch genommen werden. Darüber hinaus ist der Luftverkehr (sowohl für Personen als auch für Güter) langfristig wahrscheinlich das am stärksten wachsende Marktsegment.

Dieser Zunahme der Geschwindigkeiten entspricht eine Abnahme der Entfernungen (siehe Karte 14), die die Ausdehnung der Märkte, die weitläufigere räumliche Verteilung von Beschäftigung und verschiedene Formen von Mobilität fördert. Auf europäischer Ebene führt diese Entwicklung zur zunehmenden wirtschaftlichen Integration der Randgebiete, so wie dies in der Vergangenheit für die zentralen Gebiete geschehen ist.

Bei genauerer Betrachtungsweise sind Zugangspunkte zu den Hochgeschwindigkeitsnetzen allerdings relativ weit verbreitet. Das durch die transeuropäischen Netze hervorgerufene Problem ist, daß Autobahnen, Hochgeschwindigkeitszüge und Flughäfen wesentlich stärker miteinander verbunden sind als normale Straßen und Eisenbahnstrecken in der Vergangenheit. Die von diesem Netz abgedeckten Gebiete ohne Zugang sind daher deutlich benachteiligt und sind von Stagnation oder Rückgang bedroht.

Der Korridor Algarve-Andalusien-Murcia

Die Algarve, Andalusien und Murcia liegen im äußersten Westen des Mittelmeerbogens und gehören zu den am schlechtesten erreichbaren und am wenigsten entwickelten Gebieten Kontinentaleuropas. Dieses Gebiet zählt 8,3 Mio. Einwohner und erstreckt sich über 700 km zwischen Spanien und Portugal.
Aufgrund seiner geographischen Lage und seiner Topographie ist dieses Gebiet im hohen Maße von Flugverbindungen abhängig und verfügt über eine große Anzahl von Flughäfen. Sevilla und Malaga besitzen die internationalsten Flughäfen, während andere wie Faro, Cadiz/Jerez, Granada, Almeria und Murcia nur eine untergeordnete Bedeutung haben.
Die Häfen Algeciras an der Straße von Gibraltar, Cartagena, Malaga, Almeria, Huelva, Sevilla und Faro tragen maßgeblich zur wirtschaftlichen Entwicklung der Region bei.
Die wesentlichen Verkehrsprobleme sind im Straßenverkehr zu finden, trotz der Verbesserungen der letzten Zeit. Das Straßennetz weist eine akzeptable Qualität nur zwischen den bedeutendsten Städten auf: Madrid-Cordoba-Sevilla, von Sevilla nach Cadiz, Malaga und Huelva, sowie Lissabon-Faro. Die Straßenverbindungen im Landesinnern sind jedoch nach wie vor schlecht, so auch die grenzüberschreitende Straße zwischen Huelva und Ayamonte. Die portugiesischen und spanischen Pläne zum Straßenbau sehen eine Überwindung der Isolation dieser abgelegenen Regionen vor.
Im Schienenbereich verbindet zwar der Hochgeschwindigkeitszug mit europäischer Spurweite (der spanischen AVE) sowohl Cordoba als auch Sevilla mit Madrid, die Nebenstrecken sind jedoch sehr veraltet und unzureichend; ähnlich auch die Eisenbahnstrecken im portugiesischen Teil des Gebietes. Zudem besteht keine grenzüberschreitende Verbindung zwischen der Algarve und Andalusien.
Bei Fertigstellung der Netze etwa im Jahre 2010 wird sich die Erreichbarkeit dieser Küstenregionen zwischen Sevilla und Cordoba sowie der Algarve und Lissabon verbessert haben. Dennoch werden große Teile des Gebietes Anfahrtzeiten von über 1,5 Stunden bis zum Erreichen der Hauptnetze haben. Die Disparitäten zwischen den Gebieten mit hoher Erreichbarkeit (Sevilla-Huelva-Cadiz) und den Gebieten mit niedriger Erreichbarkeit in Ostandalusien (Almeria und Granada) werden daher voraussichtlich zunehmen.

Karte 14
Verringerung des europäischen Raumes

Anmerkung: Die Karte zeigt, wie sich die Entfernungen im Verhältnis zu den erforderlichen Reisezeiten zwischen Regionen mit Hochgeschwindigkeitszügen verändern. Geplante Verbesserungen rücken, bei einer konstanten Zeitskala (6 Stunden), die Regionen enger zusammen.

Quelle: Spiekermann, Wegener 1993

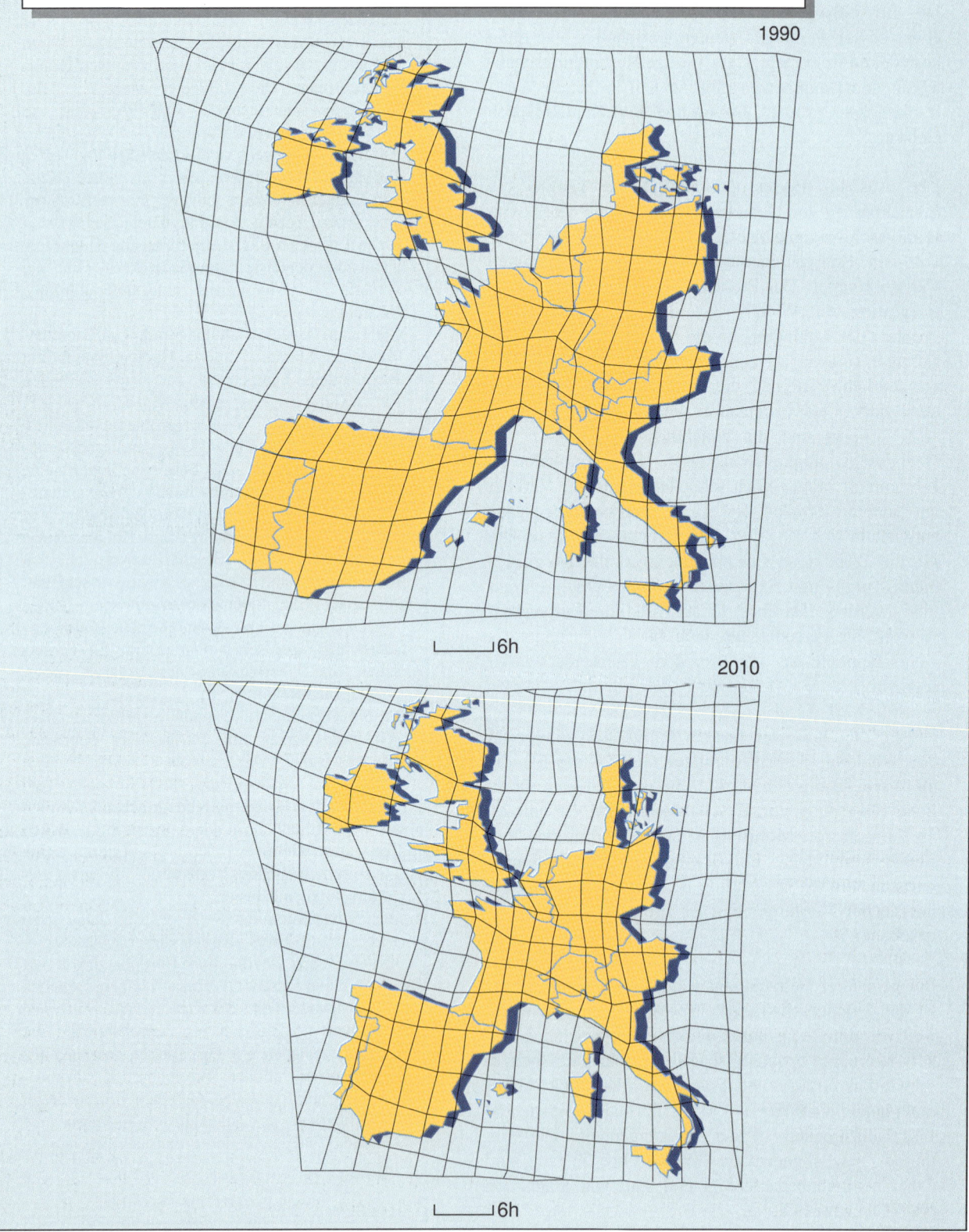

1990

⊢——⊣ 6h

2010

⊢——⊣ 6h

Die regionalen Auswirkungen transeuropäischer Netze

**Karte 15
Konzentration des europäischen Marktes**

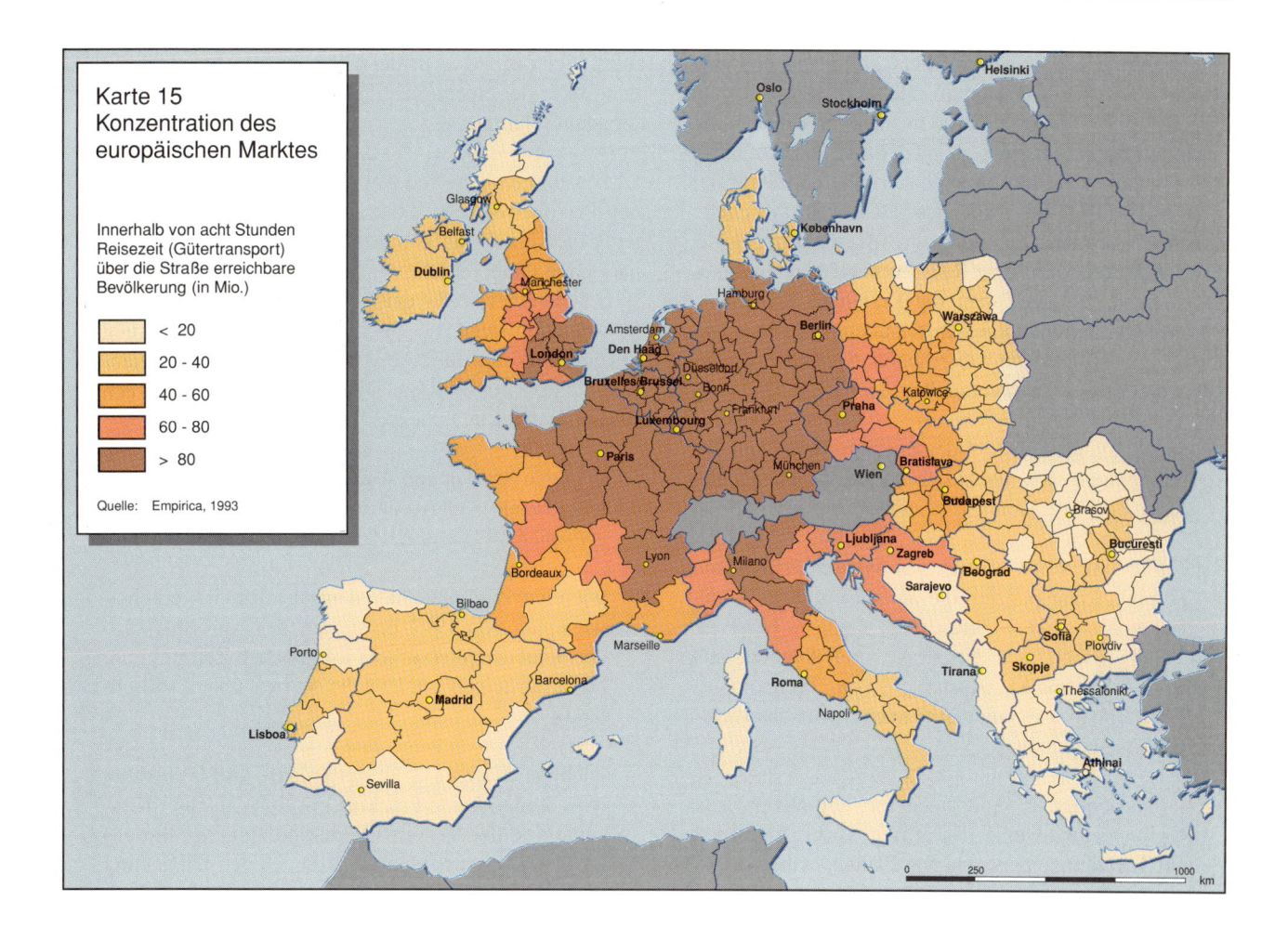

Innerhalb von acht Stunden Reisezeit (Gütertransport) über die Straße erreichbare Bevölkerung (in Mio.)

- < 20
- 20 - 40
- 40 - 60
- 60 - 80
- > 80

Quelle: Empirica, 1993

Dieses Problem verschärft sich noch durch andere Einflußkräfte. Die Ziele der Verkehrspolitik leiten Investitionen dorthin, wo die Nachfrage am größten ist, d. h. wo das Wachstum bereits stark ist, und damit in die Strecken, wo die Verkehrsströme bereits erheblich sind. Diese Investitionen verstärken im allgemeinen wiederum die Entwicklung der betreffenden Korridore und Regionen und erhöhen die Konzentration der Wirtschaftstätigkeit – und der Bevölkerung – dort.

Zugleich führt die Konzentration von Investitionen in diesen Gebieten zu einer Verminderung der relativen Erreichbarkeit der weniger entwickelten Regionen. Da diese Regionen weit entfernt von Autobahnen und Hochgeschwindigkeitsbahnhöfen liegen und bestenfalls nur kleine Flughäfen besitzen, haben sie schlechte Chancen zur Ansiedlung von Unternehmen, die guten Zugang zu Hochgeschwindigkeitsnetzen benötigen, und erleiden unter Umständen einen Imageverlust, wenn sich in Regionen mit besserer Anbindung die Freizeiteinrichtungen und modernen Angebote ausweiten.

Das Autobahnnetz zeigt deutlich diese Tendenz zur dualen Entwicklung von gut und schlecht angebundenen Regionen. Diejenigen Regionen mit einem dichten Verkehrsnetz entsprechen genau den Gebieten mit traditionell starker wirtschaftlicher Entwicklung, wenn auch einige von ihnen Probleme industrieller Umstrukturierung haben. Diese Regionen sind weiterhin gut ausgestattet mit physischer Infrastruktur, Dienstleistungen und Humankapital und haben mit Ausnahme überlasteter Hauptverbindungen kaum wirkliche Probleme der Erreichbarkeit (siehe Karte 15). Im Gegensatz dazu bleiben die weniger entwickelten Gebiete weiterhin schlecht an das Autobahnnetz angebunden. In den größten Lücken dieser Netze liegen alle europäischen Gebiete, die sich nur langsam entwickelt haben. Zudem sind in diesen Gebieten die Nebennetze relativ unterentwickelt.

Das Problem der Nebennetze und ihrer Anbindung an die Hauptnetze, vor allem die transeuropäischen, ist daher eine grundlegende Frage der Raumplanung. Zwei Arten von Reaktionen sind möglich. Die erste ist eine Strategie zum Bau eines Netzes mit engeren Maschen, d. h. der Bau von mehr Autobahnen und Hochgeschwindigkeitsverbindungen, was sowohl teuer als auch nur langfristig möglich ist. Zudem machen die kurzfristigen Erträge aus solchen Investitionen in

Anbetracht des geringen Verkehrsvolumens und der voraussichtlichen Wachstumsrate unterentwickelter Gebiete es schwierig, dies in finanzieller Hinsicht zu vertreten. Es ist daher eine längerfristige Betrachtungsweise erforderlich, um eine Verstärkung der Entwicklungsunterschiede zu vermeiden. Die zweite Möglichkeit sind Fördermaßnahmen, die Infrastrukturprojekte in umfassend koordinierte Raumentwicklungsprogramme einbeziehen, die ihnen die Erzielung maximaler Vorteile aus den Hauptnetzen erlauben, indem sie die verfügbaren Zugangspunkte erhöhen. So sind z. B. die folgenden Maßnahmen vorstellbar:

– eine Erhöhung der Zahl der Zugangspunkte, um die Entwicklung von Industriegebieten, Managementaktivitäten, Tourismus usw. zu fördern;

– Verbindung von Gebieten mit Wirtschaftstätigkeiten und Arbeitsplätzen, die unter Umständen komplementär sind (Erreichung eines besseren Gleichgewichts von Nachfrage und Angebot auf dem Arbeitsmarkt, Austausch von Technologie, Beziehungen zu Subunternehmern, wirtschaftliche Partnerschaften, usw.);

– Berücksichtigung bedeutenderer Initiativen zur Regionalentwicklung (Schaffung neuer Industrie- und Technologieparks) in den Plänen, insbesondere bei der Planung von Autobahnausfahrten;

– Berücksichtigung des zukünftigen Baus neuer Infrastruktur in der Planung, wodurch die möglichen Vorteile deutlich erhöht werden könnten, z. B. bei der Stadterneuerung um zukünftige Hochgeschwindigkeitsbahnhöfe herum.

Vermeidung von Überlastung und Umweltschäden

Unabhängig von Wirtschaftszyklen steigt das Verkehrsvolumen langfristig an. Zunehmend führt das Verkehrswachstum zu einer Sättigung von bestehenden Netzen, insbesondere in den zentralen Gebieten, jedoch auch in einigen peripheren Gebieten. In der gesamten Gemeinschaft beeinflußt die Verkehrsüberlastung jene Strecken, die lebenswichtig für die europäische Wirtschaft sind (z. B. zwischen Rotterdam und dem Ruhrgebiet, die Alpenübergänge, das Rhône-Tal und die Mittelmeerküste). Zudem werden Überlastungsprobleme in einer Reihe von Regionen von Umweltproblemen begleitet (v. a. in der Form von Luftverschmutzung oder der Beeinträchtigung von Küsten- oder Gebirgslandschaften).

Überlastungen betreffen den Güterverkehr genauso wie den Personenverkehr. Trotz der Stagnation des gesamten Güterverkehrsaufkommens seit 1991 hat der internationale Güterverkehr weiterhin zugenommen (entsprechend einer Studie der Europäischen Konferenz der Verkehrsminister). Dies hat zu einem schnellen Anstieg des Fernverkehrs geführt, welcher sich auf die effizientesten Netze konzentriert. Dieses Wachstum wird auch zukünftig erwartet in bezug auf:

– wichtige Straßen und Autobahnen, auf denen der internationale Güterverkehr um das 2,5-fache zwischen 1993 und 2010 ansteigen könnte;

– wichtige Zuglinien: der deutsche Bundesverkehrswegeplan von 1992 beruht auf der Annahme, daß der Schienengüterverkehr im gleichen Zeitraum um 50 % ansteigen wird (siehe Kasten über Deutschland);

– wichtige Häfen (v. a. Rotterdam) und Flughäfen (wie Schiphol und Frankfurt), welche zu einer Konzentration der Verkehrsflüsse und zu einer Ansiedlung von Entscheidungszentren in der Umgebung führen.

Der Personenverkehr, der ebenfalls im Laufe des letzten Jahrzehnts deutlich angestiegen ist, hängt stärker vom Autobestand ab, der in Gebieten mit niedrigen Einkommen noch weiter ansteigen kann; und von den Lebensgewohnheiten, welche die Häufigkeit der beruflichen und privaten Reisen erhöhen.

Trotz Perioden niedrigen Wachstums oder Rückgangs, wie er im Luftverkehr im Zusammenhang mit dem Golfkrieg 1991 zu verzeichnen war, erscheint es angemessen, langfristig ein Wachstum zu erwarten.

Die Folgen dieses Wachstums sind für das wirkungsvolle Funktionieren von räumlichen Strukturen unter Umständen erheblich:

– innerhalb der Europäischen Union weisen von den insgesamt 54.000 km internationaler Straßen und Autobahnen mehr als 5.000 km (ungefähr 10 %) und davon 3.800 km Autobahnen Überlastungsprobleme auf; während die Überlastungen am größten in den zentralen Gebieten sind (England, die Benelux-Länder, Deutschland, das Rhône-Tal und Norditalien), hat auch eine nicht zu vernachlässigende Anzahl von peripheren Gebieten ähnliche Probleme, so z. B. die portugiesische Küste und Süd-Andalusien (siehe Karte 16);

- mehrere Schienennetze scheinen ebenfalls überlastet zu sein, insbesondere in Deutschland, den Benelux-Ländern und Norditalien, jedoch auch in Spanien, dem Mezzogiorno und Griechenland (siehe Karte 17).

Die zunehmende Überlastung auf bestimmten Strecken und in bestimmten Gebieten wird mittlerweile schon von einigen Unternehmen, insbesondere im Handel, als Wettbewerbsnachteil betrachtet. Dies führt zur Verringerung ihrer Wettbewerbsfähigkeit und zur Verlagerung von Einrichtungen, um die tägliche Durchquerung von Fracht durch überlastete Gebiete zu vermeiden. Dadurch entsteht die Gefahr, daß der Binnenmarkt, trotz der Befreiung von rechtlichen und institutionellen Beschränkungen, immer noch segmentiert bleibt.

Die Alpenübergänge sind zu einem der besten Beispiele für die Umweltgefahren durch das erwartete Verkehrswachstum geworden. Angesichts dieser Bedrohung haben einige Länder zu verkehrsbeschränkenden Maßnahmen gegriffen (Schweiz und Österreich), während andere dies bisher nicht getan haben (Frankreich, Italien und Slowenien). Diese und andere mögliche Beschränkungen werden jedoch die Überlastungen auf den Hauptverkehrsverbindungen erhöhen. Die Mont Blanc- und Frejus-Straßentunnel könnten zur Jahrhundertwende verstopft sein und die Wachstumsregionen in Norditalien und Südostfrankreich sowie andere Gebiete laufen Gefahr, durch diese effektive Erhöhung der Distanzen ihre Entwicklung zu hemmen.

Die möglichen Gegenmaßnahmen bei Überlastung und Umweltbelastung liegen in:

- dem Ausbau besserer Verbindungen zwischen verschiedenen Verkehrsträgern und des kombinierten Verkehrs;

- einer Verbesserung des Infrastrukturmanagements und der Verkehrsüberwachung;

- einer Verbesserung des Umweltschutzes.

Die erste Art von Maßnahmen kann die Probleme sowohl der Überlastung als auch der Umwelt vermindern. Durch die Förderung von Eisenbahn- und Wasserverkehr im Gegensatz zum Straßenverkehr sollte es möglich sein, die Überfüllung auf den Straßen als wichtigstes Problem vieler Regionen und die Luftverschmutzung zu reduzieren. Verkehrsregulierende Maßnahmen, beispielsweise in der Form einer veränderten Autobahngebührenpolitik, und Raumordnungs-

Verkehrszunahme in Deutschland: Die neue Ost-West-Achse

Vor der deutschen Einheit verliefen die Hauptverkehrsströme in Nord-Süd-Richtung. Diese Strecken sind mittlerweile stark überlastet und die Beitritte Finnlands, Norwegens und Schwedens zur Europäischen Union werden diesen Verkehr noch erhöhen. Heute ist die erste Priorität jedoch die Entwicklung der Ost-West-Verbindungen, nicht nur um die Entwicklungschancen der neuen Bundesländer durch ihre Anbindung an die alten Bundesländer und an die Europäische Union zu vergrößern, sondern auch um den Anstieg des Verkehrs von und in die Länder Mittel- und Osteuropas zu bewältigen. Ein weiteres Problem ist der schlechte Zustand des Verkehrssystems in den neuen Bundesländern selbst.

Deutschlands Autobahnnetze nähern sich heute zu Stoßzeiten insbesondere in Städten einer Überlastung. Prognosen rechnen mit einem 95 %-igen Anstieg des LKW-Verkehrs zwischen 1991 und 2010, trotz eines Wachstums des Güterschienenverkehrs um 50 % und trotz der Verkehrsbeschränkungen (hauptsächlich steuerlicher Art). Die Folge ist eine durchschnittliche Verlangsamung des Verkehrs.

Die Prioritäten für Deutschlands Verkehrspolitik, der *Bundesverkehrswegeplan* 1992, wurden auf der Grundlage von zurückhaltenden und möglicherweise zu optimistischen Vorausschätzungen über das Verkehrswachstum festgelegt. Die gesamten geplanten Investitionen belaufen sich auf 538,8 Mrd DM bis zum Jahre 2012, d.h. 24,5 Milliarden DM im Jahr (das Doppelte des Betrages in der Zeit vor der Einheit). Etwa 40 % davon wird in die neuen Bundesländer gehen. Von diesen Investitionen sind 40 % für den Schienenbereich, 39 % für das Bundesautobahnnetz, 6 % für Häfen und Wasserwege und 15 % als Subventionen für die Länder und Gemeinden für die Straßennetze und den Öffentlichen Verkehr vorgesehen. Hochgeschwindigkeitszugnetze werden in dem selben Zeitraum um 2.200 km zunehmen; das Autobahnnetz um 2.400 km (30 % des Netzes wird von sechs auf acht Spuren erweitert). Im Bereich der Binnenwasserwege sind neue Verbindungen zwischen den Nordseehäfen und Magdeburg und Berlin geplant.

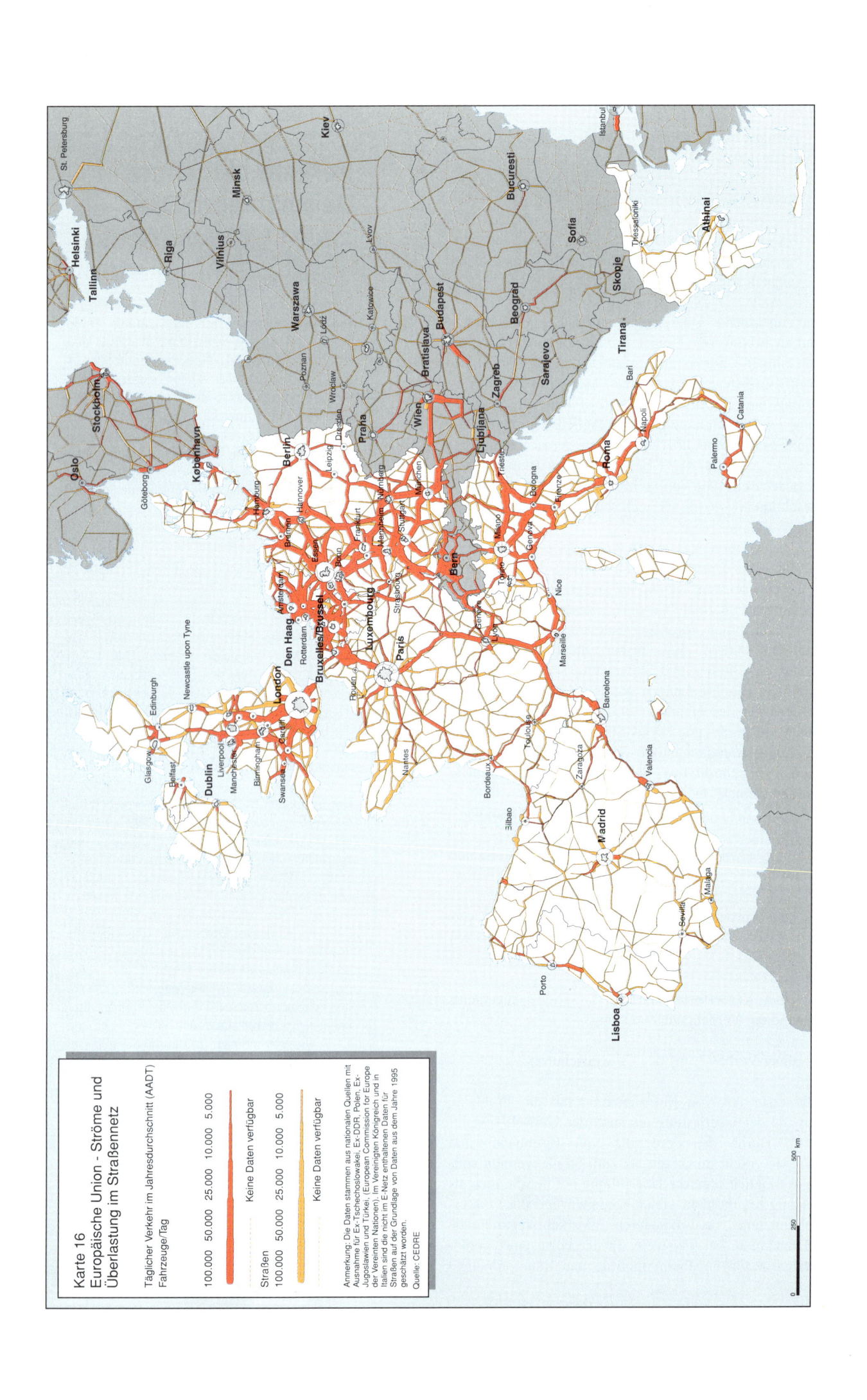

Karte 16
Europäische Union - Ströme und Überlastung im Straßennetz

Täglicher Verkehr im Jahresdurchschnitt (AADT)
Fahrzeuge/Tag

100.000 50.000 25.000 10.000 5.000

Straßen
Keine Daten verfügbar

100.000 50.000 25.000 10.000 5.000

Keine Daten verfügbar

Anmerkung: Die Daten stammen aus nationalen Quellen mit Ausnahme für Ex-Tschechoslowakei, Ex-DDR, Polen, Ex-Jugoslawien und Türkei, (European Commission for Europe der Vereinten Nationen). Im Vereinigten Königreich und in Italien sind die nicht im E-Netz enthaltenen Daten für Straßen auf der Grundlage von Daten aus dem Jahre 1995 geschätzt worden.

Quelle: CEDRE

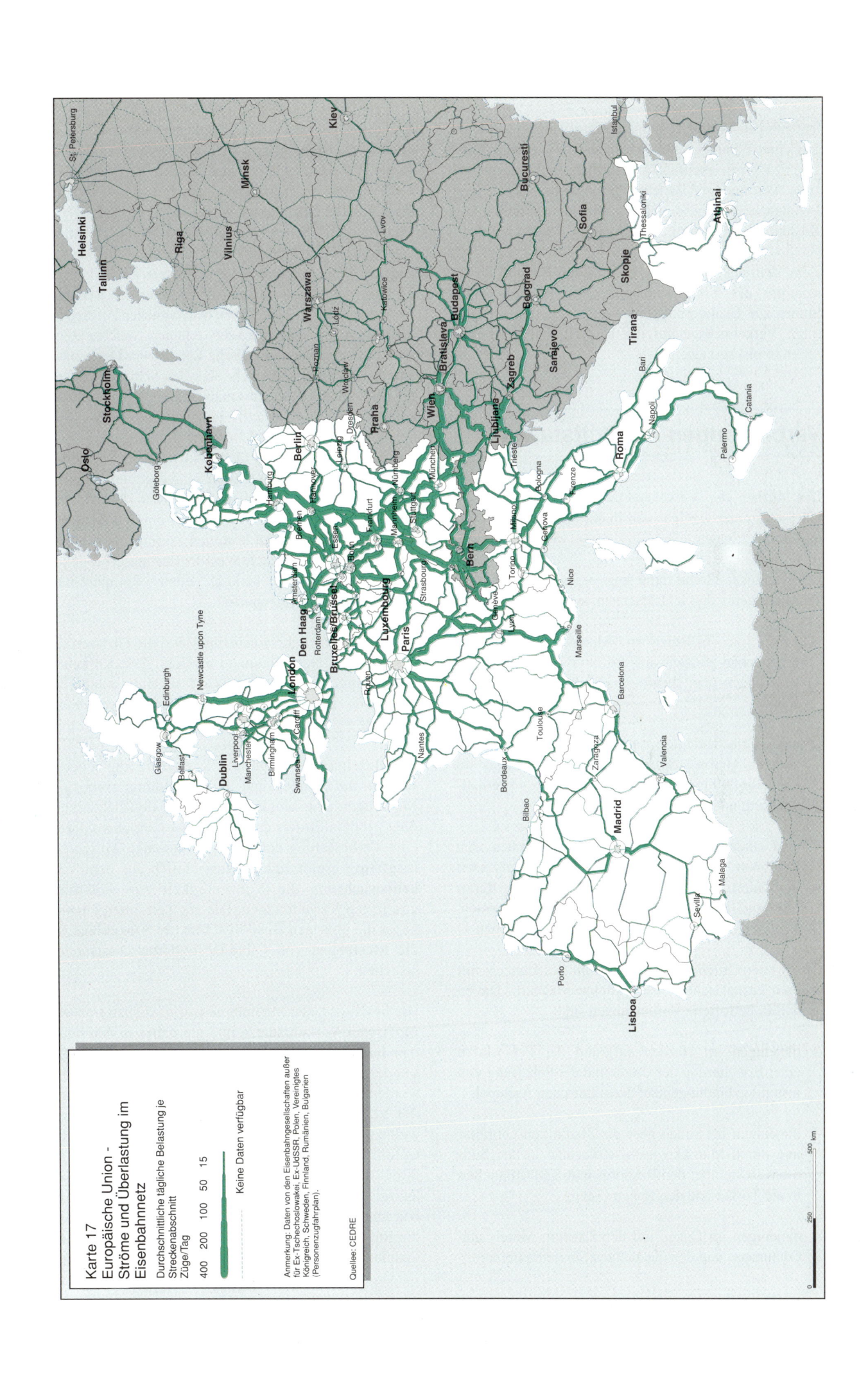

Karte 17
Europäische Union - Ströme und Überlastung im Eisenbahnnetz

Durchschnittliche tägliche Belastung je Streckenabschnitt
Züge/Tag

400 200 100 50 15

----- Keine Daten verfügbar

Anmerkung: Daten von den Eisenbahngesellschaften außer für Ex-Tschechoslowakei, Ex-UdSSR, Polen, Vereinigtes Königreich, Schweden, Finnland, Rumänien, Bulgarien (Personenzugfahrplan).

Quelle: CEDRE

maßnahmen in den Ballungsgebieten, um die Fahrten zwischen Wohnung und Arbeitsplatz besser zu organisieren, können ebenfalls Überlastung und Verschmutzung vermindern. Daneben ermöglichen spezifische Maßnahmen, insbesondere in Fremdenverkehrs- und Küstenregionen, eine Förderung des Umweltschutzes.

Zum Zeitpunkt der Abfassung dieses Berichts beabsichtigte die Kommission die Durchführung einer Studie zur Evaluierung der Wirkungen transeuropäischer Verkehrsnetze auf die Umwelt und der politischen Implikationen.

Verbindungen mit Drittstaaten

Der Ausbau der Verkehrsnetze innerhalb der Union läßt sich immer weniger von ihrem Ausbau im gesamten Europa trennen.

Der wichtigste Grund dafür liegt in der Bedeutung des Transitverkehrs durch Drittstaaten, insbesondere:

- haben die bedeutenden Alpenübergänge einen erheblichen Einfluß auf die Nord-Süd-Verbindungen, liegen aber teilweise außerhalb der Gemeinschaft;

- sind Griechenlands Landverbindungen mit den anderen Unionsländern aufgrund des Krieges im ehemaligen Jugoslawien und des Mangels alternativer Verbindungen abgeschnitten;

- sind andere Transitmöglichkeiten zwischen den Regionen der Union durch Nicht-Mitgliedstaaten der Union, wie z. B. durch die Tschechische Republik, die Slowakische Republik oder Slowenien, aufgrund des Zustands der Infrastruktur begrenzt.

Ein zweiter Grund ist das Wachstum des Handels mit anderen europäischen oder Mittelmeerländern. Davon besonders betroffene Verbindungen sind:

- diejenigen im Norden aufgrund der Perspektive einer Erweiterung der Union und der Schaffung von festen Verbindungen auf dem dänischen Archipel;

- diejenigen im Süden über die Straße von Gibraltar und durch Marokko nach Afrika und in den Südosten sowie über den Bosporus und die Dardanellen in die Türkei und den Nahen Osten;

- diejenigen im Osten, mit den Ländern Mittel- und Osteuropas und den ehemaligen Sowjetrepubliken.

Vorausschätzungen zum Verkehrswachstum lassen besondere Probleme für Mittel- und Osteuropa absehen. Aktuelle Prognosen sagen eine Erhöhung um das Drei- bis Vierfache des Verkehrs mit der Europäischen Union bis zum Jahre 2010 voraus. Während Zugverbindungen in Mittel- und Osteuropa eine bedeutende Rolle spielen, hat insbesondere der Straßenverkehr aus dem schnellen Anstieg des Handels mit dem Westen Nutzen ziehen können. Die Tschechische Republik, die Slowakische Republik, Ungarn und Polen haben einen beträchtlichen Anstieg des internationalen Straßenverkehrs erfahren, welcher Rückwirkungen auf westeuropäische Länder wie Deutschland hat, das seinen Güterverkehr über den Schienenweg und im Fernverkehr über den kombinierten Verkehr entwickeln möchte.

Die Entwicklungen im Osten dürften zur Wiederbelebung von zwei bedeutenden Wassergebieten beitragen (der Ostsee und dem Schwarzen Meer), was einer Entwicklung des Seeverkehrs entlang der europäischen Küste zugute kommen könnte, da die Entfernungen von Ost nach West in Europa groß genug sind, um dem Seeverkehr einen komparativen Kostenvorteil zu verschaffen.

Infolge des Verkehrswachstums sind die Grenzen der bestehenden Netze beinahe erreicht. Die Verkehrsnetze Mittel- und Osteuropas auf die Höhe westlicher Standards zu bringen, ist somit eine bedeutende Priorität.

Im Mittelmeerraum dürften kurzfristig die Überlastungen auf Straßen und die Verbindungen über die Meerengen eine Möglichkeit bieten, den Seeverkehr über größere Entfernungen auszuweiten, obwohl dies eine Verbesserung der Häfen voraussetzt. Mittel- bis langfristig ergibt sich voraussichtlich aus dem Verkehrswachstum die Notwendigkeit zur Schaffung von festen Verbindungen. Die zur Zeit einzige Brücke ist die über den Bosporus, obwohl Vorschläge für die Meerengen von Gibraltar und die Dardanellen bestehen.

Die beschlossenen Maßnahmen zum Ausbau transeuropäischer Verkehrsnetze müssen daher in den kommenden Jahren von einer Ausweitung auf andere Länder mit Blick auf eine Zusammenarbeit begleitet werden. Dazu sind Maßnahmen zur Verbesserung des Verkehrsmanagements und zum Schutz der Umwelt zu unterstützen und Regionen anzubinden, die Gefahr laufen, im Zuge des Ausbaus großer Netze an ihrer relativen Erreichbarkeit einzubüßen. Dieser letztgenannte Punkt ist von größter Bedeutung in Anbetracht der Bandbreite von Faktoren, die tendenziell die Entwicklungsdisparitäten zwischen den zentralen und den peripheren Regionen der Union ausweiten.

Energienetze

Die Gemeinschaftspolitik im Bereich der Energienetze soll zur Erreichung der folgenden Ziele beitragen:

– Verbesserung der Wettbewerbsfähigkeit,

– Sicherung der Energieversorgung,

– Stärkung des wirtschaftlichen und sozialen Zusammenhalts,

durch Maßnahmen im Bereich der zwei wichtigsten Energiequellen, nämlich Gas und Elektrizität, und durch die Vollendung einer Reihe von vorrangigen Projekten.

Ein Weg zur Verbesserung der Wettbewerbsfähigkeit im Energiesektor besteht darin, Verbrauchern eine tatsächliche und vielfältige Wahl zwischen verschiedenen Energiequellen zu ermöglichen. Die Ausweitung von Energienetzen zielt sowohl auf die Förderung einer solchen Diversifizierung ab, als auch auf die Stärkung der regionalen Kohärenz durch die Einführung von neuen Energiequellen, den Ausbau von Netzen in Gebieten, wo bisher keine bestehen, und die Anbindung von abgelegenen Gebieten an Energienetze. Die Liberalisierung der Energiemärkte, insbesondere jener für Kohlenwasserstoffe, Elektrizität und Gas, wie von der Kommission vorgeschlagen, sollte der Industrie die Gelegenheit geben, ihre Wettbewerbsfähigkeit zu erhöhen. Zusätzlich zur Ausweitung der Verfügbarkeit wird dies zu einer höheren Versorgungssicherheit führen, mit positiven Wirkungen auf den regionalen Zusammenhalt (wie z. B. die mögliche Entstehung von neuen Industrien).

Die Stärkung von Kooperationsabkommen mit den wichtigsten Produktionsländern, insbesondere mit Mittel- und Osteuropa und der ehemaligen Sowjetunion, wo die Erholung des Energiesektors von großer Bedeutung ist, ist eines der Ziele der Europäischen Energie-Charta.

In bezug auf Elektrizität und Gas bestehen zwei Gemeinschaftsprioritäten. Die erste betrifft die Stärkung der Verbindungen von Elektrizitätsversorgungsnetzen, um eine höhere Effizienz der Produktionskapazitäten zu gewährleisten und die Versorgung von abgelegeneren Gegenden zu sichern (Karte 18). Die zweite betrifft den beschleunigten Aufbau von transeuropäischen Gasleitungen in Zusammenarbeit mit den Produktionsländern, um eine langfristige Versorgung zu sichern (Karte 19).

Das zukünftige Wachstum von Nachfrage und Angebot

Die gesamte Energienachfrage der Europäischen Union wird voraussichtlich um bescheidene 1 % pro Jahr in den nächsten 10 bis 15 Jahren ansteigen, wobei die tatsächliche Rate je nach der Art der Nachfrage und entsprechender wirtschaftlicher Aktivität variieren wird. Die Energienachfrage im Verkehrssektor wird wahrscheinlich um ungefähr 2 % pro Jahr ansteigen und somit 35 % des Endenergieverbrauchs bis zum Jahr 2020 erreichen; der Verbrauch der Privathaushalte und des Dienstleistungssektors wird wahrscheinlich um 1,5 % pro Jahr ansteigen und somit 38 % der Endnachfrage bis zum Jahre 2020 betragen. Schließlich wird der industrielle Energieverbrauch wahrscheinlich um 0,5 % pro Jahr ansteigen.

Diese Veränderungen in der Struktur der Endnachfrage werden wahrscheinlich von Veränderungen der relativen Bedeutung verschiedener Energiequellen begleitet sein. Die Endnachfrage nach Erdgas wird wahrscheinlich um jährlich 3,5 % in den nächsten 15 Jahren ansteigen und damit insgesamt einen Anstieg um 60 % zwischen 1990 und 2005 ausmachen. Die Endnachfrage nach Elektrizität wird jährlich wahrscheinlich um 2 % ansteigen, während die Nachfrage nach Kohle stabil bleiben oder leicht zurückgehen dürfte.

In der Union ist ein Rückgang der Energieproduktion zu erwarten, welcher für die nächsten 30 Jahre bei etwa 30 % liegt, indem der Anteil der Nordseeproduktion nach und nach zurückgeht. Die Union wird deshalb abhängiger von anderen Ländern werden. Bis zum Jahr 2020 könnten bis zu 75 % des gesamten Energieverbrauchs aus Ländern importiert werden, die zumindest gegenwärtig nicht Mitglieder der Union sind.

Aufgrund der Abhängigkeit der Gemeinschaft bei Erdgas und Erdöl und der Vorteile, die durch eine Verbindung der Elektrizitätsversorgungsnetze erzielt werden können, hat die Schaffung von transnationalen Versorgungsleitungen (Öl- und Gaspipelines und Hochspannungselektrizitätsleitungen) schon zum Teil die Entwicklung von transeuropäischen Netzen und die Öffnung Mittel- und Osteuropas vorweggenommen.

Mit der Zunahme des Verbrauchs von Erdgas in den letzten 30 Jahren wurde ein umfangreiches

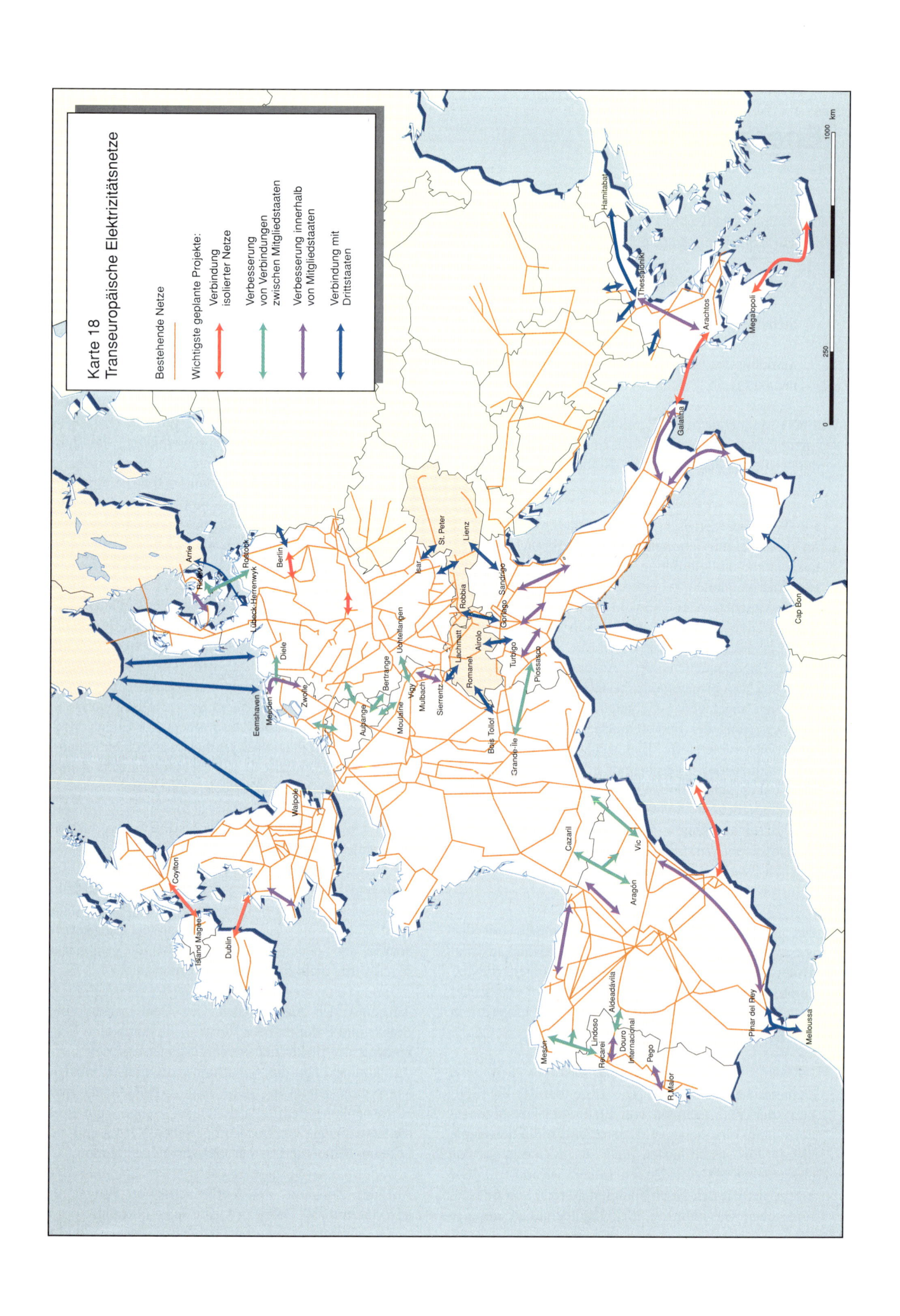

Karte 18
Transeuropäische Elektrizitätsnetze

Bestehende Netze

Wichtigste geplante Projekte:
- Verbindung isolierter Netze
- Verbesserung von Verbindungen zwischen Mitgliedstaaten
- Verbesserung innerhalb von Mitgliedstaaten
- Verbindung mit Drittstaaten

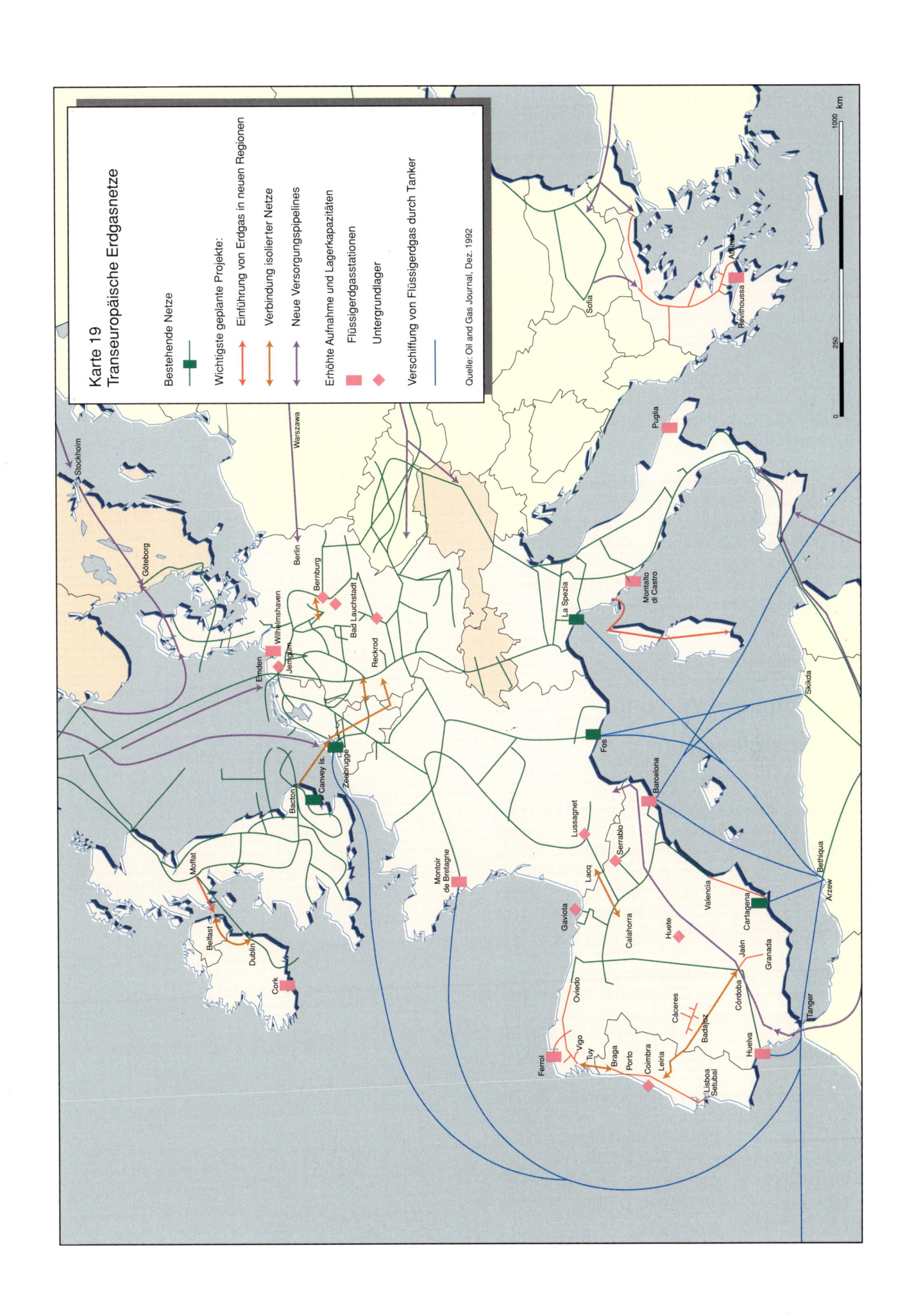

Karte 19
Transeuropäische Erdgasnetze

- Bestehende Netze

Wichtigste geplante Projekte:
- Einführung von Erdgas in neuen Regionen
- Verbindung isolierter Netze
- Neue Versorgungspipelines

Erhöhte Aufnahme und Lagerkapazitäten
- Flüssigerdgasstationen
- Untergrundlager

- Verschiffung von Flüssigerdgas durch Tanker

Quelle: Oil and Gas Journal, Dez. 1992

Versorgungsnetz in der Union geschaffen. Dieses Netz wird sich weiterhin in Europa ausweiten und dadurch eine Versorgung aus externen Quellen ermöglichen (Pipelines verbinden bereits Algerien mit Italien und die ehemalige Sowjetunion mit Mittel- und Osteuropa), um Regionen in der Gemeinschaft, die bisher ohne Zugang zu Erdgas waren, zu versorgen.

Der damit verbundene Finanzbedarf wird enorm sein. Eine Finanzierung unter annehmbaren Bedingungen wird nicht möglich sein ohne die Garantie einer großen, stabilen und dauerhaften kommerziellen Nachfrage. Langfristige Verträge zwischen Herstellern bzw. Anbietern und Abnehmern bzw. Versorgern werden daher um so notwendiger sein. Dies gilt auch für die internationale Zusammenarbeit bei den Versorgungseinrichtungen.

Beim Elektrizitätsverbrauch wird ebenfalls ein Anstieg erwartet, wobei mit einer Zunahme des Anteils am gesamten Endverbrauch in der Gemeinschaft von 18 % auf 23 % oder mehr bis zum Jahre 2020 gerechnet wird. Die wachsende Elektrizitätsnachfrage in Mittel- und Osteuropa wird zu jener der Union hinzukommen und den Bedarf an miteinander verbundenen Versorgungsnetzen erhöhen.

Die räumliche Wirkung von Energienetzen

Die Erreichung eines räumlichen Ausgleichs erfordert gleiche Wahlmöglichkeiten zwischen verschiedenen Energiequellen, was gegenwärtig kaum der Fall ist; insbesondere nicht in vielen Regionen am Rande der Union (in Schottland, Irland, Portugal, Westspanien und Griechenland), die keinen angemessenen Zugang zu Erdgasversorgung haben.

Der Bau von transeuropäischen Gaspipelines zur Verminderung dieses Problems wird mit der Regionalpolitik verbunden werden, um die am schlechtesten versorgten Gebiete zu fördern (siehe Kasten zur REGEN-Initiative).

Im Elektrizitätsbereich wird der notwendige Anstieg der Produktionskapazitäten um 60 % bis zum Jahre 2020 erhebliche räumliche Auswirkungen mit sich bringen, insbesondere was den Standort von neuen Betriebsstätten und Verteilungsnetzen angeht. Umweltaspekte werden in diesem Zusammenhang eine zunehmende Rolle spielen.

Der Anteil der erneuerbaren Energien (Biomasse, Windkraftwerke, Solarenergie, geothermische Energie usw.) an der gesamten Energieerzeugung wird in der gesamten Gemeinschaft bis zum Jahr 2005 kaum 8 % übersteigen. Dennoch sind bedeutende räumliche Wirkungen von dieser Form der Energieerzeugung zu erwarten, da die lokale und regionale Ebene die angemessenste Ebene für deren Entwicklung und Vermarktung ist. Sie werden wahrscheinlich bedeutsamer sein für diejenigen Regionen, wie insbesondere Inseln, die eine sehr beschränkte Auswahl bei der Energieversorgung haben und daher in größerem Ausmaß Preisschwankungen, insbesondere bei Öl, und daher möglichen Instabilitäten ausgesetzt sind.

Die Umsetzung des REGEN-Programms

Das REGEN-Programm hat zum Ziel, die Nutzung von Erdgas in benachteiligten Regionen zu fördern und fehlende Verbindungen in transeuropäischen Energienetzen zu ergänzen.

In der ersten Phase dieses Programms (1989-93) hat die Gemeinschaft vier Projekte im Umfang von 347 Mio. ECU kofinanziert.

Erdgasleitungen zwischen dem Vereinigten Königreich und Irland

Irland ist stark abhängig von Energielieferungen aus anderen Ländern. Importe von Öl und Kohle machen zwei Drittel des Primärenergieverbrauchs aus, der restliche Teil kommt aus der inländischen Produktion von Torf, der sowohl begrenzt als auch rückläufig ist, und eigener Erdgasvorräte (das Kinsale Head-Feld), die ebenfalls zur Neige gehen. Die Anbindung an die britische Erdgaspipeline wird das irische Netz mit einer zusätzlichen Quelle versorgen.

Das griechisch-italienische Unterwasserkabel

Die Verknüpfung des griechischen und des italienischen Elektrizitätsnetzes wird Griechenland Zugang zum gesamten Gemeinschaftsnetz verschaffen. Durch eine gemeinsame Leitung können Verbrauchsspitzen aufgefangen und die erforderliche Gesamtkapazität in beiden Ländern reduziert werden. Daneben sollte es auch zu einem Rückgang des Ölverbrauchs und der Grenzkosten der Nutzung führen.

Erdgasnetz in Griechenland

Der Bau einer Erdgaspipeline wird den Import von russischem Erdgas von der bulgarischen Grenze nach Athen ermöglichen.

Erdgasnetz in Portugal

Die geplante Erdgaspipeline wird die Küstengebiete zwischen Setubal und Braga versorgen. Regionale Verteilernetze werden mit Anbindung an die Pipeline aufgebaut.

In der zweiten Phase des REGEN-Programms (1994-99) wird diese Verbindung an Spanien (Cordoba-Leiria) und an die geplante Hauptpipeline zwischen Spanien und Nordafrika angeschlossen.

Der Schutz von Freiflächen und Wasserressourcen

Artikel 130s des Vertrags über die Europäische Union erwähnt zum ersten mal ausdrücklich die Raumplanung als ein wichtiges Element im Verhältnis zu einer Reihe von Zielen, wie z. B. Erhaltung, Schutz und Verbesserung der Umwelt sowie eine umsichtige und rationale Verwendung natürlicher Ressourcen.

Das Programm „Für eine dauerhafte und umweltgerechte Entwicklung", das vom Rat und den Mitgliedstaaten auf der Sitzung im Februar 1993 genehmigt worden ist, weist speziell auf die Sektor- und Regionalplanung hin. Es befürwortet einen integrierten Ansatz als einen wichtigen Teil der Entwicklung in Richtung eines wirtschaftlichen und sozialen Zusammenhalts, der es ermöglichen wird, politische Maßnahmen, Pläne und Programme mit räumlichen Auswirkungen an den Erneuerungsgrad der Umwelt anzupassen.

Zwei spezielle Themengebiete klären die Beziehung zwischen Umwelt und Regional- bzw. Raumplanung sowie zwischen der Suche nach nachhaltiger Entwicklung und dem Konzept von Umweltnetzen ab (deren Wichtigkeit auf dem Europäischen Gipfel auf Korfu im Juni 1994 anerkannt wurde):

— die Erhaltung von Freiflächen: Gebiete, die weder verstädtert sind noch für wichtige Infrastruktureinrichtungen oder Industrieanlagen genutzt werden und die Lebensräume für einheimische Pflanzen- und Tierarten darstellen;

— der Schutz von Wasserressourcen – Grundwasser, Süßwasserseen, Flußsysteme, Meeres- und Küstengewässer.

Freiflächen

Das Übereinkommen über die biologische Vielfalt[1], das von den Mitgliedstaaten und der Gemeinschaft im Juni 1992 in Rio zusammen mit der Agenda 21 unterzeichnet wurde, unterstreicht, wie wichtig es ist, Gebiete von hohem ökologischem Wert und genügend Raum zu besitzen, um die Artenvielfalt zu erhalten und wiederherzustellen.

Die natürliche Ressourcenausstattung auf einem Niveau zu halten, das beibehalten oder auf lange Sicht wiederhergestellt werden kann, setzt Ziele in folgenden Bereichen voraus: Wirtschaft (bestimmte Pflanzen- oder Tierarten sind für die pharmazeutische Industrie sehr wichtig), Ethik (Verantwortlichkeit einer Generation für die folgenden Generationen) und menschliche Umwelt (Erneuerung der Stadtgebiete, in denen mehr als 80 % der Unionsbevölkerung leben), vor allem aber die lebenswichtige Rolle natürlicher Ressourcen im Gleichgewicht der Biosphäre.

Aktuelle Situation und Trends

In den letzten fünf Jahren hat durch die Bestandsaufnahmen in Bereichen von besonderem biologischem oder geologischem Interesse, sowohl auf nationaler Ebene (z. B. das ZNIEFF-Projekt in Frankreich, die HISPANAT-Datenbank in Spanien) als auch auf Gemeinschaftsebene (die Datenbank CORINE-Biotope), eine signifikante Wissenserweiterung in bezug auf Freiflächen stattgefunden. Ein umfassender Überblick über Stand und Entwicklung von Freiflächen in Gesamteuropa zeigt einige signifikante Trends:[2]

— die Zahl der geschützten Gebiete in den zwölf Mitgliedstaaten, durch nationales Recht, durch Gemeinschaftsgesetzgebung oder durch internationale Abkommen und Programme (Ramsar-Gebiete, Naturschutzgebiete, biogenetische Reservate usw.) geschützt, ist zwischen 1988 und 1993 um 15 % gestiegen (unter Vernachlässigung von Gebieten unter 1.000 Hektar); diese Gebiete umfassen mehr als 12 % des Gebietes der Europäischen Union[3] (Karte 20);

— die Landfläche „besonderer Schutzzonen", die von den Mitgliedstaaten unter der Verordnung

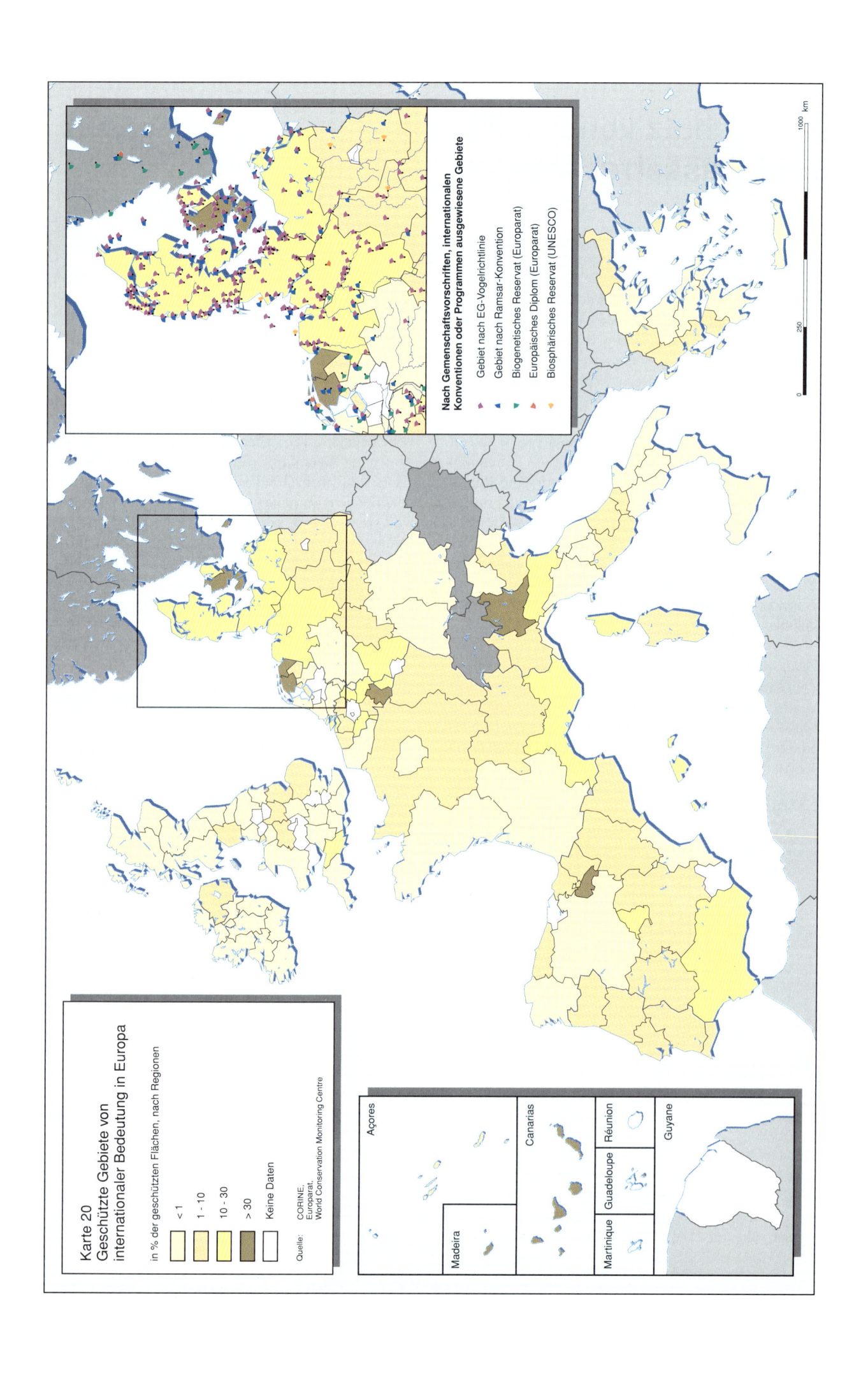

Karte 20
Geschützte Gebiete von internationaler Bedeutung in Europa

in % der geschützten Flächen, nach Regionen

- < 1
- 1 - 10
- 10 - 30
- > 30
- Keine Daten

Quelle: CORINE, Europarat, World Conservation Monitoring Centre

Nach Gemeinschaftsvorschriften, internationalen Konventionen oder Programmen ausgewiesene Gebiete

- Gebiet nach EG-Vogelrichtlinie
- Gebiet nach Ramsar-Konvention
- Biogenetisches Reservat (Europarat)
- Europäisches Diplom (Europarat)
- Biosphärisches Reservat (UNESCO)

Açores — Madeira — Canarias — Guadeloupe — Martinique — Réunion — Guyane

(79/409/EWG) zum Schutz wilder Vogelarten ausgewählt wurden, sind zwischen 1986 und Mitte 1994 beinahe um das fünffache angestiegen – von 1.452.000 Hektar (309 Gebiete) auf 6.815.000 Hektar (1.148 Gebiete);

– das Schrumpfen oder Verschwinden von Feuchtgebieten innerhalb der Gemeinschaft hat sich, dank gemeinsamer Aktionen auf der Basis internationaler Verpflichtungen zum Erhalt dieser Gebiete (insbesondere die Ramsar-Konvention) und auf Gemeinschaftsebene durchgeführter Schutzprogramme, verlangsamt; von den 90 Projekten der Gemeinschaft, die im Rahmen spezieller Umweltschutzprogramme gemeinsam finanziert wurden, galten 59 den Feuchtgebieten in 65 Gebieten von besonderer Bedeutung.

Die bis heute durchgeführten politischen Schritte und Maßnahmen sind trotz des deutlichen Fortschritts in sich nicht ausreichend, um den Rückgang und Abbau der Freiflächen aufzuhalten. Die aktuelle Zahl und Größe der ,,besonderen Schutzzonen" und das, was als notwendig erachtet wird, um ein angemessenes und zusammenhängendes Netz aufzubauen, gehen immer noch weit auseinander. In einer Reihe von Fällen sind weiterhin Veränderungen in den Grenzen dieser Gebiete und ihr fortschreitender Verfall im Innern zu beobachten.

Darüber hinaus sind weiterhin kleine und mittelgroße Feuchtgebiete bedroht. Jegliche Art des Abbaus betrifft immer noch diese Gebiete und gefährdet mehr und mehr den Erhalt der lebensnotwendigen Aufgaben, die diese im Sinne von Artenvielfalt, ökologischem Gleichgewicht und ihrer Regenerationsfähigkeit besitzen.

Ebenso zeigt sich eine anhaltende Tendenz zur langsamen Verdrängung Freiflächen entlang der Küste. Es wird geschätzt, daß pro Jahr in den letzten 15 Jahren 1 % dieser Gebiete an die Verstädterung und die Errichtung von Industrie- oder Verkehrsinfrastruktur verloren gegangen sind. Diese Entwicklungen führen gleichzeitig zu einer Fragmentierung der Freiflächen in anderen Gebieten.

Einige landwirtschaftliche Verfahren bringen die natürliche Landschaft oder die traditionelle, vom Menschen gestaltete Landschaft aus dem Gleichgewicht. Im Vereinigten Königreich verschwanden oder verfielen zwischen 1984 und 1990 23 % oder fast 130.000 km an Hecken, trotz der Pflanzung und Erneuerung von etwa 50.000 km neuer Hecken. Dieser Rückgang war ebenfalls qualitativer Art: zwischen 1978 und 1990 nahm die Pflanzenvielfalt um 8 % ab.

Freiflächen und Raumplanung

Die Bewahrung, Verwaltung und Wiederherstellung von Freiflächen kann an verschiedenen Initiativen von Raumplanung teilhaben.

Die Wiederherstellung ökologischer Korridore

In vielen Gebieten unterschiedlicher Größe können verschiedene Arten und natürliche Lebensräume unabhängig voneinander bestehen. Flüsse und Ströme haben eine wesentliche Aufgabe als Korridore, weil sie eine Verbindung zwischen oft sehr unterschiedlichen geoklimatischen Zonen herstellen. Das Niederrheindelta in den Niederlanden, das aus biogeographischer Sicht ein Teil der Atlantikregion ist, besitzt nicht weniger als 200 Pflanzenarten, die ihren Ursprung in Mitteleuropa haben, durch das der Fluß fließt.

Eingriffe durch den Menschen haben die Ausbreitungs- und Wanderungsmöglichkeiten negativ beeinflußt: so die Reduzierung der Größe ursprünglicher Lebensräume, die Beseitigung von Standorten, die als Verbindungsstücke dienen, die Errichtung physischer Hindernisse in den Korridoren, entlang derer die Ausbreitung stattfindet, (in der Form von Infrastruktureinrichtungen, Hochspannungsleitungen, Dämmen usw.) oder durch die verursachten ökologischen Veränderungen infolge der Anwendung von Chemikalien in der Landwirtschaft.

In einigen Ländern ist der Wiederaufbau ökologischer Korridore schon im Gange. In den Niederlanden gibt es ein Nationales Ökologisches Netz, das unter dem Plan für die Naturschutzpolitik gebilligt wurde. Dessen Einführung benötigt eine enge Koordinierung mit der Wasserhaushaltspolitik, der Regionalplanung und der Umwelt. Ähnlich ist auch in Dänemark in Nord-Jütland ein ökologisches Netz aufgebaut worden, während die Region Flandern ein Netzwerk unter dem Namen ,,Grüne Struktur" errichtet hat.

Die Entwicklung ökologischer Korridore kann unter Umständen in regionale und kommunale Bebauungspläne einbezogen werden und verschiedene Gebietskörperschaften arbeiten in dieser Hinsicht häufig zusammen (das *Deben Vale and Stour Valley*-Projekt, das 1981 im Vereinigten Königreich begonnen und von zwei regionalen und vier kommunalen Gebietskörperschaften gemeinsam durchgeführt wurde, ist hierfür ein Beispiel).

Regenerations- und Erholungsfunktionen Freiflächen für Stadtgebiete

Die Freiflächen, die in oder um die Städte liegen, erfüllen sowohl Regenerations- als auch Erholungsfunktionen. Sie unterliegen häufig einer aktiven Flächennutzungspolitik zum Vorteil der dort lebenden Bevölkerung. Ebenso gibt es gute Beispiele des Schutzes und der Erhaltung freilebender Tiere am Rande oder sogar innerhalb von Städten.

Einige große Freiflächen, die in der Nähe von städtischen Gebieten liegen, haben eine strategische Funktion. Dies ist der Fall des „Grünen Herzens" von Randstad in den Niederlanden, wo 1958 die ersten Pufferzonen ausgewiesen wurden; allerdings wurde dies nicht vor 1964 umgesetzt. Landwirtschaftliche Gebiete wurden für die Entwicklung von leichten Freizeitaktivitäten ausgestattet (z. B. in Spaarnwoude und Vlietland) und Naturreservate wurden mittels spezieller Fonds errichtet. Im Jahre 1985 wurde eine homogenere Strategie („Grüne Strukturen der Randstad") beschlossen, deren Ziel es war, die ländlichen Gebiete zu schützen (teilweise durch verstärkte landwirtschaftliche Aktivitäten), die städtische Ausdehnung besser zu kontrollieren und einige stadttypische Funktionen in ländliche Gebiete auszugliedern. Die Durchführung des Projekts sollte über einen Zeitraum von 15 Jahren stattfinden, mit einem Zeitplan für vorrangige Maßnahmen und mit beachtlichen Finanzmitteln.

Im Vereinigten Königreich wurden große Forstprojekte durchgeführt, um die umliegende Stadtbevölkerung mit Erholungsmöglichkeiten zu versorgen (das Gemeinschaftliche Forstprogramm). Der *National Forest* im Zentrum Englands zwischen Nottingham und Birmingham erstreckt sich über eine Fläche von 502 km^2 und dient dazu, ein Gebiet aus Mischwald und Freiflächen bereitzustellen, das von 10 Mio. Menschen innerhalb von anderthalb Stunden und von 29 Mio. Menschen innerhalb von zweieinhalb Stunden zu erreichen ist.

Diese Maßnahmen sind allerdings eher die Ausnahme für die Ballungsgebiete der Union, in denen häufig nur noch Räume unzureichender Qualität übriggeblieben sind. Dies ist die Folge unkontrollierter Verstädterung, starker Ausbreitung von Freizeiteinrichtungen, einer Übernutzung von Grundwasser und übermäßigem Verbrauch und Fragmentierung der Landschaft.

Grenzüberschreitende Zusammenarbeit zur Verwaltung großer natürlicher Gebiete

Eine große Zahl an Wald- oder Gebirgsregionen, die über Staatsgrenzen verlaufen, werden von den betreffenden Staaten und Regionen gemeinsam verwaltet.

Der 1964 gegründete Deutsch-Luxemburgische Naturpark konnte ein zufriedenstellendes Schutzniveau aufrechterhalten, obwohl er in einem Gebiet mit umfangreichen menschlichen Aktivitäten liegt. Ein spezielles Aktionsprogramm wird zur Zeit für das Our-Tal entwickelt, dessen zentraler Teil eine Zone von besonderer Bedeutung im Hinblick auf die Artenvielfalt ist. Ein anderes Beispiel ist das gemeinsame spanisch-portugiesische Programm, das zum Schutze des etwa 50 km langen Grenzabschnitts des Tejo durchgeführt wird.

Die Pyrenäen zu schützen und zu entwickeln, haben sich einige Körperschaften zur Aufgabe gemacht. Ein Teil dieser Berge fällt auf das Gebiet zweier Nationalparks, der *Ordesa y Lost* Gebirge-Nationalpark in Spanien und der *Pyrénées*-Nationalpark in Frankreich, die eine gemeinsame Grenze besitzen und Aktionsraum sehr ähnlicher Absichten sind. Die Zusammenarbeit zwischen den beiden Parks, die 1988 begann, wurde mit Gemeinschaftsmitteln unterstützt (LIFE, INTERREG) und es bestehen Pläne, die beiden Nationalparks zu einem transnationalen Pyrenäen-Nationalpark zu verbinden. Ein weiterreichender Ansatz, der die gesamte Gebirgsregion abdeckt, wird zur Zeit von *Communauté de Travail des Pyrénées* entwickelt, der sowohl für die direkt betroffenen Regionen in Frankreich und Spanien als auch für Andorra gebildet wurde. Darüber hinaus versucht eine Aktionscharta, deren Ziel eine Entwicklung ist, die die natürliche Umwelt und die dort anzutreffenden Arten respektiert, ein langfristiges Aktionsprogramm für die gesamte Pyrenäenregion festzulegen, das auch für die Verwaltung der spezifischen Gebiete durchführbar ist.

Der Schutz von Freiflächen und Wasserressourcen

Horizontale Aktionen

Die Schädigung Freiflächen, ob nun durch Verminderung oder Zersplitterung ihrer Fläche, Verschlechterung ihrer Qualität oder Entleerung einiger Lebensräume von Pflanzen- und Tierarten, erfordert Reaktionen, die über den traditionellen sektoralen Ansatz hinausgehen. Allgemeine Maßnahmen und Leitlinien, die auf Gemeinschaftsebene in der Form von Richtlinien und Verordnungen beschlossen wurden, sind bereits ein Schritt in diese Richtung (siehe Kasten). Diese könnten jedoch sinnvoll verstärkt oder vervollständigt werden, insbesondere durch:

— einen fortschreitenden Zuwachs an Wissen über den Zustand und die voraussichtliche Entwicklung aller Freiflächen; dies vor allem durch das CORINE-Projekt zur Bodennutzung in Verbindung mit wissenschaftlicher Beobachtung und Überwachung des Bodens (siehe Kasten);

— die Schaffung von Instrumenten zur qualitativen und quantitativen Bewertung der bei Bebauungsmaßnahmen eingeplanten Regenerierbarkeit von Freiflächen;

— die Berücksichtigung grundlegender Eigenschaften der Landschaft in Flächennutzungsplänen, wenn wirtschaftliche Aktivitäten oder Infrastruktur geplant sind, die sie stark verändern (Bergbau, Kraftwerke, landwirtschaftliche Veränderungen, Verkehrsnetze usw.); denn die Vielfältigkeit der Landschaften ist eines der bedeutendsten Merkmale der Union;

— die Festlegung eines „Verhaltenskodex" für alle Maßnahmen und Projekte mit räumlichen Auswirkungen, um die Risiken für Freiflächen zu reduzieren; dieser Kodex könnte unterstützt werden durch finanzielle Anreize (wie sie z. B. in der Verordnung des Rates Nr. 92/7078/EWG vorgesehen sind) oder durch die Einführung von Beihilfen für eine Bodennutzung, die Rücksicht auf die Umwelt nimmt und eine entsprechende Verantwortung zeigt;

— die Unterstützung von Kooperationen zwischen regionalen Behörden, die der gleichen biogeographischen Region angehören (wie in der Richtlinie 92/43/EWG festgelegt), um gemeinsame Strategien zum Schutze der Landschaft, der natürlichen Umwelt und von Lebensräumen von Arten zu entwickeln (insbesondere in Gegenden, die zum NATURA 2000-Netz gehören und die für ihre Region charakteristisch sind); etwas spezifischer,

Bedeutendere Rechtsvorschriften der Gemeinschaft für die Bewahrung von Freiflächen

1) Die Richtlinie Nr. 92/43/EWG über den Schutz natürlicher Lebensräume und wilder Fauna und Flora.
Diese Richtlinie ergänzt das NATURA 2000-Netzwerk, das aus speziellen Schutzzonen besteht und spätestens bis zum Jahre 2004 errichtet wird. Sie empfiehlt die Verwaltung von ländlichen Gebieten, die für die natürliche Tier- und Pflanzenwelt von höchster Wichtigkeit sind, im Rahmen der Raum- und Entwicklungspläne der Mitgliedstaaten.

2) Gemäß der Verordnung Nr. 92/2078/EWG zur Förderung landwirtschaftlicher Produktionsmethoden, die mit den Anforderungen des Umweltschutzes und der Bewahrung von Naturgebieten im Einklang stehen, haben die Mitgliedstaaten mehrjährige Programme festgelegt, die ihren gesamten Raum nach bestimmten Gebietstypen umfassen, die nach Umwelt- und Landschaftskriterien homogen sind.

3) Die Verordnung Nr. 92/2080/EWG, die ein gemeinschaftliches Hilfssystem für forstwirtschaftliche Maßnahmen zum Anreiz von Wiederaufforstung von Agrarland einführte, enthält Bestimmungen für nationale oder regionale mehrjährige Programme, die die von den Mitgliedstaaten definierten Raumplanungskriterien und den Einfluß auf die Umwelt berücksichtigen.

4) Die Kommission verabschiedete im Jahre 1993 einen Vorschlag (KOM (93) 575 endg.) zur Änderung der Richtlinie 85/337/EWG, der zum Ziel hat, die Verpflichtung zur Durchführung von Umweltverträglichkeitsprüfungen für Bauprojekte auf das gesamte Gebiet der Europäischen Union auszuweiten. Dieses Dokument enthält den Vorschlag, daß die Verpflichtung auf alle Projekte in Anhang II ausgedehnt wird, die eine Wirkung auf Gebiete haben, die gemäß den Gemeinschaftsverordnungen über Umweltschutz von der Kommission gekennzeichnet wurden. Zusätzlich nennt der Vorschlag Bedingungen für den Austausch von Informationen und die Teilnahme der zuständigen Stellen an Entscheidungen in bezug auf Projekte, die grenzüberschreitende Wirkungen haben können.

Der Schutz von Freiflächen und Wasserressourcen

Das CORINE-Projekt zur Bodennutzung

Durch die Auswertung von Satellitenbildern hat das CORINE-Projekt eine umfassende Datenbank zur Bodennutzung und ihrer Veränderungen in der gesamten Europäischen Union erstellt. Dieses Bestandsverzeichnis verwendet 44 unterschiedliche Klassen von Bodennutzung und wird in Verbindung mit anderen Datenbanken für Gestaltung, Überprüfung und Bewertung der Raumplanungspolitik in drei Bereichen sehr nützlich sein:

a) Ein Überblick über den Raum

Indem die Daten die gesamte Union abdecken, wird ein Überblick über die Situation verschafft und es werden Vergleiche über die Grenzen von Verwaltungen und Kompetenzen hinweg ermöglicht, wie dies früher nicht möglich war. Von nun an sind Informationen über die Verteilung größerer natürlicher Ressourcen, den Verstädterungsdruck und über Probleme bestimmter landwirtschaftlicher Anbaumethoden erhältlich. Die Gebiete, die spezieller Maßnahmen zur Wiederherstellung des räumlichen Gleichgewichts bedürfen, können nunmehr besser identifiziert werden.

b) Bewertung und Vorhersagen

Das Wissen über die Entwicklungen der Bodennutzung über einen Beobachtungszeitraum von mehreren Jahren ist nicht nur notwendig, um die durchgeführten Maßnahmen korrekt bewerten zu können, sondern auch um zukünftige Maßnahmen zu leiten. Das CORINE-Projekt hat gezeigt, daß das westfranzösische Marschland von 1973 bis 1991 mit einer jährlichen Rate von 15-20 % pro Jahr austrocknete. Das Ausmachen solcher Trends und die Vorhersage voraussichtlicher Entwicklungen, insbesondere in Gebieten mit besonderen Anforderungen wie entlang der Küsten, Feuchtgebiete und bestimmte Waldgebiete, werden die Entwicklung angemessener Strategien zu ihrem Schutz erlauben.

c) Nachhaltige Planung

Die Berücksichtigung der ökologischen Bedingungen ihrer Einflußgebiete ist von zunehmender Bedeutung für jede Form von strukturellen Entwicklungsprogrammen. Durch die Kombination von Daten der Bodennutzung mit anderen ergänzenden geographischen Informationen ist es nunmehr möglich, die Folgen bestimmter Projekte oder Maßnahmen in gegebenen Gebieten insgesamt zu verstehen und entsprechend auszugestalten.

So können z.B. durch die gleichzeitige Beobachtung von Weinbaugebieten und Zonen mit hohem Erosionsrisiko diejenigen Gebiete, die potentiell durch Rodungsprogramme (Beseitigung von Baumstümpfen und -wurzeln, die den Boden stabilisieren) bedroht sind, genauer betrachtet werden. Auf ähnliche Weise bietet die Kombination von Daten der Bodennutzung mit Daten zur Qualität von Oberflächenwasser grundlegende Informationen, die für die Entwicklung von Flächennutzungsplänen und die Verwaltung der einzelnen Wasserreservoire genutzt werden können.

wären schrittweise und systematisch Maßnahmen zur Verwaltung gemeinsamer Freiflächen in die grenzüberschreitende Zusammenarbeit mit einzubeziehen;

- die allgemeine Verbreitung von Erholungsgebieten in der Nähe großer Ballungsgebiete, verbunden mit Planungs- und Verwaltungsmaßnahmen, um mögliche Schäden zu reduzieren;

- die Entwicklung neuer Formen des Tourismus in Europa, die die Umwelt in bezug auf ihren Schutz und die Ausgestaltung neuer Einrichtungen berücksichtigen; der 1992 von der Gemeinschaft aufgestellte Aktionsplan zur Unterstützung des Tourismus sieht die Schaffung eines Preises für solche Maßnahmen vor, die am besten den Bedarf an Umweltschutz mit den Bedürfnissen von Urlaubern und Touristen in Einklang bringen; Pilotprojekte, die einen Erfahrungsaustausch beinhalten, werden ebenfalls Unterstützung erhalten; außerdem hat das LIFE-Programm 1993 fünf Demonstrationsprojekte finanziert, die das Ziel einer nachhaltigen Entwicklung des Tourismus in der Union hatten.

Der Schutz von Wasserressourcen

Süßwasser

Das für einen dauerhaften Verbrauch verfügbare Wasser ist ungleich über den europäischen Kontinent verteilt. Viele Gebiete, besonders im Süden Europas, verfügen nicht über genügend Wasser, um ihre laufenden Bedürfnisse befriedigen zu können; dies vor allem im Sommer, wenn der Bedarf normalerweise am größten ist.

Der Jahresdurchschnitt des Wasserverbrauchs pro Kopf, einschließlich des zu Bewässerungszwecken benötigten Wassers, stieg von 590 m^3 im Jahr 1970 auf 790 m^3 im Jahr 1985, ein Anstieg um fast 35 % in 15 Jahren mit großen Unterschieden von Land zu Land. Ende der 80er Jahre reichte der durchschnittliche Wasserverbrauch pro Kopf jeglicher Art von unter 300 m^3

Positive Beispiele

- Vorzug für Projekte und Maßnahmen, die weniger Einschnitte in die Landschaft darstellen, wie Tunnels und befahrbare Wasserwege, und die bei der Modernisierung der Verkehrsinfrastruktur bestehende Strukturen nutzen.

- Förderung von Einrichtungen für Tourismus, Freizeit, Gesundheit und Sport, die die Umweltbelastung minimieren.

- Förderung von Unternehmensgründungen in ländlichen Gebieten auf verlassenen Grundstücken (Wiedernutzung alter Industriegebiete, alter Gebäude, ehemaligen militärischen Geländes, geschlossener Steinbrüche).

- Förderung der räumlichen Konzentration von Baugrundstücken (zur besseren Kontrolle des Verstädterungsprozesses), die unterirdische Verlegung sowohl von Hochspannungsleitungen als auch von Öl- und Gaspipelines und der Abbruch von unterausgelasteten Staudämmen, die die Flüsse zerschneiden, und die Verabschiedung eines Moratoriums über den Bau von neuen Staudämmen, solange die Kapazitäten der bestehenden Dämme nicht voll ausgelastet sind.

- Förderung allgemeiner Anwendung umweltfreundlicher Verfahren in der Landwirtschaft, um „chemische" Dämme zu beseitigen, die für die Artenvielfalt schädlich sind.

- Erhöhung der Zahl einheimischer Misch- und Mehrzweckwälder und Förderung eines vorsichtigen Umgangs bei der Anlage neuer Waldwege.

in Luxemburg bis zu über 1.000 m³ in Italien, Portugal und Spanien.

Die Vorhersagen für den Wasserbedarf variieren auch stark für die einzelnen Nutzungsarten. Nach Vorhersagen der OECD könnte der Trinkwasserbedarf in den nächsten zehn oder mehr Jahren um 1 bis 2 % im Jahr zunehmen, obwohl der industrielle Verbrauch dazu tendiert, sich einzupendeln oder zu fallen, dank des schrittweisen Wandels der Industriestruktur und technologischer Fortschritte im Bereich der Wassereinsparung. Andererseits verursachen in der Landwirtschaft die Zunahmen an bewässertem Land einen starken Anstieg im Verbrauch. In einigen Gebieten im Südwesten Frankreichs haben sich die Bewässerungsgebiete in zehn Jahren fast verdoppelt. Der allgemeine Anstieg des Verbrauchs könnte zu ernsthafter Übernutzung von Wasserwegen und Grundwasser führen.

Einige Verbesserungen der Wasserqualität wurden in den letzten Jahren beobachtet. Das ist einerseits das Ergebnis einer strengeren Gesetzgebung sowohl auf Gemeinschafts- als auch auf nationaler Ebene, und andererseits von Investitionen in Abwasserentsorgungsnetze und Kläranlagen. In Westdeutschland, Belgien und dem Vereinigten Königreich wurden einige Verbesserungen im Bereich der Konzentrationen giftiger Substanzen und Schwermetalle, vor allem Blei, festgestellt. In den Niederlanden war 1969 die Verschmutzung durch sauerstoffmindernde Substanzen gleichwertig mit den Abwässern von 40 Mio. Menschen. 20 Jahre später war die Zahl schon auf 6 Mio. Menschen gesunken. In Frankreich stieg die Gesamtzahl aller Kläranlagen, die Privat- und Industrieabwässer entsorgen, von 1.500 im Jahre 1970 auf 10.500 im Jahre 1990. In England und Wales werden mehr als 80 % des Abwassers einer zweiten Behandlung unterzogen. Diese positive Entwicklung wird wahrscheinlich noch durch die Umsetzung einer Richtlinie zur Sammlung, Klärung und Beseitigung kommunaler Abwässer verstärkt werden (Richtlinie 91/271/EWG).

Trotz dieser Verbesserungen bleiben jedoch zahlreiche Probleme: neu entdeckte Verschmutzungen, die Kontrolle verschiedener Verschmutzungsquellen, unzureichende Investitionen in dünn besiedelten Gebieten, der schrittweise Verschleiß von Versorgungsnetzen in ländlichen Gebieten und von Abwassersystemen in den älteren Stadtteilen.

Der vorhergehende *Europa 2000*-Bericht hat bereits auf die zeitliche Verzögerung hingewiesen, die zwischen dem Zeitpunkt der eigentlichen Verschmutzung und dem Zeitpunkt ihrer Entdeckung im Grundwasser liegt. Es kann 15 bis 20 Jahre dauern, bis Nitrate von der obersten Bodenschicht ins Grundwasser gelangen, und die Mengen, die ins Grundwasser eindringen, könnten in den kommenden Jahren zunehmen, trotz der verschärften Gemeinschaftsgesetzgebung (wie die Nitratrichtlinie 91/676/EWG), die die Landwirte dazu auffordert, den Gebrauch solcher Substanzen zu reduzieren.

In den meisten europäischen Ländern gefährden ebenfalls Pestizide die Qualität des Grundwassers in unterschiedlichem Ausmaß. Die Menge an Pestiziden variiert zwischen 2 und mehr als 10 kg pro Hektar, abhängig von der vorherrschenden Produktionsweise. Die stärksten Konzentrationen wurden in feuchten Gebieten mit intensiver Gärtnereiwirtschaft, Gartenbau, Weinbau und Getreideanbau gefunden.[4] Zusätzlich bestimmt die Beschaffenheit des Bodens die Absorptionsfähigkeit, die Speicherungsfähigkeit und die Durchdringungsfähigkeit der Chemikalien. Die am meisten verschmutzten Gebiete sind die, in denen intensive Landwirtschaft auf sandigem oder anderem Boden betrieben wurde, der sehr durchlässig ist oder wenig organisches Material aufweist und unter denen ein Grundwasserreservoir liegt.[5]

Ein Rückgang im Gebrauch von Pestiziden kann in den nächsten Jahren erwartet werden infolge der Stillegung bebaubaren Landes und eines vernünftigeren Umgangs mit Chemikalien, der durch die Reform der Gemeinsamen Agrarpolitik vorangebracht wird. Dennoch wird die langsame Auflösung dieser in der Vergangenheit eingebrachten Substanzen eine schnelle Verbesserung der Grundwasserqualität verhindern.

Grundwasser

Wasserreservoire (wasserführende Gesteinsschichten) liefern zwei Drittel des gesamten Wasserbedarfs der Europäischen Union, nicht mit einbezogen sind hierbei der Industriebedarf und der Gebrauch zur Stromerzeugung. In den letzten Jahren hat die jährliche Wasserentnahme in einigen Gebieten den durchschnittlichen Nettozufluß in die Grundwasserreserven weit überstiegen. Solch eine übermäßige Wasserentnahme wurde häufig noch durch Installationsarbeiten verschärft (wie z. B. die Begradigung von Flußbetten, die Versiegelung natürlicher Wasserquellen durch bebaute oder asphaltierte Oberflächen usw.), was dazu führt, daß sich die Grundwasserreserven nicht mehr ausreichend auffüllen können.

Innerhalb der Union erfahren etwa 84 Millionen Personen in Großstädten mit mehr als 100.000 Einwohnern bereits gelegentliche Einschränkungen ihrer Wasserversorgung.[6] In Küstengebieten, insbesondere um das

Mittelmeer und die Ostsee herum, führen die Übernutzung und unangemessene Wassergewinnungsverfahren häufig zur Versalzung.

Viele Wasserreservoire gehen über nationale Grenzen hinaus und machen Vereinbarungen über die Entnahmemengen erforderlich. Ein Beispiel grenzüberschreitender Zusammenarbeit ist die gemeinschaftliche Verwaltung des Wasserreservoirs der Kohlenkalkgesteinsschichten von Lille im Westen bis nach Namur im Osten. Ein Jahrhundert der Übernutzung hat die natürlichen Grenzen dieses Wasserreservoirs aufgedeckt: Der Grundwasserspiegel, der vor einigen Jahren noch etwa auf Bodenhöhe lag, ist inzwischen stark gefallen (um einen Meter pro Jahr). Um diese Situation zu beheben, arbeiteten die Behörden in Frankreich, Belgien und den Niederlanden, wo die Schelde ins Meer fließt, an der Erstellung von Maßnahmen, um die Entnahmen zu reduzieren und das Überleben der Quelle zu sichern. Vorkehrungen zur Reduzierung der Entnahmen um 10 Mio. m³ pro Jahr wurden vereinbart, um es der Schelde zu ermöglichen, eine hinreichende Wasserqualität wiederzuerlangen.

Flußsysteme

Flüsse tragen viele Arten von Verschmutzung in Mündungen oder ins Meer. Das Gesamtniveau einiger Verschmutzungsursachen in den Flüssen der Gemeinschaft ist tendenziell rückläufig, deutlich sichtbar durch biologische Indikatoren (wie beispielsweise der Zahl der Lachse) und durch eine beachtliche Reduktion der Quecksilbermenge (vor allem in der Rhône). Die Verbesserungen gehen zurück auf eine Kombination von Gesetzgebung, sauberen Technologien und einem generellen Wandel von der Schwer- zur Leichtindustrie.

Flüsse unterliegen ebenfalls übermäßigen Veränderungen, die schädigende Ungleichgewichte in der Qualität und Verfügbarkeit von Oberflächen- und Grundwasser verursachen können. Zu diesen Veränderungen zählen die Regulierung und Umleitung des Flußlaufs, der Abbau von Kies und anderen Granulaten aus den größeren Flußbetten, die Trockenlegung von Feuchtgebieten, der Schutz von Feldern vor Überflutung, der Bau von Dämmen und die unkontrollierte Wassernutzung.

Zahlreiche Hauptflußsysteme, die teilweise oder ganz in der Europäischen Union liegen, überqueren nationale Grenzen: der Rhein, die Maas, die Schelde, die Elbe, der Douro, der Tejo, der Guadiana, der Minho, der Axios, der Streymon und der Nestos (siehe Karte 21 über die Elbe). Folglich ist eine Anzahl von Mitgliedstaaten in bezug auf ihre Wasserversorgung auf Nachbarstaaten angewiesen und daher den Wirkungen anderswo verursachter Verschmutzung ausgesetzt. Innerhalb des weiter gefaßten Europas erhalten etwa zehn Länder über 50 % ihrer Wasserressourcen von ihren Nachbarländern. Im Falle von Ländern, die am unteren Ende bedeutender Flüsse liegen, wie z. B. Luxemburg und die Niederlande, erreicht dieses Verhältnis sogar 75 %.

Konzertierte Aktionen mehrerer Länder können dazu beitragen, die Qualität eines gemeinsamen Flußbeckens zu verbessern und das ökologische Management dieses Systems zu fördern. Ein Beispiel für diesen transnationalen Ansatz ist die Verwaltung des Rheins, die sich auch auf das ökologische Management der Flußufer erstreckt, vor allem durch die Wiederherstellung von alten Auenwäldern, die für die Erneuerung von Wasser entscheidend sind (siehe Kasten).

Meeresgebiete

Die Meeresumwelt ist nicht nur anfällig für direkte Verschmutzungen (Abwässer, Schwermetalle usw.), sondern auch für Bebauung entlang der Küsten (Häfen, Ufermauern, künstliche Strände, Brücken usw.), die die der Küste vorgelagerte Zone in Mitleidenschaft ziehen (vom Meeresspiegel bis zu einer Tiefe von 30 bis 40 Metern) und signifikante Auswirkungen auf die Artenvielfalt und die Fischbestände haben.[7]

Geographie, Morphologie und Klima beeinflussen alle das Ausmaß jeder negativen Wirkung. Der Erhalt der hohen Qualität der Meeresgebiete erfordert, daß die individuellen Merkmale eines jeden Meeresbeckens berücksichtigt werden, besonders das Verhältnis zwischen Verdunstung einerseits und Zufluß von Süßwasser und der Erneuerungsrate des Wassers andererseits. Das Mittelmeer und in gewissem Maße die Ostsee sind in diesem Sinne besonders anfällig.

Die sich ändernde Qualität von Meerwasser

Die Veränderungen der Qualität von Meerwasser haben verschiedene Aspekte. Die Menge an Schwermetallen,

Die Internationale Kommission zum Schutz des Rheins: Ein Beispiel für grenzüberschreitende Zusammenarbeit bei der Flußverwaltung

Der durch sieben Länder fließende Rhein ist nicht nur für seine Länge bekannt, sondern auch für seine große Bedeutung für das Grundwasser. Der alluviale Grundwasserspeicher im Rheintal von Basel bis Mainz ist die größte Wasserressource in Europa und enthält nahezu 300 Milliarden km^3 Wasser. In der Vergangenheit wurde der Rhein als die Kloake Europas bezeichnet, fast ein Jahrhundert lang waren die Anrainerstaaten die Ursache der rückläufigen Wasserqualität. Als Reaktion auf die verbesserte internationale Zusammenarbeit und einen besseren Problemlösungsansatz durch regionale Planungspolitik hat sich die Wasserqualität des Rheins in der letzten Zeit stark verbessert.

Seit dem Berner Abkommen von 1963 unternahm die Internationale Kommission zum Schutz des Rheins (IKSR) Untersuchungen, die die Ursprünge der Verschmutzungen identifiziert und quantifiziert. Die Kommission entwirft strategische Pläne und internationale Verträge zum Schutz des Rheins, aber die Durchführungsmethoden fallen in die Verantwortung der Unterzeichnerstaaten.

Die 1987 von den Umweltministern der Anrainerstaaten beschlossenen Aktionsprogramme zum Schutz des Rheins verfolgen vier Ziele:

— die Wiedereinsetzung von Lachsen;

— ausreichende Wasserqualität für die Trinkwasserproduktion;

— für das Umland harmlose Ablagerungen;

— der Rückgang von Düngemitteln vor allem in der Nordsee.

Jeder Rheinanliegerstaat stimmte einer Reduzierung der Einleitungen von Schadstoffen zu, seien sie zufällig oder absichtlich. Die Höhe der notwendigen Investitionen wurde auf 1,25 Milliarden ECU geschätzt; 2,5-mal so viel wie die derzeitigen jährlichen Ausgaben.

Daneben werden zusätzliche Ziele verfolgt, die einen echten integrierten Ansatz zur Verwaltung des Flußtales bedeuten, darunter die folgenden:

— beschleunigter Bau von Klärwerken;

— Reduzierung der Schadstoffeinleitung;

— Schutz der öffentlichen Gesundheit;

— Sicherheitsgarantien;

— Rechenschaft über Verschmutzungen durch die Landwirtschaft.

Das allgemeine Ziel ist die Herstellung eines wirklichen Schutzes und eines biologischen Gleichgewichts in der natürlichen Umwelt.

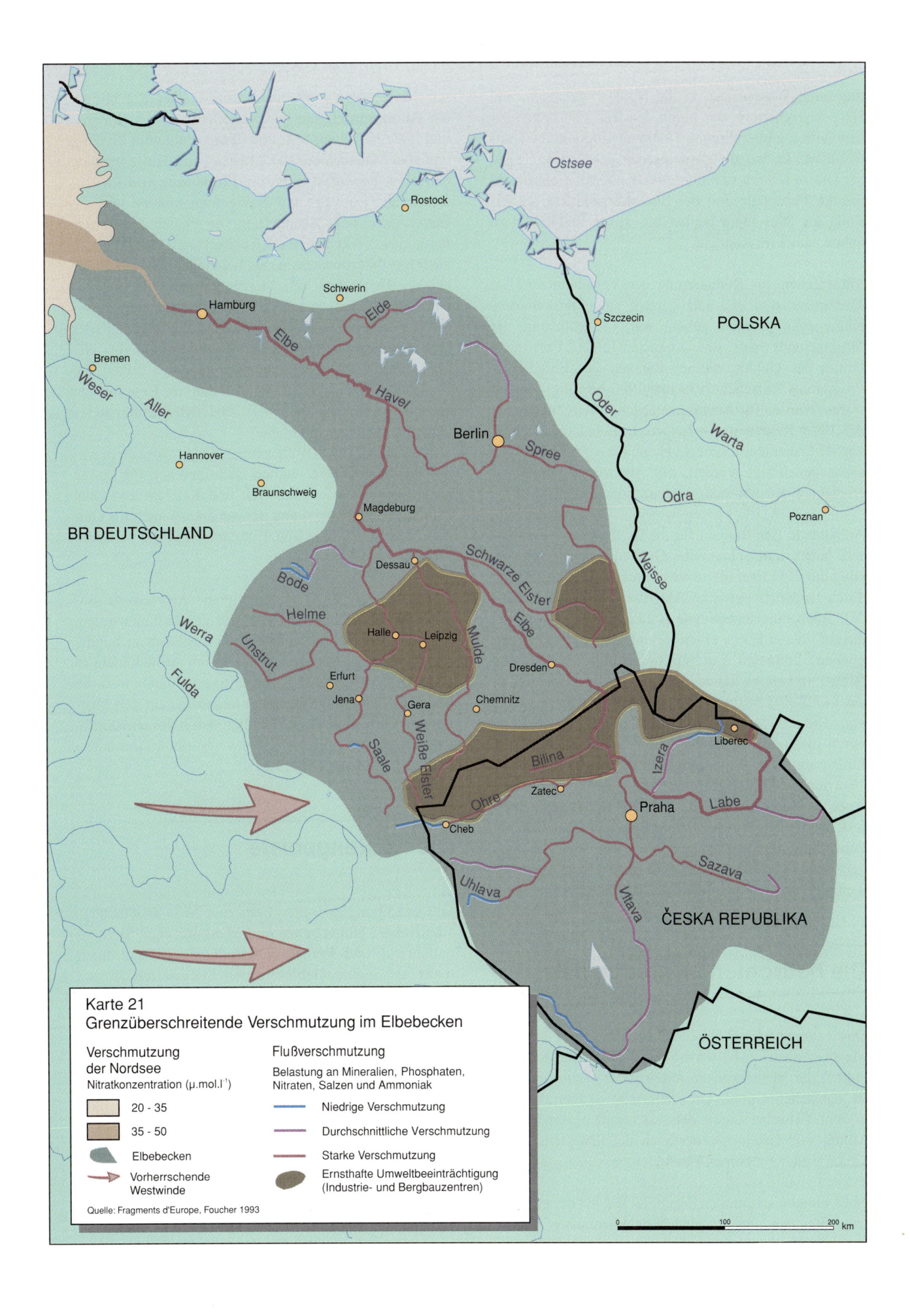

Karte 21
Grenzüberschreitende Verschmutzung im Elbebecken

Verschmutzung der Nordsee
Nitratkonzentration (µ.mol.l⁻¹)
- 20 - 35
- 35 - 50

- Elbebecken
- Vorherrschende Westwinde

Flußverschmutzung
Belastung an Mineralien, Phosphaten, Nitraten, Salzen und Ammoniak
- Niedrige Verschmutzung
- Durchschnittliche Verschmutzung
- Starke Verschmutzung
- Ernsthafte Umweltbeeinträchtigung (Industrie- und Bergbauzentren)

Quelle: Fragments d'Europe, Foucher 1993

Der Schutz von Freiflächen und Wasserressourcen

die durch Wasserwege in die Nordsee gelangen, und Hafenklärschlamm, der durch den Bau von Lagerhäusern anfiel, ging zwischen 1980 und 1985 um die Hälfte zurück. In den zur Gemeinschaft gehörenden Teilen der Ostsee scheint sich die starke Konzentrationszunahme der Phosphate und der Stickstoffprodukte, die bis Ende der 80er Jahre beobachtet wurde, stabilisiert zu haben, außer im Kattegat.

Maßnahmen zur Reduzierung der Verschmutzung im Mittelmeer sind erst seit kurzem eingeführt worden. Kläranlagen werden gebaut mit Unterstützung der Strukturfonds und des Kohäsionsfonds. Fast zwei Drittel der Gelder, die im Rahmen des ENVIREG-Programms zwischen 1989 und 1993 bewilligt worden waren, wurden für Abwasseranlagen in Küstengebieten der Ziel 1-Regionen ausgegeben. 1993 befaßten sich 24 von 47 Projekten in Griechenland, die vom Kohäsionsfonds genehmigt wurden, mit Abwasserklärung, und 16 lagen in Küsten- oder angrenzenden Gebieten.

Anhaltende Belastungen für die Qualität des Meerwassers haben unterschiedliche Quellen. Die Verschmutzung durch Flüsse, inklusive indirekter Verunreinigung durch landwirtschaftliche Aktivitäten (Nitrate, Pestizide), spielt eine bedeutende Rolle. Andere Ursprünge, die auf lokaler Ebene einen wesentlichen Einfluß haben können, umfassen Luftverschmutzung (anorganische Nitrate und einige Schwermetalle im Mittelmeer und in der Nordsee), Aktivitäten vor der Küste (Rückstände von Bohrarbeiten und Öllecks), direkte Entladung durch die Industrie an der Küste, Schiffahrt (Unfälle, Entleerung und Reinigung von Tanks), allgemeine Verschmutzung von Hafengebieten und das Schleppen durch Eingangsfahrrinnen in Häfen. Die Ansammlung festen Abfalls (Plastik und Müll) stellt ebenfalls ein Umweltproblem in Küstenregionen dar. Trotz der oben genannten Verbesserungen wird ungeklärtes Abwasser weiterhin von Küstenstädten ins Meer abgelassen.

Die bedrohten Meeresgebiete

Der zunehmende Seeverkehr bedroht zahlreiche Meeresgebiete, insbesondere die bedeutenderen Meerengen, die Meeresbecken miteinander verbinden, und im dänischen Gürtel, vor allem dem Skagerrak. Dies kommt teilweise durch den wachsenden Handel mit Mittel- und Osteuropa, der nach der Erweiterung der Union weiter zunehmen könnte.

Nach einigen schlimmen Seeunglücken hat der gemeinsame Rat der Umwelt- und Verkehrsminister Anfang 1994 die Probleme der Sicherheit und der Vermeidung von Meeresverschmutzung überprüft. Der Rat billigte ein Aktionsprogramm zur Sicherheit auf den Meeren und legte Leitlinien fest, von denen einige die Planung und das Management der Meeres- und Küstengebiete betreffen. Darunter waren die Einführung von Pflichtrouten aus Umwelt- und Navigationsgründen und die Entwicklung oder Abänderung von Plänen zur Entfernung des Verkehrs aus Küstengebieten auf Wunsch einzelner Mitgliedstaaten. Sie beinhalteten darüber hinaus die Festlegung von Meeresgebieten, die umweltempfindlich sind, und die Einführung spezieller Systeme, die dort, wo es notwendig ist, Einschränkungen der Hochseeschiffahrt und eine Verpflichtung für alle Schiffe mit Gefahrguttransporten nach sich ziehen, die Behörden über jegliche Information in Kenntnis zu setzen, die für die Sicherheit und den Schutz dieser Gebiete nützlich sein könnte.

Solche Maßnahmen eignen sich sowohl für große Meeresgebiete, wie Skagerrak und Kattegat zwischen Dänemark, Norwegen und Schweden, als auch für kleinere, wie die Straße von Bonifacio und die sizilianischen Inseln.

Die Arbeit der IMO (Internationale Meeresorganisation) umfaßt Vereinbarungen, die geschaffen wurden, um den Verkehr in empfindlichen Regionen in Schiffahrtskorridore zu lenken, wie z. B. im Ärmelkanal (im Rahmen der COLREG-Konvention). Schließlich ist die Zusammenarbeit in Fragen der Sicherheit auf den Meeren zur Vorbeugung von Unfällen durch das transregionale Programm ATLANTIS, das von der Union unterstützt wird, verstärkt worden.

Die Küstengebiete

Die Beziehung zwischen Land und Meer ist aus physikalischer, biologischer und ökonomischer Sicht so bedeutend und komplex, daß Küstengebiete noch mehr als andere Gebiete einen integrierten Ansatz erfordern, der dies umfassend berücksichtigt und alle politischen Strategien und Maßnahmen mit einbezieht, die einen Einfluß auf diese Gebiete haben, um Übereinstimmung und ein harmonisches Gleichgewicht zwischen ihnen zu gewährleisten. Raumplanung, besonders im Bereich der Flächennutzung, sollte eine unerläßliche strukturelle Rolle spielen, wenn die Zukunft der europäischen Küstengebiete bestimmt wird.

Einige Mitgliedstaaten haben bereits Leitlinien zur Nutzung der Küstengebiete eingeführt. Dänemark hat einen Zwei-Zonen-Plan aufgestellt, der aus einem

Küstenstreifen besteht, der 3 km bis ins Meer reicht, und wo menschliche Aktivitäten einigen Einschränkungen unterliegen, und einem engeren Streifen außerhalb von Stadtgebieten, der 100 bis 300 Meter Breite mißt, in denen die Errichtung neuer Gebäude untersagt ist. In Frankreich haben die Aktivitäten des *Conservatoire du Littoral* dabei geholfen, nahezu 45.000 Hektar kontrollieren zu können, die sich über 600 km Küste erstrecken. In England und Wales profitieren die Gebiete, die als *Heritage Coasts* bestimmt wurden, von Plänen, die geschaffen worden sind zum Schutze der Qualität der Küstenlandschaft, wobei diese weiterhin der Öffentlichkeit zugänglich bleiben soll.

Der Ministerrat für Umwelt ersuchte die Kommission (in seinen Entschließungen vom 25. Februar 1992 und 25. März 1994), eine Gemeinschaftsstrategie für ein integriertes Management der Küstengebiete vorzuschlagen, um einen zusammenhängenden Umweltrahmen bereitzustellen, mit Blick auf eine integrierte und nachhaltige Entwicklung. Diese Strategie wird vor allem Küstenlandstriche betreffen, einschließlich des Ufers, der Küstengewässer und der Flußmündungen sowie Landstreifen, die sich bis zur Grenze des Meeresküsteneinflusses erstrecken.

Bedrohte Küstenfeuchtgebiete

Mündungen scheinen am besten die Beziehung zwischen der Bandbreite an Nutzungen und den Funktionen der Küstengebiete zu veranschaulichen. Sie sind extrem biologisch produktiv und gleichzeitig Zentren der Wirtschaft (Küstenindustrien, Häfen und Lagerhäuser) und der Freizeit. Viele sind stark verstädtert und ein Schnittpunkt von Meer, Küste und Hinterland.

Der ökonomische und ökologische Wert dieser Feuchtgebiete ist gewaltig. Diese Gebiete sind Laichboden für viele Fische, sie dienen als Schmutzfilter, sie nähren und stabilisieren den lokalen Grundwasserspiegel und helfen, Perioden von Hoch- und Niedrigwasser auszugleichen.[8] Große Räume von Küstenfeuchtgebieten sind jedoch inzwischen verschwunden und andere sind bedroht.

In einigen Mitgliedstaaten wurden bereits politische Maßnahmen eingeführt. Im Vereinigten Königreich z. B. finanziert das Umweltministerium ein Programm integrierter Management-Pläne für 21 Mündungsgebiete im Rahmen der *Campaign for a Living Coast*. Ein anderes Kooperationsprojekt auf Gemeinschaftsebene – *Esturiales* – wurde durch Gemeinschaftsmittel geschaffen. Die Teilnehmer haben eine Reihe von Regeln zum Umgang mit Mündungsgebieten in einem Programm ausgearbeitet, das die Mündungen von Clyde, Severn, Wear, Loire, Schelde und Tejo umfaßt.

Schließlich nimmt die Kommission seit einigen Jahren an einer konzertierten Aktion teil, die die betreffenden Länder in einem integrierten Ansatz zusammenbringt, um eine vernünftige Nutzung der Feuchtgebiete im Mittelmeer zu sichern (unter dem MEDWET-Programm).

Die Notwendigkeit eines integrierten räumlichen Ansatzes

Ein deutlicher Fortschritt in der Wasserqualität und -versorgung kann durch den erhöhten Gebrauch von sauberen Technologien und Wasserschutz (z. B. der Gebrauch von Tropfen- oder Mikrobewässerungstechniken in der Landwirtschaft), die Weiterverwendung von geklärtem Abwasser und eine Überprüfung der Wassergebühren erreicht werden. Dennoch erfordern eine nachhaltige Qualitätszunahme von Süßwasserquellen und die konstante und langfristige Wasserbedarfsdeckung einen globalen und fortschrittlichen Ansatz für Wasserbecken und Wassereinzugsgebiete, für Oberflächenwasser und Wasserreservoirs. Solch ein Ansatz, der auf Kooperationsstrukturen basiert und Arbeiter, Manager und sowohl öffentliche als auch private Nutzer zusammenbringt, könnte den sparsamen Umgang mit Wasser unterstützen und einen besseren Ausgleich der Nutzung von Land und Wasser sicherstellen.

Die zu unterstützenden Maßnahmen in bezug auf Süßwasser beinhalten:

— langfristige Pläne für das Wasserangebot, nicht nur innerhalb eines jeden Mitgliedstaates, sondern auch über nationale Grenzen hinweg, wenn mehrere Mitgliedstaaten durch das gleiche Wassereinzugsgebiet oder -reservoir betroffen sind; diese Pläne würden auf Angebotsprognosen (eine Bestandsaufnahme von Grund- und Oberflächenwasserreserven einschließlich ihrer Erneuerungsrate) und Nachfrageprognosen nach Hauptverbrauchern basieren, um langfristige strategische Ziele und Prioritäten für Wasserreserven und -nutzung aufzustellen;

- den Ausbau von Ansätzen transnationaler Zusammenarbeit, wenn nationale Pläne einen signifikanten Einfluß auf die Fließgeschwindigkeit eines Flusses haben, der über nationale Grenzen hinausgeht;

- eine Gebietsaufteilung als Teil eines Raumordnungs- und Flächennutzungsplans, der in erster Linie Konzepte für anfällige und empfindliche Gebiete anwendet, wie sie in der Nitratrichtlinie (91/676/EWG) und in der Richtlinie über die Behandlund kommunaler Abwässer (91/271/EWG) festgelegt wurden, um bevorzugte Erneuerungsgebiete für Wasserreservoire und industrielle und städtische Verschmutzungsquellen einzubeziehen (in dieser Hinsicht würden zusammenfassende Karten, die die Anwendung chemischer und organischer Dünger, den Verschmutzungs- und Sättigungsgrad der Böden sowie den genauen Standort der Wasserreservoirs zeigen, bei der Dialogführung zwischen den Verwaltern der Wasserreserven und den Hauptnutzern sehr hilfreich sein); zweitens sind mehr Schutzzonen um Grundwasserentnahmegebiete zu Trinkwasserzwecken auszuweisen, die aus drei konzentrischen Schutzzonen bestehen (eine unmittelbare Schutzzone, in der jegliche direkte Verunreinigung ausgeschlossen wird, eine enge Schutzzone und eine entfernte Schutzzone, in denen die Einschränkungen nach und nach gelockert werden); drittens sind Krisenmanagementpläne (im Falle von Trockenheit, Überschwemmung, massiver Verschmutzung usw.) für jedes von Risiken bedrohte Gebiet aufzustellen, die vor allem vorbeugende Maßnahmen vorsehen (Flußerhaltungssysteme, Aufrechterhaltung strategischer Wasserreserven, Verbindung der Wasserversorgungsnetze untereinander, Transfers zwischen Flußbecken).

Für Küsten- und Meeresgebiete beinhalten sie:

- eine Datenbank, die alle Küstengebiete auf Unionsebene erfaßt, um eine Typologie nach ihren wichtigsten Eigenschaften, Funktionen und Anfälligkeiten gegenüber verschiedenen menschlichen Aktivitäten zu erstellen und integrierte Managementpläne für jeden Gebietstyp zu entwickeln;

- die schrittweise Entwicklung einer europäischen Strategie, um der institutionellen und operationalen Isolation zu begegnen, die häufig für die Verwaltung der Meere, Küsten und benachbarten Gebiete charakteristisch ist;

- Unterstützung transnationaler und interregionaler Zusammenarbeit (für Ostsee, Barentssee, Nordsee und Mittelmeer), um gemeinsame Methoden zur Regulierung und Überwachung der Schiffahrt in gefährdeten Meeresgebieten zu entwickeln – besonders in überlasteten Meerengen – sowie die Vermeidung von Verunreinigungen und Warnsysteme gemeinsam anzugehen;

- Vermeidung großräumiger Infrastrukturprojekte um Meerengen herum, die sich in halb geschlossene Meere öffnen, und den Wasseraustausch zwischen den Becken vermindern könnten.

---

1   *Umweltprogramm der Vereinten Nationen (UNEP) Dok. Nr. 92-7807*
2   *Europe's environment: 1990-93, The Dobris assessment, Europäische Kommission, 1994*
3   *Daten vom World Monitoring Centre, Cambridge.*
4   *Pestizide in einem von der Kommission herausgegebenen und vom Landwirtschaftlichen Forschungsinstitut (LEIDLO), Den Haag 1994, durchgeführten Bericht.*
5   *Europe's environment, a.a.O., Kapitel 7.*
6   *Daten vom Niederländischen Nationalinstitut für das Managment von Trinkwasserressourcen und Abwasserbehandlung, (RIZA P-B Institut)*
7   *Europe's environment, a.a.O., Kapitel 6.*
8   *Maßnahmen zum Erhalt von Feuchtgebieten überwiesen von der Europäischen Kommission, Tour du Valat, 1993*

Karte 22
Wasserauffanggebiete in Europa

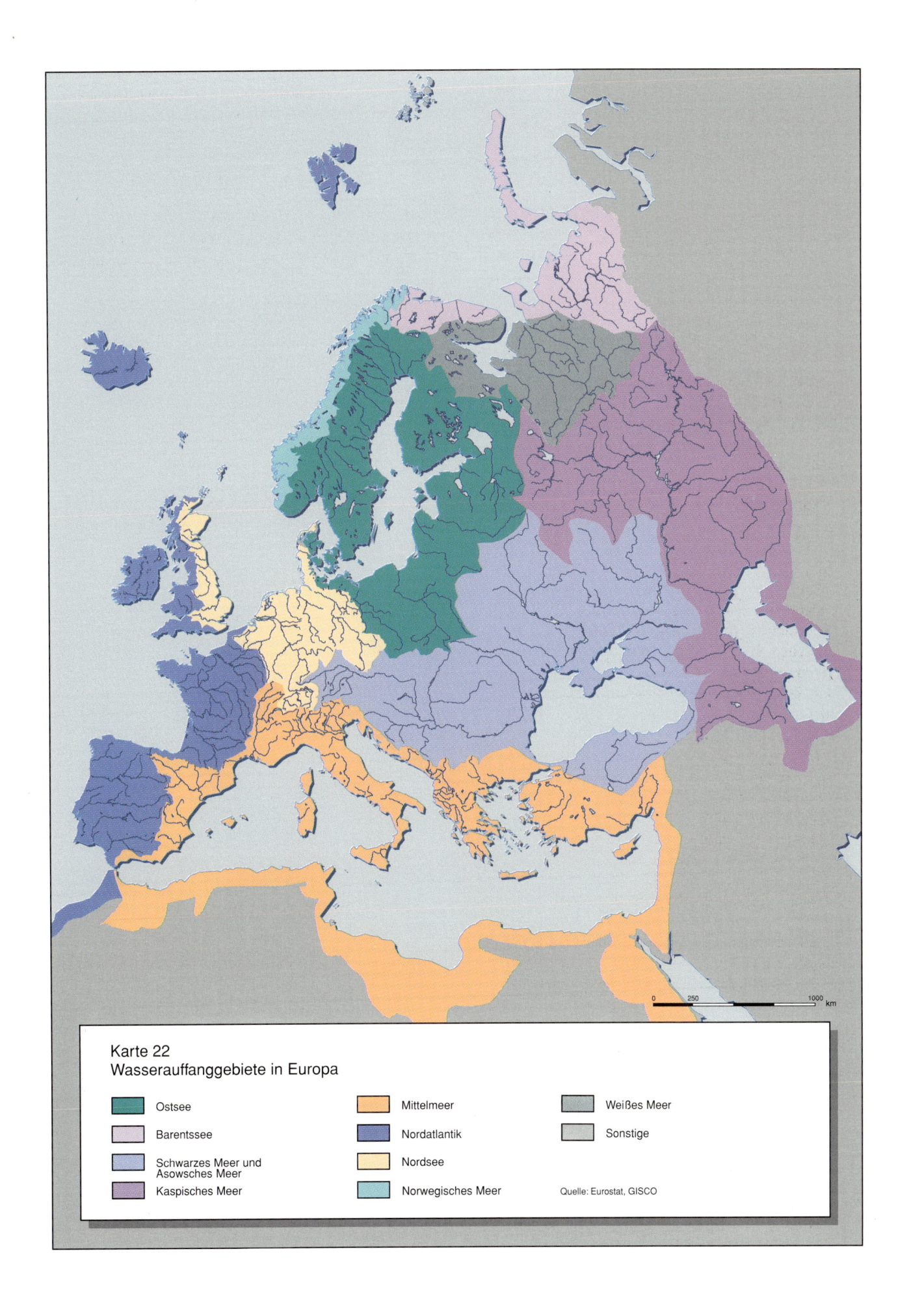

- Ostsee
- Barentssee
- Schwarzes Meer und Asowsches Meer
- Kaspisches Meer
- Mittelmeer
- Nordatlantik
- Nordsee
- Norwegisches Meer
- Weißes Meer
- Sonstige

Quelle: Eurostat, GISCO

Abschnitt B :
Entwicklungen in spezifischen Gebieten

Stadtgebiete: Wege zu einem ausgeglicheneren System

Die Europäische Union ist die am meisten verstädterte Region der Welt. Nach Schätzungen und Definitionen der Vereinten Nationen lebten 1992 79 % der gesamten Bevölkerung in Stadtgebieten verglichen mit 77 % in Japan, 76 % in den USA, 67 % in Mittel- und Osteuropa, und 35 % in den Entwicklungsländern. In allen Ländern der Gemeinschaft ist der Trend zur Verstädterung erkennbar. Dieser Trend schreitet mit geringem Tempo im Norden voran, der schon in den 60er Jahren hochgradig verstädtert war, und mit einem größeren Tempo in den südlichen Mitgliedstaaten sowie in Irland: Griechenland (64 %), Italien (69 %) und Spanien (79 %) liegen mit ihrem Verstädterungsniveau schon sehr nahe am Durchschnitt der Gemeinschaft, während nach UN-Definitionen Irland (58 %) und Portugal (36 %) noch weit darunter liegen. Die verspätete Verstädterung des Südens und Irlands ist zum Teil durch charakteristische Merkmale der städtischen Entwicklung in diesen Ländern zu erklären: und zwar durch die Zuwanderung der Menschen aus den ländlichen Gebieten. Dies führte zu einem höheren Bevölkerungswachstum in den mittelgroßen Städten im Norden (Karte 23 zeigt die Bevölkerungsdichte in der Union).

Die Städtelandschaft der Europäischen Union ist zudem durch ein enges Netz von städtischen Gebieten charakterisiert. Diese sind wiederum durch die relative Nähe vieler wichtiger Städte und Großstädte gekennzeichnet. 1990 gab es in der Union 3.560 Städte und Großstädte mit mehr als 10.000 Einwohnern, die eine Gesamtbevölkerung von 237 Millionen hatten, verglichen mit jeweils ca. 1.000 Städten in Japan und den USA. Die Union hat 169 Städte mit mehr als 200.000 Einwohnern – 32 Städte mit mehr als 1 Million Einwohnern – die 56 % der Stadtbevölkerung ausmachen. London und Paris sind die einzigen Metropolen der Union, die sich z. B. mit New York, Tokyo, Mexiko, Kairo oder Bombay vergleichen lassen. Andere Großstädte, die eine Bevölkerung mit mehr als 500.000 oder mehr Einwohnern haben, sind relativ gleichmäßig über die Gemeinschaft verteilt.

Veränderungen im Städtesystem

Die Identifizierung und Abschätzung städtischer Entwicklungen in Europa bereitet einige Probleme. Diese ergeben sich in erster Linie durch die Unterschiede zwischen und innerhalb der Mitgliedstaaten, wie Städte definiert und klassifiziert werden, die wiederum mit der Aufteilung der Verwaltungsfunktionen zwischen den verschiedenen Gebietskörperschaften zusammenhängen. So werden insbesondere Stadtgebiete in der Nähe des Stadtzentrums manchmal als eigenständige Städte und manchmal als Teil des weiter gefaßten Ballungsgebietes klassifiziert. Was daher in einigen Ländern als Wachstum von Großstädten betrachtet wird, ist in anderen Ländern das Wachstum kleinerer Städte, obwohl beide Entwicklungen Teil desselben Phänomens sein können.

Zweitens unterscheiden sich die Mitgliedstaaten deutlich in ihren demographischen und räumlichen Eigenschaften sowie in der erreichten Stufe wirtschaftlicher Entwicklung, sowohl im Hinblick auf das Niveau des Pro-Kopf-Einkommens als auch auf die Wirtschaftsstruktur. In den kleineren, dichter besiedelten Ländern wie den Niederlanden oder Belgien, kann die Stadtentwicklung anders verlaufen als in den dünner besiedelten Ländern wie Frankreich oder Spanien. Ebenso kann, wie oben erwähnt, die Form städtischer Entwicklungen, die sich gegenwärtig in den weniger entwickelten Ländern wie Portugal, Irland oder Griechenland vollziehen, ähnlich derjenigen sein, wie sie vor einigen Jahrzehnten in den entwickelteren Ländern aufgetreten ist. Obwohl die Veränderungen in mancher Hinsicht kaum vergleichbar sind, könnten sie doch Teil des gleichen historischen Prozesses sein.

Trotz der Schwierigkeiten ihrer Identifizierung zeigen sich doch einige gemeinsame Trends überall in der

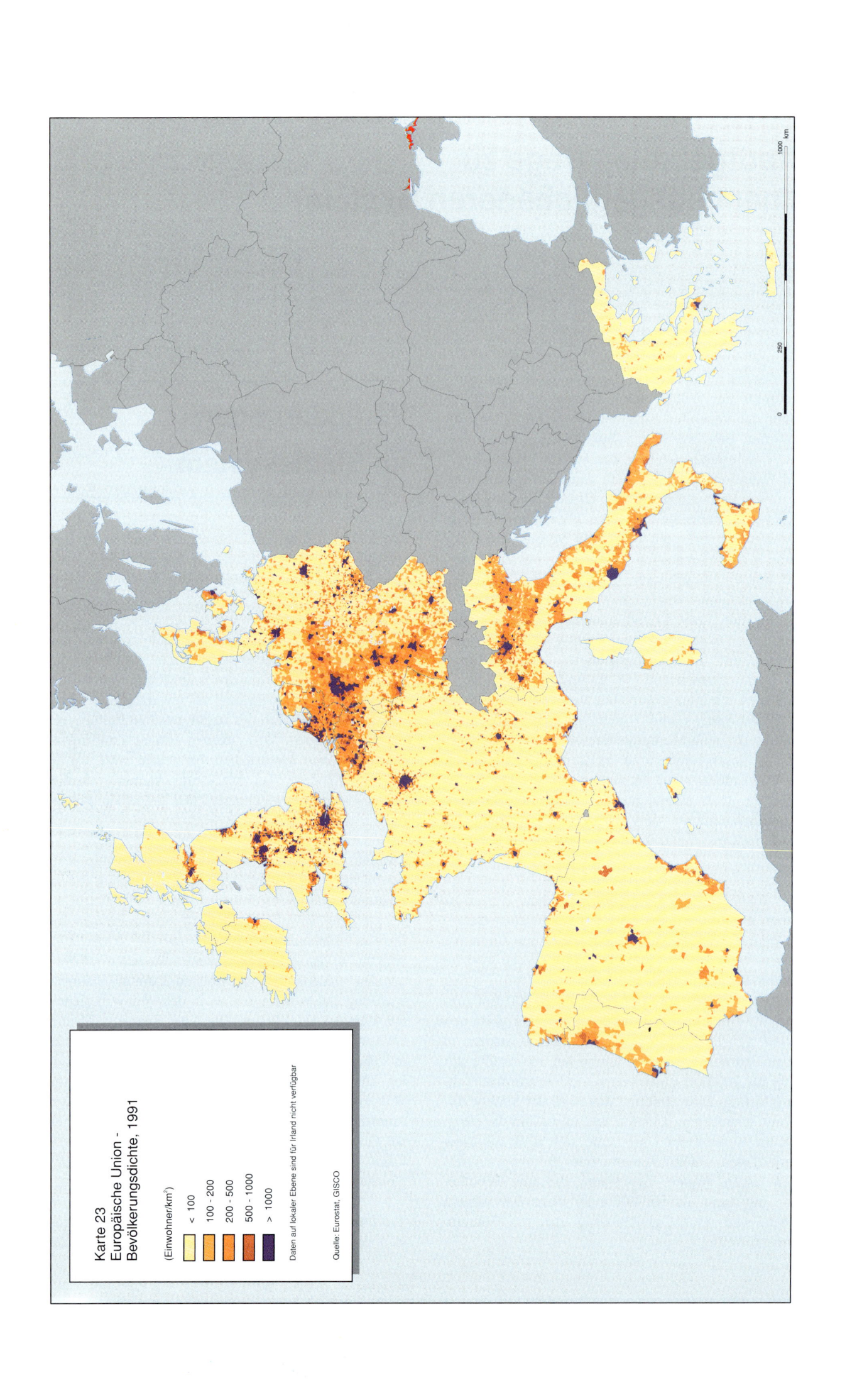

Karte 23
Europäische Union - Bevölkerungsdichte, 1991

(Einwohner/km²)
- < 100
- 100 - 200
- 200 - 500
- 500 - 1000
- > 1000

Daten auf lokaler Ebene sind für Irland nicht verfügbar

Quelle: Eurostat, GISCO

Union. Der erste ist, wie oben erwähnt, der seit den 80er Jahren anhaltende Prozeß der Verstädterung in dem Sinne, daß ein zunehmender Anteil der Bevölkerung in Städten und Großstädten lebt. Der zweite ist, daß viele Großstädte – insbesondere diejenigen mit mehr als 500.000 Einwohnern – offensichtlich im Vergleich zu kleineren Städten hinsichtlich Bevölkerung und Beschäftigung in allen Teilen der Union im gesamten Zeitraum gewachsen sind. Dem steht eine gegenläufige Tendenz in den 70er Jahren gegenüber, als letztgenannte relativ schnell wuchsen, vor allem in den nördlichen Mitgliedstaaten, teilweise als Folge des Rückgangs der Grundindustrien (z. B. Textilien, Eisen und Stahl, Schiffbau) in den Großstädten und als Folge des Wachstums neuer Industrien und Dienstleistungen in kleineren Städten.

Der dritte Trend besteht in einer Tendenz von Bevölkerung – und Beschäftigung –, in den Gebieten der Großstädte zuzunehmen, gleichzeitig aber stärker in der Region verstreut zu sein, indem insbesondere die Bewohner von den Stadtzentren in die Vororte oder nahegelegene Städte ziehen und Unternehmen ihre Tätigkeiten aus ihren zentralen Standorten in die Außenbezirke verlagern.

So sind in den 80er Jahren Städte zwischen 500.000 und 2 Millionen Einwohnern tendenziell in allen Mitgliedstaaten deutlich gewachsen, obwohl im Norden (in Städten wie Amsterdam, Antwerpen, Köln und Dublin) in größerem Umfang als im Süden (z. B. Palermo, Neapel, Thessaloniki, Sevilla und Toulouse).

In den wenigen Städten der Union mit über 2 Millionen Einwohnern jedoch hat sich die Zahl der Einwohner in der Stadt selbst nicht immer so stark erhöht, obwohl die Bevölkerung in den entsprechenden Regionen gewachsen ist; so zwischen 1981 und 1991:

– die Bevölkerung des Ballungsgebietes von Paris (Île de France), deren Wachstum sich in den 70er Jahren verlangsamt hatte, ist um 683.000 (6,8 %) angestiegen, trotz einer zumeist in die Umgebung stattgefunden Nettoabwanderung von 115.000 Einwohnern;

– die Bevölkerung von Madrid stieg um 161.000 (3,4 %), vor allem in den Nachbarregionen Guadalajara (wo die Bevölkerung um 8,9 % zugenommen hat) und Toledo (7,3 %);

– im Großraum Lissabon ist die Bevölkerung um 33.600 (1,3 %) angestiegen.

Auf der anderen Seite ist die Bevölkerung im Großraum London in diesem Zeitraum um 56.200 zurückgegangen, größtenteils als Folge einer Nettoabwanderung um 302.000 wiederum im wesentlichen in die nahegelegenen Gebiete. Die Bevölkerung von Kopenhagen ging ebenfalls durch den Wegzug der Bevölkerung in die nähere und weitere Umgebung zurück, so daß das Wachstum des Großraums Kopenhagen unter dem anderer Landesteile lag. Schließlich ist die Bevölkerung Athens angestiegen, wenn auch langsamer als in kleineren Städten Griechenlands.

Trend zum Wachstum der Großstädte

Diesem Trend liegt eine Reihe unterschiedlicher Kräfte zugrunde, die sich zugunsten des Wachstums von Großstädten verbinden. In erster Linie haben wirtschaftliche Entwicklungen in den letzten Jahrzehnten und davor in nahezu allen Fällen die Attraktivität eines Standortes in Großstädten bzw. in ihrer Nähe gegenüber kleineren Städten erhöht: insbesondere das Wachstum des Dienstleistungssektors relativ zur Industrie (sogar innerhalb der Industrie selbst), die zunehmende Internationalisierung der Wirtschaft und der gestiegene Wettbewerbsgrad, die hohe Geschwindigkeit der Produktentwicklung und der Veränderungen der Produktionsprozesse infolge des technischen Fortschritts und die zunehmende Verfeinerung der Produkte in Verbindung mit der Bewegung weg von Massenprodukten hin zu auf den einzelnen Kunden zugeschnittenen Produkten. Diese Entwicklungen haben, in anderen Worten, die Produktion an den effizientesten Standorten begünstigt, wo Größenvorteile in Form von Infrastruktur, Unternehmens- und öffentlichen Dienstleistungen, Bildung und Ausbildung, qualifizierten Arbeitskräften und Zugang zu Forschung und Entwicklung, technischem Know-how und Informationen über Marktentwicklungen sowohl auf nationaler als auch auf internationaler Ebene am bedeutsamsten sind.

Sie sind verstärkt worden durch andere Entwicklungen wie den Bau von Hochgeschwindigkeitsverbindungen (insbesondere Autobahnen und Hochgeschwindigkeitszügen) und Verbesserungen im Flugverkehr, die in der Regel schnellere, häufigere und zuverlässigere Verbindungen zwischen den Großstädten bereitstellen. Fortschritte in der Telekommunikation hatten eine ähnliche Wirkung, wie oben in diesem Bericht angemerkt, da diese normalerweise zuerst in den Großstädten eingeführt wurden.

Gleichzeitig haben soziale Veränderungen wie die zunehmende Erwerbsbeteiligung von Frauen und die wachsende Zahl von Doppelverdienern, und damit die Notwendigkeit für beide Partner, einen Arbeitsplatz am gleichen Ort zu finden, zusammen mit der größeren Bedeutung, die der Verfügbarkeit sozialer und kultureller Einrichtungen und Freizeitmöglichkeiten gegeben wird, in die gleiche Richtung gearbeitet. Zudem sind Wirtschaftsniveau und -struktur der meisten Großstädte und die Spannbreite und Zahl verfügbarer Arbeitsplätze ebenfalls ein Grund, warum Einwanderer von außerhalb der Gemeinschaft, sowohl aus weniger entwickelten Gebieten als auch aus ländlichen Gebieten, sich zunehmend dort konzentrieren. Dies ist der Grund für das starke Wachstum der deutschen Großstädte in den letzten Jahren. Zwischen 1987 und 1991 sind zwei Drittel der relativ hohen Zahl von Einwanderern aus Mittel- und Osteuropa und der ehemaligen Sowjetunion in Städte mit über 500.000 Einwohnern gezogen, wodurch sich ihre Bevölkerung um durchschnittlich 18 % erhöhte.

Verbesserungen in Verkehr und Telekommunikation haben ebenfalls den Trend zur Zersiedlung von Bevölkerung und Wirtschaft in dem Sinne begünstigt, daß sie die Reisegeschwindigkeiten und die Möglichkeiten eines schnellen Informationsaustausches gesteigert haben. Dadurch wurde es einerseits möglich, daß Beschäftigte in einiger Entfernung zu ihrem Arbeitsplatz wohnen, und andererseits, daß Unternehmen ihre Produktion an verschiedenen Standorten effizient organisieren können. Es ist ihnen daher möglich, Vorteile aus potentiellen Kosteneinsparungen zu ziehen, die sich aus einer Verlagerung bestimmter Aktivitäten außerhalb der Großstadtzentren mit ihren tendenziell höheren Mieten und Löhnen ergeben.

So haben solche Kostenüberlegungen in Verbindung mit anderen Entwicklungen im letzten Jahrzehnt zum Teil die Standortattraktivität der Großstädte ausgeglichen und in mancher Hinsicht den Trend zur räumlichen Konzentration von Bevölkerung und Wirtschaft abgemildert, obwohl die davon am meisten begünstigten Gebiete eher in der Nähe (zumeist innerhalb der erweiterten Stadtgrenzen) als in größerem Abstand lagen. Diese Entwicklungen bestehen insbesondere in zunehmender Überlastung mit der Folge eines gestiegenen Zeitbedarfs für Reisen und Gütertransporte, einer Umweltverschmutzung (teilweise durch das Verkehrsvolumen, teilweise durch andere Verschmutzungsquellen), der zunehmenden Bedeutung einer attraktiven Umwelt und des Wachstums sozialer Probleme, einschließlich einer erhöhten Kriminalitätsrate, wodurch die Städte zu weniger attraktiven Wohn- und Arbeitsplätzen werden.

Diese Probleme werden unten betrachtet, bevor die Schwierigkeiten kleiner und mittelgroßer Städte untersucht werden, die nicht die natürlichen Vorteile großer Stadtgebiete besitzen, und die möglichen Antworten auf diese Schwierigkeiten, nicht nur, um ihr Wachstumspotential zu stärken, sondern auch, um eine ausgeglichenere Entwicklung des Städtesystems und dadurch des gesamten europäischen Raumes sicherzustellen.

Soziale und räumliche Segregation in Großstädten

Die soziale Segregation ist ein wachsendes Problem der meisten Großstädte in Europa, unabhängig von ihrer Lage und ihren wirtschaftlichen Merkmalen. Obwohl dieses Problem am schlimmsten in solchen Städten ist, die an industriellem Niedergang leiden, trifft es sogar auch solche, die beträchtliches wirtschaftliches Wachstum im letzten Jahrzehnt verzeichneten, wo es einer großen Anzahl von Menschen nicht vergönnt war, am steigenden Wohlstand teilzuhaben. Viele waren längere Zeit arbeitslos und lebten unter sich verschlechternden Lebensbedingungen.

Obwohl sich das Ausmaß des Problems von Stadt zu Stadt deutlich unterscheidet, verfestigt es sich überall in ähnlicher Weise: durch eine hohe Quote der Langzeitarbeitslosigkeit, zunehmende Einkommensunterschiede, wachsende Unterschiede im Bildungs- und Ausbildungsstand und im Zugang zu Arbeitsplätzen, die Konzentration ärmlicher Wohnverhältnisse und unzulängliche Lebensverhältnisse, sich erhöhende Unterschiede in der Gesundheits- und Lebenserwartung und eine wachsende Kriminalitätsrate. In vielen Gebieten sind diese Probleme verbunden mit einer hohen Zahl von Einwanderern und/oder ethnischen Minderheiten, die Integrationsschwierigkeiten haben. Dabei verstärkt die Einwanderung eher das Problem, als daß sie es verursacht. Sie sind auch verbunden mit dem Auseinanderbrechen der traditionellen Familienbeziehung und einer Verringerung der Unterstützung, die diese bisher zur Verfügung stellte.

Diese Symptome treten im allgemeinen mehr in den Industriestädten des Nordens als in den Städten des sich entwickelnden Südens zu Tage. Zum einen ist dies so, weil sich das Problem im Norden in bestimmten benachteiligten Gebieten der Innenstädte oder in den Vororten konzentriert. Im Süden ist es dagegen mehr verteilt und zeigt zum Teil den Mangel an Planungskontrollen wie auch ein stärker ungeordnetes Wachstum der Städte. Zum anderen gibt es jedoch die fortgeschrittene wirtschaftliche Entwicklung des Nordens wieder und ist in dieser Hinsicht ein Problem, dem die südlichen Städte wahrscheinlich in der Zukunft verstärkt gegenüberstehen werden.

Die Wurzeln der sozialen Segregation

Obwohl es viele miteinander verbundene Ursachen für die soziale Segregation gibt, liegt die Ursache gewöhnlich in der Wirtschaftsstruktur begründet. Städte sind besonders vom Strukturwandel betroffen, der aus der Verstärkung des globalen Wettbewerbs und dem erhöhten Tempo des technologischen Fortschritts resultiert. Im Ergebnis haben viele Städte des Nordens, aber auch südliche Städte wie Madrid, eine beträchtliche Anzahl von Arbeitsplätzen in den traditionellen Industrien wie auch in den moderneren Wirtschaftszweigen des Verarbeitenden Gewerbes, wie dem Maschinenbau, verloren. Die modernen Wirtschaftszweige waren mehr und mehr dem Wettbewerb ausgesetzt, was auch die Vergrößerung des Dienstleistungssektors nicht entsprechend ausgleichen konnte. Für viele Arbeiter, die ihren Arbeitsplatz in der Industrie verloren haben – besonders Männer mittleren Alters und älter – war es schwierig, eine alternative Beschäftigung zu erlangen, so daß sie zu Langzeitarbeitslosigkeit verurteilt waren.

Gleichzeitig waren die stark wachsenden Wirtschaftszweige, insbesondere die Finanz- und Unternehmensdienstleistungen als Hauptquelle der neuen Arbeitsplätze im letzten Jahrzehnt, oft weniger in die lokale Wirtschaft integriert als die industriellen Tätigkeiten, die sie verdrängten. In vielen Städten war deshalb ein schnell wachsender Wohlstand einiger Bereiche mit einem Abbau von Einkommen und Beschäftigungsmöglichkeiten in anderen Bereichen – oft in den Nachbargebieten – verbunden (die Stadt London ist dafür ein besonders gutes Beispiel).

Die Rezession, die Europa in den frühen 90er Jahren erfuhr, verstärkte diese Probleme und ließ sie deutlicher zu Tage treten. Obwohl ein wirtschaftlicher Aufschwung das Problem lindern könnte, zeigt die Erfahrung, daß er allein keine Lösung darstellt.

Die wirtschaftliche Veränderung ist mit der sozialen Veränderung verbunden. Das Auseinanderbrechen der traditionellen Familieneinheiten und die Zunahme von Ein-Personen-Haushalten und von Alleinstehenden tragen zu diesem Problem durch die Ausweitung der Einkommensunterschiede bei. Das hat auch die Nachfrage nach Wohnungen erhöht und bürdet den Sozialleistungen eine höhere Last auf zu einer Zeit, in der diese in vielen Städten aufgrund von knappen Haushaltsmitteln gekürzt werden.

Folge dieser Einflußfaktoren ist nicht nur eine soziale, sondern auch eine räumliche Segregation, indem Arbeitslose oder Niedriglohnempfänger sich in den Innenstadtgebieten oder den Vorstädten mit den niedrigsten Grundstückspreisen und Mieten konzentriert haben. In einigen Städten sind die sozial Ausgegrenzten in den Innenstadtgebieten geblieben, weil Unternehmen und Arbeitsplätze abgewandert sind und Infrastruktur und Wohnungsbestand verfallen sind. In anderen Städten hat die Innenstadtsanierung die Mieten und Grundstückspreise in die Höhe getrieben und die ärmeren Bewohner dazu gezwungen, in die Vorstädte mit billigerem Wohnangebot zu ziehen. Einwanderung hat diese Prozesse verstärkt, da die Neuankömmlinge schwerpunktmäßig in die gleichen Gebiete mit niedriger Lebenshaltung gezogen sind.

Die räumliche Konzentration benachteiligter Gruppen führt sowohl zu einer Steigerung als auch zu einer Fortführung der mit sozialer Segregation verbundenen Probleme. Jüngere Bewohner in verfallenen Wohnvierteln mit hoher Arbeitslosigkeit haben Probleme, einen einfachen Arbeitsplatz zu finden und werden oft bei der Arbeitsplatzsuche entmutigt, wodurch ein Gefühl der Hoffnungslosigkeit und Resignation aufkommt, aus dem im Extremfall Kriminalität und soziale Unruhen entstehen.

Fünf Städte mit teilweise unterschiedlichen Eigenschaften und in verschiedenen Teilen der Union (Liverpool, Rotterdam, Frankfurt, Barcelona und Athen) sind im Detail analysiert worden, um ein besseres Verständnis der Ursachen und der Ausdrucksformen des Problems in der Realität zu gewinnen (siehe Kasten).

Politische Gegenmaßnahmen

Die detaillierten Fallbeispiele zeigen, daß die soziale und die räumliche Segregation ein wachsendes Problem in den europäischen Städten zu werden droht, das nicht allein durch wirtschaftlichen Aufschwung zu lösen ist. Es werden spezifische Maßnahmen der Politik erforderlich sein, wenn seine Ausdehnung unter Kontrolle gehalten und der Prozeß umgekehrt werden soll. In den letzten Jahren erkannten die nationalen Regierungen im Norden der Gemeinschaft das Problem, wo es am schlimmsten ist, und führten spezielle

Soziale und räumliche Segregation: Fünf Fallstudien

Liverpool

In Liverpool war der wirtschaftliche Niedergang ein langfristiger Prozeß, der erst richtig Mitte der 60er Jahre mit der Umstrukturierung des Hafens begonnen hatte. Zwischen 1971 und 1992, als die Arbeitslosigkeit im Vereinigten Königreich um 15 % zugenommen hatte, sank die Beschäftigung in der Stadt um nahezu 40 % und Industriearbeitsplätze gingen um mehr als 70 % zurück. Die Beschäftigung im Dienstleistungssektor sank um 22 %. Die Folge davon war ein Rückgang der Stadtbevölkerung um etwa 10.000 pro Jahr im gesamten Zeitraum, da die Bewohner, insbesondere die besser ausgebildeten, wegzogen.

Die Arbeitslosigkeit lag durchgehend beim Doppelten des Landesdurchschnitts, erreichte ihren Höhepunkt von 26 % im Jahre 1986 und liegt nach wie vor über 20 %. 1991 hatten 44 % der arbeitslosen Männer noch nie einen Arbeitsplatz oder waren bereits seit über 10 Jahren ohne Arbeit und 20 % der Männer im erwerbsfähigen Alter bemühten sich nicht einmal um einen Arbeitsplatz. 27 % der schwarzen Bevölkerung der Stadt waren arbeitslos im Gegensatz zu 21 % der weißen Bevölkerung; und 40 % der jüngeren Schwarzen waren arbeitslos im Gegensatz zu 31 % der jüngeren Weißen. Im Jahre 1994 lagen die Arbeitslosenquoten in verschiedenen Vierteln im Stadtinnern über 40 %, während die Werte in den wohlhabenderen Stadtgebieten nur bei 18 % lagen.

Im Jahre 1989 lebten 41 % der Haushalte der Stadt in Armut und 16 % waren nicht in der Lage, sich Güter des Grundbedarfs zu kaufen; dies war das Doppelte des Landesdurchschnitts.

Rotterdam

Rotterdam litt wie Liverpool 20 Jahre lang seit Mitte der 60er Jahre unter einem Rückgang der traditionellen Wirtschaftszweige. Seit 1985 jedoch zeigten sich deutliche Anzeichen eines wirtschaftlichen Aufschwungs ohne größere Erleichterungen für die soziale Segregation. Zwischen 1970 und 1985 hat die Stadt 70.000 Arbeitsplätze verloren, vor allem im Schiffbau. Die Arbeitslosigkeit stieg von 6 % im Jahre 1978 auf 23 % im Jahre 1986 und die Bevölkerung ging von 732.000 (1965) auf 573.000 (1985) zurück.

Nach 1985 jedoch wurde der Hafen ausgebaut und modernisiert und die Stadt ist ein wichtiger Standort für Unternehmensdienstleistungen geworden. Die Arbeitslosigkeit sank um 17 % im Jahre 1991 und die Bevölkerung begann wieder anzusteigen. Die selektive Abwanderung der wohlhabenderen Einwohner aus dem Stadtzentrum hatte viele soziale Probleme zurückgelassen. 1993 machten ungelernte oder angelernte Arbeitskräfte einen Großteil der Arbeitslosen aus, von denen 50 % mehr als ein Jahr und 30 % mehr als drei Jahre ohne Arbeit waren. Ethnische Minderheiten und Einwanderer, die 23 % der Bevölkerung und 19 % der Arbeitskräfte ausmachen, repräsentierten 35 % der Arbeitslosen. 39 % aller Haushalte lebten vom Mindesteinkommen.

Die am stärksten Benachteiligten konzentrierten sich zunehmend in Gebieten in der Nähe zum Stadtzentrum in älteren oder schlecht gebauten Wohnungen. In diesen Gebieten lag die Arbeitslosenquote über 40 %. Die Kriminalität ist stark angestiegen mit einer Zunahme der registrierten Straftaten zwischen 1988 und 1992 um über 25 %.

Frankfurt

Frankfurt ist eine der wohlhabendsten Städte Europas und einer der attraktivsten Unternehmensstandorte. Die Beschäftigung in den Finanz- und Unternehmensdienstleistungen stieg zwischen 1970 und 1991 um 70 %.

Während aber der Großteil der Bevölkerung im letzten Jahrzehnt zu immer größerem Reichtum gelangte, hat eine steigende Anzahl unter sozialer Segregation gelitten. Während der 80er Jahre wuchs die Anzahl der Sozialhilfeempfänger in der Stadt um 50 % und 1994 erhielten mehr als 10 % der städtischen Bevölkerung Sozialhilfezahlungen, von denen etwa die Hälfte im erwerbsfähigen Alter war. 1993 gingen 50 % des städtischen Sozialbudgets an die Sozialhilfe und 1991 war die Arbeitslosigkeit auf über 7 % angestiegen. 1994 waren über 70.000 Menschen, das sind mehr als 10 % der Bevölkerung, offiziell als unterhalb der Armutsgrenze lebend registriert.

Der wirtschaftliche Erfolg Frankfurts hat eine steigende Anzahl an Einwanderern angelockt. Im Jahre 1993, im Zuge der jüngsten Einwanderung aus Mittel- und Osteuropa, war der Anteil der ausländischen Bevölkerung auf 28 % angestiegen, der höchste Anstieg unter allen deutschen Städten. Die Einwanderer sind in zwei in der Nähe des Bahnhofs gelegenen Bezirken konzentriert, in denen eine ernstzunehmende Überfüllung, schlechte Wohnungen und ein Mangel an sozialen Diensten und Einrichtungen vorherrschen.

Beschränkungen des Wohnungsbaus aus Umweltschutzgründen haben die Immobilienpreise nach oben getrieben. 1994 standen 12.500 Familien auf der Warteliste für Sozialwohnungen, und eine bedeutende Anzahl von Menschen war ohne Wohnung.

Barcelona

Barcelona weist Merkmale der traditionellen Industriestädte im Norden sowie von sich entwickelnden Städten im Süden auf. Die Stadt wuchs während der 60er und 70er Jahre schnell, und wie das übrige Spanien erfuhr es nach dem spanischen Beitritt in die Gemeinschaft einen wirtschaftlichen Aufschwung. Die traditionellen Industrien wurden modernisiert, der Dienstleistungssektor wuchs dramatisch, das Wachstum der öffentlichen Behörden war schnell, und die internationalen Verkehrs- und Telekommunikationsverbindungen wurden in großem Umfang verbessert.

Dies brachte substantielle soziale Verbesserungen mit sich. Anders als die meisten nördlichen Städte war das wirtschaftliche Wachstum von einem Anstieg der grundlegenden städtischen Sozialdienste und der Infrastruktur sowie einer sichtbaren Verringerung der Ungleichheit begleitet worden. Jedoch verdoppelten sich die Häuserpreise ebenso wie die Mieten zwischen 1988 und 1991 und machten so die Wohnungsbeschaffung für Arbeitslose und jüngere Menschen immer schwieriger, wodurch diese gezwungen wurden, aus dem Stadtzentrum wegzuziehen.

Die Rezession in den 90er Jahren scheint den Trend zu größerer Gleichheit beendet zu haben. Die Arbeitslosigkeit stieg 1993 auf beinahe 11 % und betraf insbesondere spezielle Gruppen in den älteren Bezirken des Stadtzentrums wie Unqualifizierte, Frauen, ältere Arbeiter und junge Menschen, von denen viele in Mindestlohnbeschäftigung wechselten.

Die Frage bleibt offen, ob die Stadt die Fähigkeiten und Mittel hat, um die Zunahme des sozialen Ausschlusses in der Zukunft zu verhindern.

Athen

Athen folgte einem anderen Muster der Verstädterung, weil es weit weniger entwickelte Muster an sozialer und räumlicher Segregation aufweist. Dies ist durch eine fehlende Planung und spontane Wohnungsbauprogramme begründet. In den zwei großen Verstädterungswellen – in den 20er und in den 50er und 60er Jahren, als sich die Stadtbevölkerung verdoppelte – wurden neue Einwanderer durch illegalen Wohnungsbau im Zentrum und in den Randgebieten integriert. Dies schützte vor sozialer Segregation und führte zu einem der höchsten Niveaus an Wohneigentum unter den niedrigsten Einkommensgruppen in Europa. Daneben schuf dies jedoch gravierende Überlastungs- und Umweltprobleme.

Die soziale Integration wurde ebenfalls durch die Struktur der wirtschaftlichen Aktivität verstärkt; mit einer großen Zahl an Selbständigen und Kleinbetrieben, die hauptsächlich im informellen Sektor produzierten.

Neuere Untersuchungen deuten dennoch auf einen zunehmenden Trend zur Segregation hin, bedingt durch den Rückgang an informellem Wohnungsbau und einem stark selektiven Prozeß der Entstehung von Vororten. Armutsviertel neuerer Wirtschaftsflüchtlinge sind in der Innenstadt und den westlichen Stadtteilen in der Entstehung.

Es besteht die Gefahr zukünftig ansteigender Arbeitslosigkeit und zunehmender Einwanderung, größtenteils illegal, die mit Problemen sozialer Diskriminierung und des Ausschlusses von Sozialdiensten und -leistungen konfrontiert sind, deren Bereitstellung aufgrund fehlender Mittel und Verwaltungskapazitäten beschränkt ist.

Die URBAN-Initiative

Die URBAN-Initiative wurde zur Gewährung von Gemeinschaftshilfen in der Form von Darlehen oder Zuschüssen eingeführt, um integrierte Entwicklungsprogramme für Problemgebiete in den Städten zu fördern. Der integrierte Ansatz beabsichtigt, auf eine umfassende Art und Weise die wirtschaftlichen, sozialen und ökologischen Probleme in Stadtgebieten mit verfallener Infrastruktur, schlechter Wohnsituation und fehlenden öffentlichen Einrichtungen anzugehen. Ziel ist es, integrierte Programme auf der Grundlage lokaler Partnerschaften zu fördern, die ein ausgeglichenes und kohärentes Programm zur wirtschaftlichen Entwicklung, sozialen Integration und Umweltverbesserung umfassen.

Priorität wird innovativen Projekten gegeben, die Teil einer langfristigen, in den betreffenden Städten umgesetzten Strategie sind, die anderen Städten mit ähnlichen Problemen als Vorbild dienen können.

Die Initiative will darüber hinaus europäische Netze der wechselseitigen Zusammenarbeit und des Informationsaustauschs fördern, indem die Erfahrungen über bereits erfolgreich durchgeführte Maßnahmen ausgetauscht werden.

Die möglichen, in den integrierten Programmen enthaltenen Maßnahmen sind:

– Ingangsetzen neuer wirtschaftlicher Aktivitäten wie Aufbau von Werkstätten, der Unterstützung von Unternehmen, der Bereitstellung von Dienstleistungen für KMUs und der Schaffung neuer Geschäftszentren;

– Ausbildungsprogramme wie Sprachunterricht, der sich an den besonderen Notwendigkeiten der Minderheiten orientiert, Lehren von Computerkenntnissen, Schaffung mobiler Beratungseinheiten; Arbeitsbeschaffungsmaßnahmen für Langzeitarbeitslose;

– Verbesserung der Sozial-, Gesundheits- und Sicherheitseinrichtungen wie Kindergärten und Kinderkrippen, Drogenberatungszentren, verbesserte Straßenbeleuchtung und freiwillige Wachdienste;

– Verbesserung der Infrastruktur und der Umwelt durch Sanierung von Gebäuden zur Einrichtung von neuen sozialen oder wirtschaftlichen Aktivitäten, Wiederherstellung öffentlicher Plätze einschließlich Grünanlagen, Verbesserung der Energieeffizienz, Bereitstellung von Kultur-, Freizeit- und Sporteinrichtungen.

Der Gesamtbeitrag aus den Strukturfonds für diese Initiative wird für den Zeitraum 1994-1999 auf 600 Mio. ECU veranschlagt, wovon 400 Mio. ECU auf Ziel 1-Gebiete fallen werden.

Programme ein, um es zu bekämpfen. Da diese Programme jedoch nur mit geringen Mitteln ausgestattet sind, konzentrieren sie sich ausschließlich auf die ausgegrenzten Gruppen, die nicht in der Lage sind, von einem erneuten wirtschaftlichen Aufschwung zu profitieren.

Beispielsweise wurde in Frankreich in den 90er Jahren das *Contrats de Ville*-System entwickelt, um Maßnahmen der Regierung über einen Zeitraum von fünf Jahren zu integrieren und gegen die Segregation in 187 Stadtbezirken anzugehen. Es wurden elf Stadtprojekte ins Leben gerufen, die auf besonders schwierige Nachbarschaftsgebiete gerichtet sind. Ziel ist eine Wiedereingliederung in das Stadtleben. Im Vereinigten Königreich ist das 1991 eingeführte *City Challenge* ein ähnliches Fünfjahresprogramm, um Maßnahmen gegen den wirtschaftlichen Niedergang und die soziale Segregation in 31 der am meisten benachteiligten Stadtgebiete des Landes zu integrieren. In den Niederlanden wurde in den größten Städten, einschließlich Rotterdam, ein soziales Erneuerungsprogramm eingeführt mit dem Versuch, die Kommunen am wirtschaftlichen Wachstum teilhaben zu lassen.

Maßnahmen wurden auch auf der Ebene der Gemeinschaft in Angriff genommen. So war ein beträchtlicher Teil der EFRE- und ESF-Ausgaben zwischen 1989 und 1993 auf die Städte der Zielregionen 1 und 2 gerichtet. Die Initiative des Artikels 10 hat eine Vielzahl von innovativen Projekten unterstützt (insgesamt 32; London und Marseilles sind z. B. zwei Städte, wo diese durchgeführt wurden), die die soziale Segregation in Problemgebieten bekämpfen. Weiterhin ist noch die *Quartier en Crise*-Initiative zu nennen, die segregierte Gebiete in 25 Städten der Gemeinschaft verbindet, und das *Dritte Programm zur Bekämpfung der Armut,* das seine Aufmerksamkeit auch auf die Ressourcen und gegen die Segregation richtet.

Ein noch ehrgeizigerer und besser organisierter Ansatz ist für den Zeitraum 1994 bis 1999 geplant. Er soll durch die Verstärkung der finanziellen Unterstützung in den Städten der Ziel 1- und Ziel 2-Regionen, durch die Berücksichtigung der räumlichen Ausdehnung in der Formulierung der Politik der Gemeinschaft, durch einen verstärkten Dialog mit den betroffenen Städten und durch die Initiierung innovativer Fördermaßnahmen erreicht werden.

Die URBAN-Initiative zielt auf die Beseitigung der Hauptursachen der sozialen Segregation ab, indem sie die Unternehmensentwicklung unterstützt, die Infrastruktur und sozialen Bedingungen in den benachteiligten Stadtgebieten verbessert, und Bildungs- und Ausbildungsmöglichkeiten für benachteiligte Gruppen schafft. Man beabsichtigt, die existierenden politischen Maßnahmen zu ergänzen, gemeinsame private und öffentliche Anstrengungen in breit angelegtem Maße zu unternehmen, um die wirtschaftliche Entwicklung anzukurbeln, Investitionen anzuziehen, Arbeitsplätze zu schaffen und die physische und soziale Umwelt grundlegend zu verändern, die das Problem verschlimmert und es fortdauern läßt (siehe Kasten).

Umwelt- und Verkehrsprobleme in Städten

Wichtige Veränderungen in der Qualität der städtischen Umwelt ereigneten sich in Europa in den letzten Jahrzehnten. Trotz des Fortschritts bei der Reduzierung der lokalen Luft- und Wasserverschmutzung zeigen die Stadtgebiete verstärkte Umweltbelastungen. Die Hauptsorgen der europäischen Städte sind die Luftqualität, der Lärm und die Verkehrsüberlastung. Freiflächen und Grünanlagen sind in ständiger Gefahr, was auf die Konkurrenz um knappen Boden zurückzuführen ist. Die Lebensqualität in den Städten ist auch durch den Verfall der Gebäude und der Infrastruktur und die Beeinträchtigung der Städtelandschaft beeinflußt (Europas Umwelt – Die Dobris-Schätzung – siehe Kasten).

Zur gleichen Zeit absorbieren die Städte eine wachsende Anzahl von Ressourcen und produzieren größer werdende Mengen von Luftschadstoffen und Müll, wodurch die nähere und weitere Umgebung stark belastet wird (siehe Kasten – Umweltprobleme).

Diese Probleme sind Warnsignale einer tieferliegenden Krise, die eine grundlegende Überarbeitung der gegenwärtigen Modelle der Raumordnung und der Stadtentwicklung erfordert. Die drei hauptsächlichen, die Städte betreffenden Problembereiche – Luftqualität, Lärm und Verkehr – werden im folgenden betrachtet.

Luftqualität

Neuere Untersuchungen über die Luftqualität zeigen, daß in 70-80 % der europäischen Städte mit mehr als 500.000 Einwohnern die Luftverschmutzung durch eine oder mehrere Substanzen die Luftqualitätsstan-

> # Europas Umwelt –
> # Die Dobris-Schätzung
>
> Der Inhalt dieses Abschnitts ist einem 1994 veröffentlichten Bericht der EEA-TF, *Europe's Environment 1990-93 – the Dobris assessment*, entnommen, der die bisher umfangreichste aller bisher in diesem Bereich durchgeführten Studien ist. Eine Zusammenfassung dieser Analyse und die in diesem Bericht getroffenen Aussagen in bezug auf Stadtgebiete sind hier aufgrund ihrer Bedeutung für die Raumplanung wiedergegeben. Insbesondere sind alle Teilabschnitte dem Kapitel 10 des Berichts – *The urban environment* – entnommen, mit Ausnahme des einleitenden Abschnitts, der aus Kapitel 37 – *Urban stress* – stammt. Alle hier erwähnten Zahlen kommen ebenfalls aus diesem Bericht und ihre Quellen sind dort detailliert angegeben.

dards der WHO mindestens einmal pro Jahr übersteigt (insbesondere Schwefeldioxid (SO_2), Staubpartikel (PM), Stickoxide (NO_x), Kohlendioxid (CO_2), Ozon (O_3), Blei (Pb), andere Schwermetalle und organische Zusammensetzungen). Bedeutende Verursacher sind die Raumheizung, Energieerzeugung, industrielle Produktion und der Straßenverkehr. Die Konzentrationen der luftverschmutzenden Substanzen variieren beträchtlich in den europäischen Städten. Das ist von der Produktionsdichte, dem Treibstoffgemisch und den angewandten Technologien sowie den meteorologischen und topographischen Bedingungen abhängig.

In den letzten 20 Jahren gab es wichtige Verbesserungen in den nordeuropäischen und zu geringerem Grad in südeuropäischen Städten bei der Verringerung des SO_2- und der Partikelkonzentration, was durch die Einführung strenger Emissionsstandards erreicht wurde. Im Gegensatz dazu sind NO_x- und CO_2-Konzentrationen in allen europäischen Städten unverändert geblieben oder sogar gestiegen. Das ist hauptsächlich auf den erhöhten Stadtverkehr zurückzuführen, der 30 bis 50 % der erstgenannten Emissionen (NO_x) und 90 % der letztgenannten (CO_2) ausmacht. Weiterhin zeigen Berechnungen der WHO, daß 1989 bis zu 93 % der gesamten Bevölkerung Europas Ozonwerten ausgesetzt war, die über dem stündlich empfohlenen Grenzwert liegen.

Lärm

In den Großstädten ist der Anteil der Menschen, die nicht mehr akzeptablen Lärmpegeln ausgesetzt sind zwei- bis dreimal höher als der Durchschnitt in anderen Gebieten. In vielen Teilen Europas wächst der Anteil der Bevölkerung, der in Gebieten mit Geräuschpegeln zwischen 55 und 65 dB(A) lebt. Der Anteil der Menschen, der in den Städten unter Lärmbelästigung leidet, erhöht sich mit der Einwohnerzahl. In Deutschland (alte Bundesländer) sagen regelmäßige Meinungsumfragen der letzten zehn Jahre aus, daß in Städten mit bis zu 5.000 Einwohnern 14-16 % der Bevölkerung stark oder ernsthaft durch Straßenlärm belästigt sind. In Städten mit 5.000 bis 20.000 Einwohnern erhöht sich der Anteil auf 17-19 %, in denen mit 20.000 bis 100.000 Einwohnern sind es 19-25 %, und in Städten, die größer sind, sind es 22-33 %.

Das Lärmproblem in den Städten ist wegen der Vielfältigkeit seiner Herkunft schwierig zu bekämpfen, während die Hauptursache, der Straßenverkehr, mit eigenen Problemen der Kontrolle verbunden ist. Eine Reihe von Mitgliedstaaten, so die Niederlande und Deutschland, haben Bestimmungen und Lärmzonen eingeführt, die Qualitätsstandards für verschiedene Formen der Bodennutzung beinhalten.

Straßenverkehr

Es gibt mindestens drei sich verstärkende Trends, die den städtischen Verkehr zu einem der wichtigsten Umweltprobleme machen, denen die Städte gegenüberstehen:

– eine steigende Anzahl von Autobesitzern;

– eine vermehrte Nutzung des Autos gegenüber öffentlichen Verkehrsmitteln;

– und die Erhöhung der durchschnittlichen Fahrwege, da Bevölkerung und Beschäftigung aus den Stadtzentren weggezogen sind und das Pendeln zugenommen hat.

Zwischen 1970 und 1990 war eine große Steigerung des Autobesitzes zu verzeichnen, wobei im Jahre 1990 in 75 % der Städte jeder dritte Mensch ein Auto hatte, verglichen mit unter 20 % vor 20 Jahren. Die Anzahl der Fahrten, ihre durchschnittliche Länge und die Art des Transports werden durch die Bevölkerungsdichte und die Struktur der Stadt beeinflußt. Eine vor kurzem gemeinsam erstellte Studie zeigt, daß eine höhere Bevölkerungsdichte mit einem verringerten Mobilitätsbedarf und der Nutzung effizienterer Verkehrsmittel verbunden ist. In Großbritannien erhöht sich das Verkehrsaufkommen in den Städten, wenn die Bevölkerungsdichte unter 15 Einwohner pro Hektar fällt, aber es fällt, sobald es eine Einwohnerzahl von 50 übersteigt. Es zeigt sich jedoch, daß die Streuung der Bevölkerung in den Stadtzentren und kleineren Siedlungen typischerweise mit einer erhöhten Autonutzung verbunden ist.

Der Standort der städtischen Aktivitäten, im besonderen die Lage der Arbeitsplätze, ist ebenso wie die Infrastrukturbereitstellung für die Wahl der Verkehrsmittel entscheidend. In Kopenhagen z. B. arbeiten nur 25 % der Einwohner bis zu 5 Kilometer entfernt von ihrer Wohnung. Weiterhin zeigt eine andere Studie aus Kopenhagen, daß durch die Verlagerung eines Großraumbüros vom Stadtzentrum in die Vorstadt der Anteil der autonutzenden Beschäftigten von 26 % auf 54 % anstieg, obwohl die durchschnittliche Entfernung gleichgeblieben ist.

Es wird geschätzt, daß in den großen westeuropäischen Städten die durchschnittliche Geschwindigkeit der Fahrzeuge in den letzten 20 Jahren aufgrund der Überlastung um 10 % sinken mußte. Die durchschnittliche Geschwindigkeit in der Innenstadt Londons ist um bis zu 18 km pro Stunde und auf allen Londoner Landstraßen um bis zu 26 km pro Stunde zurückgegangen. Zu Spitzenzeiten ist die Geschwindigkeit noch geringer.

Obwohl in den europäischen Städten bei der Einführung verkehrssichernder Maßnahmen bedeutende Fortschritte gemacht worden sind, bleiben die Unfälle ein wesentliches Problem für die Qualität des städtischen Lebens. Zwischen einem Viertel und einem Drittel der Unfälle mit Personenschaden in geschlossenen Ortschaften ereignen sich auf Straßen in den Wohngebieten. Je nach Stadt bzw. Land liegt die Anzahl der Opfer bei Fußgängern zwischen 20 % und 60 %. In London beispielsweise waren im Jahr 1991 59 % der Opfer Fußgänger; vor allem Kinder sind davon betroffen. In Brüssel sind die Opfer von Verkehrsunfällen bei Kindern zwischen 5 und 9 Jahren drei Mal so hoch wie bei der Gesamtbevölkerung.

Von Städten verursachte Umweltprobleme

Auf Grundlage der vorhandenen Daten ausgewählter europäischer Städte wird geschätzt, daß eine europäische Stadt mit 1 Million Einwohnern jeden Tag durchschnittlich 11.500 Tonnen fossiler Brennstoffe, 320.000 Tonnen Wasser und 2.000 Tonnen Nahrungsmittel verbraucht. Sie erzeugt zudem 1.500 Tonnen an Abgasen, 300.000 Tonnen Abwasser und 1.600 Tonnen Feststoffabfall.

Ein integrierter Ansatz für eine nachhaltige Entwicklung

Die europäischen Städte haben eine Vielzahl von Schritten zum Schutz der Umwelt und zur Kontrolle der Luftverschmutzung unternommen, um die städtische Umwelt zu verbessern. Es gibt jedoch keinen einheitlichen Maßnahmenkatalog, der für alle europäischen Städte in gleicher Weise angewandt werden kann. Umweltprobleme hängen u.a. von der geographischen Situation, den Trends der Bevölkerungsentwicklung und der wirtschaftlichen Struktur ab. In der Art, wie Menschen städtische Probleme wahrnehmen, sind kulturelle Unterschiede ebenso wichtige Bestimmungsgründe, wobei sich die Verwaltungsgrundlage für geeignete politische Maßnahmen je nach dem Grad der Dezentralisierung der Kompetenzen und Verantwortung in den Mitgliedstaaten unterscheidet.

Der Umfang, in dem die Probleme miteinander zusammenhängen, zeigt die mögliche Gefahr von ad-hoc-Lösungen. Ein wirkungsvolles Management z. B. der städtischen Luftqualität erfordert eine Strategie, die auf einem Überblick über das gesamte Stadtsystem basiert, mit integrierter Entscheidungsfindung in Schlüsselgebieten. Einige Städte besitzen eine Verwaltungsstruktur, die eine solche Integration sichert, zumeist problematisch zugeordnet zwischen Flächennutzungs- und Verkehrsplanung. Weil die Stadt das wichtigste Zentrum wirtschaftlicher Aktivität und damit einer

> ## Das Programm THERMIE
>
> Unter dem Gemeinschaftsprogramm THERMIE, wurden drei Zielprojekte zur Förderung von sauberen und effizienten Energietechnologien im Verkehrssektor gefördert:
>
> – JUPITER zielt auf Energieeinsparung und Verbesserung des Umweltschutzes durch Entwicklung neuer Verkehrssysteme ab (in Aalborg, Bilbao, Florenz, Gent, Liverpool, Patra);
>
> – ENTRANCE zielt auf die Einführung einer fortgeschrittenen Anwendung der Telematik auf Verkehrskontrolle und -management ab (in Köln, Piräus, Portsmouth, Santiago, Southampton und Evora);
>
> – ANTARES zielt auf die Verringerung von Staus und den Wechsel zu öffentlichen Verkehrsmitteln ab (in Barcelona, Bologna, Leipzig, Dublin und Toulouse).

besonderen Belastung der Umwelt ausgesetzt ist, kann sie weiterhin nicht losgelöst von den sie umgebenden Regionen analysiert werden.

Die Maßnahmen, um Umwelt- und Verkehrsprobleme zu überwinden und eine nachhaltigere Entwicklung zu erlangen, umfassen:

– eine nachhaltige Stadtplanung, die die Grundsätze eines zukunftsfähigen Entwurfs zur städtischen Bodennutzung in Verbindung mit Umweltüberlegungen anwendet, wozu beispielsweise zählt, daß die Entfernungen, die Menschen für den Weg zur Arbeit überwinden müssen, verringert werden; daß die Unternehmen veranlaßt werden, sich näher an Wohngegenden anzusiedeln; daß die Nähe der öffentlichen Verkehrsmittel gesichert wird und daß man den Nutzungsgrad der Energie verbessert;

– ein integriertes Verkehrsmanagement, das darauf abzielt, die durch die Wechselwirkungen des städtischen Verkehrs und des gesamten Benzinverbrauchs entstehenden Probleme zu überwinden; das den Autoverkehr verringert und effizientere Transportmöglichkeiten einführt; das den Verkehr in besonders gekennzeichneten Gebieten verbietet; das Parkkontrollen, Straßennutzungsgebühren und unterschiedliche Formen öffentlicher Verkehrsmittel einführt (siehe Kasten über das Gemeinschaftsprogramm THERMIE);

– ein effizientes Management der städtischen Ressourcenströme, indem die Stadtstruktur und die Modernisierungsprogramme auf eine Verringerung des Wasser-, Energie- und Materialverbrauchs ausgerichtet werden; indem Energiespartechnologien und eine sparsame Nutzung von Rohstoffen eingeführt werden; indem der Nutzungsgrad des Energieverbrauchs verbessert wird; indem das Abfallaufkommen und unnötige Materialverschwendung verringert und auf eine erweiterte Wiederverwertung auf dem Weg einer selektiven Sammlung ausgerichtet wird.

Die Bedeutung der kleinen und mittelgroßen Städte

Ein großer Teil der Unionsbevölkerung wohnt in kleinen und mittelgroßen Städten (zwischen 20.000 und 500.000 Einwohnern). Dies stellt einen wichtigen Aspekt der Raumordnung dar, der von den Entscheidungsträgern nicht immer hinreichend erkannt wurde. Solche Städte hatten in der Geschichte eine große Bedeutung in der Bereitstellung von Verwaltungs- und anderen Dienstleistungen für die umliegenden Gebiete, vor allem den ländlichen Raum, und haben zu einer ausgeglicheneren räumlichen Verteilung von Bevölkerung und Wirtschaft beigetragen.

Dennoch haben in den letzten Jahren, wie oben erwähnt, viele von ihnen Verluste an Einwohnern und Arbeitsplätzen zugunsten der Großstädte erlitten. Wirtschaftliche, technologische und soziale Entwicklungen haben in großem Umfang gegen sie gearbeitet, wobei ein teilweiser Ausgleich nur durch die in den vorhergehenden beiden Abschnitten diskutierten wachsenden Probleme von Großstädten erfolgt.

Andererseits hat auch eine bedeutende Zahl von kleinen und mittelgroßen Städten im letzten Jahrzehnt eine beachtliche Bevölkerungszunahme erfahren und eine Ausweitung der lokalen Wirtschaft und Beschäftigung erreichen können. Diese Städte können Anleitungen zur Art des Entwicklungspfads und der Wirtschaftspolitik liefern, die andere weniger erfolgreiche Städte zukünftig verfolgen könnten, um einen anhaltenden Rückgang und eine Verschlechterung des räumlichen Gleichgewichts in der Union zu vermeiden.

Entwicklungen in den kleinen und mittelgroßen Städten

Während eine Reihe von Städten unter 500.000 Einwohnern in den 80er Jahren gewachsen sind, fielen sie in der Regel in eine oder häufig in mehrere der folgenden Kategorien:

— relativ große Städte mit einer Größe, die sie in bezug auf Dienstleistungen, Einrichtungen oder andere Größenvorteile kaum benachteiligten gegenüber Städten mit über 500.000 Einwohnern;

— Städte in der Nähe von Großstädten oder Ballungsgebieten, die Vorteile durch die Auslagerung von Wirtschaft und Bevölkerung und/oder die Bereitstellung von Dienstleistungen und Einrichtungen haben;

— Städte in der Nähe attraktiver Gebiete oder in sich attraktiv, die eine bessere Lebensqualität bieten und entweder als Wohnorte für Ruheständler oder als möglicher Standort für Unternehmen, für die gewöhnliche Standortfaktoren wie direkte Erreichbarkeit großer Absatz- und Arbeitsmärkte oder eine gute Infrastrukturausstattung weniger wichtig sind, dienen können; solche Unternehmen können z. B. sehr kleine Betriebe im Hochtechnologiebereich sein, deren Standort im wesentlichen von den Präferenzen ihrer hochqualifizierten Beschäftigten oder Gründer abhängen; solche Städte können häufig auch eine natürliche Attraktivität für Touristen darstellen;

— Städte, die lokale Zentren ländlicher Gebiete sind und an Bevölkerung hinzugewonnen haben, weil die Beschäftigung in der Landwirtschaft zurückgegangen und die Bevölkerung der umliegenden Gegenden auf der Suche nach neuen Arbeitsplätzen hinzugezogen ist;

— Städte, die mit Erfolg eine bestimmte Spezialisierung ausgebaut haben und daher sowohl ein ähnliches Niveau an technischen und anderen Leistungen in der Spezialisierungsrichtung als auch eine ähnliche Zahl von potentiellen Beschäftigten mit der erforderlichen Ausbildung wie die Großstädte bieten können;

— Städte, die an erfolgreichen Netzen teilnehmen, entweder mit Städten ähnlicher Größe im gleichen Gebiet, die daher ein den Großstädten vergleichbares Angebot an Infrastruktur und Einrichtungen gemeinsam bereitstellen können, oder mit engen wirtschaftlichen Verbindungen zu Großstädten, die in einiger Entfernung liegen können, sofern die Kommunikationswege gut sind.

Im wesentlichen sind in den 80er Jahren diejenigen Städte am meisten gewachsen, die zwei oder mehr dieser Eigenschaften auf sich vereinigten. Gute Beispiele hierfür sind Brescia, Verona, Parma, Padua und Modena in Italien, die zum sogenannten "dritten Italien" gehören und nicht nur ein sehr effektives Netz bilden, sondern auch auf bestimmte Wirtschaftszweige spezialisiert sind, wie insbesondere Bekleidung und Nahrungsmittelverarbeitung. Daneben sind sie Standorte regionaler Universitäten und haben daher Zugang zu Forschungskapazitäten und qualifizierten Absolventen, besitzen Verbindungen mit Großstädten, v. a. Mailand und Bologna, und unterstützen mit Erfolg landwirtschaftliche Produktionen. Weitere erfolgreiche Beispiele von Städtenetzen sind die Städte an der Riviera, in den Rhône-Alpen in Südfrankreich sowie in Süddeutschland in Baden-Württemberg und Hessen. Sie alle haben sich auf bestimmte Aktivitäten spezialisiert, eine starke eigene Identität bewahrt und ihre Nähe zu einer Großstadt genutzt (Lyon, Frankfurt oder Stuttgart), die ihnen den Zugang zu einer großen Bandbreite an Dienstleistungen eröffnet.

Mittelgroße Städte mit Wachstum sind auch Rennes in Frankreich und Cambridge im Vereinigten Königreich, die zu Zentren der Hochtechnologieindustrie geworden sind. Dabei bestehen im erstgenannten Fall enge Verbindungen mit Paris und im letztgenannten Fall mit London. Beide unterstützen wiederum erfolgreich die ländlichen und landwirtschaftlichen Aktivitäten in ihrem Umland. Zudem sind sie Forschungszentren: im erstgenannten Fall ein neu gegründetes Technologiezentrum, im letztgenannten Fall ein Wissenschaftszentrum und eine führende internationale Universität.

Zusätzlich sind dies auch Städte, die sich auf Industriezweige oder Dienstleistungen spezialisieren, wie Ingolstadt, Freiburg, Ulm, Paderborn und Tübingen, und entweder in der Nähe einer Großstadt liegen oder Zentren ländlicher Gebiete sind. Dies waren in Südeuropa Volos, Ioannina, Patras, Heraklion und Rhodos in

Beispiele mittelgroßer Städte

Parma

Parma in Emilia-Romagna ist Teil eines regionalen Netzes mittelgroßer Städte, wovon jede in einem Wirtschaftszweig spezialisiert ist. Parma ist auf die Nahrungsmittelverarbeitung spezialisiert, eng verbunden mit der lokalen Tierhaltung (Hinterschinken, Käse und andere Milchprodukte) und Teigwaren. Andere in der Stadt ansässige Industrien umfassen den Maschinenbau, Glas, Chemie und pharmazeutische Produkte.

Parma hat eine dynamische und diversifizierte Wirtschaft mit geringer Arbeitslosigkeit. Die Bevölkerung hat sich jedoch seit 1981 verringert, wogegen sie in den 30 vorangegangenen Jahren um 50 % gestiegen war (von 120.000 auf 179.000).

In den zehn Jahren von 1981 bis 1991 ging die Beschäftigung in der Industrie von 38 % auf 35 % der Erwerbsbevölkerung zurück, während die Beschäftigung im Dienstleistungsbereich anstieg. Die Unternehmensdienstleistungen sind in Parma stark mit der lokalen Spezialisierung auf die Landwirtschaft und die Nahrungsmittelproduktion verbunden.

Im Hinblick auf den Verkehr ist Parma ideal an die großen Straßennetze und das Hochgeschwindigkeitsnetz angebunden.

Rennes

Rennes in der Bretagne hat sich rasch als Zentrum für innovative Dienstleistungen auf Grundlage der Universität und der zahlreichen dort ansässigen Forschungs- und Entwicklungsinstitute entwickelt. Dort gelang es, Netzwerke mit den umliegenden Städten der Region ebenso wie mit den Regionen des Centre et Pays de Loire zu schaffen, die zur Bildung des Technopole Rennes Atlante (Schaffung von 2.500 neuen Arbeitsplätzen) geführt haben. Ebenso gelang es, verschiedene Forschungsprojekte im wissenschaftlichen Bereich in Zusammenarbeit mit auf einem breiten Gebiet arbeitenden Labors in Gang zu setzen. 40.000 Studenten mit höherer Ausbildung und 3.000 Forscher haben Produzenten der Hochtechnologie im Bereich der Elektronik und der Biotechnologie angelockt.

Ein internationaler Flughafen und das TGV-Netz haben internationale Aktivitäten und multinationale Unternehmen bewegt, sich dort anzusiedeln.

Oviedo

Oviedo in Asturien hat sich schnell als ein Verwaltungszentrum in einer ländlichen Region entwickelt. Die rückläufige Landwirtschaft und Fischerei sowie, in jüngerer Zeit, die Rezession in der Eisen- und Stahlindustrie in dieser Region haben zu einer Bewegung vom Land in die Stadt geführt. Oviedo selbst wuchs zwischen 1960 und 1979 um 46 % und setzte das Wachstum, wenngleich mit einem geringeren Tempo, seither fort, während die Bevölkerung in der übrigen Region zurückging.

Die Stadt ist, wie viele andere Verwaltungsstädte der Randgebiete, sehr vom öffentlichen Sektor abhängig. 1991 umfaßte der Dienstleistungssektor 75 % der Beschäftigung, ein Großteil davon in der öffentlichen Verwaltung. Die Bauindustrie und die öffentlichen Aufträge weisen über die Hälfte der gesamten Beschäftigung in der Industrie auf. Es besteht daher die Notwendigkeit, andere Quellen für Beschäftigung und Einkommen zu entwickeln. Dies ist aber durch den Mangel an innovativen Fähigkeiten, Rohstoffen und möglichen Spezialisierungen nur beschränkt möglich.

Griechenland, deren Bevölkerung zum ersten Mal in der jüngeren Geschichte schneller wuchs als in Athen, und Braga, Albufeira, Portimâo, Aveiro, Faro, Leiria, Setubal und die Umgebung von Lissabon in Portugal.

Probleme der zukünftigen Entwicklung

Kleine und mittelgroße Städte stehen einer Reihe von Problemen gegenüber, wenn sie mit Großstädten als Wohnorte und Unternehmensstandorte im Wettbewerb bestehen wollen. Vor allem müssen diejenigen Städte, die nicht in Reichweite einer Großstadt liegen, von einer bestimmten Größe sein, um eine Bandbreite von Unternehmens- und öffentlichen Dienstleistungen und Einrichtungen bereitstellen zu können, die sowohl von Unternehmen als auch von Individuen zunehmend nachgefragt werden; im erstgenannten Fall, um mit Unternehmen in der Nähe von Großstädten zu einigermaßen gleichen Bedingungen konkurrieren zu können.

Zweitens müssen Städte ohne die erforderliche Größe oder eine hinreichend gute Lage dies kompensieren, indem sie Teil eines Städtenetzes sind oder Verbindungen mit weiter entfernten Großstädten entwickeln, mit denen Kommunikationsverbindungen relativ effizient sind. Für die erstgenannten Städte ist es allerdings wirkungsvoller, wenn sie ein Netz in ausreichender Nähe bilden, damit sie effektiv die gemeinsamen Ressourcen und Einrichtungen teilen können (wie z. B. einen lokalen Flughafen oder verschiedene Unternehmensdienstleistungen). Für die letztgenannten Städte ist es ein gangbarer Weg, daß sie bei ihrer Suche nach einer speziellen Verbindung zu einer Großstadt – oder genauer, zu den dort angesiedelten Unternehmen – etwas zu bieten haben, was nicht ohne weiteres anderswo zu finden ist. Anders ausgedrückt, ist eine Spezialisierung zu entwickeln, die ihnen im Vergleich zu anderen Städten einen komparativen Vorteil gibt.

Dies ist im wesentlichen das dritte Problem, dem Städte unterhalb einer kritischen Größe gegenüberstehen, unabhängig von ihren Verbindungen mit anderen Städten. Um eine minimale Unterstützung für Unternehmen und eine Grundausstattung an Einrichtungen für die Bewohner bereitzustellen, ist eine bestimmte Spezialisierung vorzunehmen und die damit verbundene Infrastruktur und Dienstleistungen sind auszubauen, einschließlich des technischen Know-hows und der Verfügbarkeit qualifizierter Arbeitskräfte. Eine Hauptschwierigkeit ist dabei, daß die Spezialisierung nicht nur mögliche Vorteile, sondern auch Risiken mit sich bringt. Mit zunehmender Geschwindigkeit des technologischen und wirtschaftlichen Wandels kann jede zu enge Spezialisierung innerhalb einer relativ kurzen Zeit überholt sein, so wie die alten Grundindustrien wie Textilien, Stahl und Schiffbau in der Vergangenheit. Anders als die Großstädte können sie nicht ohne weiteres eine große Bandbreite von Wirtschaftszweigen aufrechterhalten, um die Umstrukturierung zu erleichtern und eine übermäßige Abhängigkeit von einem Wirtschaftszweig zu vermeiden.

Politische Schlußfolgerungen

Ohne eine aktive Politik oder den wohlüberlegten Entwurf und die Durchführung einer Entwicklungsstrategie besteht die reale Möglichkeit, daß in den nächsten Jahren eine große Zahl von kleinen und mittelgroßen Städten in der Union einen Rückgang an Bevölkerung und Beschäftigung mitmacht, der in vielen Gegenden das räumliche Gleichgewicht beeinträchtigt. Dies gilt vor allem für die Städte an weniger günstigen Standorten, d.h. in ländlichen Gebieten mit einiger Entfernung zu einer Großstadt, oder für Städte, die zu klein sind, um eine ausreichende Bandbreite von Dienstleistungen und Einrichtungen zu bieten, und nicht günstig genug liegen, um Teil eines Netzes zu sein. Maßnahmen zur Begegnung dieses Problems müssen diese Städte in die Lage versetzen, wirksamer mit Großstädten als Wohnorte und Unternehmensstandorte zu konkurrieren. Sie sind denjenigen ähnlich, die in Abschnitt A aufgezeigt wurden, um ein besseres räumliches Gleichgewicht zwischen Bevölkerung und Beschäftigung zu erreichen, da das Ziel im wesentlichen das gleiche ist. Sie beinhalten vor allem:

– die Entwicklung einer bestimmten Spezialisierung durch Nutzung aller natürlichen oder historischen Vorteile, die sich z. B. aus lokalen Ressourcen (wie der Qualifikation der lokalen Arbeitskräfte, einer Universität oder eines Forschungszentrums) oder aus der Attraktivität der physischen Umwelt oder der Umgebung ergeben können; denn die größte Attraktivität vieler kleiner und mittelgroßer Städte ist ihre Lebensqualität, die sie im Vergleich zu Großstädten bieten können;

– der Ausbau der für das Wachstum von Unternehmen und Bevölkerung in der betreffenden Spezialisierung erforderlichen Infrastruktur und

Dienstleistungen, einschließlich der Stärkung der Bildungs- und Ausbildungseinrichtungen, um die für die in den lokalen Industrie- und Dienstleistungsunternehmen benötigten Qualifikationen und Managementtechniken verfügbar zu machen;

— die Verbesserung der sozialen Einrichtungen und der Freizeit- und Kulturangebote, um die Attraktivität der Stadt als Wohnort zu steigern;

— die Sicherung guter Telekommunikations- und Verkehrsverbindungen mit Städten und insbesondere größeren Städten sowohl in der Umgebung als auch in anderen Teilen des Landes und in der Union;

— die Bildung von Verbindungen möglichst mit Nachbarstädten, um eine ausreichende Nachfrage zur Unterhaltung gemeinsamer Dienstleitungen und Einrichtungen (einschließlich Hochgeschwindigkeitsverbindungen) zu schaffen;

— die Stärkung der lokalen Planungskapazitäten und die Durchführung von Stadtentwicklungsstrategien.

Während diese Maßnahmen auf die Erreichung eines ausgeglicheneren Städtesystems abzielen, besteht auch in allen Teilen Europas eine allgemeinere Notwendigkeit, den Prozeß der Stadtentwicklung zu kontrollieren. In den Mitgliedstaaten werden zunehmend Maßnahmen durchgeführt, um das Bevölkerungswachstum in bestehende Stadtgebiete zu leiten und so Freiflächen zu schützen. Diese sollten jedoch, wie dies in vielen Fällen erkannt wird, von Maßnahmen begleitet werden, die eine zunehmende Entstehung von Vororten oder eine Ausbreitung der Städte verhindern, die insbesondere in die ländliche Umgebung der Großstädte vordringen (obwohl manchmal auch in kleinere Städte), welche in ökologischer Hinsicht sehr wertvoll sind.

Angesichts der Tendenz wirtschaftlicher, sozialer und technologischer Einflüsse, das Wachstum von Großstädten und Ballungsgebieten zu Lasten kleiner und mittelgroßer Städte zu begünstigen, sollte nun vielleicht eine europaweite Strategie für eine ausgeglichene Entwicklung des gesamten Städtesystems erwogen und eine Politik zur Stärkung der Position kleiner und mittelgroßer Städte festgelegt werden.

Ländliche Gebiete: Probleme und Perspektiven

Schon seit mehreren Jahrzehnten findet in den ländlichen Gebieten der Europäischen Union ein rapider Wandel statt, der in seinem Umfang in der Geschichte bisher einzigartig ist. Technologischer Wandel und wirtschaftliche Integration, unter anderem durch die Vollendung des Binnenmarktes, haben die anhaltenden und in den nächsten Jahren noch kommenden Entwicklungen im ländlichen Raum beeinflußt.

Diese Veränderungen zeigen sich in gegenläufigen Entwicklungen und einer wachsenden Vielfalt ländlicher Gebiete, worauf die Entwicklungsstrategien und Raumordnungspolitiken Antworten zu finden haben. Diese Strategien sollten auf einer Nutzung der komparativen Vorteile der verschiedenen Gebiete basieren. Dabei sollten aktive Maßnahmen darauf abzielen, die lokale Entwicklung von Produktionskapazitäten und kleine und mittelgroße Städte zu fördern und einen Ausgleich zwischen städtischen und ländlichen Gebieten zu sichern.

Gegenläufige Veränderungen und Diversifizierung

Die Trends in der Verteilung von Bevölkerung und Beschäftigung zeigen ausgeprägte Unterschiede zwischen den ländlichen Gebieten, die durch die jüngste Reform der Gemeinsamen Agrarpolitik vor allem in Regionen mit einer anhaltend großen Bedeutung der Landwirtschaft verstärkt werden könnten. Darüber hinaus sind die Probleme der Raumplanung, denen die verschiedenen Typen von Gebieten gegenüberstehen, in sich unterschiedlich.

Bevölkerungs- und Beschäftigungsveränderungen

Das Phänomen eines Bevölkerungsrückgangs in ländlichen Gebieten, das in den vergangenen Jahrzehnten eines der auffälligsten Kennzeichen der meisten Mitgliedstaaten war, ist heute weniger verbreitet. Neuere Entwicklungen zeigen daher, daß zwischen ländlichen Gebieten zu unterscheiden ist, wo die Bevölkerung weiter zurückgeht, und denen, wo sie sich stabilisiert hat oder in manchen Fällen sogar ansteigt aufgrund natürlicher Bevölkerungstrends oder einer Zuwanderung einer neuen Landbevölkerung aus den Stadtgebieten. Während sich also in einigen Gebieten der Rückgang beschleunigt, vollzieht sich in anderen eine deutliche Erholung.

Der Bevölkerungsrückgang ist in den ländlichsten und abgelegensten Gebieten am ausgeprägtesten, wo er oft von einer Abwanderung junger Leute und einer Überalterung der Bevölkerung begleitet ist. Die in den 80er Jahren am meisten betroffenen Gebiete lagen im Süden Europas: das Zentralmassiv in Frankreich, Gebirgsregionen in Italien, Ostmazedonien und Thrakien in Griechenland, Aragon und Castilla y Leon in Spanien sowie Alentejo und Tras-os-Montes in Portugal. Im Gegensatz dazu haben in anderen Regionen zahlreiche Faktoren diese Tendenz des Bevölkerungsrückgangs abgeschwächt oder sogar umgekehrt.

Die Landwirtschaft, die früher die meisten Arbeitsplätze zur Verfügung gestellt hat, ist im allgemeinen von geringer oder manchmal auch vernachlässigbarer Bedeutung, sogar in den dünn besiedelten Gebieten. 1991 machte sie 6,3 % der gesamten Beschäftigung in der Union aus, im Vergleich zu 13,5 % im Jahre 1970. In einigen Regionen des Vereinigten Königreichs, der Benelux-Staaten, Deutschlands und Norditaliens scheint die Beschäftigung in der Landwirtschaft ein Gleichgewichtsniveau erreicht zu haben, dessen Unterschreitung in größerem Umfang unwahrscheinlich ist. In weiten Teilen der Union wird die Schaffung von Arbeitsplätzen in Sektoren außerhalb der Landwirtschaft wahrscheinlich zur wichtigsten Determinante für die Attraktivität ländlicher Gebiete.

Es scheint keine Beziehung zwischen dem Anteil der in der Landwirtschaft Beschäftigten im Nebenerwerb und dem Entwicklungsniveau ländlicher Gebiete zu geben. Nebenerwerbstätigkeit ist in ärmeren ländlichen Gebieten, wo die Landwirtschaft weiterhin bedeutend ist (z. B. Andalusien), ebenso wichtig wie in den wohlhabenderen Gebieten, wo eine stark diversifizierte Wirtschaftstätigkeit den in der Landwirtschaft Beschäftigten leicht eine zusätzliche Erwerbstätigkeit bietet (z. B. Bayern oder Aquitaine) (siehe Karte 24).

Eine enge Verbindung zwischen Arbeitsplatzverlusten in der Landwirtschaft und dem Bevölkerungsrückgang besteht nicht mehr. In manchen Gebieten, hauptsächlich in Südeuropa, treten beide gleichzeitig auf (wie in Teruel oder Huesco in Spanien oder im Alentejo in Portugal, wo die landwirtschaftliche Beschäftigung in den 80er Jahren um 30 % zurückgegangen ist), während in anderen (den südlichen Alpen Frankreichs, Jütland in Dänemark oder den ländlichen Bezirken Süddeutschlands) erhebliche Arbeitsplatzverluste in der Landwirtschaft nicht im geringsten von einem entsprechenden Bevölkerungsrückgang begleitet waren.

Eine Reihe dünn besiedelter Gebiete entdeckt ihre komparativen Vorteile neu und entwickelt neue Aktivitäten in Verbindung mit dem sozialen Wandel: z. B. grüner Tourismus, Freizeitaktivitäten, Gesundheitsdienste und Wochenendhäuser.

Die erhöhte Lebenserwartung, verbesserte Bedingungen für den Ruhestand und die abnehmende Lebensqualität in den Großstädten führen zusammen zu Wanderungstendenzen, wodurch Ruheständler in ländliche Gebiete zurückkehren, sofern sie über angemessene Dienstleistungen verfügen; so z. B. in den südlichen Alpen Frankreichs, dem Südwesten Englands und den Highlands von Schottland.

Während der 80er Jahre kam es dennoch in den ländlichen Gebieten zu der größten Zunahme der Beschäftigung, oft um mehr als 15 %, wo diese eine attraktive natürliche Umwelt besitzen, wie bestimmte Küsten-, Gebirgs- oder Waldregionen (Schwarzwald, Taunus, französische Atlantikküste, Gorizia und Nuoro in Italien, Ypres und Verviers in Belgien und Cornwall in England), sowie in Regionen in der Nähe von Ballungszentren, vor allem im Vereinigten Königreich und in den Niederlanden.

Eine weitere allgemeine Tendenz, stärker in Nordeuropa und in Italien als in Spanien, Portugal und Irland, ist das höhere Wachstum von Städten in ländlichen Gebieten als in anderen Gegenden. Während in den letztgenannten drei Ländern die Attraktivität von Großstädten und Küstengebieten zu Lasten der ländlichen Gebiete im Landesinnern geht (wenn auch einige von ihnen sich auf Kosten der Nachbarregionen entwickelt haben), so haben in den drei erstgenannten Ländern und anderswo verschiedene Faktoren dieser Tendenz entgegengewirkt:

– die Erhöhung der regionalen Präsenz als Teil der Geschäftspolitik nationaler Handelsunternehmen und Banken;

– die Dezentralisierung bestimmter administrativer Dienstleistungen auf die regionale Ebene;

– die Bereitstellung von Infrastruktur zur Verbesserung der Standortattraktivität für Industrie und Dienstleistungen;

– eine höhere Lebensqualität als in den Großstädten;

– die Revolution in den modernen Kommunikationstechniken, die bestimmte Aktivitäten nicht mehr an spezielle Standorte bindet.

Insgesamt bestehen somit beträchtliche Unterschiede zwischen dem Entwicklungsprozeß in den stark ländlich geprägten Gebieten einerseits, die weiterhin an Bevölkerung verlieren und in manchen Fällen von einer völligen Entleerung bedroht sind, und den ländlichen Gebieten in der Nähe der Großstädte andererseits, deren Umwelt attraktiv ist oder deren Landwirtschaft nicht weiter zurückgeht, die nur wenige Änderungen oder gar ein Wachstum der Bevölkerung erfahren und deren wirtschaftliche Grundlagen sich größtenteils in Bereichen außerhalb der Landwirtschaft ausweiten. Die jüngste Reform der Gemeinsamen Agrarpolitik ruft eine weitere Verstärkung dieser Tendenzen hervor.

Räumliche Wirkungen der Reform der Gemeinsamen Agrarpolitik (GAP)

Obwohl die Landwirtschaft zur Zeit nur einen kleinen Teil der Erwerbsbevölkerung beschäftigt, ist sie in der Union nach wie vor von Bedeutung. So macht z. B. die landwirtschaftlich genutzte Fläche 33 % der gesamten Fläche Deutschlands und 57 % der gesamten Fläche Frankreichs aus. Es ist daher von nicht zu vernachlässigender Wichtigkeit, die räumlichen Wirkungen der GAP-Reform auf ländliche Gebiete zu betrachten.

Diese wird voraussichtlich drei Arten von Wirkungen haben:

– direkte Wirkungen auf die regionale Landwirtschaft in Abhängigkeit von der Art der landwirtschaftlichen Produktion, der Betriebsstruktur und den auf nationaler Ebene durchgeführten Maßnahmen;

Ländliche Gebiete: Probleme und Perspektiven

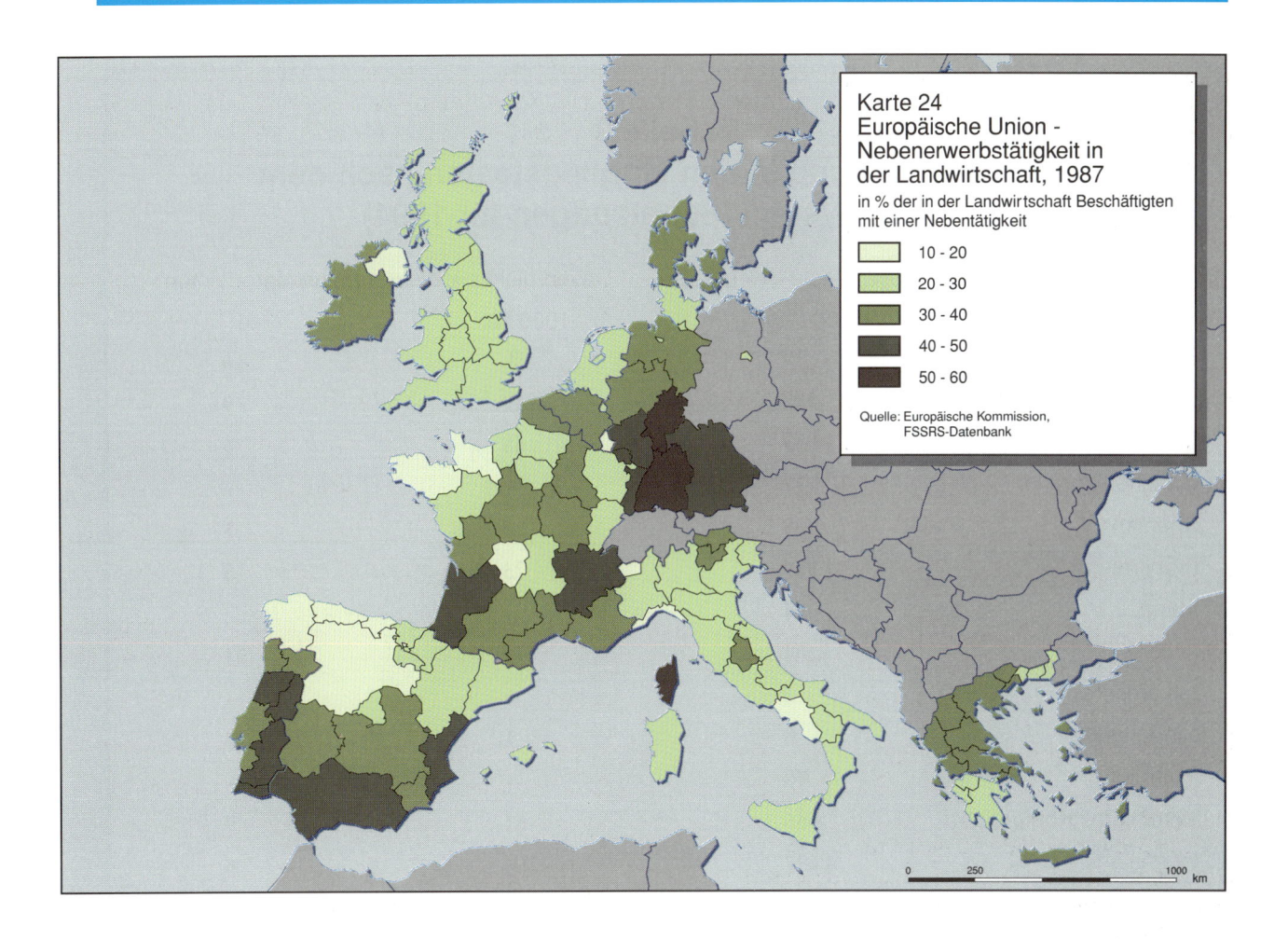

Karte 24
Europäische Union - Nebenerwerbstätigkeit in der Landwirtschaft, 1987

in % der in der Landwirtschaft Beschäftigten mit einer Nebentätigkeit

- 10 - 20
- 20 - 30
- 30 - 40
- 40 - 50
- 50 - 60

Quelle: Europäische Kommission, FSSRS-Datenbank

- indirekte Nebenwirkungen auf die mit der Landwirtschaft in Verbindung stehende Industrie;

- allgemeine Effekte auf die wirtschaftliche Entwicklung ländlicher Gebiete, die von der lokalen und regionalen Bedeutung der Landwirtschaft und der damit verbundenen Industrien abhängen.

In Zukunft wird das neue Fördersystem für die europäische Landwirtschaft auf einer Niedrigpreispolitik und auf Kompensationen für eine Extensivierung der Produktion und Mengenreduzierungen beruhen. Zum Beispiel werden für Getreide und Ölsaaten Zuschüsse unter der Voraussetzung gewährt, daß 15 % der Fläche für die Nahrungsmittelproduktion stillgelegt werden; ausgenommen von dieser Verpflichtung zur Stillegung sind kleine Getreideproduzenten.

Neben diesen rein wirtschaftlichen, direkten und indirekten Wirkungen wird die GAP auch die geographische Verteilung der landwirtschaftlichen Produktion verändern. In der gegenwärtigen Situation ist es schwer vorherzusagen, ob ein Großteil des traditionell kultivierten Bodens für landwirtschaftliche Produktionen mit höherer Wertschöpfung verwendet werden könnte. Die für Gartenbau und intensive Tierhaltung genutzte Fläche könnte daher leicht zunehmen und das Gleichgewicht der betreffenden Märkte gefährden.

Insgesamt könnten 1994 etwa 4,7 Mio. Hektar Boden aus der Produktion abgezogen werden und weitere 1,5 Mio. im Rahmen des fünfjährigen Stillegungssystems (Tabelle 3). Eine solche Stillegung landwirtschaftlicher Fläche erscheint enorm, aber relativ gesehen sind dies nur 4,9 % der landwirtschaftlich genutzten Fläche und 2,5 % der gesamten Fläche der Union.

Auf regionaler Ebene könnte die Flächenstillegung unterschiedliche geographische Wirkungen haben, je nach Spezialisierung der Produktion auf Getreide und Ölsaaten, Betriebsgrößen (ohne die von der Maßnahme ausgenommenen Betriebe) und Produktivität.

Ende 1993 durchgeführte Fernerkundungen (das MARS-Projekt) zeigen bereits, daß die größten

Tabelle 3
Flächenstillegung in den Mitgliedstaaten nach dem neuen System (Schätzungen für 1994)

	Stillgelegte Fläche (1000 ha)	Davon nicht zur Nahrungsmittelproduktion	
		1000 ha	%
Belgien	19	3	16
Dänemark	205	19	9
Deutschland	1 063	68	6
Griechenland	17	-	-
Spanien	909	6	1
Frankreich	1 589	73	5
Irland	24	-	-
Italien	207	43	21
Luxemburg	2	-	-
Niederlande	8	1	13
Portugal	78	-	-
Vereinigtes Königreich	556	51	9
Insgesamt	4 677	264	6

Quelle: Europäische Kommission, Schätzungen GD VI

infolge von Rotation, Flächenstillegung oder rückläufigen Märkten unbebauten Flächen im Süden Europas liegen, vor allem in den inneren Regionen Portugals (Alentejo) und Spaniens (Andalusien, Extremadura und die Region von Albacete) sowie in Italien im Südosten Siziliens (Region Catania) und in Puglia.

So könnte beispielsweise die Landwirtschaft in Castilla y Leon in Spanien, die stark auf Getreideproduktion spezialisiert ist, unter den Maßnahmen zur Produktionsbegrenzung infolge niedriger Erträge leiden. Die bereits stattfindende Abwanderung aus den ländlichen Gebieten und deren Entleerung könnten sich daher verstärken. Andererseits werden voraussichtlich die in den hochproduktiven Getreideanbaugebieten gelegenen landwirtschaftlichen Güter (Beauce, Champagne-Ardenne und die Region Limoneuse in Belgien) die Einkommensverluste aus der Flächenstillegung leicht durch Produktivitätssteigerungen kompensieren können. In diesen Gebieten werden die Freisetzungseffekte aus der Landwirtschaft wahrscheinlich sehr begrenzt sein.

Untersuchungen zeigen z. B., daß in dem sich zwischen Aquitaine, Dänemark und Südostengland erstreckenden Dreieck alles notwendige produziert werden könnte, um die anderen Regionen über einen Nahrungsmittelimport zu geringeren Kosten zu versorgen. Andere Untersuchungen bestätigen, daß 70 bis 80 % des Produktionsvolumens der europäischen Landwirtschaft an der Kanalküste zwischen Rouen und Rotterdam mit einer Verlängerung in den Westen der Bretagne und den Nordosten Dänemarks konzentriert werden könnten.

Zur Verhinderung einer Ausbreitung einer solchen umweltschädlichen, intensiven Produktion hat die Reform der GAP zum Ziel, diese Gefahren regionaler Ungleichgewichte durch Maßnahmen wettbewerbsgerechter Preise für Getreide zur Tierfütterung zu korrigieren, um wieder eine Verbindung zwischen landwirtschaftlicher Fläche und Tierhaltung herzustellen.

Zusätzlich könnte das neue Fördersystem die Extensivierung der Landwirtschaft in vielen Gebieten erleichtern, insbesondere bei Viehhaltung. Die Abschaffung intensiver Produktionsmethoden könnte zu einer erneuerten Artenvielfalt und zu Reduzierungen der Umweltbelastung führen. Ebenso ist es jedoch möglich, daß diese Extensivierung in einigen Fällen von einer intensiveren Nutzung des fruchtbarsten Bodens begleitet ist und der übrige Boden brachliegt.

In dem Maße, wie sie zur Entstehung und bereits beginnenden Ausbreitung von Gebieten beitragen, die Landwirtschaft und Umweltaspekte verbinden, sollten diese Maßnahmen für die Aufrechterhaltung, Bewahrung und Verbesserung von Naturräumen und Landschaft von Vorteil sein.

Daneben sind alternative Produktionen außerhalb des Nahrungsmittelbereichs zur Bereitstellung neuer Absatzmärkte für die Landwirtschaft zwar bereits technisch möglich, ihre Umsetzung bleibt jedoch aus wirtschaftlicher Sicht problematisch (Bioenergie) oder ist von den potentiellen Absatzmärkten her begrenzt (Glycerin für die Chemie- und Textilindustrie). Gegenwärtig macht die Nutzung der im Rahmen der Flächenstillegung nicht für die Nahrungsmittelproduktion reservierten Anbaufläche etwa 260.000 Hektar oder weniger als 6 % der gesamten Stillegungsfläche aus (siehe Tabelle 3). Diese Form landwirtschaftlicher Neuausrichtung bleibt daher begrenzt und dient fast ausschließlich der Produktion von Bioenergie.

Auch wenn Forschung und Entwicklung über den Anbau von Produkten für die Industrie- und Energieerzeugung sich schnell entwickeln sollten, wäre der Effekt dieser neuen Verwendungen in bezug auf die Nutzung der Potentiale ländlicher Gebiete eher unbedeutend, wenn sich nicht größere Absatzmärkte durch niedrigere Produktionskosten oder steuerliche Anreize ergeben.

Die Perspektiven für die Zukunft werfen die Frage auf, ob bestimmte landwirtschaftliche Produktionen in Drittländer umgelenkt werden. Eine solche Entwicklung wäre wahrscheinlich weniger eine Folge der GAP-Reform als der von Umweltauflagen und der Suche nach neuen Märkten. So sind bereits Höfe mit Massentierhaltung aus der Bretagne in den Mittleren Osten abgewandert. Holländische Landwirte planen bereits die Verlegung intensiver Schweinezuchtbetriebe nach Ungarn. Aus technischer und finanzieller Sicht spricht nichts gegen eine Umstrukturierung und massive Standortverlagerung der Eierproduktion über einen Zeitraum von 5 bis 20 Jahren.

Die Vielfalt ländlicher Gebiete und Probleme der Raumordnung

Die die ländlichen Gebiete betreffenden Veränderungen helfen dabei, sie zu unterscheiden. Zur Betrachtung der unterschiedlichen Probleme der Raumordnung lassen sie sich, wenn auch nicht immer deutlich, in fünf Gruppen trennen.

Ländliche Gebiete in der Nachbarschaft stark verstädterter Gebiete

Diese Gebiete liegen in den Randbereichen der Ballungsgebiete in unterschiedlichen Entfernungen vom Zentrum, manchmal Dutzende von Kilometern entfernt, je nach Ausbau der Verkehrssysteme. Durch Wohn-, Industrie- und Freizeitanlagen haben sie Vorteile von der Ausdehnung der Städte und dem dazu benötigten Raum; letztgenanntes führt zu einer Zunahme der Bevölkerung und entsprechend zu wirtschaftlicher Entwicklung. Die Landwirtschaft basiert hier häufig auf einer intensiven Produktionsweise, manchmal fast industrieller Art mit starker Umweltbelastung.

Diese Gebiete unterliegen im allgemeinen starken dynamischen Kräften wie Bevölkerungswachstum und Verstädterung. Die Raumplanung muß daher vor allem auf eine bessere Kontrolle der Bodennutzung, einen verstärkten Schutz der Freiflächen und ein besseres Management der Verkehrsströme ausgerichtet sein.

Touristisch genutzte ländliche Gebiete

Für Freizeit und Urlaub gut ausgestattete Küsten- und Berggebiete sind oft auf Massentourismus

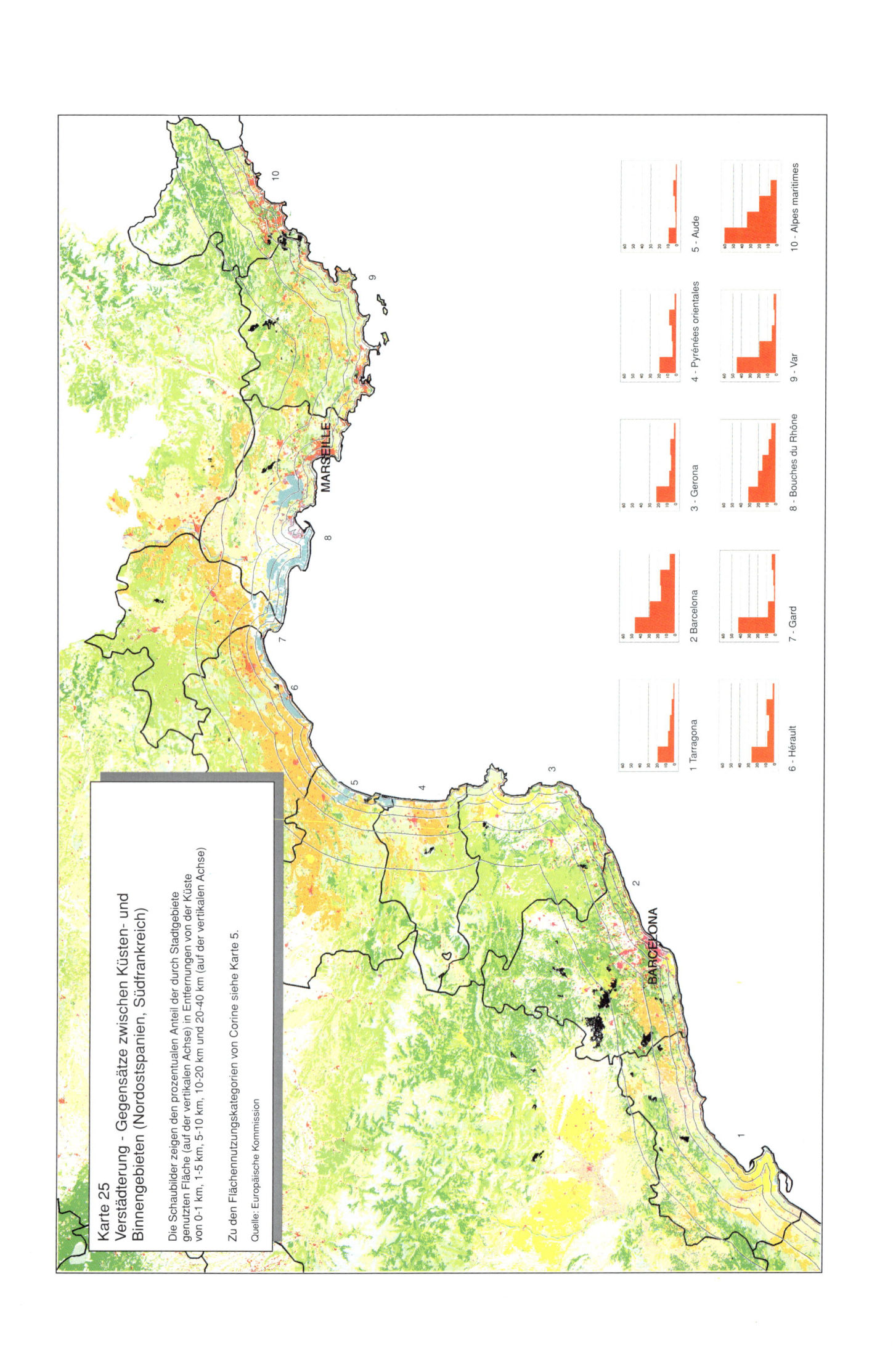

Karte 25
Verstädterung - Gegensätze zwischen Küsten- und Binnengebieten (Nordostspanien, Südfrankreich)

Die Schaubilder zeigen den prozentualen Anteil der durch Stadtgebiete genutzten Fläche (auf der vertikalen Achse) in Entfernungen von der Küste von 0-1 km, 1-5 km, 5-10 km, 10-20 km und 20-40 km (auf der vertikalen Achse)

Zu den Flächennutzungskategorien von Corine siehe Karte 5.

Quelle: Europäische Kommission

1 Tarragona
2 Barcelona
3 - Gerona
4 - Pyrénées orientales
5 - Aude
6 - Hérault
7 - Gard
8 - Bouches du Rhône
9 - Var
10 - Alpes maritimes

ausgerichtet und bewirken daher eine umfangreiche Abwanderung junger Leute vom Land und aus der Landwirtschaft und zerstören so unter Umständen die Produktionsgrundlagen dieser Gebiete. Die Ausweitung der Tourismusaktivitäten führt darüber hinaus zu einer Überfüllung der Küstengebiete mit der Folge, daß die Ausbreitung der mit dem Tourismus verbundenen Infrastruktur in die ländlichen Regionen im Landesinnern häufig die Landschaft beeinträchtigt (z.B. das Hinterland der Mittelmeerküste der Provence und der Côte d'Azur – siehe Karte 25).

Die spezifische Aufgabe der Raumplanung in diesen Gebieten besteht vor allem in der Bewahrung des Naturerbes, dem besseren Management von Verkehrsflüssen, vor allem in der Hochsaison des Tourismus, sowie der Förderung von Tourismuseinrichtungen im Hinterland, die die Landschaft und die Umwelt nicht beeinträchtigen.

Ländliche Gebiete mit diversifizierter Wirtschaftsstruktur

Diese Gebiete sind im wesentlichen nach wie vor von der Landwirtschaft abhängig, doch sind zusätzliche Betätigungsfelder wie der Tourismus auf dem Lande, die ländliche Industrie oder das Handwerk wichtig für die Entwicklung und Ausweitung ihrer Wirtschaftsstruktur. Solche Gebiete liegen im allgemeinen zwischen den ländlichen Gebieten in der Nähe städtischer oder touristischer Zentren und den weniger gut erreichbaren ländlichen Gebieten. Beispiele hierfür sind Gebiete in Devon im Vereinigten Königreich, der Zentralregion in Frankreich, der Poebene in Italien, Bayern in Deutschland und in den Niederlanden.

Die zukünftigen Perspektiven lassen es fraglich erscheinen, ob diese multifunktionalen Gebiete sich von der gegenwärtigen Generation zur darauffolgenden halten können. Es könnte sein, daß sie sich nur in einer Übergangsphase der wirtschaftlichen Diversifizierung ländlicher Gebiete befinden. Die Raumplanung hat daher die Bereitstellung grundlegender Dienstleistungen und Einrichtungen sicherzustellen und ihre wirtschaftliche Basis zur Förderung ihrer Entwicklung zu stärken.

Überwiegend landwirtschaftlich geprägte ländliche Gebiete

In diesen Gebieten nimmt die Landwirtschaft eine bedeutendere Position ein als in der zuvor genannten Gruppe und in manchen Fällen ist die Wirtschaftsstruktur so gut wie nicht diversifiziert. Sie können in zwei Untergruppen unterteilt werden:

- Gebiete, in denen die Landwirtschaft eine hohe Produktivität hat und häufig in Verbindung mit effizienten Verarbeitungs- und Absatzbereichen steht; dies sind z. B. Gebiete wie Bretagne, Aquitaine, Champagne in Frankreich und einige Gegenden in England;

- Gebiete, wo die Landwirtschaft infolge einer niedrigen Produktivität noch sehr traditionell und schwach ist; die landwirtschaftliche Beschäftigung ist bedeutsam und geht oft einher mit einer hohen Arbeitsintensität; Beispiele für solche Gebiete sind Galizien in Spanien und Poitou-Charentes in Frankreich.

Zur Nutzung der lokalen Produktionsstrukturen und Diversifizierung der Beschäftigung sollten verarbeitende Industrien und die dazu notwendigen Verkehrseinrichtungen und Dienstleistungen gefördert werden.

Schlecht erreichbare ländliche Gebiete

Zu diesen Gebieten zählen viele hügelige und gebirgige Gebiete sowie kleine Inseln, deren Landschaftsbild von Wäldern und Landwirtschaft geprägt ist. Viele dieser Gebiete sind rückläufig oder sogar von einem Verschwinden landwirtschaftlicher und ländlicher Bevölkerung gekennzeichnet. Dies geht in vielen Fällen mit einer Abwanderung insbesondere junger Leute einher, woraus sich eine Überalterung der verbleibenden Bevölkerung ergibt, die noch durch die Rückkehr früherer Abwanderer im Ruhestand verstärkt wird.

Diese Gebiete können nicht darauf setzen, ohne öffentliche Investitionen eine ausgeglichene Entwicklung zu erreichen. Eine Verbesserung der Dienstleistungsangebote kann den Rückgang dieser Gebiete aufhalten helfen, sofern bestimmte Potentiale, in denen sie komparative Vorteile besitzen (wie z. B. Tourismus, Land-

Diversifizierung in ländlichen Gebieten

Eines der grundlegenden Ziele der ländlichen Entwicklungsprogramme in Ziel 5b-gebieten ist die Diversifizierung der wirtschaftlichen und landwirtschaftlichen Aktivitäten. Letztere sind vor allem auf die Veränderung des bestehenden Anbaus und die Entwicklung neuer, hochwertiger regionaler Produkte ausgerichtet. Beispiele hierfür sind:

- der Anbau von Gewürz- und medizinischen Pflanzen in Südfrankreich (Rhône-Alpes und das Drome-Département), wo die traditionelle Produktion (wie die von Lavendel), Gewinnung, Destillation und Verkauf des Produktes beinhaltete; die Errichtung einer Genossenschaft für Gewürzpflanzen, technische Hilfe und ein Versuchsbauernhof haben zur Ausweitung dieses Programms beigetragen;

- die COZOVE-Genossenschaft in Padua (in der Region Venedig) hat beim Aufbau eines Vertriebssystems für hochwertiges Rindfleisch geholfen; daneben wurde dieses Vertriebssystem diversifiziert, um spezifische Werbemaßnahmen für hochwertige Produkte durchzuführen;

- die Förderung eines Produktionssystems für hochwertige Weißweine (Chardonnay) in den Gebirgsregionen von Herault in Frankreich.

Die Diversifizierung wurde jedoch hauptsächlich auf Bereiche außerhalb der Landwirtschaft ausgerichtet:

- die Gründung von Unternehmen, wie z. B. eine Gesellschaft zur Herstellung von Messern in Laguiole (im Departement Aveyron in Midi-Pyrénées), auf der Grundlage eines traditionellen Wirtschaftszweigs in einer Region, wo die Beschäftigung von 7 auf 50 Arbeitsplätze gestiegen ist und zusätzlich neue Werkstätten aufgebaut wurden;

- die Provinz Bozen (in Laza, Val Venosta) hat verschiedene Handwerksbetriebe auf der Grundlage von Holz und der Herstellung von Möbeln errichtet;

- die dänischen Inseln von Mors haben es geschafft, durch den Aufbau verschiedener Betriebe in so unterschiedlichen Sektoren wie der Nahrungsmittelproduktion, dem Maschinenbau für die Nahrungsmittelindustrie, der Spielzeugherstellung (aus Plastik) oder der Holzverarbeitung (Möbel, Türen, Fenster usw.) 400 Arbeitsplätze zu schaffen.

Weitere Beispiele für die zahlreichen Möglichkeiten zur Diversifizierung durch ländlichen Tourismus sind:

- die integrierte Tourismusentwicklung in Montagna (bei Padua) mit dem Ziel, ein neues Tourismuszentrum mit Unterbringungsmöglichkeiten zu errichten, Denkmäler zu restaurieren und kulturelle und künstlerische Aktivitäten zu fördern;

- die Förderung von Wander- und Gebirgsaktivitäten durch eine lokale Vereinigung für Sport und Kultur, wie in Chanina (in der Zentralmassif-Region in Frankreich);

- die Herrichtung von Kanälen für Wassersport bei gleichzeitiger Bewahrung von Wasserbiotopen, wie in der Provinz Friesland in den Niederlanden.

wirtschaft und traditionelles Handwerk), gefördert werden.

Die Notwendigkeit einer aktiven Wirtschaftsförderung, die diversifiziert, ausgleichend und dezentralisiert ist

Die Politiken zur ländlichen Entwicklung sind innerhalb der Union sehr unterschiedlich. In jedem Mitgliedstaat hängen sie von den Eigenschaften seiner Gesellschaft und seiner Geschichte sowie natürlich von der Bedeutung der Landwirtschaft ab. Darüber hinaus bedeutet die Vielfalt ländlicher Gebiete, daß die Wirtschaftsförderung ebenfalls diversifiziert sein und die komparativen Vorteile jeder einzelnen Region und ihre lokalen Wachstumspotentiale berücksichtigen muß (siehe Kasten). Um erfolgreich zu sein muß diese Politik jedoch auch von Maßnahmen begleitet werden, die diese Gebiete mit den notwendigen Einrichtungen ausstatten und die mittelgroßen Städte in ländlicher Umgebung stärken.

Komparative Vorteile in der Landwirtschaft

Die durch die GAP und das GATT auferlegten Beschränkungen, die Sättigung der Märkte für Grundnahrungsmittel und die Veränderungen im Verbraucherverhalten können die Chancen für diejenigen ländlichen Gebiete erhöhen, die sich auf die Erzeugung qualitativ hochwertiger und als solche gekennzeichneter Produkte spezialisieren. Eine Vorbedingung für einen Erfolg ist jedoch das Einbringen dieser Produkte in den Großhandel, da die lokalen Märkte zu klein sind.

In Europa gibt es in der Tat eine Nachfrage nach Qualitätserzeugnissen, die aus einer bestimmten Gegend stammen und nach bestimmten Methoden hergestellt wurden (insbesondere natürliche Produktion und Markenerzeugnisse), die gegen Ende dieses Jahrhunderts etwa 10 % des europäischen Nahrungsmittelmarktes ausmachen könnten. Dies stellt daher eine Chance für die Entwicklung derjenigen Regionen dar, die nur im Hinblick auf die Produktivität weniger gut abschneiden.

Darüber hinaus zeigen die Erfahrungen mit Qualitätserzeugnissen, die unter den verschiedenen Formen alternativer Landwirtschaft produziert werden (integriert, biologisch, biodynamisch), daß die angewandten Produktionsmethoden zur Aufrechterhaltung der Stabilität der Landschaft beitragen.

Europäische Verordnungen helfen bereits beim Ausbau dieser Produktionsmethoden, indem sie folgende Arten von Kontrollen einführen:

– Schutz einer Herkunftsbezeichnung, wo die Verbindung mit dem Herkunftsort sehr eng ausgelegt wird;

– Schutz der geographischen Herkunft, wo die Verbindung zwar schwach sein kann, aber dennoch entscheidend für mindestens eine Produktionsstufe ist;

– Zeugnis besonderer Eigenschaften des Produktes (z. B. in bezug auf die Inhaltsstoffe oder das Produktionsverfahren).

Potentielle komparative Vorteile außerhalb der Landwirtschaft

Es lassen sich außerhalb der Landwirtschaft mindestens fünf Arten potentieller komparativer Vorteile von ländlichen Gebieten identifizieren, wodurch diese ihre Wirtschaftsstruktur diversifizieren könnten: als Standorte für Industrieansiedlung, Tourismus oder Freizeitaktivitäten und als Wohnsitze von Pendlern oder Ruheständlern. Diese Vorteile schließen sich keineswegs gegenseitig aus und könnten sich in manchen Fällen sogar wechselseitig verstärken (ihre Entstehungs- und Realisierungsvoraussetzungen sind in der Tabelle 4 aufgelistet).

Die Voraussetzungen zur Realisierung der komparativen Vorteile ländlicher Gebiete bestehen jedoch vor allem darin, daß sie gut erreichbar sein sollten und

Tabelle 4
Ländliche Entwicklung und komparative Vorteile

Entwicklungsmuster	Indikatoren komparativer Vorteile	Beispiele
Ansiedlung von Industrie	Angebot und Qualität von Arbeitskräften; wirtschaftliche Infrastruktur (Industriegebiete, Verkehrs- und Telekommunikationsverbindungen, Energieversorgung), persönliche und Unternehmensdienstleistungen, Wohnungsangebot und -preise, Lebensqualität, Qualität und Angebot an Bildung	Gebiete in der Bretagne und in Bayern (trotz der hohen Arbeitskosten)
Tourismus	Umwelt, Landschaft, traditionelle Landwirtschaft, historische Sehenswürdigkeiten, kulturelles Angebot, Hotels, Restaurants, Erholungs- und Freizeiteinrichtungen	Highlands in Schottland, Auvergne in Frankreich, Bayern, Ardennen, Kreta
Freizeit	Nähe zu Großstädten und leichte Erreichbarkeit, Umwelt und Landschaft, historische Sehenswürdigkeiten, kulturelles Angebot, Restaurants, Erholungs- und Sporteinrichtungen	Ardennen, National Forest Parks in den Midlands des Vereinigten Königreichs
Wohnort für Pendler	Nähe zu Geschäftszentren und leichte Erreichbarkeit, Wohnungsangebot und -preise (einschließlich Baugrundstücke), persönliche Dienstleistungen	Maas und Waal (NL), viele ländliche Gebiete in der Nähe von großen Ballungsgebieten
Wohnsitz für Ruheständler	Umwelt, Wohnungsangebot und -preise, persönliche und soziale Dienstleistungen, Gesundheitseinrichtungen; geringe Kriminalität	Südwestengland

eine angemessene Ausstattung an Infrastruktur, kommunalen Einrichtungen sowie öffentlichen und privaten Dienstleistungen besitzen. Es ist daher von Bedeutung, daß diese einen zentralen Bestandteil der Entwicklungsstrategien darstellen. Die ländliche Wirtschaft entwickelt sich im allgemeinen in zwei Stufen: erstens durch die Ausweitung von Dienstleistungen mit lokaler oder regionaler Bedeutung, die von politischen Entscheidungen, Verwaltungsstrukturen, Bevölkerungsbewegungen und, daran anschließend, dem Einkommenswachstum abhängen; zweitens durch die Ausweitung und Diversifizierung dieser Aktivitäten, um den Handel mit anderen Regionen zu ermöglichen. Der wichtigste komparative Vorteil ländlicher Gebiete liegt in solchen Aktivitäten, die die Zielrichtung einer aktiven Politik sein sollten, die daher auf dem Austausch von Erfahrungen, der Zusammenarbeit und der Entwicklung von Netzen basiert.

Aufbau einer Produktionsgrundlage zur Unterstützung der lokalen Entwicklung

Die Überlebensfähigkeit vieler ländlicher Regionen hängt von den öffentlichen Investitionen zur Dezentralisierung der Wirtschaftstätigkeit ab. Von besonderer Wichtigkeit ist es, ihre isolierte Lage zu verringern und ihre Erreichbarkeit zu verbessern, indem Nebennetze und Zugangspunkte zu den bedeutenden transeuropäischen Verkehrsstrecken aufgebaut und die der Informationsgesellschaft als Grundlage dienenden neuen Kommunikationstechnologien entwickelt werden. Dies wird zur Diversifizierung ihrer Wirtschaftsstrukturen beitragen, sie mit den wichtigsten Wegen und Märkten verbinden und diejenigen anziehen, die in den Städten arbeiten und die Lebensqualität ländlicher Umwelt genießen wollen (ein Standortvorteil, der sich in Zukunft eventuell durch Telearbeit verstärken könnte).

Obwohl diese zwar notwendige Voraussetzungen für die Beschleunigung der regionalen Entwicklung sein mögen, sind sie nicht unbedingt auch hinreichend. Zur Entwicklung der lokalen Unternehmenskapazitäten sind ländliche Gebiete dazu angehalten:

– ihre Standortattraktivität für die Industrie zu verbessern, wobei über die erforderlichen einfachen physischen Voraussetzungen eines Unternehmensstandortes (Boden, grundlegende Dienstleistungen und Wohnungen) hinauszugehen und das gesamte Geschäftsumfeld einzubeziehen ist (die Verfügbarkeit von Arbeitskräften mit entsprechenden Qualifikationen, die Qualität der Lebensbedingungen und ein weitreichendes Programm zur Regionalentwicklung);

– lokale Unternehmensinitiativen zu unterstützen durch systematische Identifizierung, Bewertung und Durchführung aller Pläne wirtschaftlicher Art, um unternehmerische Fähigkeiten zu nutzen, die nicht immer zum Ausdruck kommen und oft versteckt bleiben; Anstöße (Hilfe bei Planung und Darstellung von Projekten) und Beratung (Marktforschung und Managementberatung) sind zwei zu einer solchen Politik passende Maßnahmen; die Bereitschaft zur Übernahme von Risiken muß durch die Förderung lokaler Behörden oder des privaten Sektors erhöht werden.

Die Möglichkeiten zur Schaffung von Arbeitsplätzen hängen im weitesten Sinne vor allem von der Infrastruktur und den Dienstleistungen in jedem Land (die Wirtschaftsstruktur, die wirtschaftliche Entwicklungsstufe, die Wettbewerbsfähigkeit usw.), dem Lebensstil (Verbrauchsgewohnheiten, Geschmack usw.) und zahlreichen institutionellen Gegebenheiten (wie z. B. das Steuer- und Ausgabensystem) ab. In den meisten europäischen Ländern besteht wahrscheinlich zukünftig ein beträchtliches Potential zur Schaffung neuer Arbeitsplätze in lokalen Dienstleistungen, Freizeit- und Kulturaktivitäten und Umweltschutz. Zur Umsetzung dieses Potentials dürfte jedoch ein multisektoraler Entwicklungsansatz und eine enge Zusammenarbeit zwischen öffentlichen und privaten Sektoren unumgänglich sein.

In dieser Hinsicht haben die in Ziel 1- und Ziel 5b-Regionen durchgeführten Gemeinschaftsprogramme gewisse Möglichkeiten eröffnet. Obwohl ihre Inhalte im wesentlichen durch die spezifischen Eigenschaften der unterstützten Gebiete und die Entscheidungen der nationalen Verantwortungsträger festgelegt werden, unterscheidet sich die angewandte Methode manchmal jedoch erheblich von der klassischen Vorgehensweise nationaler Regierungen. So wird in den meisten Mitgliedstaaten das Problem ländlicher Entwicklung selten in einem umfassenden Sinne, sondern häufig nur als Nebenprodukt einzelner Sektorpolitiken betrachtet. Gemeinschaftsprogramme vertreten dagegen einen globalen Ansatz, der zum Beispiel Ausbildung mit der Unterstützung von Unternehmen, Tourismus oder Landwirtschaft verbindet. Dadurch sind bestimmte Behörden, die vorher kaum etwas voneinander wußten, zur Zusammenarbeit bewegt worden.

Ähnlich hat auch die Gemeinschaftsinitiative LEADER es ermöglicht, einen für einige Mitgliedstaaten völlig neuen Ansatz lokaler ländlicher Entwicklung zu versuchen. Darüber hinaus hat diese Initiative die Einbeziehung lokaler Bevölkerung und Organisationen in Raumordnungspolitik gesteigert und den Trend zur Dezentralisierung verstärkt, der schon von vielen nationalen Regierungen eingeleitet wurde (siehe Kasten).

Förderung der Entwicklung ländlicher Städte

Ländliche Städte haben eine wichtige Funktion zur wirtschaftlichen Entwicklung der benachbarten ländlichen Gebiete, doch kann ihr Wachstum keineswegs als gesichert gelten. In dieser Hinsicht ist es wichtig, jedes potentielle Entwicklungsgebiet als ein integriertes Ganzes zu planen, das die spezifischen Eigenschaften des ländlichen Raumes und der nahegelegenen städtischen Zentren berücksichtigt.

Während jedoch der Tourismus eher ein Wirtschaftszweig ist, für den diese Gebiete ohne Probleme Vorteile erlangen können, gilt für die industriellen Bereiche eher das Gegenteil. Unternehmenstätigkeit erfordert ein soziales und wirtschaftliches Umfeld, das gut mit Basisinfrastruktur, Unternehmens- und Finanzdienstleistungen, ausgebildeten Arbeitskräften und anderem mehr ausgestattet ist. Dies ist fast ausschließlich in den ländlichen Städten möglich, wo ausreichende Größenvorteile erzielt werden können.

Die Städte in ländlichen Gebieten leiden häufig unter dem Fehlen von Größenvorteilen, vor allem die Kleinstädte. Aufgrund der gewachsenen Mobilität der

Ländliche Gebiete: Probleme und Perspektiven

LEADER:
Der lokale Ansatz zur Raumentwicklung

LEADER I: Die Erfahrungen

Die LEADER I-Initiative (1991-1993) hat die Möglichkeit geschaffen, häufig innovative Versuche lokaler und endogener Ansätze ländlicher Entwicklung umzusetzen. Finanziert wurden Projekte mit einer globalen Strategie, die von lokalen Aktionsgruppen unter Beteiligung der lokalen Bevölkerung und Unternehmen in ländlichen Gebieten durchgeführt wurden.

217 lokale Aktionsgruppen haben insgesamt 445 Mio. ECU an Gemeinschaftshilfen erhalten, um Entwicklungsprogramme zur Erschließung des Potentials eines homogenen Gebietes von im allgemeinen etwa 100.000 Einwohnern umzusetzen.

Die Mittel aus LEADER I für eine solche Entwicklung von unten stellen eine wertvolle Ergänzung zu den Maßnahmen im Rahmen der Gemeinschaftlichen Förderkonzepte dar (vor allem in bezug auf Maßnahmen für die Gesamtplanung ländlicher Gebiete und die Bereitstellung von Infrastruktur und Einrichtungen), die die Erfolgschancen erhöhen können.

Zwei grundlegende Aspekte sind entscheidend:

- ein Bewußtsein für die Bedeutung lokaler Entwicklung; in einigen Programmen in Ziel 5b-Gebieten für den Zeitraum 1994-99 wurde der räumlichen Dimension mit differenzierten Strategien zur besseren Berücksichtigung lokaler Eigenheiten größere Bedeutung beigemessen;

- ein multisektoraler Ansatz ist in Programmen der Ziel 1-Regionen entwickelt worden, um die ländliche Entwicklung stärker zu fördern.

LEADER II: Vervielfachung lokaler Entwicklungsinitiativen

Die Gemeinschaftsinitiative LEADER II erweitert und verstärkt das Programm von 1991-93, ist jedoch ehrgeiziger als LEADER I, so daß die Gemeinschaft beitragen wird zu:

- dem Erwerb von Fachkenntnissen, um der lokalen Bevölkerung die Ausarbeitung integrierter Entwicklungsstrategien zu ermöglichen, die auf dem Erkennen der Potentiale der betreffenden Gebiete beruhen;

- der Durchführung übertragbarer, innovativer Programme mit Vorbildcharakter, die entweder wie im LEADER I-Modell von lokalen Aktionsgruppen im Rahmen eines integrierten Ansatzes (räumlicher Ansatz) oder von anderen lokalen öffentlichen oder privaten Organisationen, die in einem oder mehreren Bereichen aktiv sind, auf der Grundlage lokaler Entwicklungsziele umgesetzt werden (ein allgemeinerer Ansatz);

- der Konzeption und Umsetzung gemeinsamer Projekte, die von Personen oder Organisationen in ländlichen Gebieten mindestens zweier oder mehreren Mitgliedstaaten ausgehen und die in enger Verbindung zu einem existierenden Netz stehen, das den Erfahrungsaustausch und den Transfer von Know-how begünstigt; dies ist ein neuer Aspekt von LEADER II.

Die Initiative steht in enger Verbindung zu einem europäischen Netz ländlicher Entwicklung, das nicht bestehende Netze ersetzen soll, sondern eher als „Treffpunkt" gedacht ist. Es wird eine Europäische Beobachtungsstelle für Innovation und ländliche Entwicklung bereitstellen.

Bevölkerung, zum Teil infolge der Zunahme von Autobesitzern, geht die Funktion solcher Gemeinden zur Bereitstellung von Dienstleistungen nach und nach zurück, während sie sich in den nahegelegenen größeren Städten ausweitet.

Folglich ist die Frage einer Wiederbelebung von Kleinstädten als Wirtschaftszentren im ländlichen Raum sehr vordringlich. Die Notwendigkeit einer Aufrechterhaltung oder eines Ausbaus der Einrichtungen in kleinen und mittelgroßen Städten ist allgemein anerkannt, vor allem in den Bereichen Gesundheit, Bildung, Kultur, öffentlicher Verkehr usw.

Aufgrund der häufig hohen Kosten solcher Einrichtungen und des Fehlens von Größenvorteilen wird die öffentliche Förderung und die Zusammenarbeit auf lokaler Ebene entscheidend für das Angebot von Dienstleistungen und Grundeinrichtungen sein, die zentral für die ländliche Entwicklung sind. Es gibt zahlreiche Beispiele für die Zusammenarbeit in den Regionen der Union, insbesondere in Belgien (*Intercommunales*), in Deutschland (durch eine Gesetzgebung zur interkommunalen Zusammenarbeit in jedem Bundesland), in den Niederlanden (durch eine aktive Rolle der Provinzen bei der Förderung interkommunaler Zusammenarbeit) und in Italien (aktive interkommunale Zusammenarbeit in den Gebirgsregionen durch die *Comunità Montane*). Eine Stärkung und Ausweitung der Zusammenarbeit zwischen ländlichen Städten könnte durch die öffentlichen Stellen vorangebracht werden.

Förderung der am meisten benachteiligten ländlichen Gebiete

Zur Bewahrung städtischer und ländlicher Kulturen gibt es wichtige strategische Gründe. Wie im Weißbuch über *Wachstum, Wettbewerbsfähigkeit, Beschäftigung* erwähnt, ist eine Politik auf der Grundlage eines neuen Entwicklungsmodells voranzubringen:

„*Auf diese Weise können die derzeitigen Ungleichgewichtslagen im Umweltbereich zunehmend abgebaut und gleichzeitig eine neue Grundlage für umweltgerechte Aktivitäten und mehr Lebensqualität in ländlichen Gebieten geschaffen werden.*"

Die Stabilisierung von Bevölkerung und Beschäftigung, in der Landwirtschaft oder außerhalb, in den am meisten benachteiligten ländlichen Gebieten, die gegenwärtig nicht genügend komparative Vorteile besitzen, um ihre Bevölkerung halten zu können, ist aus verschiedenen Gründen notwendig: zur Aufrechterhaltung von Umwelt und Artenvielfalt, zur Vermeidung der Kosten von Bevölkerungsverlusten und zur Bewahrung des allgemeinen räumlichen Gleichgewichtes. Die Anerkennung dieser „sozialen Nutzen" liegt einer Reihe von Vorschlägen des Weißbuchs zugrunde, die im Zusammenhang mit der Schaffung von Arbeitsplätzen in lokalen Dienstleistungen gemacht werden, und einiger in der GAP enthaltenen Maßnahmen, die der Bewahrung des natürlichen Erbes dienen sollen.

Daneben haben allgemeinere Überlegungen des wirtschaftlichen und sozialen Zusammenhaltes und des gleichberechtigten Zugangs aller Individuen der Union zu grundlegenden Dienstleistungen eine ähnliche Zielrichtung. Indem die Aufrechterhaltung der öffentlichen und privaten Dienstleistungen eine unerläßliche Voraussetzung für die Überlebensfähigkeit und Erneuerung der ländlichen Gebiete ist, wäre es sinnvoll, die Errichtung regionaler oder lokaler Systeme allgemein verfügbarer öffentlicher oder privater Grundleistungen zur Erleichterung interkommunaler Zusammenarbeit zu fördern.

Eine aktive Politik ländlicher Entwicklung dieser Art, die auf einer gesunden Mischung öffentlicher und privater Dienstleistungen basiert, scheint die beste Möglichkeit zu bieten, um die verschiedenen komparativen Vorteile ländlicher Gebiete zu erkennen und zu nutzen. Dies ist wiederum eine notwendige Voraussetzung zur Erreichung einer Dezentralisierung, die, wie im Weißbuch hervorgehoben, ein wichtiges Mittel zur Steigerung und zur Aufrechterhaltung der wirtschaftlichen Wettbewerbsfähigkeit der Union ist und daher über ein lokales Wirtschaftswachstum ein Schlüsselelement einer Politik zur Erhöhung der Beschäftigung darstellt.

Grenzgebiete: Von der Teilung zur Integration

Seit langem sind Grenzgebiete Keimzellen der europäischen Integration, sie haben sogar letztere vorweggenommen, da die ersten bekannten Formen grenzüberschreitender Zusammenarbeit bereits einige Jahrhunderte zurückliegen. Die Vielfältigkeit der Grenzgebiete bleibt innerhalb der Europäischen Union von Bedeutung. Die räumliche und politische Lage, die Geschichte, die Sprachen, die Kulturen und Traditionen wirken als Faktoren der Integration oder Desintegration, je nach der Ausprägung der jeweiligen Bedingungen.

Der Beginn der europäischen Integration mit der Schaffung des Gemeinsamen Marktes 1958 hat den Grenzgebieten neue Dynamik verliehen, auf die sie im allgemeinen schlecht vorbereitet waren und die daher Reibungspunkte und manchmal Unstimmigkeiten verschiedener Art mit sich brachte. Daraus ergab sich jedoch auch eine verstärkte grenzüberschreitende Zusammenarbeit, welche sowohl den Willen zur Lösung von Problemen mikroökonomischer, sozialer, räumlicher und umweltpolitischer Art als auch die Bereitschaft zur Nutzung der Vorteile, die sich durch die wirtschaftliche Liberalisierung ergaben, zeigt.

Der entscheidende Einfluß auf die Entwicklung der Grenzgebiete ist das beständige Zusammenwirken von Makro- und Mikrofaktoren. Dies zeigt sich nicht nur im Hinblick auf die vorherrschenden wirtschaftlichen Einflüsse, welche die Grenzgebiete besonders stark betreffen und die lokalen Wirtschaftsakteure zu ständigen Veränderungen und Anpassungen zwingen, sondern auch für den institutionellen und rechtlichen Bereich. Die lokale und regionale grenzüberschreitende Zusammenarbeit wird größtenteils von der Bereitschaft der Staaten bestimmt und weist daher nach wie vor viele Unzulänglichkeiten auf.

Da Grenzgebiete besonders empfindlich für von außen kommende Entscheidungen und Entwicklungen sind, haben sie zur Zeit nicht nur die Vollendung des Binnenmarktes, sondern auch die wirtschaftliche Rezession, die Vollendung des Europäischen Wirtschaftsraumes (EWR) und die bevorstehende Erweiterung der Gemeinschaft zu verkraften. Dies ist eine außergewöhnliche Anhäufung von Faktoren der Umstellung und Veränderung, welche gleichzeitig bestimmte Chancen wie auch Probleme mit sich bringen. Allgemein sollten diese Veränderungen jedoch der grenzüberschreitenden Zusammenarbeit förderlich sein.

Unterschiedliche Situationen und vielfältige Formen der Zusammenarbeit

Die politischen Umbrüche der letzten Jahre haben aus Sicht der Gemeinschaft die Vielfalt der Grenzregionen noch erhöht. Das Gebiet der Europäischen Union umfaßt ungefähr 10.000 km an Grenzen, davon etwa 60 % innergemeinschaftliche Grenzen und 40 % Außengrenzen. Aus diesem Grund können etwa 15 % der Gebietsfläche der Europäischen Union als den Grenzregionen zugehörig angesehen werden, auf der 10 % ihrer Gesamtbevölkerung leben. Die Grenzgebiete im Innern der Union müssen zuallererst den Einfluß der Vollendung des Binnenmarktes auf die Raumordnung bewältigen, um den größtmöglichen Vorteil aus den transeuropäischen Netzen zu ziehen und alle Standortschwächen zu beseitigen (Infrastruktur, Schutzzonen, Umwelt usw.).

Die wichtigste Wirkung der neuen Entwicklung war es, die Vielfalt der Grenzgebiete am Rande der Union zu erhöhen, die sich in drei Kategorien einteilen lassen:

– die Regionen der Gemeinschaft, die an jene Länder des EWR angrenzen, welche sich für eine Mitgliedschaft in der Europäischen Union beworben haben; es handelt sich hier im besonderen um die dänischen Nachbarregionen zu Schweden und Norwegen, sowie um die Regionen Süddeutschlands und Norditaliens, welche an Österreich grenzen; sie befinden sich in einer Phase des Überganges, da sie bald Grenzgebiete im Innern der Union sein werden;

– die Regionen in Deutschland, Italien und Frankreich, die an die Schweiz angrenzen, welche weder Mitglied des EWR noch EU-Beitrittskandidat ist; ihr Handel mit der Schweiz wird immer gewissen Beschränkungen unterliegen, obwohl es in den letzten Jahren beträchtliche Liberalisierungsfortschritte gegeben hat;

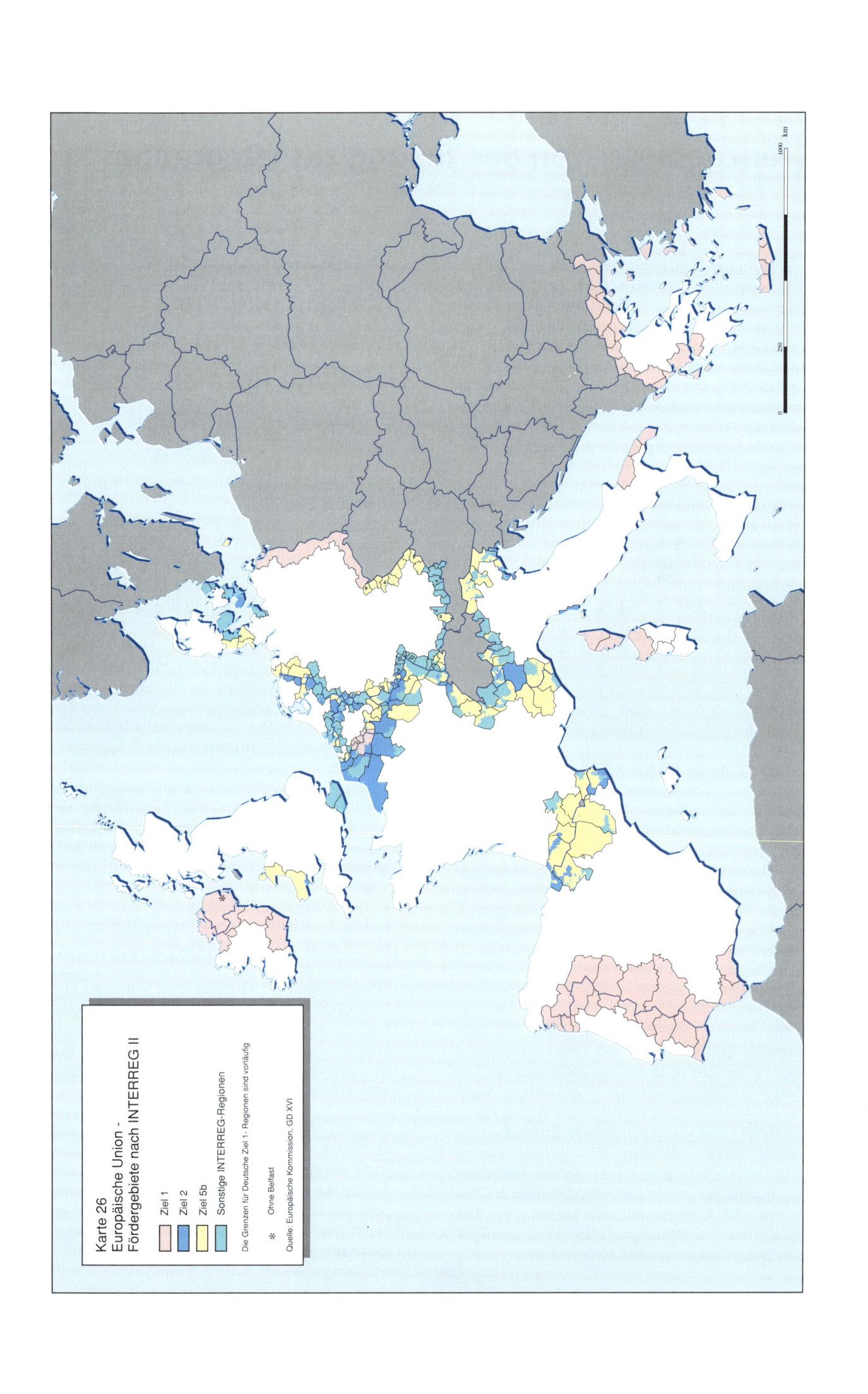

Karte 26
Europäische Union -
Fördergebiete nach INTERREG II

- Ziel 1
- Ziel 2
- Ziel 5b
- Sonstige INTERREG-Regionen

Die Grenzen für Deutsche Ziel 1- Regionen sind vorläufig

* Ohne Belfast

Quelle: Europäische Kommission, GD XVI

- Regionen in Deutschland, Italien, Dänemark und Griechenland, die an die mittel- und osteuropäischen Staaten oder andere Drittstaaten angrenzen, welche sich in einem Prozeß der politischen und wirtschaftlichen Liberalisierung befinden; sie sind es, die sich großen Problemen gegenübersehen, die sich aus der Zusammenwirkung mehrerer Faktoren ergeben: der Öffnung der zuvor nahezu vollständig verschlossenen Grenzen, abrupter Übergang einer Situation der Abschließung zu einem freien Waren- und Personenverkehr, Vorhandensein großer Unterschiede von der einen zur anderen Grenzseite (in bezug auf Einkommensniveau, Arbeitsmarkt, Umweltnormen, Wanderungsdruck usw.);

- die Regionen des Mittelmeeraumes (in Spanien, Italien und Griechenland), welche nahe Seegrenzen zu den Staaten des ehemaligen Ostblocks, beziehungsweise mit den Ländern südlich des Mittelmeers haben; die beträchtlichen wirtschaftlichen Ungleichgewichte, die an diesen Grenzen existieren, der Bevölkerungsdruck und politische Instabilität sind jene Faktoren, die für die Entwicklung in diesen Grenzgebieten verantwortlich sind.

Grenzüberschreitende Zusammenarbeit hat ihren Ursprung an den bevölkerungsreichsten Grenzen der Europäischen Union, in den Rheinregionen, den Benelux-Ländern und zwischen Deutschland und den Niederlanden, mit dem Ziel des Informationsaustauschs zur besseren Kenntnis und Verständnis von Grenzproblemen, um sie später auf andere Regionen zu übertragen. Gegenwärtig besteht eine dreifache Herausforderung: die Verwirklichung der Integration und der Harmonisierung entlang der inneren Grenzen der Union, die Beseitigung der Entwicklungsrückstände der peripheren Regionen und die Verbesserung ihrer Beziehungen zu den angrenzenden Drittländern.

Die Finanzierungshilfen durch INTERREG I haben durch die 31 Operationellen Programme die grenzüberschreitende Zusammenarbeit in Europa entscheidend angeregt. Dieses gilt insbesondere wegen der dadurch geschaffenen Möglichkeit der peripheren Regionen der Europäischen Union, Initiativen für gemeinsame Aktionen zu ergreifen, institutionelle Strukturen und Mechanismen der Zusammenarbeit aufzubauen und die ersten Schritte in Richtung eines grenzüberschreitenden Ansatzes zur Regionalplanung zu machen (siehe Kasten und Karte 26).

Gegenwärtig ist eine Intensivierung der grenzüberschreitenden Aktivitäten in den Bereichen Regionalplanung und Umweltschutz zu verzeichnen, wobei dies manchmal auch die Bereiche sind, in denen die grenzüberschreitende Zusammenarbeit begonnen hat. Die ersten Erfahrungen wurden im Rahmen bilateraler Abkommen (meistens zwischen Staaten) gemacht, welche grenzüberschreitende Ausschüsse für die Regionalplanung gründeten (Deutschland/Niederlande, Deutschland/Belgien, Deutschland/Österreich, Benelux-Länder). Der Prozeß der Dezentralisierung der Verwaltung, der sich in vielen europäischen Ländern im Laufe der letzten zwei Jahrzehnte abspielte, hat dazu beigetragen, die Gebietskörperschaften auf regionaler und lokaler Ebene stärker in den Prozeß der konzertierten Raumplanung zu integrieren, welcher in manchen Zonen schon sehr weit entwickelte Formen annimmt (der Raumplanungsentwurf der Benelux-Länder, der Raumentwicklungsplan für die gesamte deutsch-niederländische Grenze). Diese Art von konzertierter Raumplanung zeichnet Entwicklungen in den großräumigen interregionalen und transnationalen geographischen Gebieten vor, in denen ein aktiver Integrations- und Kooperationsprozeß stattfindet.

Die Grenzgebiete im Innern der Union

Eine neue Position in Europa und das Verständnis untereinander

Seit der Verwirklichung des Binnenmarktes kommen den Grenzgebieten im Innern der Union neue Funktionen und Integrationspotentiale zu. Für viele von ihnen und insbesondere für jene die über eine gute an Zentrallage verfügen und darüber hinaus die Fähigkeit besitzen, die sogenannten „weichen" Barrieren zu überwinden (Sprache, Kultur, Mentalität, Informationszugang usw.), bietet sich die Möglichkeit spezifischer Vorteile aufgrund der durch den Binnenmarkt induzierten Umgestaltung der Produktions- und Verteilungsstrukturen. Interkulturelle Fähigkeiten (d. h. die Fähigkeit zwischen mindestens zwei Kulturen vermitteln zu können) vieler Grenzgebiete, die gleichzeitige Kenntnis zweier, wenn nicht sogar dreier nationaler Märkte und der gleichzeitige Zugang zu verschiedenen Verkehrs- und Telekommunikationsnetzen zu haben, bedeuten im Innern des Binnenmarktes beachtliche Vorteile. In dieser

Von INTERREG I zu INTERREG II 1990-1993 und 1994-1999

INTERREG I

Im Anschluß an eine Reihe von Pilotprojekten hat die Kommission 1990 die Gemeinschaftsinitiative INTERREG mit dem Ziel ins Leben gerufen, die Integration der Grenzgebiete im Innern der Union im Binnenmarkt zu beschleunigen. Die Initiative versuchte gleichfalls die Zusammenarbeit der Grenzgebiete am Rande der Union und in den benachbarten Gebieten Mittel- und Osteuropas zu unterstützen, nachdem dies dort möglich wurde.

Die erste INTERREG-Initiative für den Zeitraum 1990-1993 wurde auf der Grundlage von 31 Operationellen Programmen mit einem Volumen von 1,034 Milliarden ECU gestartet, wovon 24 die inneren Grenzgebiete betrafen.

Anwendungsbereiche

Die unterstützten Maßnahmen deckten fast alle Bereiche der wirtschaftlichen Entwicklung ab, d. h. Verkehr und Kommunikation, Handel und Tourismus, Umwelt, ländliche Entwicklung, Bildung und andere Bereiche.

Förderkriterien

Obwohl der Großteil der Mittel auf die Ziel 1-Regionen konzentriert war, wurde auch den zentralen Regionen der Gemeinschaft Unterstützung gewährt, welche bereits viele Jahre zusammengearbeitet haben.

Die Grenzgebiete, die nicht in Ziel 1-, Ziel 2- oder Ziel 5b-Regionen lagen, konnten keine Förderung durch INTERREG I erhalten, aber die flexible Anwendung des Artikels 10 des EFRE hat trotzdem die Unterstützung von Projekten in diesen Regionen ermöglicht.

Im Dezember 1992 hat der Europäische Rat in Edinburgh den Maßnahmen im Rahmen von INTERREG eine hohe Prioritätsstufe in der Programmperiode 1994-1999 zugewiesen. Das Europäische Parlament, der Wirtschafts- und Sozialausschuß und der Ausschuß der Regionen haben die Bedeutung unterstrichen, die INTERREG in dem Gesamtpaket der neuen Gemeinschaftsinitiativen erhalten soll. Auch die Mitgliedstaaten erachten INTERREG im allgemeinen als die wichtigste Initiative.

INTERREG II

Am 15. Juni 1994 hat die Kommission eine Mitteilung an die Mitgliedstaaten in bezug auf die neuen Leitlinien zur INTERREG II-Initiative angenommen. Diese wird die grenzüberschreitende Zusammenarbeit sowohl an den Innengrenzen als auch an den Außengrenzen der Europäischen Union fördern, wie auch grenzüberschreitende Maßnahmen im Bereich der Energieversorgungsnetze.

Die Finanzmittel, die für INTERREG II zur Verfügung stehen, belaufen sich in dem Zeitraum 1994-1999 auf 2,4 Milliarden ECU (in Preisen von 1994), von denen 1,8 Milliarden ECU den Ziel 1-Regionen zugewiesen werden.

Die Leitlinien für INTERREG II schließen an den in INTERREG I enthaltenen an, unterscheiden sich jedoch im Hinblick auf die Änderungen, die aufgrund der Vollendung des Binnenmarktes und durch die Perspektive der Verwirklichung der Wirtschafts- und Währungsunion nötig waren. In bezug auf die Außengrenzen sind durch die Öffnung der Länder Mittel- und Osteuropas neue Möglichkeiten der Zusammenarbeit entstanden.

Erhöhte Flexibilität

Alle inneren und äußeren Grenzgebiete des europäischen Kontinents können im Rahmen von INTERREG II mit einer finanziellen Hilfe aufgrund der flexiblen Anwendung der veränderten Verordnungen der Strukturfonds rechnen. Schon die Richtlinien unter INTERREG I sahen eine gewisse Flexibilität in bezug auf die geographische Abgrenzung vor, wenn deutliche Abweichungen im Falle von grenzüberschreitenden Programmen auftauchten, die nur auf NUTS 3-Regionen auf beiden Seiten der Grenze beschränkt waren. Diese Flexibilität wird im Rahmen von INTERREG II beibehalten.

Erweiterte Anwendungsbereiche

Schon INTERREG I stellte ein breites Spektrum an möglichen Fördermaßnahmen zur Verfügung und dieses Prinzip wurde beibehalten. Die Bestimmungen zu INTERREG II enthalten jedoch auch neue Maßnahmen z. B. in den Bereichen Bildung, Gesundheit, Dienstleistungen im Medienbereich, Sprachenbildung und Raumordnungspolitik in den Grenzgebieten sowie ergänzende Maßnahmen im Bereich der transeuropäischen Netze. INTERREG II verstärkt Maßnahmen der technischen Hilfe, Begleitung und Evaluierung von INTERREG-PHARE-Maßnahmen.

In bezug auf die Grenzgebiete am Rande der Union wurde eine neue entscheidende Komponente für die neue Programmperiode eingeführt. Von nun an besitzt der Haushalt von PHARE eine spezielle Budgetlinie von 150 Millionen ECU für 1994, die für grenzüberschreitende Zusammenarbeitsprojekte zwischen den Grenzgebieten am Rande der Union und denen der Länder Mittel- und Osteuropas zur Verfügung stehen.

Hinsicht ist Luxemburg wahrscheinlich dasjenige Gebiet, welches aus seinen interkulturellen Fähigkeiten und den drei Arbeitssprachen (französisch und deutsch als nationale und internationale Sprachen; moselfränkisch als regionaler Grenzdialekt) die größten Vorteile zu ziehen wußte.

Dennoch ist die Zahl von Fällen, in denen Entwicklungsstrategien über Grundsatzerklärungen hinausgehen, eher selten. So scheint Lille seine neue Zentrallage auszunutzen, um ein Geschäftszentrum mit internationaler Ausrichtung, erreichbar durch seinen nordeuropäischen TGV-Anschluß und den Kanaltunnel, zu entwickeln. Desgleichen werden in der Euregion Rhein-Waal (Arnheim, Nijmegen, Emmerich) Verkehr- und Logistikfunktionen durch die Schaffung eines Container-Terminals zur Nutzung der Kombination Schiene/Wasser ausgebaut, um Straßenverkehrsüberlastungen zu begrenzen und Umweltbelastungen zu verringern.

Die Konzeption neuer transnationaler Verbindungen, die den von Überlastung gekennzeichneten Verkehr auf den wichtigsten Straßen reduzieren sollen, wird wahrscheinlich die Chancen einiger Grenzgebiete erhöhen (z. B. Saar-Lor-Lux oder Aragon/Midi-Pyrénées). Die bedeutendste Herausforderung besteht jedoch in vielen Fällen darin, Nebenstrecken auszubauen, die die Güter- und Personenverkehrsnetze miteinander verbinden, und dabei zu vermeiden, daß sie zu reinen Transitregionen werden.

Das Verschwinden der Grenzen und grenzüberschreitende Interaktionen

Das Verschwinden der Grenzkontrollen sollte jede Art des grenzüberschreitenden Güterverkehrs anregen. Auf diese Weise haben sich die jenseits der Grenze getätigten Käufe von Haushalten und Unternehmen erhöht; vor allem dort, wo Unterschiede in der indirekten Besteuerung von Verbrauchsgütern bestehen (wie z. B. entlang der deutsch-dänischen Grenze) oder wo spezielle Produkte angeboten werden (z. B. lokale landwirtschaftliche Erzeugnisse).

Das Verschwinden der Grenzen scheint sich nicht sonderlich auf die Interaktionen in anderen Gebieten ausgewirkt zu haben, da diese im allgemeinen durch nicht-rechtliche Faktoren begrenzt werden. Die Mobilität der Arbeitnehmer wurde zwar durch die Beseitigung der Kontrollen erleichtert, doch wird diese eher von den Unterschieden in den Realeinkommen und der Verfügbarkeit von Arbeitsplätzen als von rechtlichen Vorschriften beeinflußt. Ebenso wird die Standortentscheidung von Unternehmen in den Grenzregionen weniger durch die Besteuerung (bei der noch deutliche Unterschiede bestehen), als vielmehr durch die Produktionsbedingungen (Verfügbarkeit qualifizierter Arbeitskräfte zu wettbewerbsfähigen Preisen, Verfügbarkeit von geeigneten Grundstücken usw.) bestimmt. Es scheint somit, daß Regionen wie die Provinz Lüttich oder das Elsaß deutlich attraktiver für Unternehmen sind, als ihre Nachbarregionen in den Niederlanden und vor allem in Deutschland.

In Südeuropa scheint der Einfluß der rechtlichen Veränderungen auf die Grenzregionen größer zu sein, wahrscheinlich weil dort die Integration und die Harmonisierung noch nicht so weit fortgeschritten sind und es noch wichtige grenzüberschreitende Unterschiede gibt, welche nicht dem Gemeinschaftsrecht unterliegen. Ein Beispiel hierfür ist die Grenze zwischen Portugal und Spanien, wo unterschiedliche Steuersätze gelten.

Die am besten sichtbaren grenzüberschreitenden Interaktionen (und der europäischen Integration) sind die Pendlerbewegungen der Arbeitnehmer. Es gibt schätzungsweise zwischen 110.000 und 120.000 grenzüberschreitende Pendler in der Europäischen Union. Wenn man die EFTA-Staaten dazu zählt, erhält man etwa die doppelte Anzahl. Gleichzeitig bestehen jedoch deutliche Ungleichgewichte zwischen diesen Strömen: Während z. B. 15.600 Arbeitnehmer jeden Tag von Lothringen ins Saarland kommen, sind es in die entgegengesetzte Richtung nicht mehr als etwa 100. Ähnlich pendeln am Oberrhein an der französisch-deutsch-schweizerischen Grenze um Straßburg 33.000 Arbeitnehmer vom Elsaß in die Schweiz und weitere 10.000 aus Deutschland; 4000 Arbeitnehmer aus der Region Straßburg arbeiten in Deutschland, umgekehrt sind es nur 1000 Deutsche, und die Zahl der Arbeitnehmer aus der Schweiz, die nach Deutschland oder ins Elsaß zur Arbeit fahren, ist noch geringer.

Die These, nach der die Arbeitslosigkeit in den Grenzgebieten stärker ausgeprägt ist, bestätigt sich in den Fällen, in denen die Wirtschaft strukturelle Probleme aufweist, und kann dort widerlegt werden, wo grenzüberschreitende Interaktionen von Bedeutung sind. Das Saarland ist hierfür ein Beispiel: Mit einer Arbeitslosenquote von 12 % (weit über dem Durchschnitt der westlichen Bundesländer) empfängt es 15.600 Grenzgänger aus Frankreich, was im Verhältnis zur Einwohnerzahl nur von Luxemburg übertroffen wird (30.000 Grenzgänger). In dem Gebiet nahe der Grenze bei Saarbrücken übersteigt die Arbeitslosenquote den regionalen Durchschnitt (über 13 % im Jahre 1993). Die Arbeitslosenquote der ausländischen Arbeitnehmer (davon 47 % Franzosen) erreichte mit 26 % im Jahre 1993 das Doppelte des lokalen Durchschnitts. Die Auswirkung der Rezession auf die Grenzgänger ist somit überproportional ausgeprägt.

Es gibt jedoch auch entgegengesetzte Fälle. Im Grenzgebiet von Trier z. B. lag die Arbeitslosenquote 1993 mit 8,3 % leicht unter dem regionalen Durchschnitt. Darin zeigt sich die gute Wirtschaftslage im benachbarten Luxemburg mit einer Arbeitslosenquote unter 3 %. Ähnlich haben auch am Oberrhein ihre Qualifikationen die grenzüberschreitenden Arbeitskräfte davor bewahrt, überproportional von der Rezession in der Schweiz betroffen zu werden.

Grenzüberschreitende Mobilität ergibt sich zum Teil durch verfügbare Arbeitsplätze zu höheren Löhnen auf der einen Seite der Grenze im Vergleich zur anderen. Neuere Erkenntnisse zeigen jedoch, daß weniger die Beschäftigungsbedingungen als vielmehr der Wohnsitz ausschlaggebend ist. Dies ist der Fall, wenn die Einkommen am Wohnsitz versteuert werden und die Steuersätze auf der einen Grenzseite deutlich günstiger sind als auf der anderen. In diesem Fall behalten einige Bürger ihre Arbeit oder Erwerbstätigkeit im Heimatland bei, aber verlegen ihren Wohnsitz auf die andere Seite der Grenze. Das Gleiche gilt da, wo bedeutendere Unterschiede im Hinblick auf den Grundstücks- und Immobilienmarkt bestehen.

In jedem Fall ist die grenzüberschreitende Mobilität nach wie vor niedrig, selbst in den Regionen, in denen eine kulturelle und sprachliche Nähe besteht. Sie beschränkt sich häufig auf die höheren Führungskräfte in den Industriegebieten, die für ihre Unternehmen den im Ausland errichteten Geschäftsbereichen folgen.

Demnach wird die Zusammenarbeit entlang der Grenzen im Innern der Union offenbar mehr und mehr durch die Integration ersetzt. Die gemeinsamen Maßnahmen intensivieren sich dank der Bereitstellung neuer finanzieller Mittel, insbesondere jener im Rahmen von INTERREG, und ebenso dank dem Prozeß der Dezentralisierung und der Raumplanung in den verschiedenen Mitgliedstaaten. Sprachliche und kulturelle Hindernisse sind noch zu überwinden, ebenso wie andere Probleme wie z. B. verschiedene Steuer- oder Sozialschutzvorschriften. Je mehr die Zusammenarbeit voranschreitet, desto mehr verlangt sie Kenntnisse über die Unterschiede in den Bereichen Verwaltung, Politik, Soziales und Kultur. Neben dem Sprachunterricht sind dies diejenigen Bereiche, auf die in Zukunft die Anstrengungen gerichtet werden sollten.

Die Grenzgebiete am Rande der Union

Die an die EFTA-Staaten angrenzenden Regionen

Die Grenzgebiete der Gemeinschaft, die an einen der Staaten grenzen, die die Aufnahme in die Union für 1995 beantragt haben (Schweden, Norwegen, Österreich), werden nach dem Beitritt zu Grenzgebieten im Innern der Union werden. Allgemein läßt sich sagen, daß diese Gebiete einen hohen Entwicklungsstand mit bereits umfangreichen Handelsverbindungen haben.

Sie liegen fast alle am Rande der Gemeinschaft, obwohl das Grenzgebiet zwischen Dänemark und Schweden sich davon leicht unterscheidet, da es sich nach der Erweiterung in einer zentralen Lage befinden wird. Auf der anderen Seite befinden sich die deutschen und italienischen Regionen, welche an Österreich angrenzen, bereits in einer zentralen Lage, und der Warenaustausch (insbesondere über den Brenner-Paß) ist bereits jetzt sehr bedeutend. Hier sollte die erhöhte Integration mehr als anderswo dazu verwendet werden, die Steuerung des Alpenverkehrs zu verbessern (zwischen den Regionen Trentin, Südtirol, Tirol und Vorarlberg wurde ein Abkommen über den Handel und Transport von Gütern vereinbart) und für den Schutz der Alpenräume vor den vielfältigen Bedrohungen zu sorgen (Verstädterung, Tourismus, Verkehr).

Sobald diese Länder in die Gemeinschaft integriert sind, werden die finanziellen Mittel des INTERREG-Programmes beiden Seiten der Grenze zukommen (was zur Zeit nicht der Fall ist), um gemeinsame Zusammenarbeits-, Entwicklungs- und Raumplanungsprojekte zu fördern.

Die Regionen der Gemeinschaft, die an die Schweiz grenzen, werden sich auf eine andere Weise entwickeln, da die Schweiz sowohl den Beitritt zum Europäischen Wirtschaftsraum als auch zur Europäischen Union abgelehnt hat. Das bedeutet für die grenzüberschreitenden Interaktionen, insbesondere die pendelnden Arbeitskräfte und die Handelsbeziehungen (der größte Anteil des Außenhandels der Schweiz besteht mit den Ländern der Europäischen Union), daß sie wahrscheinlich zunehmend im Gegensatz zu den politischen Entwicklungen in der Schweiz stehen werden, die nicht mit den Praktiken der Gemeinschaft übereinstimmen (das kürzliche Referendum, welches den Transit von Lastkraftwagen über Schweizer Straßen unterbindet, ist hierfür ein Beispiel).

Das INTERREG-Programm wurde indessen von Schweizer Verantwortlichen als positiv angesehen. Um im Rahmen von INTERREG II besser mitwirken zu können, ist von der Schweizer Regierung ein Sonderbudget von 30 Millionen Schweizer Franken vorgesehen gewesen.

An die mittel- und osteuropäischen Staaten angrenzende Regionen der Gemeinschaft

Die Regionen der Gemeinschaft, die eine gemeinsame Grenze mit mittel- und osteuropäischen Ländern haben und früher von der Konfrontation gekennzeichnet waren, haben gegenwärtig die größten Veränderungen zu vollziehen. Sie haben einer Reihe von Problemen zu begegnen:

– größere Einkommensunterschiede zwischen den beiden Seiten der Grenze gefährden die Stabilität (in der Form illegaler Einwanderung und massiver Abwanderung von Firmen);

– die Unterschiede in den Institutionen und der politischen Kultur erschweren häufig die Entwicklung der Zusammenarbeit;

– die Unterschiede in der Infrastruktur geben den Grenzregionen eine Sonderrolle im Hinblick auf die Maßnahmen zur Schaffung transeuropäischer Netze.

Trotz (oder vielleicht gerade aufgrund) der Bedeutung dieser Probleme wird die grenzüberschreitende Zusammenarbeit aktiv auf unterschiedliche Weise entwickelt. Im Norden haben die kommunalen und regionalen Behörden formalisierte Strukturen der Zusammenarbeit aufgebaut, während es im Süden eher der private Sektor ist, der die Hauptrolle bei der Entwicklung grenzüberschreitender Verbindungen spielt.

Ein Gesamtbetrag von 150 Millionen ECU wurde an Gemeinschaftsmitteln im Rahmen des PHARE-Programms zur Verfügung gestellt, vor allem um die Aktivitäten grenzüberschreitender Zusammenarbeit weiter voranzubringen. Die beteiligten Länder sind Polen, die Tschechische Republik, Slowenien, die baltischen Staaten, Bulgarien und Albanien. Die 1994 in diesem Rahmen finanzierten Projekte betreffen vor allen Dingen die grenzüberschreitende Infrastruktur (Straßen und Eisenbahnen) sowie die Verbesserung der Umwelt (z. B. Trinkwasseraufbereitung und radioaktive Abfälle).

Dennoch gibt es insbesondere im Süden viele Hindernisse, die harmonische Beziehungen über die Grenzen hinweg erschweren. Illegale Einwanderer sind eines dieser Probleme, da sie in Sektoren mit niedrigen Qualifikationsanforderungen (Bau, öffentliche Arbeiten, einfache Dienstleistungen usw.) eine Konkurrenz auf dem lokalen Arbeitsmarkt darstellen. Die Verlagerung von Unternehmen und Arbeitsplätzen, häufig in der Form von Joint-Ventures (z. B. im Textilgewerbe oder im Maschinenbau), wie beispielsweise von Bayern in die Tschechische Republik oder von Zentralmazedonien und Thrakien nach Bulgarien, kann ebenso bedeutende Verluste von Arbeitsplätzen in den Grenzgebieten der Gemeinschaft bewirken, obwohl dies zur Zeit noch kaum zu erkennen ist. Andererseits führen sie zu Beschäftigungssteigerungen jenseits der Grenze, wo ein akuter Mangel an Arbeitsplätzen besteht.

Sobald Finnland und Norwegen der Europäischen Union angehören, wird die Union eine äußere Grenze von 1.500 km mit Rußland haben (1.270 km mit Finnland und 200 Kilometer mit Norwegen). Derzeit ist die Zusammenarbeit hauptsächlich durch den finnisch-russischen Nachbarschaftsvertrag von 1992 geregelt, der eine große Bandbreite von Bereichen abdeckt (z. B. wirtschaftliche Zusammenarbeit, Umwelt, Energie, nukleare Sicherheit, Ausbildung, Forstwirtschaft).

Je mehr die Integration innerhalb der Union voranschreitet, desto größer wird die Gefahr, daß Grenzen am Rande der Union stärker empfunden werden und dadurch dazu beitragen, das Gefühl der Isolation zu verstärken. Trotzdem haben die Grenzgebiete am Rande der Union aufgrund ihrer Lage die Möglichkeit, mit den anderen Ländern und Kulturen außerhalb engere Beziehungen aufzubauen, so z. B. in Mittel- und Osteuropa oder auf der anderen Seite des Mittelmeers (Kreta hat beispielsweise Beziehungen mit Ägypten aufgebaut, welche ein Sprungbrett für zukünftig umfangreichere europäische Kontakte sein können).

Probleme und Beispiele der grenzüberschreitenden Zusammenarbeit

Das Konzept der grenzüberschreitenden Zusammenarbeit sollte in all seinen Aspekten betrachtet werden: kulturell, sprachlich, rechtlich, wirtschaftlich, technisch, administrativ und geopolitisch. Grenzgebiete sind einem Schmelztiegel ähnlich, in dem die grenzüberschreitende Zusammenarbeit ein entscheidendes Element ist.

Die Bereiche, in denen sich diese grenzüberschreitende Zusammenarbeit abspielt, zeichnen sich durch eine besondere Kohärenz in den Konzepten von Raumplanung und Umweltschutz aus, da die damit verbundenen Probleme nicht an den Grenzen haltmachten.

Die grenzüberschreitende Zusammenarbeit ist zumeist das Resultat internationaler Abkommen. Die Teilnahme untergeordneter Regierungsebenen und regionaler Körperschaften bei der Formulierung dieser Abkommen ist je nach institutioneller Struktur der einzelnen Staaten sehr unterschiedlich.

Das Rahmenabkommen des Europarates über die grenzüberschreitende Zusammenarbeit der regionalen und kommunalen Gebietskörperschaften, das ein Verfahren festlegt, welches die Bereiche definiert, in denen die Gebietskörperschaften eine grenzüberschreitende Zusammenarbeit eingehen dürfen, wurde von 20 europäischen Staaten unterzeichnet und bis zum Juli 1993 von 17 von ihnen ratifiziert. Eine große Anzahl von Staaten hat das Abkommen zur Schließung von zwischenstaatlichen bi- und trilateralen Abkommen genutzt, wobei in jedem der Fälle die Grenzen der Zusammenarbeit deutlich gemacht wurden. Diese Abkommen sind:

— das Abkommen der Benelux-Länder über die grenzüberschreitende Zusammenarbeit, 1986 unterzeichnet und 1991 ratifiziert;

— das Abkommen über die grenzüberschreitende Zusammenarbeit zwischen lokalen und regionalen Gebietskörperschaften und anderen öffentlichen Organen, abgeschlossen zwischen der Bundesrepublik Deutschland, dem Land Niedersachsen, dem Land Nordrhein-Westfalen und den Niederlanden, ist Anfang 1993 in Kraft getreten.

Die erforderliche Zeit, in der sich die zwischenstaatlichen Abkommen entwickeln, zeigt die Gegensätze zwischen den traditionellen Methoden der Außenpolitik, in denen der Staat als Repräsentant seines nationalen Rechtes allein verantwortlich für die internationalen Beziehungen bleibt, und jenen neuen Fällen, in denen die untergeordneten Gebietskörperschaften faktisch zu Handlungsträgern bestimmter grenzüberschreitender Maßnahmen werden und dies zu ihrem offiziellen Verantwortungsbereich machen wollen.

Dennoch sind die hoffnungsvollen Entwicklungen zu begrüßen, die sich im rechtlichen Bereich abzeichnen. Ein Gesetsentwurf, welcher zur Zeit in einem Mitgliedstaat diskutiert wird, sieht für die nahe Zukunft vor, daß Gebietskörperschaften während eines festgelegten Zeitraums an einer Rechtsperson teilhaben können, die zusammen mit Gebietskörperschaften eines benachbarten Mitgliedstaats gegründet wurde, um gemeinsam eine öffentliche Dienstleistung anzubieten oder eine lokale Einrichtung bereitzustellen.

Die Kommission wird ihrerseits in Kürze einen Ratgeber zur grenzüberschreitenden Zusammenarbeit herausgeben, welcher den Beteiligten erlaubt, die rechtlichen Möglichkeiten zu ihrer Erleichterung schneller zu erkennen.

Regionalplanung im Rahmen der grenzüberschreitenden Zusammenarbeit

Aus historischer Sicht findet die grenzüberschreitende Zusammenarbeit ihre Wurzeln in den Ansätzen zur Lösung von bestimmten Problemen, die mit dem Vorhandensein von Grenzen verbunden sind: Harmonisierung bedeutender Infrastrukturen, sozialer und steuerlicher Status der grenzüberschreitenden Pendler, kulturelle Zusammenarbeit usw. Die Bemühungen um eine integrierte Entwicklung der Grenzgebiete ist erst später hinzugekommen. Die Zusammenarbeit im Bereich der Raumplanung hat eine besondere Problematik an den Tag gebracht: die der Notwendigkeit eines beiderseitigen Verständnisses der Politik- und Verwaltungssysteme des Nachbarstaates im Bereich der Raumplanung und -ordnung. Es ist daher nicht erstaunlich, daß eines der ersten Nebenprodukte der grenzüberschreitenden Zusammenarbeit im Rahmen der Raumplanung Handbücher und Nachschlagewerke waren, welche die angewandten Konzepte, Systeme und Verfahren auf beiden Seiten der Grenze miteinander verglichen.

Die grenzüberschreitende Zusammenarbeit im Bereich der Regionalplanung ist in zeitlicher Hinsicht zunächst im Rahmen von zwischenstaatlichen Ausschüssen oder Raumplanungsausschüssen entstanden, welche von Staaten oder von Regionen mit gleichwertigem Status gegründet wurden.

In der Bilanz der Aktionen dieser Ausschüsse steht die deutliche Verbesserung der Regierungsmaßnahmen in Grenzfragen, die im Zusammenhang mit der Entwicklung lokaler Formen der Zusammenarbeit stehen. Diese Ausschüsse sind für die Verbesserung der Situation grenzüberschreitender Arbeitnehmer verantwortlich; sie haben eine große Anzahl von Analysen des Grenzraumes, Konzepte grenzüberschreitender Entwicklung, sowie Leitlinien der Raumplanung erstellt; Umweltprobleme sind vermindert und Verkehrssysteme koordiniert worden.

Dennoch sind auch viele Mängel in ihrer Funktionsweise zu verzeichnen. In der Regel folgen die von den Staaten eingerichteten Ausschüsse den Tendenzen zur Dezentralisierung der Kompetenzen nicht in effizienter Weise, welche sich in der Mehrzahl der europäischen Länder seit mehr als zwei Jahrzehnten ergeben haben. Dies hat die Durchsetzungsfähigkeit der Ausschüsse stark begrenzt. Darüber hinaus sind sie Beratungsgremien, die nur Stellungnahmen und Empfehlungen abgeben können und daher nicht befugt sind, regierungsähnliche Entscheidungen zu treffen.

Zu den deutlichsten Erfolgen grenzüberschreitender Raumplanung zählen:

— das Raumplanungskonzept für die Benelux-Staaten, das bald zu überarbeiten ist; dieses Konzept versucht, auf der Grundlage gemeinsamer Raumplanungsziele die Pläne zu harmonisieren, die auf der nationalen oder regionalen Ebene jeder der beteiligten Staaten entwickelt wurden (siehe Karte 28 im Anhang);

— das Rahmenplanungskonzept, welches zur Zeit entlang der deutsch-niederländischen Grenze realisiert wird, hat als Besonderheit, von unten nach oben entwickelt worden zu sein; mit anderen Worten, durch Integration der grenzüberschreitenden Planungsarbeiten, die auf interregionaler und interkommunaler Ebene realisiert wurden; es deckt nicht alle Bereiche ab, sondern begrenzt sich auf strategisch wichtige Fragen und vorrangige Handlungsfelder; daneben ist es für die beteiligten Parteien nicht bindend und erfordert einstimmige Beschlüsse;

— das Planungskonzept für das deutsch-polnische Grenzgebiet, für 1994 vorgesehen, das eine ähnliche Grundidee verfolgt; es ist aber von oben her entwickelt worden und daher nicht ohne Probleme; die Bestandteile und Empfehlungen dieses Konzeptes richten sich an die nationalen, regionalen und kommunalen Behörden beider Staaten, aber auch indirekt an die privaten Entscheidungsträger.

Es ist wichtig festzustellen, daß die Aufstellung grenzüberschreitender Entwicklungspläne im allgemeinen voraussetzt, daß solche Entwicklungspläne bereits beiderseits der Grenze existieren, was keineswegs immer der Fall ist. Der Süden der Gemeinschaft weist in der Regel einen bedeutsamen Rückstand im Bereich integrierter Raumpläne auf. Die bestehenden Pläne beschränken sich häufig auf Fragen der regionalen Wirtschaftsförderung, was lediglich die Planung der wichtigsten Infrastruktur und eine grundlegende Städteplanung beinhaltet. Wie bereits erwähnt, haben die im Rahmen von INTERREG geförderten Bereiche zur Festlegung von Entwicklungskonzepten und anderen Maßnahmen einen sehr positiven Effekt auf die Grenzregionen gehabt, die zuvor keine formalisierten Pläne hatten. In manchen Fällen haben sich diese Vorschriften sogar auf innere Regionen der Union wie Nordrhein-Westfalen übertragen, wobei dort die Regionalplanung von unten verstärkt wurde und diese Pläne in Rahmenkonzepte auf höherer Ebene integriert wurden.

Auf lokaler Ebene gibt es bereits eine nicht zu vernachlässigende Menge von gemeinsamen grenzüberschreitenden Entwicklungsplänen, von denen manche sogar bindenden Charakter haben. Sie erweisen sich vor allem dort als notwendig, wo es sich um größere Projekte grenzüberschreitender Verkehrswege oder um Naturschutzgebiete handelt. Beispiele derartiger lokaler Raumplanung sind in Aachen oder Menton-Ventimilla zu finden. Die grenzüberschreitende Raumplanung führt in wachsendem Maße zur gemeinsamen Bildung von Industriegebieten, wie dem Europäischen Entwicklungspol in Longwy oder dem Unternehmenspark von Aachen/Herleen.

Bedeutende Ergebnisse findet man auch im Bereich des Umweltschutzes. So wurde im südlichen Bereich der deutsch-niederländischen Grenze ein Netz von Biotopen ausgewiesen („ökologische Infrastruktur"), mit einer Ausdehnung von je 25 Kilometern auf beiden Seiten der Grenze. Für die „ökologischen Entwicklungszonen" wurden vorrangige Maßnahmen zur

Erhaltung und Verbesserung festgeschrieben. Vorhaben zur Entwicklung einer „ökologischen Infrastruktur" existieren auch in anderen Grenzregionen (Oberrhein, Alpen sowie entlang der Oder-Neiße-Grenze und der deutsch-tschechischen Grenze). In den meisten Fällen handelt es sich jedoch um Regierungsinitiativen, an denen die Gemeinden und Grundeigentümer nicht beteiligt sind.

Perspektiven für die Zukunft

Zuallererst ist festzustellen, daß jeder Versuch der strukturellen Planung eines transnationalen Gebietes mit der Verschiedenartigkeit der Konzepte und Normen der politischen Systeme und der Verwaltungen konfrontiert ist. Es ist erst nach ausgiebigen Untersuchungen über die Konzepte und Organisationsstrukturen sowie über die politischen und verwaltungstechnischen Verschiedenheiten möglich, die angewandten Mittel zu vergleichen. Die Grenzgebiete waren die ersten, die diese Aufgaben angegangen sind, welche meistens eine weit über das jeweils betrachtete Gebiet hinausgehende Bedeutung haben. Aus diesem Grunde stellen die Grenzgebiete eine Art „Wissenspool" an Informationen und Erfahrungen dar, aus denen die Akteure der transnationalen Raumplanung schöpfen können.

Im Hinblick auf die transnationale Raumplanung, was auch immer die Herkunft ihrer Akteure, ihre Kenntnisse oder Zuständigkeiten sein mögen, ist es vor allem notwendig, die unterschiedlichen Einstellungen zur Raumplanung anzugleichen, um die Verantwortungsträger zur Durchführung von Maßnahmen um geeignete Themen und Projekte herum zu mobilisieren und zu organisieren, bevor Projekte größeren Umfanges ins Auge gefaßt werden können.

Die Erfahrungen der Zusammenarbeit in den Grenzgebieten verdeutlichen die Notwendigkeit, sowohl Forschungszentren als auch Netze von Personen und Organisationen zu haben, die die Qualifikationen besitzen, um technisches und kulturelles Wissen bereitzustellen, das zur Durchführung jedes Projektes der Zusammenarbeit erforderlich ist.

Nirgends ist die Interaktion zwischen zahlreichen unterschiedlichen Faktoren so intensiv wie in den Grenzgebieten. Es ist diese grundsätzliche Tatsache, die zu der Suche nach oftmals anspruchsvollen Problemlösungen geführt hat, welche wirksam dazu beitragen können, schrittweise eine transnationale Raumplanung umzusetzen. Es erscheint in der Tat unverzichtbar, einen von unten (interregionale und interkommunale Ebene) und einen von oben kommenden Ansatz (Gemeinschafts- und/oder Staatsebene) zu integrieren. Die erfahrensten Grenzgebiete haben dieses Stadium erreicht, wie insbesondere die deutsch-niederländischen Grenzgebiete.

Die Situation der Grenzgebiete in einen größeren Zusammenhang zu stellen, was eines der Ziele der Raumplanung auf transnationaler Ebene darstellt, wird bei einigen von ihnen Strategien hervorrufen, die eine bessere Ausnutzung ihrer zentralen Lage zum Gegenstand haben. Andere könnten aufgrund dieses Ansatzes erkennen, welches ihre Potentiale für einen Ausbau des Fremdenverkehrs oder die Nutzung ihrer natürlichen Ressourcen sind.

Schließlich sollte der didaktische Wert des INTERREG-Programmes in bezug auf die Erarbeitung von Entwicklungskonzepten berücksichtigt werden. In derselben Weise könnte auf der Grundlage von Gemeinschaftsrichtlinien vielen Grenzregionen geholfen werden, die bisher noch keine integrierten Raumentwicklungspläne besitzen, diese zu formulieren. Solche Pläne könnten einen Ausbreitungseffekt haben und einen wirkungsvollen Beitrag zur transnationalen Raumplanung von unten leisten.

Abschnitt C: Systeme der Raumplanung und öffentlicher Transfers in den Mitgliedstaaten

Einleitung

Die Formulierung und Durchführung der Raumplanungspolitiken liegt in der Verantwortung der Mitgliedstaaten. Zudem hat jeder von ihnen sein eigenes System entwickelt, d. h. einen institutionellen und rechtlichen Rahmen zur Aufteilung der Funktionen auf die nationale, die regionalen und die lokalen Ebenen. In jedem Land ist dieses System von historischen und geographischen Faktoren sowie von sozialen, wirtschaftlichen und politischen Traditionen bestimmt.

Die Kommission hat in Zusammenarbeit mit dem Ausschuß für Raumentwicklung eine umfangreiche Studie in Auftrag gegeben: das *Kompendium der Raumplanungssysteme und -politiken in der Europäischen Union*. Die erste Ausgabe dieser Studie wird 1995 verfügbar sein. Sie wird die Raumplanungssysteme und -politiken und die Voraussetzungen ihrer Umsetzung in allen Mitgliedstaaten beschreiben.

Auf der Grundlage der ersten Ergebnisse dieser Untersuchung sollen im ersten Teil dieses Abschnitts die wichtigsten Eigenschaften und neueren Entwicklungen in jedem der Länder beschrieben werden.

Der zweite Teil beschäftigt sich mit den räumlichen Wirkungen öffentlicher Ausgaben und untersucht die möglichen Effekte einer Reihe steuerlicher Instrumente auf die Einkommensverteilung und Mittelausstattung zwischen den Regionen, die dazu beitragen können, ob beabsichtigt oder nicht, die regionalen Disparitäten in der Union zu vermindern.

Dieser Teil beruht auf sechs beschreibenden Fallstudien, die sich unter Anleitung der Kommission nur mit den sechs Mitgliedstaaten Deutschland, Belgien, Spanien, Frankreich, Italien und dem Vereinigten Königreich beschäftigen. Die Ergebnisse stützen die Vermutung, daß die interregionalen Umverteilungswirkungen von Steuersystemen oft beträchtlich sind. Ihre Bedeutung für die Raumentwicklung der Regionen kann daher nicht vernachlässigt werden. Sie sollten somit Gegenstand weiterer, umfassenderer und genauerer Untersuchungen sein, um für ein besseres Verständnis über den Umfang und die Richtung dieser Wirkungen zu sorgen.

Instrumente und Politiken der Raumplanung in den Mitgliedstaaten

Es gibt viele Unterschiede in den Raumplanungssystemen der zwölf Mitgliedstaaten. Gleichzeitig stehen die Staaten jedoch vor der gemeinsamen Herausforderung, sich an die veränderten europäischen Rahmenbedingungen in der Planungsentscheidung anzupassen. Dieses Kapitel untersucht die Unterschiede zwischen den zur Zeit existierenden Systemen und die Art und Weise ihrer Reaktion auf europäische und internationale Entwicklungen. Eine kurze Beschreibung jedes nationalen Systems folgt weiter unten in diesem Abschnitt.

Die Unterschiedlichkeit der Planungssysteme in den Mitgliedstaaten

Die Form der Systeme und Praktiken in der Raumplanung jedes einzelnen Mitgliedstaates wird hauptsächlich von fünf Faktoren geprägt:

– *die Geschichte, Geographie und kulturellen Traditionen*, die z. B. das Verhalten gegenüber dem Leben in der Stadt oder gegenüber Entwicklungen auf dem Land beeinflussen;

– *der Grad der wirtschaftlichen und städtischen Entwicklung*, z. B. der Übergang vom Verarbeitenden Gewerbe zu Dienstleistungen oder der erreichte Wachstums- oder Schrumpfungsgrad städtischer Regionen;

– *die politische Orientierung und die vorherrschende Ideologie*, z. B. gegenüber Dezentralisierung, Deregulierung und einer sozialen Marktwirtschaft;

– *die Form des Eigentums und der Nutzungsrechte an Grund und Boden*, z. B. auch inwieweit diese von Planungssystemen, Politik, Steuer- und Ausgleichssystemen beeinflußt werden;

– *die Verfassungsstruktur*, ob es z. B. ein einheitlicher Staat oder ein Bundesstaat ist; das Rechts- und Rechtsprechungssystem sowie die Bürgerrechte.

Betrachtet man die vielen unterschiedlichen Einflußfaktoren, so sind mehrere Ansätze zum Vergleich der verschiedenen Planungssysteme und deren Veränderung im Zeitablauf vorstellbar. Um die wichtigsten Merkmale jedes Einflußfaktors herauszustellen, kann man drei miteinander verbundene Fragen stellen.

Die erste Frage ist, ob das Planungssystem *zentralisiert oder dezentralisiert* ist. Das bedeutet, auf welcher Regierungsebene die endgültige oder alltägliche Verantwortung für die Gestaltung der Politik und ihrer Verwirklichung liegt. Das kann sich im Zeitablauf ändern. In Frankreich war z. B. das Planungssystem vor 1983 sehr zentralisiert, aber seit dieser Zeit wurde es immer weiter dezentralisiert. Das dänische System war lange Zeit dezentralisiert. Die Verantwortung lag in erster Linie auf lokaler oder kommunaler Ebene, aber sie wurde innerhalb eines gesetzlichen Rahmens der nationalen Gesetzgebung und nationaler Planungsrichtlinien ausgeübt.

Ein Sonderfall dieses Aspektes wird bei der Unterscheidung zwischen einheitlichem Staat und Bundesstaat deutlich. Beim einheitlichen Staat, wie dem Vereinigten Königreich oder Irland, liegt die letztendliche Verantwortung bei der zentralen bzw. nationalen Regierung. In Bundesstaaten, wie Deutschland oder Spanien, haben die Länder oder Communidades Autonomas eine wesentlich größere Verantwortung für ihre eigenen Planungssysteme und -politiken.

Die zweite Frage ist, ob das Planungssystem vorwiegend *passiv oder aktiv* ist; d. h., in welchem Maße die für die Vorbereitung Verantwortlichen die Macht und die Mittel für ihre Umsetzung haben. So war das Planungssystem des Vereinigten Königreichs gleich nach dem Krieg in den 40er und frühen 50er Jahren vorwiegend aktiv; das war die Ära des sogenannten „positiven" Planens, in der der größte Teil des Aufbaus lokaler Verwaltungen, Regierungsabteilungen oder verstaatlichter Industrien begonnen wurde. Heute ist die Durchführung der Planungspolitik in Reaktion auf Tätigkeiten des privaten Sektors hauptsächlich passiv.

In anderen Systemen ist das aktive Element immer noch tragend und hat durch den Binnenmarkt sogar an Bedeutung gewonnen. Die gewachsene wirtschaftliche Interdependenz hat die Zusammenarbeit zwischen

Regionen und Städten verstärkt. Das erfordert wiederum eine bessere strategische Raumplanung, die auf die Schaffung günstiger Bedingungen für die weitere wirtschaftliche Entwicklung gerichtet ist.

Die dritte Frage ist, ob das Planungssystem überwiegend *festgelegt ist oder Ermessensspielräume hat*; d. h., ob das Verhältnis zwischen Politik und Kontrolle durch gesetzliche Bindung bestimmt oder offen für das Ermessen und die Vereinbarungen der Verwaltung ist, wobei der Plan dann nicht mehr als eine allgemeine Leitlinie darstellt. Verglichen mit anderen Ländern der Europäischen Union, erlaubt z. B. das System des Vereinigten Königreichs ein hohes Maß an Ermessensspielraum, da seine Entwicklungspläne rechtlich nicht bindend sind und Nutzungsrechte nur auf Basis einer Planungsgenehmigung im Rahmen eines Entwicklungskontrollsystems erworben werden können. Die meisten anderen Systeme liegen irgendwo zwischen den beiden Extremen von Ermessensspielraum und Festlegung. Das belgische System ist ein Beispiel einer Mischung beider Systeme, in dem formal gesehen ein hohes Maß an Festlegung, in der Praxis aber ein relativ hoher Ermessensspielraum in der Entwicklungsplanung herrscht.

Diese drei Aspekte bestimmen zu einem gewissen Grade, inwieweit sich ein Planungssystem an Veränderungen anpassen kann, unabhängig von der Reaktion auf soziale, wirtschaftliche oder politische Entwicklungen, auf individuelle Planungsvorschläge, auf veränderte Einstellungen zum Umweltschutz oder auf umfangreichere transnationale und grenzüberschreitende Entwicklungen.

Der sich verändernde europäische Rahmen: Gemeinsame Herausforderungen

Alle verschiedenen nationalen Planungssysteme in der Union sind mit einer Reihe von Grundfragen vor allem europäischer Dimension konfrontiert, die es mit einzubeziehen gilt. Es gibt insbesondere sechs Fragen, die von gemeinsamem Interesse sein dürften:

Wirtschaftliche Fragen, die direkt oder indirekt aus dem europäischen Binnenmarkt und der Globalisierung der Wirtschaftsaktivitäten und der Investitionen resultieren, sind ein entscheidender Faktor, der die Planungssysteme beeinflußt. Der verstärkte Wettbewerb unter den Mitgliedstaaten, mobile Investitionen ins Land zu ziehen, die größere Unternehmensmobilität, die Schwäche der kleinen Unternehmen, die anhaltende Forderung nach der Schaffung von Beschäftigungsmöglichkeiten in den peripheren Regionen und die Notwendigkeit, Wirtschafts- und Handelsbeziehungen mit den nicht zur EU gehörenden Ländern zu entwickeln, sind Beispiele für solche wirtschaftlichen Fragen.

Die großen *transeuropäischen Netze*, einschließlich Energieversorgung und Telekommunikation, sind Gegenstand der nationalen Planungssysteme, auch wenn viele von ihnen fast vollständig einem europäischen Zweck dienen, und nicht errichtet werden müßten, wenn man nur nationale Bedürfnisse in Betracht ziehen würde. Diese Netze beeinflussen die Planungssysteme direkt, da sie die Verwaltungsverfahren und Prozesse der Entscheidungsfindung in den verschiedenen Mitgliedstaaten durchlaufen müssen. Das führt zu verschiedenen Aufbauphasen, da dies in einem System ein zeitaufwendigerer Prozeß sein kann als in einem anderen. Das augenfälligste Beispiel ist der TGV von Paris nach London. Hier wird der Abschnitt Paris-Folkstone viele Jahre vor dem Abschnitt Folkstone-London fertiggestellt werden.

Sie haben auch stärker indirekte regionale Effekte. So bringen insbesondere Hochgeschwindigkeitszüge wesentliche Entwicklungsvorteile für die Knotenpunkte, jedoch Nachteile für die Gebiete, die nicht direkt angeschlossen sind. Das stellt die Planungssysteme vor neue Herausforderungen. Neue grenzüberschreitende Strecken können die Verkehrsflüsse umlenken und damit wesentlich das wirtschaftliche Potential großer Teile Europas beeinflussen.

Auf europäischem Niveau müßte eine steigende Anzahl von *Umweltfragen* in Angriff genommen werden. Die Raumplanung war immer ein wichtiges Instrument, um einen Kompromiß zwischen den Interessen der wirtschaftlichen Entwicklung und dem Umweltschutz zu finden. Obwohl ein allgemeiner Konsens über die Notwendigkeit eines umfassenderen Umweltschutzes herrscht, haben verschiedene Mitgliedstaaten unterschiedliche Stufen in der Entwicklung der Umweltpolitik und der Planungsmechanismen erreicht, die eine solche Politik für eine ausgeglichene Entwicklung unterstützen. Die Gründe für die Verschiedenheit sind zwar vielfältig, trotzdem gibt es eine Wechselbeziehung zwischen dem Wohlstandsniveau und dem Entwicklungsniveau solcher Mechanismen.

Seit dem Auseinanderbrechen der Sowjetunion hat die internationale Dimension von *Bevölkerungsfragen* einen zunehmenden Einfluß auf die Planung der Mitgliedstaaten. Länder wie das Vereinigte Königreich und Belgien mußten viele Jahre mit einer beträchtlichen Abwanderung aus den Stadtzentren in kleinere Städte und Dörfer der ländlichen Gebiete kämpfen. Die Planungssysteme und die Politik mußten auf die Wanderungseffekte reagieren: in den ländlichen Gebieten, aber insbesondere in den Städten, mit den Auswirkungen auf das Einkommen, die wirtschaftliche Basis, die Attraktivität für multinationale Unternehmungen sowie auf Einrichtungen, die von den Einwohnern benötigt werden. Die Auswirkungen eines rapiden Anstiegs der Einwandererzahlen aus Mittel- und Osteuropa, Nordafrika und Flüchtlingen aus der übrigen Welt, hat die Ernsthaftigkeit und Dringlichkeit des Problems, dem die Planer in großen Städten gegenüberstehen, erhöht. Die soziale Polarisierung nimmt zu und spiegelt sich in einem sich erweiternden Abstand zwischen reichen Gegenden und den Gebieten, die von städtischer Benachteiligung, hoher Arbeitslosigkeit, Kriminalität und Armut geprägt sind, wider. Die dichtbesiedelten Niederlande, in denen die nationale Regierung an einem Entwurf für Wohnungsanforderungen und der Planung neuer Wohngebiete beteiligt ist, stehen jetzt wieder vor einer Wohnungsknappheit und einem zunehmenden Bedarf an neuen Wohngebieten, da die Wohnungsnachfrage schneller als vorhergesehen angestiegen ist, zum Teil infolge der unerwartet hohen Zunahme der Einwanderung.

Die fünfte Kernfrage betrifft die *Finanzierung des öffentlichen Sektors*. In allen Mitgliedstaaten spielt der öffentliche Sektor eine wichtige, wenn nicht sogar vorherrschende Rolle bei der Durchführung von Plänen. In einigen Ländern werden die Mittel des öffentlichen Sektors durch die lokalen Behörden zur Verfügung gestellt, während in anderen, so im Vereinigten Königreich, national kontrollierte Entwicklungsagenturen des öffentlichen Sektors diese Rolle übernehmen. In Regionen, die im Rahmen der Strukturfonds gefördert werden, wirft die manchmal massive Gewährung von Geldern für regionale Entwicklungspläne die Frage zwischen diesen und der Raumplanung auf.

Eine letzte, sich neu erhebende Frage bezieht sich auf den *Grad, zu dem ein Planungssystem einen Entwicklungsvorteil oder -nachteil* eines speziellen Mitgliedstaates gegenüber seinem Nachbarn schafft. Während auf der einen Seite die grenzüberschreitende Bewegung von Gütern, Menschen und Geld relativ einfach ist, können Faktoren wie die Erleichterung des Erhalts von Baugenehmigungen – die erforderliche Zeit, die Strenge der Verwaltungsverfahren und die damit verbundenen Kosten – die Wachstumsperspektiven vor allem in Grenzregionen beeinträchtigen. Das ist eine Erklärung für den Zustrom wohlhabender holländischer Bürger in die nördlichen Regionen Belgiens.

Die Antwort auf europäische Fragen

Die Antwort der Planungssysteme auf einen sich verändernden europäischen Kontext kann auf zwei Ebenen eingeschätzt werden:

— im Rahmen *allgemeiner Trends*, die in den meisten Mitgliedstaaten sichtbar sind, und die in gewissem Grad die sich verändernden Rahmenbedingungen widerspiegeln;

— und im Rahmen einer direkteren Antwort auf europäische Entwicklungen: die ausschließliche Einbeziehung einer europäischen und transnationalen Dimension in die Planungspolitik, die Integration der Gemeinschaftspolitik in die Planungssysteme und die verstärkten grenzüberschreitenden Planungsaktivitäten.

Um auf die sich verändernden Rahmenbedingungen zu reagieren, brauchen die Systeme Zeit. Während die Politik sehr schnell reagieren kann, sofern die Dringlichkeit erkannt wird, braucht das System selbst – die Instrumente und die Verfahren – mehr Zeit für eine Anpassung.

Allgemeine Trends

Die Planungssysteme in der Europäischen Union unterliegen einer ständigen Veränderung, da sie auf politische, wirtschaftliche, soziale und ideologische Kräfte reagieren. In allen zwölf Mitgliedstaaten ist eine Vielzahl von Entwicklungstrends erkennbar. In jenen Staaten, die eine lange Tradition in der Raumplanung haben, können sie stärker und weiter entwickelt sein. Die wachsende wirtschaftliche und räumliche Verflechtung der Mitgliedstaaten ist ein wichtiger Grund für diese Vielzahl von Entwicklungstrends.

Der erste dieser Entwicklungstrends ist die wachsende Erkenntnis, daß die Raumplanung eine Komponente in einem viel größeren Rahmen von Problemen ist. Das schließt die wirtschaftliche Entwicklung, den Verkehr, den Tourismus, Wohnungen, die Abfallverwaltung, die Wasserqualität und den Naturschutz mit ein. Es entwickelt sich *eine umfassendere und komplexere Raumplanung*, bei der man von rein physischen Standort- und Bodennutzungsfragen zu sozialen, wirtschaftlichen, politischen und Umweltfragen übergeht. Einige Mitgliedstaaten, vor allem Dänemark, erweiterten ihre Raumplanung, um genau diese Maßnahmen zu berücksichtigen. Andere, wie z. B. die Niederlande, haben getrennte sektorale Politikbereiche mit einer unabhängigen Planungspolitik auf nationaler Ebene, die diese aus Sicht der Bodennutzung und der strategischen Raumentwicklung koordiniert. Diese Entwicklung vereinfacht jedoch nicht die Aufgabe des Planers, da auch die Verantwortung der sektoralen Politiker unverändert bleibt. Wichtig ist, daß die sektorale Politik die weitergreifenden regionalen und räumlichen Wirkungen in Betracht zieht.

Es wird auch immer mehr die Notwendigkeit erkannt, *die Marktkräfte im Raumplanungsprozeß zu berücksichtigen*. Die wachsende Schwierigkeit, mobile Investitionen ins Inland zu ziehen, und eine größere Flexibilität in bezug auf den Standort vieler Firmen haben die Notwendigkeit einer Raumplanung erhöht, um besser auf Marktverhältnisse und -anforderungen reagieren zu können. Der verstärkte Wettbewerb, der durch den Binnenmarkt verursacht wurde, ist ein wichtiger Faktor, der diesem Trend zu grunde liegt.

Das war darüber hinaus eine wichtige Motivation für *die Verkürzung der Planungsverfahren* in den Mitgliedstaaten, besonders in jenen mit komplexeren Planungssystemen. Eine Anzahl der Mitgliedstaaten passen ihre Verfahren an, um die Zeit für die Entscheidungsfindung, z. B. ob ein beabsichtigtes Infrastrukturprojekt durchgeführt werden kann oder nicht, zu verkürzen. In den Niederlanden wurde kürzlich ein Gesetz verabschiedet, um dem Staat zu ermöglichen, den Zeitaufwand im Beratungsverfahren zwischen nationalen, regionalen und lokalen Behörden bei großen Infrastrukturprojekten zu reduzieren.

Der vierte Entwicklungstrend ist eine verstärkte *Dezentralisierung der Verantwortung* für die Planungspolitik und -kontrolle hin zu regionalen und lokalen Regierungsebenen. Spanien, Italien, Belgien und Frankreich sind Beispiele für Mitgliedstaaten, die kürzlich regionale und lokale Raumplanungssysteme eingeführt haben. Die Verantwortung für die Gewährung von Genehmigungen liegt fast ausschließlich bei den lokalen Behörden, während die Verantwortung für die Formulierung politischer Grundsätze bei den regionalen Behörden liegt. Das ist eine bedeutende Verbesserung, obwohl es auch zu Verzögerungen in der Realisierung nationaler Planungspolitik und -projekte führt. Davon waren auch Projekte betroffen, die Teil einer umfassenderen europäischen Politik sind, insbesondere Straßen- und Eisenbahnverbindungen.

Es gibt eine andere Seite dieses Entwicklungstrends: die Debatte über *die Rolle des Staates* in der Gewährleistung einer effektiven Ausführung der Planungspolitik entweder durch eine eigene nationale Planungspolitik, durch Vorschriften oder durch direkte Maßnahmen. In vielen Systemen kann der Staat durch Beauftragte und Regierungsabteilungen die regionale und lokale Planungspolitik übergehen. Die Macht des Staates, „das letzte Wort zu haben", unterscheidet sich von Land zu Land. In den meisten Systemen wird sie jedoch nur als letztes Mittel eingesetzt, da man die Kompetenz der regionalen und lokalen Behörden zur Verwirklichung ihrer eigenen Politik anerkennt. Da diese Politik jedoch Teil eines Ganzen ist, schließen die Planungssysteme Mechanismen zur Sicherung des Zusammenhalts zwischen den Politiken der verschiedenen Regierungsebenen, die natürlich auch das Zentrum einbeziehen, mit ein. Sobald die Bedeutung der europäischen Politik für die Mitgliedstaaten zunimmt, ist dieser Zusammenhalt zur Sicherung einer wirkungsvollen Durchführung einer solchen Politik entscheidend.

Ein weiterer neuer Trend ist die *Erhöhung des Konsenses* darüber, wie die Raumplanung auf die neuen Herausforderungen, die in der Europäischen Union hervortreten, reagieren soll. Die wichtigsten Gebiete für eine gemeinsame Basis sind:

– die Notwendigkeit, sich künftig auf das Wachstum in bereits existierenden Stadtgebieten zu konzentrieren, insbesondere mittels eines multisektoralen Ansatzes, um eine Stadterneuerung durch die effektive Nutzung verlassener und unterbesiedelter Gebiete zu fördern;

– die Notwendigkeit, eine umfassende Politik des Umweltmanagements zu entwickeln, die in alle anderen relevanten Politikbereiche integriert wird (nachhaltige Entwicklung), um die Verschmutzung an der Quelle in all ihren Formen zu kontrollieren; die Raumplanung kann hier als Integrations- und Kohäsionsinstrument eine Schlüsselrolle spielen;

– der starke Wunsch, die natürliche Umwelt zu schützen und zu bereichern, nicht nur durch die Konzentration der künftigen Entwicklung in den Stadtgebieten, sondern auch durch eine Regionalpolitik, die eine umfangreichere Nutzung ländlicher Gebiete einbezieht; Nationalparks und der Schutz der Küstenregionen sind zwei Gebiete mit besonders hoher Empfindlichkeit;

– das Interesse an einem umfassenden, vielseitigen Ansatz zur Mobilität und zum Verkehr.

Ein letzter Trend ist die sich schnell entwickelnde *Nutzung moderner komplexer technischer Hilfsmittel*, wie Fernerkundung und GIS für Raumplanungszwecke. Bestimmte Programme der Gemeinschaft, wie das CORINE-Projekt zur Bodennutzung, haben eine Referenz für die Nutzung solcher Hilfsmittel überall in der Union gegeben und umgesetzt.

Die zunehmende Bedeutung der europäischen Dimension in der Planungspolitik

Das Auftreten einer europäischen Dimension in der Planungspolitik wird in einer Vielzahl von Aspekten sichtbar.

Die meisten Mitgliedstaaten integrieren jetzt transnationale und grenzüberschreitende Tätigkeiten in ihre nationale Planungspolitik. Die Vierte Notiz der niederländischen Regierung, die nationale Planungsstrategie Dänemarks *Perspektiven für das Jahr 2018* und der deutsche *Raumordnungspolitische Orientierungsrahmen* sind vielleicht die weitreichendsten Beispiele. All diese Dokumente der Politik betrachten den europäischen Kontext als wichtigsten Ausgangspunkt für die Bestimmung vieler Aspekte der nationalen Raumpolitik.

Es ist ein Anstieg der Konsultationen zwischen den aneinandergrenzenden Mitgliedstaaten und innerhalb der Europäischen Union über transnationale politische Fragestellungen zu beobachten. Seit einigen Jahren hat eine Vielzahl benachbarter Mitgliedstaaten regelmäßig Informationen über Planungsangelegenheiten auf bi- und trilateraler Ebene ausgetauscht, wie es auch Länder auf internationaler Ebene machen. Seit kurzem sind jedoch die Fragen einer transnationalen Politik, die in nationalen Berichten herausgestellt wurden, Inhalt von Konsultationen und wurden in die relevanten Gemeinschaftspolitiken integriert.

Darauf aufbauend wird mehr und mehr der Wert internationaler Planungsstrategien erkannt. Die Benelux-Länder haben vor kurzem den Beschluß gefaßt, einen zweiten Benelux-Strukturrahmenplan zu verabschieden. Dieser Plan wird sich besonders mit den drei Planungsschwerpunkten ländliche Entwicklung, Hauptentwicklungsachsen und Standortpolitik im internationalen Rahmen befassen. Weiterhin ist die *Vision und Strategie 2010 für die Ostsee* bedeutend, die Dänemark, Deutschland und die zukünftigen nordischen Mitgliedstaaten der Union einschließt. Es ist beabsichtigt, eine Basis für die Integration von Initiativen zur (nachhaltigen) Entwicklung in diesen Grenzgebieten am Rande Europas mit ihren bedeutenden Entwicklungsunterschieden zu schaffen.

Programme zur Festlegung einer Anzahl von Projekten, die sich auf eine kohärente Entwicklung der Raumplanung einer Gruppe von Regionen in verschiedenen Ländern mit ähnlichen Problemen beziehen, stellen eine neue Möglichkeit für eine konkrete Zusammenarbeit dar, wie z. B. das Pilotprogramm ATLANTIS der atlantischen Regionen. Ähnliche Initiativen entwickeln sich auch in anderen transnationalen Gebieten, wie z. B. in Regionen um die Nordsee und den Mittelmeerraum.

Viele Regionen integrieren auch die transnationalen und grenzüberschreitenden Dimensionen in ihre strategischen Pläne. Nicht nur Grenzregionen, in denen die internationale Dimension offensichtlich ist, sondern auch Binnenregionen reagieren auf die neuen europäischen Rahmenbedingungen, indem sie insbesondere den Einfluß der Europa- und Gemeinschaftspolitiken auf ihre Raumpläne analysieren.

Die Einpassung der Gemeinschaftspolitiken in die Planungssysteme

Die zweite wesentliche Notwendigkeit ist die Einpassung der Gemeinschaftspolitiken sowohl der Finanzierung als auch der Gesetzgebung in die Planungssysteme.

Die großen Bestandteile der Gemeinschaftspolitik, die Strukturfonds, der Kohäsionsfonds und die Gemeinsame Agrarpolitik haben sehr weitreichende regionale Effekte.

In dem Maße, wie sich die Auswirkungen der Ausgaben der Strukturfonds erhöhen, werden insbesondere die geförderten Regionen die wachsende Verbindung zwischen der wirkungsvollen Nutzung solcher Fonds und den räumlichen Planungssystemen erkennen. Wo die Gemeinschaftstransfers eine zentrale Rolle bei der regionalen Entwicklung spielen, ist es wichtig, daß es dort zu einer ausreichenden Harmonisierung zwischen dem Gemeinschaftlichen Förderkonzept und den Raumplänen kommt. Die Fähigkeit, die Strukturfonds wirkungsvoll zu nutzen, kann durch eine Raumplanung, die gleichzeitig eine wirkungsvolle Integration der wirtschaftlichen Entwicklung mit den Umweltschutzerwägungen sichern kann, deutlich verbessert werden.

In einigen Ländern, darunter Deutschland und Italien, wird zuerst der Raumplan erstellt, so daß die Anforderung an eine Finanzierung durch die Strukturfonds der Gemeinschaft im Rahmen dieses Konzepts erfolgen muß. In anderen Ländern wie Belgien, Dänemark und Griechenland zeigt sich ein viel größeres Bewußtsein für die Notwendigkeit, die Programme der Strukturfonds, der Raumpläne und -politik gemeinsam mit angemessenen Beratungs-, Diskussions- und Verfeinerungsmöglichkeiten parallel zu entwickeln. Eine kleine Anzahl von Mitgliedstaaten, so Irland und Dänemark, hat einen nationalen Plan, der einen Rahmen festlegt, der nicht nur für die Erstellung von Raumplänen und der Raumpolitik, sondern für einen erheblich größeren Umfang öffentlicher und privater sektoraler Tätigkeiten gilt. In diesen Mitgliedstaaten ist der nationale Plan bereits ein Grundlagendokument für ihre Diskussionen und Verhandlungen mit der Europäischen Union.

Eine Grundfrage für die Länder, die diese Methode anwenden, ist der unterschiedliche Zeithorizont der beiden Aktivitäten. Auf der einen Seite beanspruchen die vielen Raumpläne drei oder mehr Jahre, um den Prozeß von der Formulierung bis zur Annahme abzuschließen. Auf der anderen Seite müssen die Anforderungen für die Mittel des EU-Strukturfonds in einem viel kürzeren Zeitraum vorbereitet, vorgelegt und entschieden werden. Dies hemmt den Prozeß, parallel auf eine gemeinsame Methode hinzuarbeiten.

Verschiedene Mitgliedsländer, so die Niederlande, Luxemburg, Portugal, das Vereinigte Königreich und Spanien, weisen die Gemeinsame Agrarpolitik (GAP) als einen entscheidenden Bestimmungsfaktor der Raumplanung in ihrem Gebiet aus. Veränderungen der Finanzierung unter der GAP können beispielsweise zu einer verstärkten Nutzung einiger Agrargebiete und einer Mindernutzung anderer Gebiete führen. Zusätzlich haben einige Mitgliedstaaten eine Raumplanungspolitik eingeführt, um überflüssige landwirtschaftliche Gebäude in ländlichen Gebieten für den Fremdenverkehr und andere Aktivitäten zu nutzen. Obwohl erkannt wird, daß die Agrarpolitik andere Bereiche der Raumplanungspolitik berührt, scheint deren Verbindung noch nicht voll entwickelt zu sein.

Die meisten Mitgliedstaaten erkennen, daß sich die EU-Finanzierung von großen Verkehrsverbindungen, wie den Hochgeschwindigkeitsstrecken und großen Straßenprojekten, auf die Raumplanungspolitik der betreffenden Gebiete auswirkt. Der nationale Infrastrukturplan Spaniens, zu dem die Struktur- und Kohäsionsfonds erheblich beisteuern, gilt für den Zeitraum von 1993 bis 2007 und stellt die Grundlage für die Berücksichtigung von wichtigen Verkehrsverbindungen in den Raumplänen dar. Zudem gibt es in einer Anzahl von Mitgliedstaaten wie dem Vereinigten Königreich, Dänemark und den Niederlanden eine stärkere Integration der Verkehrs- und Flächennutzungsplanung. So sind Verkehrs- und andere Infrastrukturverbindungen oft der Beginn einer grenzüberschreitenden Zusammenarbeit und stellen so auch einen entscheidenden Bestimmungsgrund für die zukünftigen wirtschaftlichen Aussichten für ganz Europa dar. Diese Hauptprogramme helfen ebenso dabei, die Verbindungen zwischen der Raumplanung und den Verkehrssystemen hervorzuheben und einen umfassenderen Ansatz anzuwenden.

Ein Großteil der Gesetzgebung der Gemeinschaft beeinflußt die Raumplanung. Von besonderer Bedeutung ist die Gesetzgebung im Bereich des Umweltschutzes. Die meisten Mitgliedstaaten haben anerkannt, daß die Richtlinie über die Umweltverträglichkeitsprüfung (UVP) einen wichtigen Einfluß auf die Gesetzgebung und die Politik in ihrem Land gehabt hat. Dennoch gibt es eine deutliche Abweichung zwischen den Mitgliedstaaten, wie Dänemark, deren politische Entscheidungen und Praktiken bereits die Erfordernisse der UVP Richtlinie erfüllt oder überschritten haben und anderen, wie Griechenland oder Italien, bei denen die UVP-Richtlinie zu einer neuen Auseinandersetzung mit Umweltschutzfragen geführt hat. Dies bedeutet unvermeidlich, daß zur Zeit in der Europäischen Union eine große Anzahl von Schritten im Bereich des Umweltschutzes erfolgt. Andere relevante Gesetze im Bereich des Umweltschutzes, die die Planung direkt beeinflussen, sind die Lebensräume-, Vogel- und Seveso-Richtlinien.

Zunehmende grenzüberschreitende Planungsaktivitäten

Die dritte konkrete Antwort der Planungssysteme auf die Veränderung des europäischen Rahmens sind die zunehmenden grenzüberschreitenden Planungsaktivitäten. Es gibt derzeit eine große Anzahl von Initiativen zur grenzüberschreitenden Zusammenarbeit, die in unterschiedlichen Entwicklungsstufen über die gesamte Europäische Union erfolgen. Wie bereits oben in diesem Bericht angeführt („Grenzgebiete: Von der Teilung zur Integration") unterscheidet sich der Umfang dieser Initiativen beträchtlich; manche verwirklichen begrenzte Projekte, andere unternehmen einen umfassenderen Versuch, indem sie berücksichtigen, daß es Probleme bei den Unterschieden zwischen den Planungssystemen und -instrumenten sowie den Rechts- und Verwaltungssystemen gibt. Die dringende Notwendigkeit der Zusammenarbeit zwischen Nachbarregionen führt jedoch zu intensiven Anstrengungen zur Überwindung dieser Probleme.

Raumplanungssysteme in den Mitgliedstaaten

Belgien

Die Raumplanung in Belgien basiert auf dem Stadt- und Raumplanungsgesetz aus dem Jahre 1962 (*Loi organique de l'aménagement du territoire et l'urbanisme*), das für das gesamte Staatsgebiet gilt. Seit 1962 wurde dieses Gesetz mehrere Male geändert und erneuert. Die Grundprinzipien blieben jedoch unverändert; und dies, obwohl die Raumplanung durch die Verfassungsreformen von 1980 und 1988 regionalisiert wurde.

Die Raumplanung soll Pläne für Regionen, Teilregionen und Gemeinden unter Berücksichtigung ökonomischer, sozialer und ästhetischer Gesichtspunkte aufstellen, um das nationale Erscheinungsbild zu erhalten (Artikel 1 des Gesetzes von 1962).

Durch das Gesetz von 1962 wurde eine Hierarchie von Entwicklungsplänen eingeführt: ein Nationalplan (der nie umgesetzt wurde), Regionalpläne, subregionale Pläne (*Plans de Secteur*) und Gemeindepläne (*Plan général d'aménagement* (PGA) und *Plan particulier d'aménagement* (PPA)). Obwohl viele Pläne für Teilregionen und Gemeinden erstellt wurden, sind sie kaum durchgeführt worden. Das lag an mangelnder Finanzausstattung, unangemessenen Durchführungsmechanismen, starren Verfahrensbestimmungen und veränderten Prioritäten seit der Einführung des Gesetzes.

Gegenwärtig befindet sich die Raumplanung in einer Übergangsphase, in der die drei Regionen (die flämische, die wallonische und die Brüsseler Hauptstadtregion) eigene autonome Planungsbefugnisse erhalten. Jede Region geht dabei verschiedene Wege und verfolgt bei der Formulierung ihrer Raumpolitik unterschiedliche Prioritäten. Die Grundelemente der drei verschiedenen Systeme und Politiken sind:

— In Flandern wurde ein dreistufiges Raumplanungssystem auf der Ebene von Region, Provinzen und Gemeinden vorgeschlagen. Die neue Raumplanung basiert auf zwei Arten von Plänen: einem Raumstrukturplan und einem Raumdurchführungsplan. Die Strukturpläne sollen den allgemeinen politischen Rahmen bilden. Eine Betonung liegt dabei auf nachhaltiger Entwicklung. Das Wachstum soll vor allem in den Stadtgebieten stattfinden, insbesondere in den drei größeren Städten Antwerpen, Brüssel und Gent. Die Erhaltung von Freiflächen ist eine wichtige Priorität.

— Die wallonische Region entwickelt ein zweistufiges System, das sich auf die regionale und die kommunale Ebene beschränkt. Alle Gesetze, Verordnungen und Regelungen zur Raumplanung in der wallonischen Region wurden kodifiziert und zentralisiert im *Code Wallon de l'aménagement du territoire, de l'urbanisme et du patrimoine (CWATUP)*. Auf jeder Planungsebene muß ein Strukturplan (*Plan régional d'aménagement du territoire* auf regionaler Ebene und *Schéma de structure* auf lokaler Ebene) und ein Gebietsplan (*Plan de secteur* und *Plans particuliers d'aménagement*) aufgestellt werden, von denen der letztere rechtlich bindend ist. Prioritäten sind hierbei die größere Beachtung ländlicher Gebiete und die Dezentralisierung des Planungssystems.

— Die Brüsseler Hauptstadtregion entwickelt ein zweistufiges System (regional und kommunal). Zwei Planarten sind vorgesehen: ein Entwicklungsplan und ein Gebietsplan. Auf beiden Ebenen sollen beide Pläne aufgestellt werden (*Plan régional de developpement, plan régional d'affectation des sols, plan communal de developpement, plan d'affectation des sols*). Die von den kommunalen Verwaltungen aufgestellten Pläne müssen von der Brüsseler Region bewilligt werden. Der Entwicklungsplan fungiert als allgemeiner politischer Rahmen, und der Gebietsplan bestimmt die Flächennutzung. Die Hauptprioritäten der Raumpolitik sind die Schaffung von Wohnraum, eine Sozialpolitik zur Erhaltung einer gemischten Bevölkerung und des sozialen Gleichgewichts, eine Politik für gemischte wirtschaftliche Aktivitäten und eine Umwelt- und Verkehrspolitik für die Anpassung des sozialen und wirtschaftlichen Fortschritts an die Lebensqualität.

Dänemark

Das dänische Raumplanungssystem ist hochentwickelt und gut ausgebaut. Dänemark hat ein dreistufiges Planungssystem, das unterteilt ist in die nationale, Kreis- und Gemeindeebene. Das Planungsgesetz trat im Jahr 1992 in Kraft, es basiert jedoch auf jahrzehntelanger Erfahrung mit der Raumplanung und verwandter Gesetzgebung.

Ein wichtiges Element der Raumplanung ist die Unterteilung des Staatsgebietes in drei Zonen, in Stadtgebiete, Sommerhausgebiete und ländliche Gebiete:

– in den Stadtgebieten und den Sommerhausgebieten sind Bebauungen gestattet, die mit den bestehenden Planungsvorschriften übereinstimmen;

– in den ländlichen Gebieten, die über 90 % des Staatsgebietes ausmachen, sind Bebauungen und jeder Wechsel der Landnutzung zu anderen als land- oder forstwirtschaftlichen Zwecken verboten; Ausnahmen bedürfen einer Sondererlaubnis gemäß den Plan- und Flächennutzungsbestimmungen; die Umwandlung eines Agrargebietes in ein Stadtgebiet erfordert einen *lokalplan*; und bei Zulassung muß der Landbesitzer eine Wertzuwachssteuer zahlen.

Das Planungssystem dezentralisiert die Verantwortlichkeiten in großem Maße, indem die Entscheidungsbefugnisse und die Verwaltungskompetenz auf Kreis- und Gemeindeebene verlagert werden. Die Hauptelemente des Systems sind:

– auf der nationalen Ebene finden die Planungspolitiken ihren Ausdruck im *Lansplanredegegorrelse* (Nationaler Planungsbericht); die letzte Version wurde im Jahr 1992 erstellt und wurde veröffentlicht als *Landsplanperspektiv* (Räumliche Entwicklungsperspektive), mit dem Titel *Dänemark bis zum Jahr 2018;* diese Prognose liefert den strategischen Bezugsrahmen für Kreise, Gemeinden und den privaten Sektor; um die Durchführung der nationalen Planungspolitiken zu gewährleisten, erstellt die Zentralregierung zusätzlich eine Reihe von bindenden *Landsplandirektiven* (Nationale Planungsrichtlinien);

– sowohl die Kreis- als auch die Gemeinderäte sind gesetzlich dazu verpflichtet, einen umfassenden Strukturplan und mehrere Flächennutzungspläne für ihr gesamtes Gebiet zu erstellen, zu verabschieden und zu überarbeiten; die Pläne werden alle vier Jahre überarbeitet und vor der endgültigen Verabschiedung öffentlich diskutiert;

– die 14 Kreisräte müssen *Regionplaner* (Regionalpläne) erstellen, die den Leitfaden für Flächennutzung, Infrastruktur und Umweltschutz darstellen und Prioritäten für zahlreiche sektorale Aspekte und Interessen bestimmen; das dänische Verfahren zur Umweltverträglichkeitsprüfung wird auf dieser Ebene in den Planungsprozeß integriert;

– die 275 Gemeinderäte erstellen zwei Arten von Plänen, *kommuneplaner* und *lokalplaner*;

– *kommuneplaner* (Gemeindepläne) werden auf der Grundlage einer allgemeinen Bewertung gegenwärtiger und zukünftiger Flächennutzung, wirtschaftlicher Ressourcen und unter Berücksichtigung lokaler Besonderheiten erstellt; sie bestehen aus einem Bericht, einer allgemeinen Struktur und einem Rahmen für Ortspläne;

– *lokalplaner* (Ortspläne) sind detaillierte Pläne für die Kontrolle von Bauvorhaben; seit 1975 wurden über 20.000 detaillierte Ortspläne erstellt; sie sind für Eigentümer rechtlich bindend, doch die Pläne stellen nur Regeln für zukünftige Handlungen auf; die Baukontrolle wird durch das Recht und die Pflicht der Gemeindebehörden ausgeübt, einen Ortsplan aufzustellen, sowie durch die Erteilung von *Byggetilladelse* (Baugenehmigungen).

Als Folge dieser Regelungen hat Dänemark eine Hierarchie von integrierten Plänen, wobei die Pläne auf den unteren Ebenen den Planentscheidungen auf höherer Ebene nicht widersprechen dürfen.

Um den europäischen Rahmenbedingungen und einem größeren Bereich von Problemen gerecht zu werden, hat Dänemark in den vergangenen Jahren seinen Ansatz zur Raumplanung erweitert. Die Einführung von Umweltzielen wird als wichtiger Zweck der dänischen Raumplanung angesehen. Ziel ist die Förderung einer nachhaltigen Entwicklung und der Raumqualität, um die Lebensbedingungen zu verbessern.

Deutschland

Das deutsche Raumplanungssystem ist ebenfalls gut entwickelt. Es arbeitet auf drei Ebenen und spiegelt dadurch die föderale Struktur des Staates wider, der Bund, Länder und Selbstverwaltungskörperschaften umfaßt. Zu den letzteren gehören Kreise, Städte und Gemeinden. Bezüglich der Raumplanung hat der Bund zwei Hauptgebiete der Gesetzgebungskompetenz:

– durch das *Bundesraumordnungsgesetz* schafft der Bund die Rahmengesetzgebung für die einzelnen Bundesländer;

- Bauprojekte und Bauvorhaben werden durch das *Baugesetzbuch* geregelt, das im Jahr 1986 verabschiedet und im April 1993 ergänzt wurde; für die Stadtentwicklung in Deutschland ist es das wichtigste Gesetz.

Das Raumplanungssystem verbindet Föderalismus und kommunale Selbstverwaltung durch eine Reihe von rechtlich bindenden, hierarchisch strukturierten Politiken und Plänen. Die wichtigsten Elemente des Systems sind:

- das für die Raumordnung zuständige Bundesministerium hat im wesentlichen die Aufgabe, zusammen mit den Ländern einen bundesweit geltenden Rahmenplan aufzustellen sowie die auf Bundesebene durchgeführten Fachplanungen und die auf Länderebene durchgeführten Planungsmaßnahmen zu koordinieren;

- zusätzlich zum *Landesplanungsgesetz* erstellt jedes Land ein *Landesentwicklungsprogramm*, das durch *Landesentwicklungspläne* und Regionalpläne ergänzt wird;

- die Gemeinden und Städte erstellen zwei Arten von Plänen: den *Flächennutzungsplan* mit vorläufigem Charakter und den rechtlich bindenden *Bebauungsplan*;

- Bau- und Planungskontrolle werden in einer einzigen Erlaubnis verknüpft: der *Baugenehmigung*; diese wird von den unteren Baubehörden (z. B. Gemeinden und Kreise) gewährt, wenn das Bauvorhaben keinen Regelungen des öffentlichen Rechts zuwiderläuft.

Ein Hauptelement der Raumordnungsprogramme des Bundes ist die Schaffung „gleichwertiger Lebensbedingungen im Bundesgebiet". Dies soll durch ein System des Finanzausgleichs erreicht werden, das den Finanztransfer von stärkeren zu schwächeren Ländern vorsieht. Nach der Wiedervereinigung sind große Disparitäten zwischen Ost und West aufgetreten, besonders hinsichtlich des wirtschaftlichen Wachstums und des Beschäftigungsstandes. Die Disparitäten sind durch interne Wanderungen in den Westen und durch Einwanderungen aus Osteuropa noch verschlimmert worden. Diese Entwicklungen üben wachsenden Druck auf die Wohnsituation in den alten Ländern aus und unterlaufen den Prozeß der wirtschaftlichen Umstrukturierung im Osten. Folglich ist das Finanzausgleichssystem nun darauf ausgerichtet, die neuen Bundesländer in ihrem Versuch zu unterstützen, die Lebensbedingungen an die des Westens anzugleichen.

Die Beschlüsse des Bundestages und des Bundesrates haben hervorgehoben, daß die Aktualisierung von *Europa 2000* verstärkt die folgenden Aspekte einbeziehen soll: die Öffnung Mittel- und Osteuropas, die Bedeutung ländlicher und peripherer Regionen, die umfangreichen Abwanderungsbewegungen und die ökologischen Wirkungen der Siedlungsstrukturen. Der Deutsche Bundestag geht darüber hinaus davon aus, daß die Kommission die Ziele und Ansätze der Raumplanung in den einzelnen Mitgliedstaaten berücksichtigt.

Griechenland

Der Wendepunkt der raumplanerischen Gesetzgebung in Griechenland ist die Gesetzesverordnung vom 17.7.1923, die die Form von Flächennutzungsplänen festlegte. Dieses Gesetz und die *Genikos Oikodomikos Kanonismos* (Allgemeine Baubestimmungen, allgemein bekannt unter GOK und als Gesetz 1577/1985 in Kraft getreten) haben enormen Einfluß auf die Bestimmung von Form und Entwicklung der Städte gehabt. Das derzeit wichtigste Stadtplanungsstatut ist Gesetz 1337/1983 über die Ausdehnung der Städte und die städtische Entwicklung.

Die Raumplanung ist zentralisiert. Die meisten Maßnahmen haben ihren Ursprung in den Ministerien der Zentralregierung, und die Planerstellung wird durch die nationale Regierung vorgenommen, d. h. durch 54 *Präfekturen* (regionale Ämter der zentralen Regierungsministerien). Die wichtigsten Elemente des formalen Systems sind:

- das Verfassungsrecht fordert vom Staat den Schutz der physischen und kulturellen Umwelt, des Privateigentums und die Schaffung von Wohnraum;

- *anaptyxiaka programmata*: ein System nationaler, regionaler und präfektoraler Entwicklungspläne;

- eine Hierarchie von rechtlich bindenden Plänen für Gebiete, in denen die Bebauung gelenkt werden soll (*entos schediou*, Land im Plan); dazu gehören: *poleodomiki meleti* (ein detailliertes Ortsplanschema), *geniko poleodomiko schedio* (GPS) (ein allgemeiner Stadtplan) und *rythmistiko schedio* (strategischer Generalplan nur für Athen und Thessaloniki);

- landesweite Gesetze und Politikinstrumente für die Bebauung in Gebieten, die nicht in den Plänen enthalten sind (*ektos schediou*, Land außerhalb des Plans);

— allgemeine Baubestimmungen (GOK), die für das ganze Land gelten.

Der rechtliche Zusammenhang ist kompliziert und bedarf der Ausführung, denn Abweichungen von verabschiedeten Plänen und unerlaubte Bauvorhaben, besonders im Wohnungsbau, sind weit verbreitet. Dies sollte im Licht der folgenden andauernden Bedingungen gesehen werden:

— eine aus ökonomischen, demographischen und kulturellen Gründen große Nachfrage nach Land und Bebauung;

— die Bedeutung von Land- und Immobilienbesitz für Individuen und eine Kultur, die staatliche Interventionen und Regulierungen nicht akzeptieren;

— das Fehlen eines effektiven Bodenkatasters, verschleppte Rechtsstreite und geringe lokale Planungskontrolle.

Das Ergebnis ist eine bemerkenswerte Diskrepanz zwischen der offiziellen Planung und der tatsächlichen Entwicklung. Der Planungsrahmen wird fortlaufend an die aktuellen Entwicklungen angepaßt. Die negativen öffentlichen Reaktionen aufgrund der oben aufgeführten Bedingungen führen zu zeitraubenden Planungsprozessen. Es besteht ein Mangel an Koordination zwischen den verschiedenen Ebenen der Raumplanung und ihrer Entwicklungsprogramme.

Die griechische Regierung unternimmt derzeit eine umfassende Überarbeitung aller Planungsgesetze mit dem Ziel der Vereinfachung der Prozesse und der Einrichtung von Planungsabteilungen in einem geplanten zweistufigen lokalen Regierungssystem. Diese Änderungen sollen folgende Politiken unterstützen helfen:

— effektive Landverwaltung außerhalb der städtischen Zentren, darunter die Errichtung von Industriegebieten zur Angleichung der industriellen, kommerziellen sowie technologischen Entwicklungen und die Wiederbelebung von ländlicher Besiedlung;

— die allmähliche Erneuerung und Verbesserung der Umwelt in den Stadtzentren, die Aufwertung heruntergekommener Stadtgebiete, die „Vermenschlichung" der städtischen Umwelt, die Förderung „grüner", kultureller und sozialer Aktivitätsräume;

— Entwicklung von Verbindungsgliedern zwischen benachbarten Städten, um zusammenhängende städtische Verkehrsnetze zu bilden und die stärkere Anbindung an das europäische Verkehrsnetz zu fördern.

Spanien

Das für die Raumplanung relevante Staatsgesetz, genannt *Texto Refundido de la Ley Sobre el Régimen de Suelo y la Ordencion Urbana*, stammt aus dem Jahr 1992. Es ist das Ergebnis einer konsolidierenden Gesetzgebung, die das Nationale Planungsgesetz von 1990 und die früheren Gesetze zur Stadtplanung vereinigt. Hinsichtlich der Raumplanung berücksichtigt das nationale Planungsgesetz von 1992 die Raumplanungsinstrumente der verschiedenen Regionen (*Communidades Autonomas*) und liefert deren gesetzliche Grundlage.

Die gesetzlichen Grundlagen für die Raumplanung in Spanien sind aufgrund der Annahme der spanischen Verfassung von 1978, die Rechte und Kompetenzen für die Raumplanung auf die verschiedenen regionalen Regierungen übertrug, höchst umfangreich und kompliziert geworden. Neben dem Gesetz von 1992 existiert eine Reihe von Gesetzen, die zwar keine rein entwicklungsrelevanten Bereiche betreffen, die aber einen Einfluß auf die Planung haben, wie zum Beispiel Küsten, Autobahnen, Wasserressourcen, Naturschutzgebiete, natürliche Tier- und Pflanzenwelt. Die 17 *Communidades Autonomas* in Spanien können (entsprechend der mittleren Verwaltungsebene der Regionen) eigene Gesetze zur Raumplanung, Stadtplanung und Entwicklung in den Bereichen erlassen, die außerhalb der nationalen Verantwortlichkeit liegen. Die Gesetzgebung zur regionalen Raumplanung variiert zwischen den 17 *Communidades Autonomas* und befindet sich in unterschiedlichen Entwicklungsstadien.

Das Ergebnis ist ein kompliziertes Feld verschiedener Institutionen und Instrumente, das die bestehende Vielfalt der verschiedenen Territorien und der gewählten Entwicklungsstrategien widerspiegelt.

Die Bestimmungen des Gesetzes von 1992 und der vorherigen Gesetze erlauben die Erstellung eines Nationalplans für das gesamte Staatsgebiet, der den Rahmen für die Raumplanung bilden und deren Ziele bestimmen würde. Bisher ist dieser jedoch noch nicht erstellt worden, und es gibt auch keine diesbezüglichen Absichten. Für den Zeitraum von 1993 bis 2007 hat die Zentralregierung jedoch einen

Infrastrukturrahmenplan erstellt, der das gesamte spanische Gebiet umfaßt. Obwohl er formal kein Plan im eigentlichen Sinn ist, könnte er als ein Instrument der Raumplanung angesehen werden, da er ein Programm enthält und Maßnahmen für große Infrastrukturverbesserungen in staatlicher Verantwortung vorsieht.

Flächennutzungspläne werden hauptsächlich auf kommunaler Ebene erstellt. Regionalpläne werden von den betreffenden *Communidades Autonomas* entworfen und enthalten zumeist Umweltschutzmaßnahmen, bestimmen infrastrukturelle Grundausstattungen und richten Koordinierungsmaßnahmen ein, die der Integration von Fachplanungen dienen, wie Straßenbau, Verkehr, Wasserversorgung und lokale Entwicklungspläne. Auf kommunaler Ebene sind die Pläne umfassender und werden von den kommunalen Verwaltungen entsprechend eines vorgeschriebenen Verfahrens innerhalb von ein bis drei Jahren erstellt. Die lokalen Pläne schließen Flächennutzung, Baubestimmungen, Durchführung von Programmen u.a.m. ein. Die lokalen Pläne können entweder von einer Gemeindeverwaltung oder von einer Gruppe von Kommunen entworfen werden und werden alle vier Jahr überarbeitet. Die lokalen Pläne sind rechtlich bindend und erlauben beim Entscheidungsprozeß nur geringen Ermessensspielraum. Gemäß dem Staatsgesetz von 1992 können nationale und regionale Raumplanungsinstrumente Maßnahmen einschließen, die wirtschaftliche Ziele haben, so z. B. regionale Investitionsförderung und andere Anreize.

Dies sind die wichtigsten Bereiche, von denen die spanische Raumplanung national, regional und lokal betroffen ist:

- die Vereinbarkeit der wirtschaftlichen Entwicklung mit der Lebensqualität im Rahmen der Europäischen Union;

- die Anforderungen der regionalen Entwicklung;

- Raumstrategien;

- die Verteilung der wirtschaftlichen Aktivitäten und der Flächennutzung auf das Staatsgebiet;

- die Einbeziehung umweltrelevanter Aspekte im weitesten Sinne;

- die Planung integrierter Verkehrs- und anderer Netze;

- die Koordinierung öffentlicher Maßnahmen auf verschiedenen Verwaltungsebenen.

Neue Gesetze über die Umweltverträglichkeitsprüfung in Spanien zeigen die wachsende Wichtigkeit von Umweltaspekten; die Gesetzgebung geht über die Anforderungen der EU-Richtlinie hinaus.

Das komplizierte System von Gesetzen und Instrumenten in Spanien bewirkt einen gewissen Grad an Sicherheit, besonders auf kommunaler Ebene. Das System der strengen Flächennutzungsordnung könnte jedoch so angepaßt werden, daß es vorherrschenden Trends entspricht. Nationale und regionale Pläne für große Infrastrukturvorhaben reagieren auf das Problem der regionalen Disparitäten und tragen zur Entwicklung transnationaler Netze für Verkehr, Energie und Telekommunikation bei.

Frankreich

Im französischen System gibt es eine klare Unterscheidung zwischen räumlicher und fachlicher Planung. Letztere fällt in die Kompetenz des Staates, der Region oder des Départements, während die Raumplanung in die Kompetenz der Kommunen fällt.

Seit den 40er Jahren war die französische Raumplanung durch einen hohen Grad der Zentralisierung gekennzeichnet. Die großen Reformen in den 80er Jahren, insbesondere die von 1983, waren ein Versuch, Macht und Entscheidungsbefugnisse bei der Planung zu dezentralisieren. Die Gemeinden wurden zu lokaler Planung ermächtigt.

In Frankreich gibt es vier Verwaltungsstufen:

- die nationale Regierung bestimmt die Regeln, trifft wichtige Entscheidungen zur Schaffung der Bedingungen für größere Planungsvorhaben und legt fachgebundene Leitlinien für das gesamte Staatsgebiet fest (Autobahnen, TGV und Universitäten), während ihre Verwaltungsstellen vor Ort die Gesetzmäßigkeit der lokalen Planungsentscheidungen überwachen;

- die Regionen koordinieren in Abstimmung mit der Nationalregierung die wirtschaftliche Entwicklung, vor allem durch den *Contrat de Plan*, der die öffentlichen Investitionsprogramme für eine Region während der nächsten fünf Jahre festlegt;

- die Départements stellen technische Hilfen für die kleineren Kommunen in den ländlichen Gebieten bereit, legen Verkehrspläne für die Départements fest und setzen sie um;

- die etwa 36.000 Gemeinden sind die Basiseinheit der lokalen Verwaltung; sie sind verantwortlich für die lokale Infrastruktur, die lokale Planung und die Bewilligung von Bauvorhaben; die Kommunen arbeiten zunehmend in interkommunalen Entwicklungsprojekten zusammen.

Es ist jedoch wichtig festzustellen, daß die Nationalregierung die alleinige Gesetzgebungsgewalt hat und keine regionale Verwaltung eine andere kontrollieren kann. Dennoch führen Überschneidungen in den Zuständigkeiten in Fragen der Raumplanung zu einem starken, aber komplizierten Beziehungsgeflecht zwischen den Verwaltungsstufen.

Die wichtigsten Systemelemente sind:

- das Planungsgesetz wird auf nationaler Ebene kodifiziert; dieser *Code de L'Urbanisme* wurde erstmals 1957 erlassen und ist seitdem häufig Änderungen unterworfen worden; wichtige Änderungen fanden 1983, 1987 und 1991 statt;

- Gemeindegruppen, wie häufig in Ballungsgebieten, können zusammenarbeiten, um einen Plan für die allgemeinen Planungsziele des Gebiets festzulegen (*schéma directeur*);

- lokale Flächennutzungspläne (*Plans locaux d'occupation des sols (POS)*) werden im Auftrag der Kommunen erstellt und legen die Nutzungsregelungen und Baubestimmungen für jede Parzelle fest; der POS muß so weit wie möglich mit jedem relevanten *Schéma Directeur* kompatibel sein;

- um eine Baugenehmigung (*permis de construire*) zu erhalten, muß der Bauplan dem POS entsprechen; wenn dieser nicht existiert, bestimmen die Stadtplanungsbestimmungen, die im *Code de l'Urbanisme* enthalten sind, ob ein Bauvorhaben erlaubt ist oder nicht.

In Frankreich wird immer offenbarer, daß ein Bedürfnis nach einer zusammenhängenderen Raumplanung auf nationaler Ebene besteht. Im Frühjahr 1994 wurden dem französischen Parlament neue Leitlinien für die *aménagement du territoire* (Raumplanung) vorgelegt. Dem Gesetz wird ein Nationalplan beigefügt werden, der eine räumliche Vision für Frankreich im Jahre 2015 enthält und die Mechanismen und Projekte beschreibt, die zur Erreichung der Ziele notwendig sind. Darüber hinaus sieht es eine bessere Koordination zwischen den nationalen Zielen, der Regionalentwicklung und der physischen Planung vor.

Irland

Das Hauptgesetz für die Flächennutzungsplanung in Irland ist das *Local Government (Planning and Development) Act* von 1963. Das Gesetz bestimmt die planungsbefugten Behörden (ihre Zahl beträgt heute 88) und deren besondere Pflichten und Rechte, darunter auch die Verpflichtung zur Erstellung und zur Überarbeitung von Entwicklungsplänen. Es enthält ebenso die Verpflichtung zur Einholung von Baugenehmigungen. Es ist das Hauptgesetz des irischen Planungssystems geblieben, aber von 1963 bis 1993 gab es eine Reihe von Zusatz- und Verschärfungsgesetzen, darunter:

- die Einrichtung des *Bord Pleanála*, der unabhängigen Berufungskommission (nach Anforderung der Planungserlaubnis existieren ausgedehnte Einspruchsrechte gegen Entscheidungen der Planungsgremien sowohl für Bauherren als auch für die Öffentlichkeit) und Zeitbeschränkungen für Entscheidungen dieser Kommission;

- die Stärkung der Durchsetzungsmacht, darunter das Recht für jedermann, bei Gericht eine einstweilige Verfügung gegen gesetzeswidrige Bauvorhaben zu erwirken;

- Gesetze über Ausgleichszahlungen;

- Einbeziehung der Richtlinie 85/337/EWG (Umweltverträglichkeitsprüfung) in das Planungssystem;

- Ausdehnung des Zwangs zur Planungsgenehmigung für die meisten Bauvorhaben der Regierung und der staatlichen Behörden.

Unter den *Urban Renewal Acts* (Stadterneuerungsgesetzen) von 1986 und 1987 wurde erfolgreich von den Bestimmungsrechten Gebrauch gemacht, um die Revitalisierung der verfallenen Innenstädte der Städte und Kleinstädte zu fördern.

Jede lokale Behörde ist gesetzlich dazu verpflichtet, Bebauungspläne aufzustellen und sie alle fünf Jahre zu überprüfen. Die Bebauungspläne enthalten die Bebauungsziele, Flächennutzungsziele (vor allem in städtischen Gebieten), Ziele für die Erhaltung und Ausdehnung von Erholungsgebieten, die Entwicklung und Erneuerung überalterter Gebiete und die Bereitstellung neuer Infrastruktur und Dienste. Die Flächennutzungspläne zeigen die bevorzugte Nutzung von Flächen an. Diese können nur geändert werden durch einen grundstücksspezifischen Einspruch während der Revision des Gesamtplanes selbst oder durch einen Einspruch, wenn die zweckmäßige Planung und Entwicklung des Geländes es erfordern.

Eine Hauptkomponente der derzeitigen Regierungspolitik ist es, die Erwägungen bezüglich der Erhaltung einer hohen Umweltqualität in alle Entscheidungsprozesse zu integrieren. Im Jahre 1992 wurde eine Umweltschutzbehörde mit folgenden Aufgaben gegründet: die Einrichtung eines integrierten Lizenzsystems zur Verschmutzungskontrolle für geplante Projekte mit hohem Verschmutzungsrisiko, die allgemeine Überwachung der Umweltqualität, Beratung und Unterstützung der Regierungsminister und der öffentlichen Körperschaften sowie die Koordinierung der Umweltforschung.

Am 1. Januar 1994 wurden acht regionale Behörden neu eingerichtet. Diese Behörden haben die Befugnis, die Bereitstellung öffentlicher Dienste in ihrer Region zu koordinieren, die Bebauungspläne der Planungsbehörden zu überprüfen und eigene Regionalberichte zu erstellen. Sie tragen darüber hinaus dazu bei, den regionalen Beitrag zur Festlegung und Überprüfung des Gemeinschaftlichen Förderkonzepts zu sichern.

Der nationale Entwicklungsplan 1994-1999 enthält die Entwicklungsstrategie der Regierung für den betreffenden Zeitraum. Der Plan enthält die Regierungsstrategie zur Erreichung des nationalen Zieles des größeren wirtschaftlichen und sozialen Zusammenhalts, das auch von der Europäischen Gemeinschaft verfolgt wird. Das Hauptziel des Planes ist die Gewährleistung des besten langfristigen wirtschaftlichen Erfolgs durch die Steigerung der Produktion, des wirtschaftlichen Potentials und der Zahl langfristiger Arbeitsplätze. Er sieht ferner die Wiedereingliederung der Langzeitarbeitslosen und der davon bedrohten in das Wirtschaftsleben vor. Der Plan umfaßt die Ausgabenpläne der Regierung im gesamten Strukturgebiet. Er bildete die Basis für die Diskussionen mit der Europäischen Kommission über das Abkommen des Gemeinschaftlichen Förderkonzepts für Irland von 1994-1999. Die Strategie und Hauptziele im Gemeinschaftlichen Förderkonzept finden sich auch im Plan wieder. Hinsichtlich der physischen Planung geben der nationale Entwicklungsplan und das Gemeinschaftliche Förderkonzept Hinweise für die wichtigsten Infrastrukturprojekte, deren Fertigstellung während der Planungsperiode erwartet wird.

Italien

Die gesetzliche Grundlage für das italienische Planungssystem stammt aus dem Jahre 1942. Die Gesetzgebung führte zur Schaffung des *Piano Regolatore Generale* (Generalplan). Diese Pläne, die auf kommunaler Ebene erstellt wurden, gründen auf Flächennutzungsplänen, die jedem Landgebiet bestimmte Eigenschaften zuweisen. Der lokale Planungsansatz führte zu einem fragmentierten politischen Rahmen und zu einer starken Konzentration auf physische und Gestaltungsfragen.

Seit den 70er Jahren erkennt Italien die Notwendigkeit an, das Planungssystem auf die wirtschaftliche Entwicklung und andere Bereiche zu erweitern. Im Jahre 1990 wurde ein neues Gesetz erlassen (*Ordinamento delle Autonomie Locali*), um eine grundlegende Erneuerung der lokalen Behördenstruktur zu bewirken. Insbesondere schuf es den Status der „Metropolen" für die elf größten Städte. Jede hat eine direkt gewählte Instanz und ist für alle Plan- und Flächenverwaltungsaufgaben zuständig, obwohl die lokalen Behörden immer noch den *Piano Regolatore Generale* erstellen.

Das Raumplanungssystem ist nunmehr in Italien klar entwickelt und operiert auf den folgenden Ebenen:

— auf der nationalen Ebene eine Reihe von Fachplänen, darunter ein allgemeiner Verkehrsplan, der Leitlinien für die Koordination der Verkehrspolitiken und -projekte enthält;

— eine Reihe von Instrumenten sowohl in allgemeinen Bereichen als auch in bestimmten Sektoren, die Leitlinien und Koordination für regionale und lokale Regierungsebenen bereitstellen;

— Regionalpläne, *Piani Territoriali di Coordinamento*, die die Flächennutzung für untere Verwaltungsebenen regeln; diese Pläne vereinen fachliche Bereiche, darunter die wirtschaftliche Entwicklung und die lokalen Planungsinhalte;

— auf der lokalen Ebene die Erstellung der *Piani Regolatori Generali*, die die Flächennutzung festlegen, indem sie für jede Gemeinde eine Flächenaufteilung vornehmen; diese Pläne legen wichtige Verkehrswege und die Standorte neuer Infrastruktur fest;

— die Forderung, daß die Entwicklung mit dem *Piano Regolatore Generale* übereinstimmt.

Es gibt eine Reihe von Faktoren, die die Wirksamkeit des Planungssystems in Italien beeinflussen. Unter ihnen verdienen die folgenden Aufmerksamkeit:

- Steuern werden nur von der Zentralregierung erhoben und dann unter den Regionen und Gemeinden verteilt; das bedeutet, daß die Gemeinden keine fiskalische Unabhängigkeit besitzen; kürzlich wurden jedoch einige Formen von Kommunalabgaben eingeführt; traditionell sind die großen Städte im Vergleich mit den Städten mittlerer Größe benachteiligt worden, so daß eine wachsende Lücke zwischen den erhaltenen Mitteln und den Bedürfnissen der großen Städte entstanden ist;

- der hohe Grad an Verhandlungen und Kompromissen hinsichtlich aller Planungs- und Bebauungsaspekte ist zum Teil auf die Vielparteienregierungen während der letzten zwanzig Jahre zurückzuführen;

- die gesetzliche Bestimmung, daß bei Landkäufen durch die öffentliche Hand der finanzielle Ausgleich zu Marktpreisen stattfinden muß, hat dazu geführt, daß Richtung und Art des Entwicklungsprozesses sowohl von Markt- als auch von Planfaktoren beherrscht wurden;

- die wachsende Anerkennung der Bedeutung von Umweltproblemen steht einer getrennten Behandlung von Umwelt- und Planungspolitik gegenüber; es besteht ein zunehmendes Bewußtsein für die Notwendigkeit, diese beiden Bereiche hinsichtlich Politik und Durchführung zu verknüpfen;

- die Umsetzung der *Piani Territoriali di Coordinamento* und des neuen Organisationsmusters der Metropolen nach dem Gesetz von 1990 vollzieht sich jedoch nur langsam.

Luxemburg

Im Großherzogtum Luxemburg basiert die Raumplanung hauptsächlich auf dem Gesetz vom 12. Juni 1937 über die Raumplanung in Städten und anderen wichtigen Verdichtungsräumen, auf dem Gesetz vom 20. März 1974 über die allgemeine Raumplanung des Landes und auf dem Gesetz vom 11. August 1982 über den Schutz der Umwelt und der natürlichen Ressourcen. Andere Gesetze wie das über die Flurbereinigung der ländlichen Güter (1964), über Entwicklung, Diversifizierung und das Gleichgewicht der regionalen Wirtschaft (1962/86/93), über die Schaffung eines großen Kommunikations- und Verkehrssystems (1967) und über Naturparks (1993) vervollständigen diese gesetzlichen Grundlagen.

Im Bereich der Raumplanung existieren nur zwei Entscheidungsebenen: die nationale – also staatliche – Ebene und die kommunale Ebene. Gemäß dem Gesetz vom 20. März 1974 über die allgemeine Raumplanung des Landes beschließt der Regierungsrat auf Vorschlag des Ministers, in dessen Aufgabenbereich sich die Raumplanung befindet, ein Rahmenprogramm (*programme directeur*) zur Raumplanung. Diessr Programm bestimmt die Hauptziele der Raumplanungspolitik und die notwendigen Maßnahmen für ihre Umsetzung. Der Regierungsrat kann gleichermaßen, auf Vorschlag des betreffenden Ministers, globale oder Teilraumpläne erstellen, die sowohl eine größere Anzahl als auch ein einziges Gebiet, ein oder mehrere Gemeinden oder das ganze Land umfassen können. Das *programme directeur* der Raumplanung wird – wie auch die verschiedenen Raumpläne – im allgemeinen für eine Dauer von 10 bis 20 Jahren ausgearbeitet, mit dem Vorbehalt der jederzeitigen Revision oder Ergänzung.

Das erste *programme directeur* datiert vom 6. April 1978. Seine Überarbeitung (*Horizont 2000*) wurde am 4. März 1988 vom Regierungsrat verabschiedet. Das *programme directeur* ist für Dritte nicht verpflichtend. Aber jeder Minister, die Gruppe der Regierungsverwaltungen und die anderen öffentlichen Dienste müssen ihn zur Kenntnis nehmen. Der Minister für Raumplanung hat 1994 mit der Ausarbeitung des zweiten *programme directeur* begonnen (*Horizont 2010/2020*).

Die globalen oder Teilraumpläne übertragen und verwirklichen die nationalen Raumplanungsentscheidungen, die vom *programme directeur* festgelegt wurden. Sie werden von dem Minister ausgearbeitet, in dessen Zuständigkeit die Raumplanung fällt, und gemäß den Bestimmungen des Großherzogtums pflichtgemäß bekanntgegeben. Unter den bis heute bekanntgegebenen Plänen sind die zur Schaffung der Industriegebiete von nationalem Charakter im Süden (1978/79/88) sowie in anderen Landesteilen (1981/82) und die für den Flughafen und die Umwelt zu erwähnen. Andere Pläne, deren Erstellung oder Fertigstellung in Aussicht steht, sind der *Haff Réimech* (Spezialpläne zur Neugestaltung alter Kiesgruben sowie für das Handwerk, den Tourismus und den Naturschutz) und die globalen Regionalpläne Nord, Zentrum, Süden und Osten, die erst im Entwurf vorliegen. Die Durchführung der bekanntgemachten Raumpläne ist eine öffentliche Leistung. Das Gesetz von 1974 verlangt daher ausdrücklich ein

Beteiligungsverfahren mit Konsultation der Gemeinden und der betroffenen Öffentlichkeit.

Im Prinzip sind die Gemeinden für die Raumplanung ihrer Gebiete verantwortlich. Doch gemäß dem Gesetz vom 12. Juni 1937 über die Stadtplanung (vervollständigt durch das Gesetz von 1974) müssen diese die Planungsprojekte so anlegen, daß sie das gesamte Gebiet umfassen. Diese Projekte werden durch Ausschüsse der Bürgermeister und der Gemeinderäte ausgearbeitet. Sie werden von der Raumplanungskommission, die vom Innenminister berufen wird, zu einer Stellungnahme aufgefordert. Eine Entscheidung wird in einem ersten Schritt vom Gemeinderat vorläufig gebilligt und veröffentlicht. Im zweiten Schritt, der endgültig ist und die eventuellen Einwände der Bürger integriert, erhalten sie einen offiziellen Charakter und sind für alle verpflichtend. Die kommunalen Raumpläne müssen mit den globalen oder Teilraumplänen übereinstimmen, die im Rahmen des Gesetzes von 1974 öffentlich bekanntgegeben wurden. Daß der allgemeine Raumplan direkt in die kommunale Ebene eingreift, ist jedoch nur im Rahmen eines solchen Planes vorgesehen.

Ein anderes Gesetz, das eine gewisse Bedeutung für die Raumplanung hat und das die Gesetze von 1937 und 1974 besonders im Bereich des Naturschutzes ergänzt, ist das Gesetz vom 11. August 1982 über den Schutz der Umwelt und der natürlichen Ressourcen. Es bestimmt, daß alle Bauvorhaben und Eingriffe außerhalb der Stadtgebiete, d.h. in den „Grünzonen" genannten Landesteilen, der Zustimmung des Wasser- und Forstministers bedürfen.

Die Raumplanung muß beitragen zur Verbesserung der Lebensbedingungen der Bevölkerung und der Umwelt, der Verbesserung der Naturräume, der Entwicklung harmonischer städtischer und ländlicher Strukturen, der optimalen Nutzung der wirtschaftlichen Ressourcen, des Naturschutzes und der Erhaltung der natürlichen Ressourcen, sowie der Entwicklung des kulturellen Nationalerbes.

Hier die Hauptthemen, die das Ministerium für Raumplanung derzeit beschäftigen:

– nachhaltige Entwicklung und rationelle Flächenverwaltung,

– interkommunale Zusammenarbeit,

– Dezentralisierung,

– grenzüberschreitende Zusammenarbeit,

– Geographisches Informationssystem.

Niederlande

Die Geschichte des Kampfes des holländischen Volks gegen die Naturgewalten erklärt vielleicht, warum der hohe Grad der öffentlich geregelten Aktivitäten akzeptiert wird, die die Flächennutzung und die räumliche Umgebung verändern. Das erste Gesetz mit raumplanerischem Bezug war das *Woningwet* (Wohnungsgesetz) von 1901. Das erste ausdrückliche Raumplanungsgesetz datiert aus dem Jahr 1965 (*Wet op de riumtelikje ordening*). Dieses Gesetz wurde 1985 und erneut 1994 ergänzt.

Das Planungssystem ist ausgereift, gut verständlich und weithin respektiert. Es ist üblich, daß kein Gebäude ohne die Zusammenarbeit mit der lokalen Planungsbehörde (der Gemeindeverwaltung) gebaut wird. Ein Bauvorhaben erfordert eine Baugenehmigung, die verweigert wird, wenn das Vorhaben gegen den lokalen Flächennutzungsplan verstößt. Wenn die Gemeindeverwaltung ein Bauvorhaben gegen den existierenden Plan erlaubt, sind Ausnahmen möglich.

Raumplanung findet auf allen drei Regierungsebenen statt:

– auf der nationalen Ebene trifft der Minister für Wohnungsbau, Raumplanung und Umwelt (VROM) die Grundsatzentscheidungen für größere Projekte und Politikbereiche von nationaler Bedeutung; darüber hinaus kann der Minister durch die Erstellung nationaler Berichte die Art der Ausübung der Planungsfunktionen unterer Behörden beeinflussen; die derzeitige Version des Vierten Berichts *Nationale Raumpolitik* wurde 1993 erstellt;

– die Provinzbehörden erstellen Provinzpläne, die alle Teile der Provinz abdecken und die Raumplanungspolitik darstellen müssen; sie haben eher Informationsfunktion als daß sie rechtlich bindende Dokumente sind;

– die Gemeinden haben das Recht, wenn auch nicht die Pflicht, einen *structuurplan* (Strukturplan) zu erstellen; dieser ist ein strategisches Informationsdokument für alle Teile der Gemeindeverwaltung, der auf allgemeine Weise die erwünschte zukünftige Entwicklung beschreibt; ferner müssen die Gemeinden einen *bestemmingsplan* (Flächennutzungsplan) erstellen, der für die Vergabe von Baugenehmigungen rechtlich bindend ist; in städtischen Gebieten, die unter das Stadt- und Dorferneuerungsgesetz fallen, können die Kommunen städtische Erneuerungspläne erstellen, die den selben rechtlichen Status wie ein *bestemmingsplan* haben.

Die Regierungsorganisation in den Niederlanden befindet sich in einer Periode des Wandels. Die Mängel der gegenwärtigen Regierungsstruktur angesichts der wachsenden sozialen und wirtschaftlichen Probleme der großen Städte führte zur Verabschiedung des *Kaderwet* (Rahmengesetz). Dieses fordert von den Verwaltungen der sieben größten Städte die Durchführung einer Reihe allgemeiner Maßnahmen, darunter die Bildung einer befristeten Regionalverwaltung (vier Jahre) und die Erstellung eines Strukturplanes für die Region, um die angemessenste regionale Regierungsform für das Gebiet zu bestimmen.

Fast überall in den Niederlanden gibt es auf lokaler Ebene rechtlich bindende Pläne, die festlegen, welche Bauvorhaben erlaubt sind. Andere Pläne liefern einen Rahmen und gewährleisten eine gewisse Integration der Stufen. Innerhalb dieses Systems haben die Kommunen einen beachtlichen Grad an lokaler Autonomie. Seit Beginn 1994 wurde das Recht niederer Regierungsebenen, Projekte von nationaler Wichtigkeit zu blockieren und zu verzögern, stark beschnitten.

Die Hauptelemente der gegenwärtigen nationalen Raumpolitik mit einer klaren europäischen Ausrichtung sind:

– Stärkung der Stellung des ganzen Landes und besonders der Randstad innerhalb Europas;

– Verbesserung der Attraktivität der Stadtzentren als Wohn- und Arbeitsstätten;

– Beibehaltung des Gegensatzes zwischen städtischen und ländlichen Gebieten, insbesondere die Erhaltung des „Grünen Herzens" von Randstad;

– Verbesserung der Infrastrukturverbindungen, besonders als Teil des transeuropäischen Verkehrsnetzes;

– Schutz und Entwicklung einer ökologischen Infrastruktur mit speziellem Augenmerk auf Wasserstraßen;

– Förderung nachhaltiger Entwicklung.

Portugal

In Portugal existiert eine ausgedehnte Raumplanungsgesetzgebung. Die wichtigsten Teile sind regionale Raumpläne (DL 176-A/88), das *Lei dos Licenciamentos* (Gesetz über Genehmigungen, DL 445/91) und das *Lei dos Soteamentos Urbanos* (Gesetz zur Regulierung privater Initiativen von Stadtprojekten, DL 448/91).

Das System beinhaltet spezifische Pläne zur Sicherung des nationalen Erbes und der natürlichen Ressourcen, um die Flächennutzung in Schutzgebieten, vor allem an der Küste, zu kontrollieren.

Das Planungssystem hat sich aus einer starken städtischen Orientierung heraus, die bis in die 70er Jahre anhielt, zu einem weiter gefaßten räumlichen Ansatz hin entwickelt. Dieser wurde in den frühen 70er Jahren begonnen und mit der Einführung des Konzepts des *Plano Director Municipal* in den frühen 80er Jahren zusätzlich verstärkt. Die Entwicklung dieser Pläne verlief langsam, die Qualität war uneinheitlich und die Wirkung in der Praxis gering. Seit den frühen 90er Jahren hat die Regierung den Druck auf die lokalen Behörden bezüglich der Erstellung von Plänen erhöht. Als Ergebnis dieser Bemühungen durchläuft Portugal eine Phase intensiver Planerstellungsaktivitäten. Wichtige Elemente des Systems sind:

– verfassungsrechtliche Verpflichtungen (seit 1976) zur Regulierung der Flächennutzung zum Zwecke der wirksamen Ansiedlung wirtschaftlicher Aktivitäten, der Erreichung eines Gleichgewichts zwischen der sozialen und wirtschaftlichen Entwicklung und den Umweltaspekten, der Ermöglichung einer Bürgerbeteiligung am Entscheidungsprozeß und dem allgemeinen Prinzip der Dezentralisierung;

– ein nationaler „Regionaler Entwicklungsplan", der derzeitig die Zeitspanne von 1994 bis 1999 umfaßt und die nationalen Prioritäten festlegt, darunter die Ziele der ausgeglichenen wirtschaftlichen Entwicklung, wachsender Wettbewerbsfähigkeit und Infrastrukturmaßnahmen;

– die *Planos Regionais de Ordenamento do Territorio* (PROT – regionale Raumordnungspläne), die von regional dezentralisierten Ämtern der Zentralregierung erstellt werden und eine allgemeine Flächennutzungspolitik sowie eine ungefähre „Makro-Gebietsaufteilung" enthalten, die auf einer Strategie der ausgeglichenen Entwicklung des vom Plan erfaßten Gebiets beruhen;

- ein entstehendes System von Plänen der Gemeinden auf der Grundlage des *Plano Director Municipal* (PDM), der die Raumordnung festleg,; um die Bebauung und Flächennutzung im gesamten Stadtgebiet zu leiten und zu kontrollieren; die *Planos de Urbanizaçâo* (Flächennutzungspläne), die die Stadtstruktur zur Flächennutzung und die Parameter für verschiedene Nutzungsarten und -intensitäten festlegen; und die *Planos de Pormenor* mit detaillierten Gestaltungsplänen.

Wenn diese Maßnahmen durchgeführt worden sind, wird eine Hierarchie zusammenhängender Pläne bestehen.

Ein PDM bedarf zwar der Zustimmung der Regierung, doch wenn ein PDM die Zustimmung erhalten hat, liegen die Kompetenzen bezüglich der Detailpläne in der Hand der Gemeinden. Die Raumpläne müssen an die Investitionsprogramme der Regierung angepaßt sein, insbesondere an Initiativen des regionalen Entwicklungsplans.

Das neue System soll die alte Tradition der improvisierten Planung ersetzen. Da jedoch die Verlagerung der Planungsverantwortung auf die lokalen Behörden erst kürzlich stattgefunden hat, sind technische Spezialisten schnell zu mobilisieren und auszubilden sowie lokale und regionale Rauminformationssysteme aufzubauen. Daneben ist die Geschichte der illegalen Landaufteilungen und Bebauungen nur wenig bekannt und Informationen über die Bedingungen in den Regionen sind kaum vorhanden. Ende 1993 hatten 38 der 305 Gemeinden PDM verabschiedet und 124 weitere, die die technische Stufe fertiggestellt hatten, warteten auf die Genehmigung und die Verabschiedung der Pläne. Die Regierung bietet Anreize, indem sie die Finanzierung der Programme an die Bedingung des erfolgreichen Abschlusses eines *Plano Director Municipal* und informeller strategischer Pläne knüpft. Eine Priorität der Regierung ist, daß die flächendeckende Fertigstellung von PDMs von einer Konsolidierung und Wiederherstellung des Gleichgewichts des Städtesystems begleitet sein sollte. Dazu sollen die Städte außerhalb der Großräume Lissabon und Porto die wichtigsten Leistungen und Einrichtungen bereitstellen und strategische Entwicklungspläne formulieren. Andere wichtige Gesetze betreffen die Nutzung landwirtschaftlicher Flächen (DL 451/82, ergänzt durch DL 196/89) und ökologische Landnutzung (DL 93/90, ergänzt durch DL 213/92). Da sie der Bodennutzung Beschränkungen auferlegen, sind diese Gesetze für die regionale und lokale Planung von großer Bedeutung.

Die nachdrückliche Stärkung des Raumplanungssystems soll den fortdauernden sozioökonomischen Entwicklungen, aktuellen physischen Bauvorhaben und ihren Folgen Rechnung tragen. Dazu gehören unter anderem:

- die Tradition illegaler Landaufteilung und -bebauung (obwohl inzwischen rückläufig);

- räumlich ungleiche Entwicklungsmuster, die systematisch die Küstenstreifen begünstigen und die inneren ländlichen Regionen, die unter rückläufiger Bevölkerung und schlechter Verkehrsanbindung leiden, benachteiligen;

- die dominante Rolle der Hauptstadtzentren wie Lissabon und Porto und die mangelnde internationale Wettbewerbsfähigkeit der mittleren und kleineren Städte;

- die Erlangung eines besseren Niveaus der Erreichbarkeit innerhalb Portugals und Europas.

Das Planungssystem fördert die Umsetzung eines Raumplanungssystems, dessen Hauptziele sind:

- die Sicherung der Konvergenz und Kompatibilität mit Fachpolitiken und die Erstellung eines Raumordnungsrahmens für größere Maßnahmen mit strukturellen Wirkungen auf die Raumordnung;

- die Förderung der Schaffung eines Netzes mittelgroßer Städte, um das Städtesystem umzustrukturieren und zu modernisieren;

- die Stärkung der internationalen Wettbewerbsfähigkeit von Lissabon und Porto;

- die Förderung der räumlichen Integration mit der Union und der Internationalisierung der Wirtschaftsstruktur anderer Städte sowie die Entwicklung der Grenzregionen;

- die Wiederbelebung der ländlichen Gebiete und die vollständige Nutzung der Ressourcen durch die Stärkung der Städtenetze zur Unterstützung dieser Gebiete, indem Möglichkeiten zur Wiederbeschäftigung der in der Landwirtschaft Beschäftigten durch eine Diversifizierung der Wirtschaftsstruktur geschaffen und Ressourcen und natürliches Erbe geschützt und sparsam genutzt werden.

Vereinigtes Königreich

Die rechtliche Basis für die Raumplanung im Vereinigten Königreich ist seit 1947 nahezu unverändert. Damals wurde auf Flächennutzungspläne zugunsten eines Systems rechtlich unverbindlicher Entwicklungspläne verzichtet. Im Jahr 1991 wurde das System jedoch wesentlich verändert, als Zusätze zum Hauptplanungsgesetz gemacht wurden. In England und Wales ist dies das Stadt- und Landplanungsgesetz von 1990. Es wird ergänzt durch spezielle Gesetze über mehrere Bereiche, darunter Umwelt- und Naturschutz. Ähnliches gilt für die übrigen Länder des Vereinigten Königreichs.

Das Raumplanungssystem ist ausgereift, allgemein anerkannt und im ganzen Land im wesentlichen gleich. Es ist streng hinsichtlich der Regulierung der lokalen grundstücksspezifischen Bebauung, aber im Gegensatz zu anderen Mitgliedstaaten existieren weniger Bestimmungen über die Planung auf nationaler und regionaler Ebene. Die Raumplanung fällt zum großen Teil in die Verantwortlichkeit der lokalen Behörden, auch wenn sich die Zentralregierung maßgebliche Einfluß- und Kontrollmöglichkeiten erhalten hat. Die Hauptelemente des Systems sind:

- nationale Leitlinien, die durch die Abteilungen der Zentralregierung veröffentlicht werden, die sowohl Spezialbereiche wie Stadtzentren und ländliche Wirtschaft abdecken als auch strategische Hilfestellung für Ballungsgebiete und Regionen bieten;

- ein zweistufiges System rechtlich unverbindlicher Entwicklungspläne in den meisten Teilen des Landes: die Strukturpläne enthalten umfassende, aber allgemeine Leitlinien; die lokalen Pläne machen bestimmte Vorschläge und nehmen in manchen Gebieten Flächenzuteilungen vor;

- ein entstehendes System einheitlicher Entwicklungspläne in den Ballungsgebieten einschließlich London;

- ein strenges System der Baukontrolle, Durchsetzung der meisten Bauformen und Nutzungsänderung, davon ausgeschlossen land- und forstwirtschaftliche Nutzung; die Entscheidungen werden anläßlich des Antrags auf eine Baugenehmigung getroffen und berücksichtigen Pläne und andere Überlegungen.

Dieses System hat Stärken und Schwächen:

- die Rechtssicherheit im Vereinigten Königreich ist geringer als in anderen Mitgliedstaaten, aber die Flexibilität, auf individuelle Umstände zu reagieren ist größer, da ein Plan nicht automatisch ein Recht auf eine Baugenehmigung festlegt;

- der Anwendungsbereich des Systems ist auf die Flächennutzung beschränkt und getrennt von der Baukontrolle und anderen ausgabenwirksamen Plänen, darunter die Gemeinschaftlichen Förderkonzepte;

- es gibt keine regionale Regierungs- oder Planungsebene, wenn auch Gruppen lokaler Behörden kooperieren, um die Zentralregierung über die allgemeine politische Leitung auf regionaler Ebene zu beraten.

Die Planerstellung ist bisher sehr zögernd verlaufen, aber die Regierung hat die Bedeutung der Pläne für den Entscheidungsprozeß vergrößert und übt stärkeren Druck auf die lokalen Behörden aus, damit die aktualisierten lokalen Entwicklungspläne Ende 1996 das ganze Land umfassen. Einige Pläne erwiesen sich als sehr strittig, so daß Verzögerungen wahrscheinlich sind. Die Regierung hat darüber hinaus aus eigenen Abteilungen Integrierte Regionalbehörden gebildet, um Politik, Mittelvergabe und Durchführung auf regionaler Ebene besser zu koordinieren.

Seit fünfzig Jahren verfolgt das Vereinigte Königreich eine energische Politik zur Eindämmung des städtischen Wachstums durch „Grüngürtel" und andere Maßnahmen zum Schutz von Erholungsgebieten und zur Erhaltung von ländlichen Gebieten und des kulturellen Erbes. Die Eindämmungspolitik wurde mit der Notwendigkeit abgewogen, eine stetige Versorgung mit Flächen für Wohnungen und Industrie sicherzustellen. Im allgemeinen war dieser Politik hinsichtlich der Verhinderung der Ausdehnung des Stadtgebiets Erfolg beschieden, aber das Planungssystem ist im allgemeinen erfolgreicher in der Beschränkung als in der Förderung von Entwicklungen.

Die derzeitigen Prioritäten sind: Wirtschaftsförderung, eigentumsorientierte Stadterneuerung und die Förderung nachhaltiger Entwicklung. Dies findet statt unter den Bedingungen starker öffentlicher Ausgabenkontrolle, der Privatisierung von Dienstleistungen und Infrastrukturmaßnahmen, der räumlichen Wirkungen von „überschüssigem" Agrarland und der Konzentration des wirtschaftlichen und demographischen Wachstums auf Marktstädte.

Die räumliche Wirkung öffentlicher Finanzen: Vorläufige Analyse

Viele fiskalische Umverteilungsmechanismen zielen in erster Linie auf die Bereitstellung von Sozialschutz und die Erhöhung der Verteilungsgerechtigkeit, haben jedoch eine stark regulierende Wirkung auf die Wirtschaft. Obwohl sie nicht ausdrücklich mit dieser Absicht ausgestaltet wurden, können sie zusätzlich zur Verminderung räumlicher Disparitäten beitragen.

Die Funktionsweise dieser Mechanismen ist daher von Bedeutung für die Raumentwicklung in Europa. Jede Bewertung von Gemeinschaftspolitiken zur Reduzierung regionaler Disparitäten kann Umfang und Art derjenigen Maßnahmen, die irgendwann mit diesem Ziel in den einzelnen Mitgliedstaaten eingesetzt wurden, nicht ignorieren. In dieser Hinsicht ist die Politik des wirtschaftlichen und sozialen Zusammenhalts im wesentlichen eine Ausweitung der für die europäischen Nationen charakteristischen Solidarität auf die Gemeinschaftsebene. Die Wirkung dieser Tradition auf die regionale Wirtschaft und ihre Perspektiven für die Raumentwicklung sollte nicht weniger sorgfältig als die verschiedenen Wirkungen des Binnenmarktes oder der Gemeinsamen Agrarpolitik (GAP) untersucht werden.

Die Untersuchungen, auf denen die nachfolgende Analyse basiert, sind beschreibend und partiell. Sie beschränken sich auf die Betrachtung der möglichen Umverteilungsmechanismen öffentlicher Ausgaben und Steuern aus räumlicher Sicht in sechs Mitgliedstaaten: die fünf größten Mitgliedstaaten (Deutschland, Spanien, Frankreich, Italien und das Vereinigte Königreich), wo diese Effekte vermutlich am bedeutsamsten sind, zusammen mit Belgien, welches der einzige Mitgliedstaat ist, der vor kurzem von einem einheitlichen Staat zu einem föderalen System übergegangen ist und daher von besonderem Interesse ist.

Die Untersuchungen versuchten ebenso wenig, alle Bereiche öffentlicher Finanzen abzudecken. Kommunalfinanzen und insbesondere Darlehen wurden nicht berücksichtigt. Diese Untersuchungen haben sich daher als ersten Schritt zum Ziel gesetzt, mit Hilfe einer Beschreibung die angewandten Umverteilungsmechanismen verständlich zu machen und Möglichkeiten zur Verbesserung ihres Beitrags zur nationalen und regionalen Entwicklung herauszuarbeiten.

Die Umsetzung dieser Möglichkeiten liegt natürlich in der Verantwortung der nationalen und manchmal auch regionalen Gebietskörperschaften, wie auch die Raumplanung selbst. Dennoch sollte der hier begonnene Prozeß dazu dienen, in dieser Hinsicht das Verständnis der möglichen Wirkungen von Finanzsystemen zu verbessern, obwohl er auf alle zwölf Staaten der Union auszuweiten ist und die Analyse in Zusammenarbeit mit den Mitgliedstaaten weiterentwickelt werden muß.

Vor der Erfassung der Umverteilungswirkungen öffentlicher Finanzen innerhalb der Mitgliedstaaten ist es sinnvoll, zunächst den Gemeinschaftshaushalt zu betrachten. Im Vergleich zu den nationalen Haushalten könnte dieser gering erscheinen: 73,5 Milliarden ECU im Jahre 1994 oder 1,2 % des BIP; die öffentlichen Ausgaben in den Mitgliedstaaten machen fast die Hälfte des BIP aus. Der gesamte Umverteilungseffekt der Gemeinschaftsausgaben scheint also unbedeutend zu sein. Dennoch wird die Hälfte dieses Haushalts für die GAP verwendet und weitere 30 % für Strukturmaßnahmen. Eine nähere Betrachtung zeigt eine nicht unbedeutende Umverteilungswirkung für die Hauptbegünstigten dieser Politiken: Landwirte und Regionen, die Strukturfondsmittel erhalten, insbesondere Ziel 1-Regionen.

Die in der Landwirtschaft erwerbstätige Bevölkerung macht nicht mehr als 5 % aller Erwerbstätigen aus. Der GAP-Haushalt für 1994 in Höhe von 36,5 Mrd. ECU dürfte daher auf jeden Fall eine Wirkung auf den Lebensstandard der Landwirte haben (durchschnittlich etwa 5.000 ECU je erwerbstätigen Landwirt), insbesondere seitdem die Reform der GAP ihren Schwerpunkt hin zu Einkommensbeihilfen verschiebt.

Darüber hinaus erhalten Regionen, die nach Ziel 1 gefördert werden, zwei Drittel der gesamten Mittel, obwohl ihre Bevölkerung nur 26 % der Unionsbevölkerung ausmacht. Struktur- und Kohäsionsfondsmittel stellen oft 2 bis 3 % des BIP dieser Regionen dar oder 10 bis 15 % der Anlageinvestitionen; hinzu kommen die Darlehen der Europäischen Investitionsbank (nahezu 20 Mrd. ECU 1993). Die Union gibt somit ein Beispiel für eine Umverteilung öffentlicher Mittel, sowohl interpersonell als auch interregional, das insgesamt betrachtet relativ wenige Ausgaben erfordert, aber eine starke Wirkung auf die Begünstigten hat.

Umfang der Finanzmittel

Die Wirkung öffentlicher Ausgaben auf die Einkommensumverteilung zwischen Individuen, im wesentlichen von den reicheren zu den ärmeren, ist in den Mitgliedstaaten beträchtlich. In Anbetracht der Tatsache einer allgemeinen Tendenz, daß der Wohlstand einer Region mit der dort lebenden Bevölkerung zusammenhängt, scheint die Annahme gerechtfertigt, daß die Wirkungen von Transfers, auch die auf eine interpersonelle Umverteilung gerichteten, zum Vorteil der ärmeren Regionen sind und so zu einer ausgeglicheneren interregionalen Einkommensumverteilung beitragen.

Diese Annahme ist jedoch zu überprüfen, vor allem weil es natürlich hypothetische Fälle gibt, in denen Transfers zwischen Individuen nicht unbedingt regionale Disparitäten abbauen. Wenn z. B. die Einkommensverteilung in einer reichen Region ungleicher ist als in einer ärmeren, und wenn der Anteil der Ärmeren in der reichen Region daher größer ist, so könnte diese somit auch mehr Transfers erhalten. Dies könnte auch der Fall sein, wenn das Einkommen in der reicheren Region stärker für Investitionen (auf die die Steuern in der Regel niedrig oder bei Zuschüssen sogar negativ sind) und in der ärmeren Region stärker für den Konsum von Importgütern (für die die Steuern normalerweise höher sind) verwendet wird. Leider konnten die vorliegenden Untersuchungen diese detaillierte Perspektive nicht weiterverfolgen.

Zur Abschätzung des Umfangs interregionaler Umverteilungsmechanismen wäre es unangebracht, ausschließlich die Bruttotransfers zu betrachten. Wichtiger ist es, die Nettoströme sowohl der Einnahmen als auch der Ausgaben zu betrachten, oder anders ausgedrückt den Saldo aller öffentlichen Einnahmen und Ausgaben in jeder Region.

Leider scheint es jedoch keine neueren Untersuchungen über die Frage globaler interregionaler Umverteilungswirkungen öffentlicher Ausgaben zu geben. Während der 70er Jahre wurde die Reduzierung der regionalen Unterschiede im Pro-Kopf-Einkommen unter Berücksichtigung aller Finanzflüsse des öffentlichen Sektors auf zwischen 30 und 50 % geschätzt.[1] Die Höhe dieser Zahl ist kaum überraschend vor dem Hintergrund, daß 1992

– die öffentlichen Ausgaben in der Union durchschnittlich 49 % des BIP ausmachten;

– die öffentlichen Ausgaben für soziale Sicherung alleine 17,8 % des BIP beanspruchten;

– mehr als die Hälfte der öffentlichen Ausgaben für Sozialleistungen im weitesten Sinne verwendet wurden (soziale Sicherung, Bildung, Gesundheit, individuelle Hilfen).

Die in den Mitgliedstaaten eingesetzten Umverteilungsmechanismen sind zahlreich und komplex. Wichtig ist jedoch, nicht die Höhe der Umverteilung, die bei Einnahmen genauso wie bei Ausgaben entsteht, mit den Wirkungen auf die Regionalentwicklung zu verwechseln, die stärker von der Verwendung der Umverteilungsmittel abhängt. Die Personen oder Organisationen, die Transfers erhalten, können diese unterschiedlich verwenden, wobei manche zur Reduzierung regionaler Entwicklungsunterschiede beitragen und andere nicht. Insbesondere könnten ihre Ausgaben:

– direkt auf eine Erhöhung des Produktionspotentials hinwirken (bei Investitionen in die Infrastruktur oder in Bildung und Ausbildung der lokalen Arbeitskräfte);

– die lokale Wirtschaftstätigkeit aufrechterhalten helfen (Ausgaben für lokal produzierte Güter und Dienstleistungen);

– die Wirtschaftstätigkeit außerhalb der Region unterstützen (bei Erwerb importierter Güter und Dienstleistungen);

– Einkommen und Investitionen direkt aus der Region transferieren.

Es wird somit deutlich, daß die Höhe der Umverteilung nicht ihre Wirksamkeit bestimmt.

Die Umverteilungsmechanismen sind mehr oder weniger transparent und klar, aber im Gegensatz zur vorherrschenden Meinung besteht kein klarer Zusammenhang zwischen der Transparenz eines Transfers und der Höhe der transferierten Mittel. Diese Tatsache ist zu betonen und wird unten weiter diskutiert werden.

Die in den sechs Ländern durchgeführten Studien untersuchen insbesondere die Umverteilungswirkungen von sozialer Sicherung, Besteuerung, interregionalem

Finanzausgleich, öffentlichen Investitionen und Regionalbeihilfen.

Die Umverteilungswirkungen der sozialen Sicherung

Rentenzahlungen machen den bei weitem größten Teil der Sozialversicherungsausgaben aus. Mit dem Älterwerden der europäischen Bevölkerung wird dieser Anteil vermutlich noch ansteigen. Der Einfluß der Rentenzahlungen auf die globalen interregionalen Umverteilungswirkungen der sozialen Sicherung ist schwer abzuschätzen, da der Trend zum Älterwerden der Bevölkerung in wohlhabenderen Regionen stärker ist. Dies würde daher tendenziell den Abbau regionaler Disparitäten vermindern und so in eine entgegengesetzte Richtung arbeiten. Dies scheint für Italien zuzutreffen, wo der Anteil der älteren Bevölkerung in den wohlhabenden Regionen des Nordens größer ist als im Süden.

In anderen Ländern trifft dies deutlich weniger zu: In Deutschland ist die Bevölkerung im weniger wohlhabenden Norden im allgemeinen älter als im dynamischeren Süden; in Frankreich ist die Bevölkerung der reichsten Region (Île de France) durchschnittlich jünger als in anderen Regionen; in Spanien gilt das gleiche für Madrid und Katalonien. Zudem deutet die in den vorhergehenden Abschnitten diskutierte Dynamik der Bevölkerungsverteilung darauf hin, daß es jüngere Leute verstärkt in die Wachstumszentren zieht, vor allem in die Großstädte oder die aufstrebenden mittelgroßen Städte, und daß sich ältere Leute eher in den ländlichen Gebieten in den Ruhestand begeben. Sofern dies zutrifft, könnten Rentenzahlungen räumliche Einkommensdisparitäten eher abbauen als verstärken.

Gesundheitsausgaben stellen nach den Rentenzahlungen üblicherweise den zweitgrößten Anteil an den Ausgaben zur sozialen Sicherung. Da diese Ausgabenart sich proportional zum Anteil der alten und sehr alten Bevölkerung verhält (die Durchschnittsausgaben pro Kopf für Personen über 75 Jahre sind im allgemeinen zehnmal höher als die für jüngere Personen), sollten Gesundheitsausgaben ähnliche regionale Abweichungen aufweisen wie die Rentenzahlungen.

In den meisten der untersuchten Länder stehen Arbeitslosengelder und Umschulungen für Arbeitslose an der dritten Stelle der Ausgaben zur sozialen Sicherung. Diese Ausgaben haben offensichtlich einen wesentlich größeren interregionalen Umverteilungseffekt, da die Arbeitslosigkeit normalerweise in den ärmeren Regionen höher ist.

Auf der Einnahmenseite werden Ausgaben für soziale Sicherung zum Teil durch allgemeine Steuern und zum Teil durch Arbeitgeber- und Arbeitnehmerbeiträge finanziert, die im allgemeinen proportional zum Verdienst sind, zumindest bis zu einer bestimmten Einkommenshöhe (normalerweise bis zum 1,5- bis 3-fachen des Durchschnittslohnes), wonach sie relativ zum Einkommen zurückgehen.

Die Höhe der transferierten Beträge kann beträchtlich abweichen und ist natürlich von den Ausgangsunterschieden zwischen den Regionen abhängig. Desgleichen wird der relative Umfang der Transfers im Verhältnis zum BIP der Zahler- oder Empfängerregionen um so höher sein, je weniger Regionen es gibt. In den sechs untersuchten Ländern reichte der geschätzte Gesamtbetrag dieser interregionalen Transfers in manchen Regionen bis zu 5 % des BIP oder höher, wie im Sonderfall der fünf neuen Bundesländer, die fast 10 % ihres BIP über Sozialversicherungen aus den anderen Bundesländern erhalten, die einen Durchschnitt von 1 % ihres BIP beitragen.

Die Umverteilungswirkungen der Besteuerung

Die Untersuchungsmethode der sechs Untersuchungen ließ eine Berücksichtigung aller Aspekte der Besteuerung nicht zu. Unter die nicht berücksichtigten fallen die Steuern der Kommunen, auf deren Ebene üblicherweise die meisten Grundsteuern erhoben werden. Es ist jedoch allgemein anerkannt (wenn auch ohne Berücksichtigung von Kompensationsmechanismen zur Sicherstellung der Solidarität zwischen den Kommunen), daß diese wenig zum Ausgleich beitragen. Ärmere Kommunen erheben normalerweise die höchsten Steuern infolge ihrer geringeren Besteuerungsgrundlage.

Obwohl dieses Problem bei der Entwicklung regionaler Alternativen der Raumplanung nicht übersehen werden darf, liegt der Schwerpunkt hier auf der Besteuerung, da sie wahrscheinlich den wichtigsten Effekt auf interregionaler Ebene haben, und insbesondere auf den persönlichen Einkommensteuern.

Die Einnahmen aus den persönlichen Einkommensteuern haben einen Anteil von 25 % der öffentlichen Einnahmen in der Union und in den untersuchten sechs Ländern noch höher. Die wichtigste Eigenschaft der Einkommensteuer ist, daß sie innerhalb bestimmter Grenzen progressiv ist. Individuen und Regionen mit höherem Einkommen zahlen im allgemeinen höhere Steuern. Theoretisch haben diese Steuern daher, unter Vernachlässigung anderer Aspekte, einen starken interregionalen Umverteilungseffekt. Allerdings ist zu berücksichtigen, daß die verschiedenen Steuerabzüge und -erleichterungen den progressiven Charakter der Steuern in allen Ländern abschwächt.

Die Bedeutung dieser Steuer ist jedoch von Land zu Land unterschiedlich. Persönliche Einkommensteuern haben den geringsten Anteil an den gesamten Steuereinnahmen in Frankreich mit nur 21 %; in den fünf anderen Staaten liegt dieser Anteil bei über 30 % und in zwei von ihnen über 40 %. Es zeigt sich dennoch, daß der gesamte Umverteilungseffekt der öffentlichen Finanzen in bezug auf die Einnahmen in Frankreich in den 70er Jahren vergleichsweise am größten war.[2]

Die Sätze der indirekten Steuern, wie Mehrwertsteuer und Verbrauchsteuern, sind im allgemeinen ähnlicher. Obwohl im Prinzip ärmere Individuen und Regionen durchgehend insgesamt weniger bezahlen, ist der Anteil dieser indirekten Steuern an ihren Ausgaben relativ größer als für reichere Individuen und Regionen. Anders ausgedrückt wird die Umverteilungswirkung dieser Steuern durch ihren degressiven Charakter abgeschwächt.

In Bundesstaaten finanzieren sich die Regionen hauptsächlich über die Aufteilung der Steuern auf der Grundlage der Einnahmen und der Bevölkerung (vor allem persönliche Einkommensteuer und Mehrwertsteuer). Dies ist in Belgien und Deutschland der Fall, während Spanien, obwohl es kein Bundesstaat ist, ebenfalls in diese Richtung geht. Demnach werden die Regionen dieser Staaten zum Teil auf der Grundlage ihrer eigenen Steuereinnahmen finanziert; ärmere Regionen erhalten daher weniger Steuereinnahmen je Einwohner. Die interregionale Umverteilungswirkung wird noch weiter reduziert, wo bei der Aufteilung der Steuern der Anteil der Regionen groß ist (42,5 % in Deutschland, 40 % in Belgien und 15 % in Spanien). Aus diesem Grunde haben diese Staaten einen expliziten Finanzausgleich geschaffen.

Demgegenüber wird in einheitlichen Staaten die (relative) Benachteiligung ärmerer Regionen bei den Steuereinnahmen durch die Umverteilungswirkung der (von der Zentralregierung verausgabten oder finanzierten) öffentlichen Ausgaben mehr als überkompensiert.

Die Umverteilungswirkungen des interregionalen Finanzausgleichs

Alle Bundesstaaten haben einen automatischen oder expliziten Finanzausgleich, der die auf Länder- oder regionaler Ebene verfügbaren Mittel ausgleichen soll. Dieser Mechanismus ist ein zentrales Element der Funktionsweise eines jeden Bundesstaates und wird häufig in langen Debatten ausgehandelt. Er könnte als Gegenstück zu einem Steueraufteilungssystem beschrieben werden. Da diese Steueraufteilung auf im gesamten Staatsgebiet erhobenen Einnahmen beruht, zielen Ausgleichsmechanismen auf die Verbesserung der finanziellen Ausstattung der Regionen mit niedrigen Steuererträgen auf ein Niveau, das ihnen die Bereitstellung der für ihre Bewohner angemessenen öffentlichen Leistungen im Rahmen ihrer Zuständigkeiten erlaubt.

Der belgische Finanzausgleich ist zweifelsohne das einfachste System, da es einen indexierten jährlichen Transfer von 468 BEF (11,7 ECU) je Einwohner und je Prozentpunkt der pro Kopf eingenommenen persönlichen Einkommensteuer in Regionen unterhalb des nationalen Durchschnitts vorsieht. Mit diesem Mechanismus erhält Wallonien einen Betrag von fast 1 % seines BIP in der Form von Transfers aus den beiden anderen Regionen (Flandern und Brüssel)

Das bekannteste System eines Finanzausgleichs ist zweifelsohne der deutsche Finanzausgleich, der 1990 im Rahmen der deutschen Wiedervereinigung als Übergangsmaßnahme durch den Fonds Deutsche Einheit, dem größten in den letzten Jahren entwickelten Umverteilungssystem, ergänzt worden ist (siehe Kasten zu weiteren Einzelheiten der Funktionsweise). Von 1995 an werden die neuen Bundesländer vollständig in das allgemeine System des Länderfinanzausgleichs integriert sein.

Nicht-föderale Staaten praktizieren ebenfalls in unterschiedlichem Ausmaß eine Form des Ausgleichs. In Spanien erhalten die *Communidades Autonomas* Tranfers vom *Fondo de compensacion interterritorial*, der 25 % der öffentlichen Investitionsausgaben finanziert und den nach Ziel 1 der EU-Strukturfonds geförderten Regionen zusätzliche Mittel gewährt, um ihnen im Aufholprozeß in bezug auf die wirtschaftliche und soziale Infrastruktur zu helfen.

Der deutsche Finanzausgleich und der Fonds deutsche Einheit

Der Finanzausgleich wird auf mehreren Ebenen durchgeführt:

– ein Viertel des den Ländern zustehenden Mehrwertsteueranteils (35%) wird gegenwärtig an die weniger wohlhabenden Länder gegeben, um ihnen Finanzmittel von mindestens 92 % des nationalen Durchschnitts zu gewähren; aus den 65 % seines Mehrwertsteueranteils zahlt der Bund Ergänzungszuweisungen in Höhe von umgerechnet 2 % der Mehrwertsteuereinnahmen; ab 1995 wird die Mehrwertsteuer wie folgt aufgeteilt: 44 % für die Länder, die alten und die neuen; und 56 % für den Bund;

– um die Mindestfinanzausstattung von 92 % auf 95 % anzuheben, wird ein horizontaler Finanzausgleich zwischen den Ländern zur Aufteilung aller gemeinsamen Steuern vorgenommen, wobei die wohlhabenderen Länder mehr an die ärmeren zahlen;

– in einer dritten, extrem komplizierten, aber fast automatischen Stufe wird die Finanzausstattung über 95 % auf bis zu 100 % durch ein Transfersystem zwischen den Ländern angehoben, das progressiv in bezug auf die Zahler und die Empfänger ist.

Im Jahre 1992 machte der deutsche Finanzausgleich (2. Stufe), der bis Ende 1994 nur für die alten Bundesländer galt, 3,5 Mrd. DM aus, die von zwei Ländern an die fünf anderen gezahlt wurden. Ergänzungszuweisungen der Bundesregierung erhielten sechs der elf alten Bundesländer. Den größten Vorteil von diesen beiden Mechanismen hatte Niedersachsen mit 2,9 Mrd. DM oder 1 % seines BIP.

West-Berlin nahm nicht am Finanzausgleich teil, hatte aber immer einen Sonderstatus in der Bundesrepublik. 1991 gab der Bund Zuschüsse in Höhe von 14,4 Mrd. DM; Berlin hatte ebenfalls Vorteile durch ein günstigeres Steuersystem, dessen Kosten zum größten Teil vom Bund übernommen wurden. Mittlerweile ist Berlin Hauptstadt Deutschlands geworden und sein Sonderstatus wird nach und nach abgeschafft.

Da es nicht möglich war, die neuen Bundesländer direkt in das bestehende System des Finanzausgleichs einzubeziehen, wurde der Fonds Deutsche Einheit als Alternativlösung geschaffen. Er besteht bis Ende 1994, um dann in das 1995 neu gestaltete System des Länderfinanzausgleichs integriert zu werden. Er ist für den Zeitraum von 1990 bis 1994 mit 146 Mrd. DM ausgestattet; zwei Drittel davon sind kreditfinanziert, der Schuldendienst wird vom Bund und den westlichen Bundesländern übernommen. Die 1992 verfügbaren Mittel dieses Fonds in Höhe von 33,9 Mrd. DM stellten 1,2% des westdeutschen BIP dar, machten aber 14,2% des BIP der davon begünstigten neuen Länder aus. Zusätzlich erhielten die neuen Länder 11,5 Mrd. DM in der Form sonstiger Zuweisungen,, so daß der gesamte von West nach Ost transferierte Betrag 45,4 Mrd. DM oder 1,6% des westlichen BIP und 19,3% des östlichen BIP betrug.

Bis 1992 hatte Italien ein System von Sonderzahlungen für den Mezzogiorno in Höhe von 3,5 Mrd. ECU pro Jahr. Seitdem wurden die Zuständigkeiten für die Regionalentwicklung hauptsächlich auf die regionalen Haushalte übertragen.

Im Jahre 1993 hat Frankreich einen Fonds zur Korrektur regionaler Ungleichgewichte eingerichtet, der ein System der Transfers von Regionen mit überdurchschnittlichem Potential an direkten Steuern an andere Regionen mit unterdurchschnittlicher Steuerbasis verwaltet, wobei der Transferbetrag progressiv mit der Abweichung vom Durchschnitt ansteigt. Die Gesamthöhe der Transfers dieses Fonds ist jedoch mit unter 100 Millionen ECU sehr gering. Andere Transfers in die Regionen Frankreichs sind zudem recht bescheiden, obwohl ein vorliegender Gesetzesvorschlag die Höhe dieses interregionalen Ausgleichs ansteigen lassen würde.

Im Vereinigten Königreich bestehen an sich keine regionalen Gebietskörperschaften, so daß Kommunen die nächste Verwaltungsebene nach der Zentralregierung sind. Das *Revenue Support Grant*, das Mittel zwischen allen Kommunen umverteilt, beruht auf einer komplizierten Formel unter Einbeziehung der Bedürfnisse (d. h. die Einschätzung der Zentralregierung über die entsprechend ihrer Verpflichtungen notwendigen Ausgaben der einzelnen Behörden) und Ausstattung (d. h. die Einnahmen aus lokalen Steuern und anderen Quellen, die den Behörden für Ausgaben zur Verfügung stehen). Da der Ertrag aus lokalen Steuern im Vereinigten Königreich sehr gering ist und nur 15 % der Kommunalausgaben abdeckt (die wiederum 25 % der gesamten öffentlichen Ausgaben ausmachen), ist der Transfer vom Zentrum sehr hoch. Der *Revenue Support Grant* ist jedoch nur ein Element der Transfers, das etwa 40 % aller Transfers ausmacht, und dient nur zum Teil einem Ausgleich der für die kommunalen Ausgaben verfügbaren Einnahmen.

Die Umverteilungswirkungen der öffentlichen Investitionen

Die Umverteilungswirkungen öffentlicher Investitionen, wie auch die unten zu behandelnden Regionalbeihilfen, ergeben sich nicht nur aus dem einfachen Transfer von Mitteln, sondern auch durch die Ausgaben selbst, die die wirtschaftlichen Grundlagen der schwächeren Regionen stärken und zu einer sich selbst tragenden Entwicklung beitragen können. In dieser Hinsicht können die Ausgaben eine bedeutende Multiplikatorwirkung haben, die die Wirtschaftstätigkeit anregt, das Wachstum verstärkt und Investitionen des privaten Sektors nach sich zieht.

Öffentliche Investitionen in die wirtschaftliche und soziale Infrastruktur haben eine für die Regionalentwicklung grundlegende Bedeutung, indem sie die für eine Unternehmensentwicklung nötigen Voraussetzungen schaffen (obwohl in diesem Zusammenhang anzumerken ist, daß eine der wichtigsten Arten von Investitionen – die Bildungsausgaben – selten als öffentliche Investitionen betrachtet werden, trotz ihres potentiellen Beitrags zur Stärkung der wirtschaftlichen Grundlagen einer Region durch Verbesserung der Qualifikationen der Arbeitskräfte, die mindestens ebenso wichtig sind wie Investitionen in die physische Infrastruktur). In den letzten Jahren ist jedoch in einigen Mitgliedstaaten der Anteil öffentlicher Investitionen stark zurückgegangen.

Dennoch gab es in jenen Staaten mit unterentwickelten Regionen umfangreiche Maßnahmen mit entsprechender Unterstützung der europäischen Strukturfonds, um Basisinfrastrukturen aufzubauen (Straßen, Häfen, Flughäfen, Bildungs- und Ausbildungseinrichtungen usw.), vor allem in den Ziel 1-Regionen.

Es besteht jedoch in allen Mitgliedstaaten ein Konflikt zwischen dem langfristigen Entwicklungsbedarf, der im allgemeinen die schwächeren Regionen berücksichtigt, und den unmittelbaren Erfordernissen, vor allem zur Beseitigung von Engpässen in den wirtschaftlich stärkeren und entwickelteren Gebieten, wo das Wachstum eine Überschußnachfrage an Kapazitäten hervorruft. Solche Konflikte ergeben sich insbesondere da, wo finanzielle Einschränkungen von Bedeutung sind. Die Folge davon ist, daß Projekte, die kurzfristige Bedürfnisse erfüllen, zu Lasten anderer Projekte durchgeführt werden, was bedeutet, daß Investitionen in entwickelte, wohlhabende und nicht in ärmere Regionen gelenkt werden.

Die Umverteilungswirkungen der Regionalbeihilfen

Regionalbeihilfen im engsten Sinne (Investitionszuschüsse, Beschäftigungsbeihilfen usw.), die alle Mitgliedstaaten in ihren Problemregionen eingeführt haben, machen nur einen geringen Anteil an den nationalen Haushalten aus. Zwischen 1988 und 1990 beliefen sich die spezifischen Ausgaben der Mitgliedstaaten für Regionalentwicklung (Zuschüsse an Investoren, ohne Infrastrukturinvestitionen) auf insgesamt 13,5 Mrd. ECU pro Jahr oder durchschnittlich knapp 0,3 % ihres BIP[3]. Die öffentlichen Hilfen in diesem Bereich sind während der letzten Jahre zudem zurückgegangen.

Die tatsächliche Wirkung dieser Hilfen sollte nicht nur auf der Grundlage dieser Zahlen bewertet werden, da sie durch sektorale und geographische Konzentrationen gekennzeichnet sind, um Multiplikatoreffekte zu haben.

Regionalbeihilfen sind natürlich sehr empfindlich für Schwankungen der Gesamtwirtschaft. Daher sind vor allem Zeiten günstiger wirtschaftlicher Bedingungen geeignet zur Förderung der Investitionen von Unternehmen, die bereits ihre Entscheidung zu Investitionen zuvor getroffen hatten.

Von allen Mitgliedstaaten der Union ist in Italien und in Deutschland die Regionalpolitik am bedeutsamsten. Es ist jedoch extrem schwierig, die Ergebnisse dieser Hilfen von Land zu Land zu vergleichen, besonders da die Bedingungen zur Gewährung von Beihilfen unterschiedlich sind (mit automatisch gewährter Hilfe an alle Investoren in einigen Staaten und auf Ermessensgrundlage in anderen). Auf der Grundlage von Statistiken der von Unternehmen geschaffenen Arbeitsplätze und des allgemeinen Eindrucks naher Beobachter dieser Politiken scheint die deutsche Regionalbeihilfe, fest verankert in der föderalen Struktur durch die Gemeinschaftsaufgabe, die erfolgreichste zu sein. Demgegenüber hatte Italien in Anbetracht der anhaltenden Probleme im Mezzogiorno große Schwierigkeiten, seine Ziele in diesem Gebiet zu erreichen. In den vier anderen untersuchten Mitgliedstaaten waren die Ergebnisse unterschiedlich und schwer einzuschätzen, zum Teil wegen unterschiedlicher Ausgangsziele.

Schlußbemerkungen

Die interregionalen Umverteilungswirkungen öffentlicher Ausgaben und Einnahmen sind ohne Zweifel von Bedeutung, wenn auch in unterschiedlichem Maße häufig kaum zu erkennen und schwierig zu messen. Obwohl Finanzausgleich, öffentliche Investitionen und Regionalbeihilfen im allgemeinen am transparentesten sind, ist ihr Umfang in der Regel wesentlich geringer als der der weniger gut sichtbaren Finanzströme.

Das Volumen der Finanzströme zwischen den verschiedenen Verwaltungsebenen ist in einheitlichen Staaten im allgemeinen viel höher als in Bundesstaaten. Die Höhe der Umverteilung hängt jedoch nicht von den Bruttoeinnahmen und -ausgaben, sondern vom Saldo zwischen ihnen ab. Es könnte daher sein, daß die tatsächliche Einkommensumverteilung zumindest genauso wichtig in den einheitlichen Staaten wie in den Bundesstaaten ist.

Als allgemeine Regel gilt, daß interregionale Umverteilungswirkungen dort größer sind, wo die Zahl der begünstigten Regionen klein ist; der Vorteil ist hierbei auch, daß bei zahlreichen Regionen das untereinander gewährte Transfervolumen relativ klein ist und daher leichter akzeptiert wird.

Der Umverteilungseffekt der öffentlichen Finanzen in den sechs untersuchten Mitgliedstaaten erscheint beträchtlich. Das deutlichste Beispiel sind gegenwärtig die neuen Bundesländer, die im Jahre 1992 insgesamt etwa 30 % ihres BIP von den westlichen Bundesländern erhielten. Diese wenig entwickelten Regionen sind dadurch in der Lage, wichtige Güter und Dienstleistungen zu importieren, wobei die Zahlungen zumindest zum Teil durch den Transfer von Mitteln, vor allem öffentlichen Mitteln, aus anderen Regionen des betreffenden Staates erfolgen. In anderen Worten korrespondiert ein hoher positiver Saldo im Zufluß öffentlicher Mittel mit einem umfangreichen Leistungsbilanzdefizit.

Zugleich ist hervorzuheben, daß eine einfache Erhöhung des verfügbaren Einkommens in den benachteiligten Regionen wohl kaum zu einer wirklich anhaltenden wirtschaftlichen Entwicklung führt. Der sich daraus ergebende Zuwachs an Kaufkraft könnte ebenso gut in den Erwerb importierter Güter und Dienstleistungen weitergeleitet werden, obwohl auch der Import von Maschinen und anderen Investitionsgütern zentral für einen Entwicklungsprozeß sein kann. Öffentliche Investitionen und Regionalbeihilfen könnten trotz ihres geringen Umfangs eine ähnliche Rolle hinsichtlich eines sich selbst tragenden Wachstums spielen (die Funktionsweise des Gemeinschaftshaushalts zeigt, wie mit kleinen Beträgen eine beträchtliche Umverteilung erreicht werden kann).

Wie auch immer die Wirkung nationaler Maßnahmen sein mag, so ist doch offensichtlich, daß diese alleine kaum in der Lage sind, das regionale Gleichgewicht in der gesamten Union sicherzustellen. Die Strukturmaßnahmen der Gemeinschaft werden daher weiterhin eine entscheidende Bedeutung in diesem Bereich haben, vor allem in den Ziel 1-Gebieten.

Die Notwendigkeit weiterer Untersuchungen

Verschiedene Hypothesen wurden in der obigen Analyse formuliert, aber sie müssen überprüft werden, was nicht nur entsprechende Forschung, sondern auch Daten erfordert. Zur Zeit besteht jedoch ein akuter Mangel an ausreichenden, aktuellen und auf Gemeinschaftsebene zwischen den Mitgliedstaaten vergleichbaren Informationen zu diesem Thema.

Ein vergleichender Ansatz auf der Grundlage harmonisierter Statistiken könnte zu einem wesentlich besseren Verständnis über die angewandten Mechanismen führen. Solch ein Verständnis wäre auf jeden Fall sinnvoll zur Beantwortung wichtiger Fragen:

— Wie kann die interregionale Umverteilung öffentlicher Investitionen am besten das langfristige Ziel des Ausgleichs und der Aufrechterhaltung des räumlichen Gleichgewichts sichern?

— Wie können benachteiligte Regionen durch eigene Initiativen die erhaltenen Transfers am besten in eine Nutzung umsetzen, die diese Mittel nicht nur auf den Konsum, sondern auch auf Investitionen lenkt?

Diese Fragestellungen sind bei der Formulierung von Strategien zur Raumplanung unvermeidlich. Das Weißbuch hat nicht nur Vorschläge für Maßnahmen größerer Netze gemacht (die die größte Aufmerksamkeit der Öffentlichkeit erfahren haben), sondern auch die weiter zu beschreitenden Wege aufgezeigt: nachhaltige wirtschaftliche Entwicklung und Nutzung neuer Quellen von Arbeitsplätzen. Die wichtigste Beobachtung aus der vorläufigen Untersuchung der öffentlichen Finanzen ist ohne Zweifel, daß der Fortschritt im Ausgleich der regionalen Entwicklung nicht nur von langfristigen Maßnahmen (wie dem Aufbau von Netzen, der Stärkung städtischer Strukturen und der Aufwertung ländlicher Gebiete), sondern auch von den Finanzsystemen in den Mitgliedstaaten sowie dem sich daraus ergebenden Umfang und der Ausrichtung der interregionalen Umverteilungsmechanismen abhängt.

Die Raumplanung in Europa würde sicherlich Vorteile durch eine gründlichere Betrachtung der Konsistenzen und Inkonsistenzen der verschiedenen auf Gemeinschafts-, nationaler, regionaler und lokaler Ebene angewandten Politiken und Maßnahmen haben. In Verbindung mit der Bandbreite an Fragen in bezug auf die nationalen Haushalte könnten hiervon Wirkungen auf die Regionalentwicklung ausgehen.

---

1   *Die Rolle der öffentlichen Finanzen in der Europäischen Integration*, Kommission der Europäischen Gemeinschaften, 1977 *(der MacDougall-Bericht)*
2   *Laut Schätzungen des MacDougall-Berichts, a.a.O.*
3   *Dritter Bericht über staatliche Beihilfen*, Kommission der Europäischen Gemeinschaften, 1992

Anhang : Transnationale Perspektiven der europäischen Raumentwicklung

Die transnationalen Untersuchungsgebiete

Das Verschwinden der inneren Grenzen in der Union, die Schaffung eines Europäischen Wirtschaftsraumes und die bevorstehende Erweiterung werden die interregionalen Beziehungen über die nationalen Grenzen hinaus verstärken. Schon der Bericht *Europa 2000* enthält die Feststellung, daß die Regionen die verstärkte Konkurrenz, die neu aufkommenden Möglichkeiten bei einem über die Grenzen der Zwölf hinausgehenden höher integrierten Europa und die schon vorangeschrittene Bildung neuer Netze oder anderer Formen der Zusammenarbeit zu berücksichtigen haben mit dem Ziel, Vorteile aus den Größeneffekten, dem Technologietransfer und der zunehmenden Effizienz zu nutzen.

Daher hat die Kommission eine Reihe von im Bericht *Europa 2000* angekündigten Untersuchungen in Auftrag gegeben. Diese betreffen acht regionale, aufgrund von geographischer Nähe sowie der Entwicklung der gegenseitigen Beziehungen ausgewählte Gruppen in der Union. Die Ergebnisse dieser Untersuchungen, die jeweils separat veröffentlicht werden, sind in diesem Anhang zusammengefaßt. Die verwendeten Daten kommen entweder aus diesen Untersuchungen oder von den Kommissionsdienststellen, insbesondere Eurostat, sofern nichts anderes angegeben ist.

Die verschiedenen Gebietsgruppen sind (siehe Karte 27):

- die Ballungsgebiete des Zentrums: in diesem Gebiet liegen sechs der Unionshauptstädte; es umfaßt den Südwesten Englands, den südlichen Teil der Niederlande, Belgien, den Norden und Nordosten Frankreichs, einschließlich des Pariser Beckens, Luxemburg und den mittleren Westen und Südwesten Deutschlands;

- der Alpenbogen: mittlerer Osten Frankreichs, Süddeutschland, Norditalien, Schweiz und Österreich;

- die Kontinentale Diagonale: das Zentrum und die mittleren Teile des Südwestens Frankreichs, die mittleren Teile des Nordens und Spanien ohne die Küstengebiete;

- die fünf neuen Bundesländer (das Gebiet der ehemaligen DDR);

- der Mittelmeerraum: die Mittelmeerküste der Union von Andalusien in Spanien bis Griechenland einschließlich Südfrankreich, dem Großteil Italiens, dem gesamten Griechenland und allen Mittelmeerinseln der Union;

- der Atlantische Bogen: von Nordschottland bis Südportugal einschließlich dem westlichen Teil des Vereinigten Königreichs, Westfrankreich, dem Nordwesten Spaniens und ganz Portugal;

- die Nordseeregionen: der östliche Teil Schottlands, der Norden, die Midlands und der Osten Englands, der nördliche Teil der Niederlande, der Nordwesten Deutschlands und ganz Dänemark;

- die äußersten Randregionen: die französischen Überseegebiete (d. h. Guadeloupe, Guyana, Martinique, Réunion), die Kanarischen Inseln, die Azoren und Madeira.

Die transnationale Einteilung stellt nur eine Arbeitshypothese zur Vereinfachung der Analyse der Raumentwicklung in der Union dar. Damit ist beabsichtigt, die Wichtigkeit grenzüberschreitender dynamischer Prozesse hevorzuheben. Die Kommission hat keinesfalls die Absicht, neue europäische „Superregionen" zu bilden; andere Einteilungen des europäischen Gebietes sind genauso denkbar. Das Ziel des gewählten Ansatzes besteht in einem neuen Verständnis der über die nationalen Grenzen hinausgehenden räumlichen Perspektiven und in der Simulation eines Ansatzes „von unten" zum Aufbau von Verbindungen zwischen Regionen.

Die wichtigsten sozioökonomischen Eigenschaften eines jeden Gebietes sind in Tabelle 5 dargestellt.

Die nachfolgende zusammenfassende Analyse jeder Region zeigt, erstens, die wichtigsten stattfindenden Trendentwicklungen und die sich daraus ergebenden möglichen räumlichen Probleme und, zweitens, die Art von Politik, die diese Probleme vermeiden oder abschwächen könnte.

Die Analyse des letztgenannten Punktes erfolgt jeweils in der Form eines „aktiven Szenarios", wodurch in erster Linie ausgedrückt werden soll, daß irgendeine Form der Intervention notwendig ist, um das beschriebene Ergebnis zu erreichen. Zweitens soll dadurch zum Ausdruck kommen, daß die dargestellten Ergebnisse einer „akademischen Übung" entstammen, die Teil

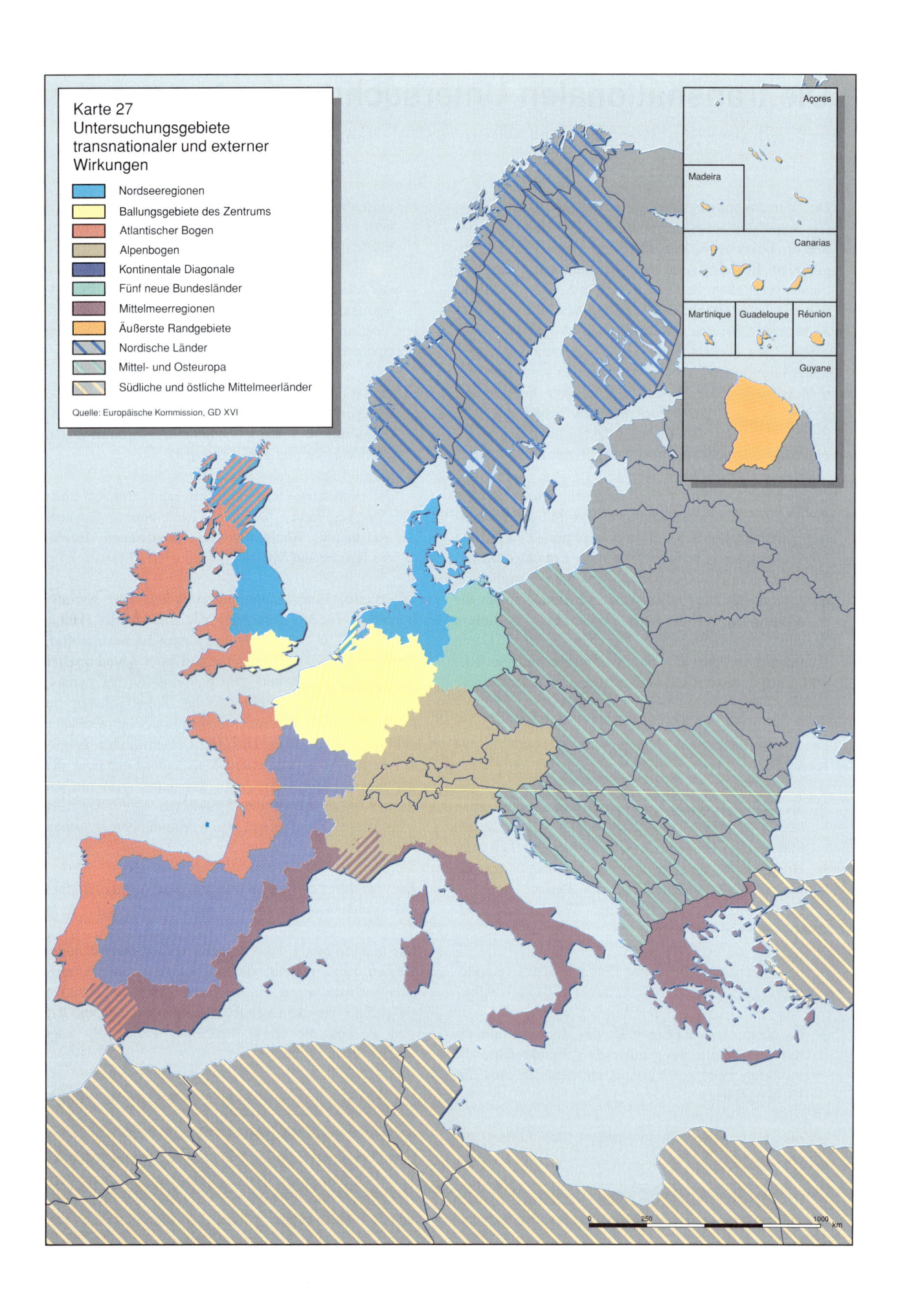

Karte 27
Untersuchungsgebiete transnationaler und externer Wirkungen

- Nordseeregionen
- Ballungsgebiete des Zentrums
- Atlantischer Bogen
- Alpenbogen
- Kontinentale Diagonale
- Fünf neue Bundesländer
- Mittelmeerregionen
- Äußerste Randgebiete
- Nordische Länder
- Mittel- und Osteuropa
- Südliche und östliche Mittelmeerländer

Quelle: Europäische Kommission, GD XVI

Tabelle 5
Indikatoren der transnationalen Gruppen in der Union

Indicator	Ballungsgebiete des Zentrums	Alpenbogen[1]	Kontinentale Diagonale	Neue Bundesländer	Westliches Mittelmeer (Romanischer Bogen)[2]	Zentrales Mittelmeer[2]	Atlantischer Bogen	Nordsee	EUR12
Fläche (in % EUR 12)	11,2	12,6	18,8	4,7	12,9	9,8	21,1	8,4	100
Bevölkerung (1991; in % EUR 12)	25,9	15,9	6,0	4,6	11,0	8,4	13,5	13,4	100
Bevölkerungsdichte (1991; in Einw./km^2)	337	184	47	242	125	126	94	232	153
BIP/Einwohner (1991, in KKS; EUR12 = 100)	116	122	87	33	91	62	80	99	100
Arbeitslosenquote (Durchschnitt 1991-93; in %)	7,6	4,6	10,1	14,1	15,3	18,9	10,0	8,6	9,4
Beschäftigung nach Sektoren (1991; in %):									
- Landwirtschaft	2,7	5,6	10,1	8,9	7,9	15,9	16,0	4,6	6,4
- Industrie	32,4	39,2	30,1	44,7	28,3	21,9	30,4	29,7	33,2
- Dienstleistungen	64,7	55,2	59,8	46,4	63,8	62,2	53,6	65,7	60,4
Förderung durch Strukturfonds (Bevölkerung 1991; in %)	21,4	23,7	62,7	100,0	66,9	100,0	72,3	35,6	51,6
- davon Ziel 1	2,4	-	26,2	100,0	35,9	100,0	41,4	3,6	26,6

[1] Der zur EU gehörende Teil (ohne Schweiz und Österreich)
[2] Zur Abgrenzung siehe S. 199

unabhängiger Untersuchungen ist. Hervorzuheben ist, daß diese Szenarios keine konkreten Kommissionsvorschläge für zukünftige politische Maßnahmen darstellen und noch weniger notwendigerweise die Meinungen der betroffenen Mitgliedstaaten wiedergeben, was die Handlungserfordernisse oder etwa die gewünschte Richtung der Raumentwicklung in der Zukunft betrifft.

Die Bedeutung der in den Nachbarländern der Union stattfindenden Entwicklungen sowie die Verstärkung der Beziehungen zu ihnen gaben Anlaß zu weiteren separaten Analysen dieser Entwicklungen und ihrer möglichen Wirkungen auf die Union. Die wichtigsten Ergebnisse dieser Analyse werden hier ebenfalls vorgestellt. Sofern nichts anderes angegeben ist, stammen diese Daten wiederum von den Kommissionsdienststellen. Dazu wurden drei Ländergruppen gebildet:

– die nordischen Länder: Island, Norwegen, Schweden, Finnland, wobei die drei letztgenannten ab 1995 der Union angehören sollen;

– die mittel– und osteuropäischen Länder: Albanien, Bulgarien, die Tschechische Republik, Ungarn, Polen, Rumänien, Slowakei und Slowenien;

– die südlichen und östlichen Mittelmeerländer.

Neben den 1995 beitretenden Ländern haben sechs andere einen offiziellen Beitrittsantrag gestellt, und die Assoziations-, Kooperations- und Partnerschaftsverträge umfassen immer mehr Länder. Daher können Fragen der Raumplanung nicht mehr an den Außengrenzen der Union enden.

Zusätzlich wurden einige Daten zu den Problemen der räumlichen Neugestaltung und Verwaltung des Gebietes der Länder der ehemaligen Sowjetunion zusammengestellt, die eine Wirkung auf die Raumentwicklung der Union haben könnten.

Die Ballungsgebiete des Zentrums

Aktuelle Merkmale und Probleme

Die Gruppe der „Ballungsgebiete des Zentrums" wird allgemein als Entscheidungszentrum der Europäischen Union betrachtet. Mit ihrer Lage als Schnittpunkt der Achsen innerhalb der Union, der Konzentration von Wirtschaft und Bevölkerung und der zahlreichen Entscheidungszentralen ist dies ein besonders privilegiertes Gebiet.

Diese Aussage ist im folgenden genauer zu betrachten:

- Das Ausmaß der Konzentration von Wirtschaft und Bevölkerung beginnt, Lebensqualität und Umwelt zu gefährden;

- die Bedingungen deuten auf eine anhaltende Konzentration hin, wie z. B. die Dominanz einiger großer Ballungsgebiete zeigt, indem sie andere Räume verdrängen und somit zwischen den Regionen den wirtschaftlichen und sozialen Zusammenhalt gefährden;

- einige der benachteiligten Gebiete zeigen, daß der Wohlstand der großen Ballungsgebiete sich nicht automatisch ausbreitet, wie dies an der großen Zahl umzustrukturierender und im Niedergang befindlicher Industrieregionen sowie an gefährdeten Stadt- und Landgebieten sichtbar wird;

- dennoch ist der Erhalt der internationalen Position von Städten wie London, Paris, anderen nationalen Hauptstädten, den Häfen von Rotterdam und Antwerpen und dem Finanzplatz Frankfurt für diese Zentren selbst, aber auch für die Regionen und die Europäische Union äußerst wichtig.

Die Ballungsgebiete des Zentrums konzentrieren sich auf einem relativ kleinen Gebiet (11,2 % der Gesamtfläche der Union), sind aber Wohnort für mehr als ein Viertel der Einwohner der Union und es gibt zahlreiche Städte unterschiedlicher Größe (siehe Karte 28 über das Entwicklungsmuster in den Benelux-Ländern).

Unter den sechs metropolen Systemen gibt es ein oder mehrere Haupt- bzw. Nebenstadtsysteme: Die Metropolen London und Paris, die Rhein-Ruhr-Region, die Rhein-Main-Region, die Randstad-Region in den Niederlanden und das Gebiet Antwerpen, Brüssel, Gent und Charleroi. Schätzungsweise 54 % der Gesamtbevölkerung der Ballungsgebiete des Zentrums leben in diesen Ballungsgebieten.

Die außerhalb dieser sechs großen Zentren gelegenen Städte mit mehr als 50.000 Einwohnern umfassen nur ca. 15 % der Gesamtbevölkerung.

In Frankreich und im Vereingten Königreich dominieren die jeweiligen Hauptstädte hinsichtlich Wirtschaft und Bevölkerung. Dennoch wird diese Zentralisierung durch verschiedene historische Traditionen von Städten wie Lille, Lyon, Marseille, Toulouse, Birmingham, Liverpool, Leeds und Manchester gebremst.

In den Niederlanden und Deutschland sind die Großstädte bedeutend weniger hierarchisiert und daher eng miteinander verbunden. Die belgische Tradition ist trotz der herausragenden Rolle Brüssels ähnlich.

Die Hierarchie der Leistungszentren hängt ab vom Grad ihrer wirtschaftlichen Spezialisierung sowie von der Fähigkeit, diese zu nutzen. Beispielsweise nimmt Rotterdam unter den neun großen nordeuropäischen Seehäfen eine absolute Führungsposition ein (291 Millionen Tonnen 1991), gefolgt von Antwerpen (101 Millionen Tonnen).

Allerdings besteht bei einer jeweils nur auf einer Aktivität aufgebauten, stark konzentrierten Hierarchie der Städte ein hohes Risiko der Verletzbarkeit, wenn die betroffene Aktivität abnimmt (z. B. Bonn und Eindhoven).

Eine Konzentration besteht auch hinsichtlich der Ausstattung an Infrastruktur verschiedener Art. Im Vergleich zu anderen Regionen der Union ist der Grad der Verfügbarkeit an Dienstleistungen und Einrichtungen sehr hoch. Die Mehrzahl ihrer Bewohner und Unternehmen sind weniger als eine Stunde von einen der Hauptballungszentren entfernt. Reisezeiten von mehr als zwei Stunden sind selten.

Diese Konzentration von Infrastruktur und menschlichen Ressourcen ist einer der Hauptgründe für die

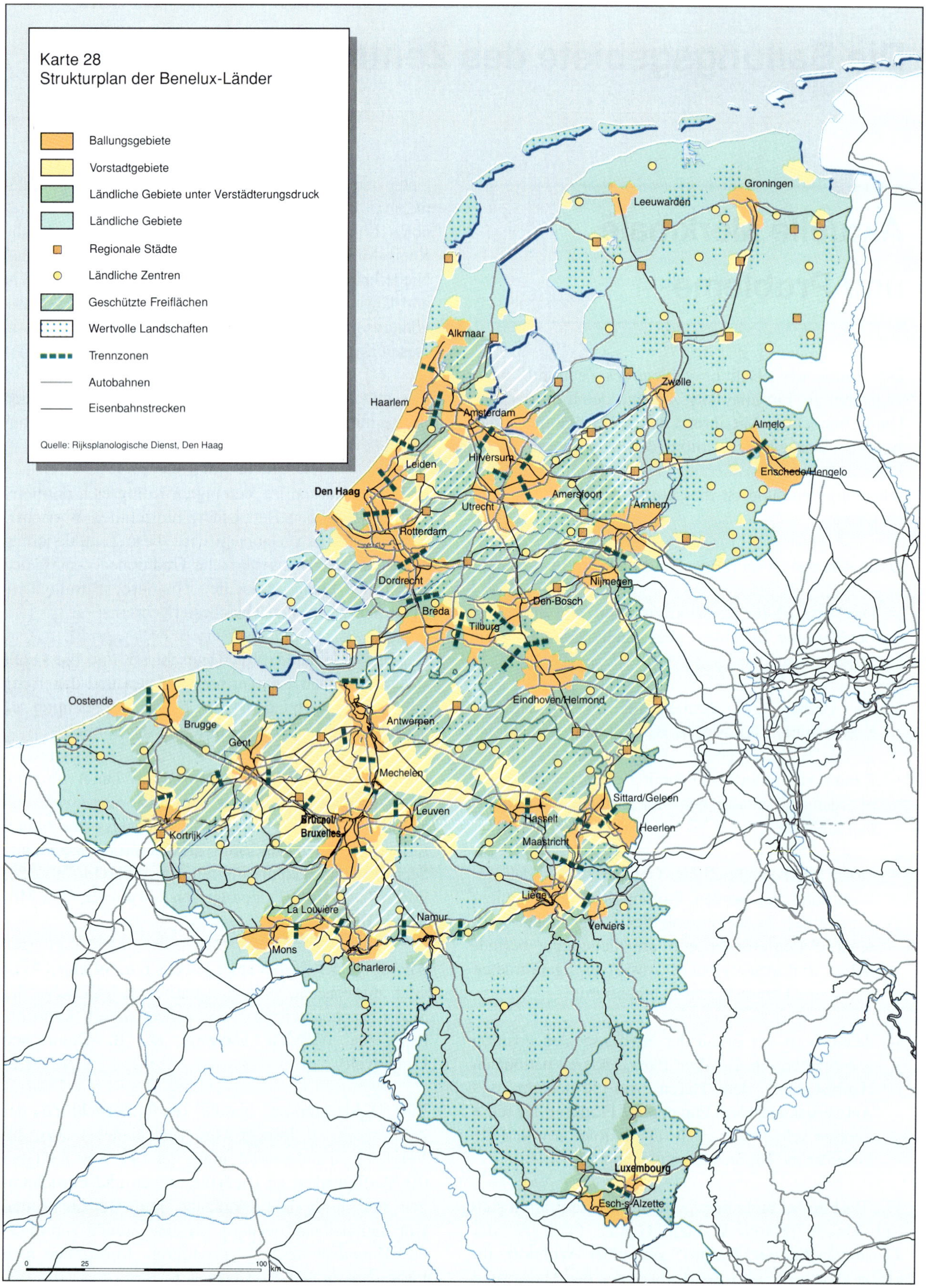
Karte 28
Strukturplan der Benelux-Länder
Ballungsgebiete
Vorstadtgebiete
Ländliche Gebiete unter Verstädterungsdruck
Ländliche Gebiete
Regionale Städte
Ländliche Zentren
Geschützte Freiflächen
Wertvolle Landschaften
Trennzonen
Autobahnen
Eisenbahnstrecken
Quelle: Rijksplanologische Dienst, Den Haag
Groningen
Leeuwarden
Alkmaar
Zwolle
Haarlem
Amsterdam
Almelo
Leiden
Hilversum
Enschede/Hengelo
Den Haag
Amersfoort
Utrecht
Arnhem
Rotterdam
Nijmegen
Dordrecht
Den-Bosch
Breda
Tilburg
Oostende
Eindhoven/Helmond
Brugge
Antwerpen
Gent
Mechelen
Sittard/Geleen
Leuven
Hasselt
Heerlen
Kortrijk
Brussel/
Bruxelles
Maastricht
Liège
La Louvière
Namur
Verviers
Mons
Charleroi
Luxembourg
Esch-s-Alzette
0
25
100
km

wirtschaftliche Überlegenheit der Ballungsgebiete des Zentrums mit 35 % der Wertschöpfung der Union. Im Hinblick auf das BIP je Einwohner nehmen sie hinter der Alpenregion den zweiten Rang ein. Aber auch hier gibt es große lokale Unterschiede: 1990 variierte das mittlere BIP von 78 % bis 166 % vom EU-Durchschnitt. Mehrere Regionen (belgisches Hainaut und französisches Hainaut) fallen in der Programmplanung der Jahre 1994-1999 unter Ziel 1 der Strukturfonds.

Einige Gebiete zeichnen sich durch traditionelle Industriestrukturen (insbesondere in der Stahlindustrie und im Bergbau) aus und sind umzustrukturieren. Obwohl der industrielle Sektor für die Ballungsgebiete des Zentrums weiterhin wichtig bleibt, stützt sich doch ihr Hauptgewicht künftig mehr auf das Dienstleistungs- und Handelsgewerbe sowie auf Forschung und Entwicklung. Mehr als zwei von drei Arbeitsplätzen befinden sich im tertiären Sektor. Des weiteren sind fünf der zehn im Rahmen des FAST-Programms identifizierten „Innovationsinseln" in den Ballungsgebieten des Zentrums anzutreffen (die andere Hälfte liegt in der Alpenregion). Die Ballungsgebiete des Zentrums haben eine große Bedeutung für den Einfluß der Europäischen Union in der Welt; dies ist besonders deshalb wichtig, weil die Internationalisierung der Wirtschaft zum Ende dieses Jahrhunderts ununterbrochen voranschreitet.

Überlastungs- und Umweltprobleme

Die wachsende Integration der Wirtschaft der Union, die Internationalisierung des Handels und der damit zusammenhängenden Aktivitäten sowie die grundlegenden strukturellen Veränderungen bedingt durch den technologischen Wandel machen Verkehr und Telekommunikation unabdingbar.

Die wirtschaftliche Entwicklung erhöht die Verkehrsströme, deren Zunahme für den Zeitraum 1985-2000 wie folgt vorausgesagt wird:

— Straßenverkehr: 30 %;

— Schienenverkehr: 10-15 %;

— Flugverkehr: 40 % für Geschäftsreisen, 20 % für Tourismus.

Dieser Zuwachs an Verkehr wird sich hauptsächlich auf die „Euro-Korridore" konzentrieren, d. h. die großen grenzüberschreitenden Verbindungen, die enorme Verkehrsmengen über die verschiedenen Verkehrswege und die städtischen Knotenpunkte (London, Paris, Frankfurt, Brüssel, Amsterdam, Köln, Duisburg und Lille) in diesem System verbinden.

Diese Konzentration der Verkehrsflüsse birgt das Risiko einer Überlastung in der Luft und auf der Straße. Beispielsweise bewirkt die Verringerung der Lagerkosten durch „just in time"-Lieferungen eine Verlagerung der Vorratshaltung auf die Straße. Diese Entwicklungen erhöhen den Straßenverkehr (wegen seiner hohen Flexibilität) und den Flugverkehr (wegen seiner hohen Geschwindigkeit) zum Nachteil des auf schwere Güter zugeschnittenen Transports auf Schienen und auf Binnenwasserstraßen.

Der Druck auf die Infrastruktur steigt und es werden Sättigungspunkte an bestimmten Stellen erreicht (z. B. die Flughäfen von London, Brüssel und Frankfurt). In diesem Zusammenhang führt der Ausbau des Hochgeschwindigkeitsschienennetzes nur zu Teillösungen.

Die Ballungsgebiete des Zentrums zahlen ihre wirtschaftliche Vormachtstellung in der Europäischen Union jedoch mit einer ernsthaften Beeinträchtigung ihrer Umwelt:

— die Säurebildung greift in Verbindung mit anderen Verschmutzungsformen die Wälder und die Bausubstanz an;

— die Wasserressourcen werden in mehreren Regionen durch Pestizide, Nitrate sowie durch Haus- und Industrieabfälle belastet;

— die Stadtgebiete konzentrieren die Belastungen durch Lärm, Luftverschmutzung, vergiftete Böden, Verkehrsstaus, Abfall und erhöhte Kriminalität.

Während der Konsumgüterverbrauch in den Stadtgebieten steigt, kommen diese Produkte zunehmend aus Produktionsstätten in anderen Regionen. In mehreren Gegenden, insbesondere dort, wo früher Schwerindustrie und Kohlebergbau ansässig waren, entsteht Industriebrache. Gleichzeitig entstehen neue Unternehmen an neuen Standorten, deren Zahl von der Fähigkeit einer Region zur Umstrukturierung abhängt.

Dieser neue Prozeß industrieller Ansiedlung hat Konsequenzen für die Raumordnung. Der Verarbeitungsprozeß erfolgt an verschiedenen Standorten, die jeder für sich die gesamten Produktionseinrichtungen

(Büros, Lagerhäuser usw.) aufweisen müssen, darunter auch gute Straßenverbindungen. Zudem ziehen Änderungen des Standortes wirtschaftlicher Aktivitäten nicht notwendigerweise Änderungen des Wohnortes nach sich. Die Folge ist eine zunehmende Mobilität in den Ballungsgebieten und der Landschaftsverbrauch durch Zersiedlung ist noch größer. Im allgemeinen weiten sich in diesen Regionen, wo die Bauplanung weniger rigide ist, die Vororte aus und stellen eine Anhäufung von Siedlungen dar, die weder ländlich noch städtisch sind. Eine solche Entwicklung führt zu Umweltbelastungen, indem sie die Landschaft zerstören, der Straßenverkehr zunimmt und ein Vielfaches an öffentlichen Ausgaben zur Aufrechterhaltung der Infrastruktur und anderer Dienste wie Postzustellung, Müllabfuhr und öffentlicher Verkehr erforderlich ist.

Sensible und problematische Gebiete

Obwohl die Ballungsgebiete des Zentrums im Vergleich zum Unionsdurchschnitt relativ wohlhabend sind, ist der wirtschaftliche Wohlstand in der Region nicht gleichmäßig verteilt. Drei Arten von Gebieten sind problematisch oder weisen strukturelle Schwächen auf:

– die Altindustriezonen in Umstrukturierung;

– die städtischen Problemviertel;

– die ländlichen Gebiete.

Die Altindustriezonen in Umstrukturierung

Diese Zonen sind zahlreich und haben einen großen Bevölkerungsanteil. Die ehemals in den Bergwerken oder den Stahlhütten beschäftigten Arbeitskräfte können sich in den neuen Sektoren wie Elektronik oder Finanzdienstleistungen nur selten umschulen lassen. Eine größere Mobilität der Arbeitskräfte könnte zu einer teilweisen Lösung des Problems führen, diese würde aber nicht automatisch durch Investitionen in die Verkehrsinfrastruktur ermöglicht.

Verstärkte Bemühungen müssen zur Sanierung der Industriebrachen, die die Attraktivität der betreffenden Gebiete deutlich verringern und potentielle Investoren zögern lassen, aufgewendet werden.

Die städtischen Problemviertel

Durch die Umorganisation der wirtschaftlichen Aktivitäten sind in den Großstädten oft völlig verlassene Viertel entstanden. Dieser Wandel kann verschiedene Formen annehmen:

– das Schließen alter Industrien;

– der Niedergang der städtischen Umweltqualität durch Lärm, Verschmutzung, Verkehrsstaus usw.;

– das Wachstum des Dienstleistungssektors, der enorme Zuwachs an Büros und Immobilienspekulation mit der Folge der Verdrängung der dort lebenden Einwohner;

– der Wunsch nach einem Wohnen in den Vororten, was durch das Vorhandensein von Autos, die Modernisierung der Infrastruktur und den Druck zur Ausweitung der Vororte möglich wird.

Die ländlichen Gebiete

Die Bevölkerungsdichte der ländlichen Gebiete der Ballungsgebiete des Zentrums erlaubt diesen, mit wenig öffentlichen Einrichtungen auszukommen. Die Abwanderung ihrer Bewohner erfolgt daher nicht in dem Ausmaß, wie dies in anderen ländlichen Gebieten wie der Kontinentalen Diagonalen oder anderen peripheren Regionen der Europäischen Union der Fall ist. Dennoch gibt es in vielen Gebieten große Umweltprobleme durch eine intensive Agrarproduktion, vor allem durch die Verwendung von Nitraten. Ebenso weit verbreitet und zunehmend ist die Zerstörung der Landschaft durch das Wachstum der Städte.

Trendentwicklungen

Der Weg zur Wirtschafts- und Währungsunion dürfte die zentrale Position der Ballungsgebiete des Zentrums aufgrund der großen Bedeutung ihrer Städte als internationale Handels- und Dienstleistungszentren stärken helfen (Karte 29 faßt die wichtigsten Kennzeichen der gegenwärtigen Trends zusammen).

Finanz- und Unternehmensdienstleistungen werden tendenziell in einer kleinen Zahl von Regionen stark

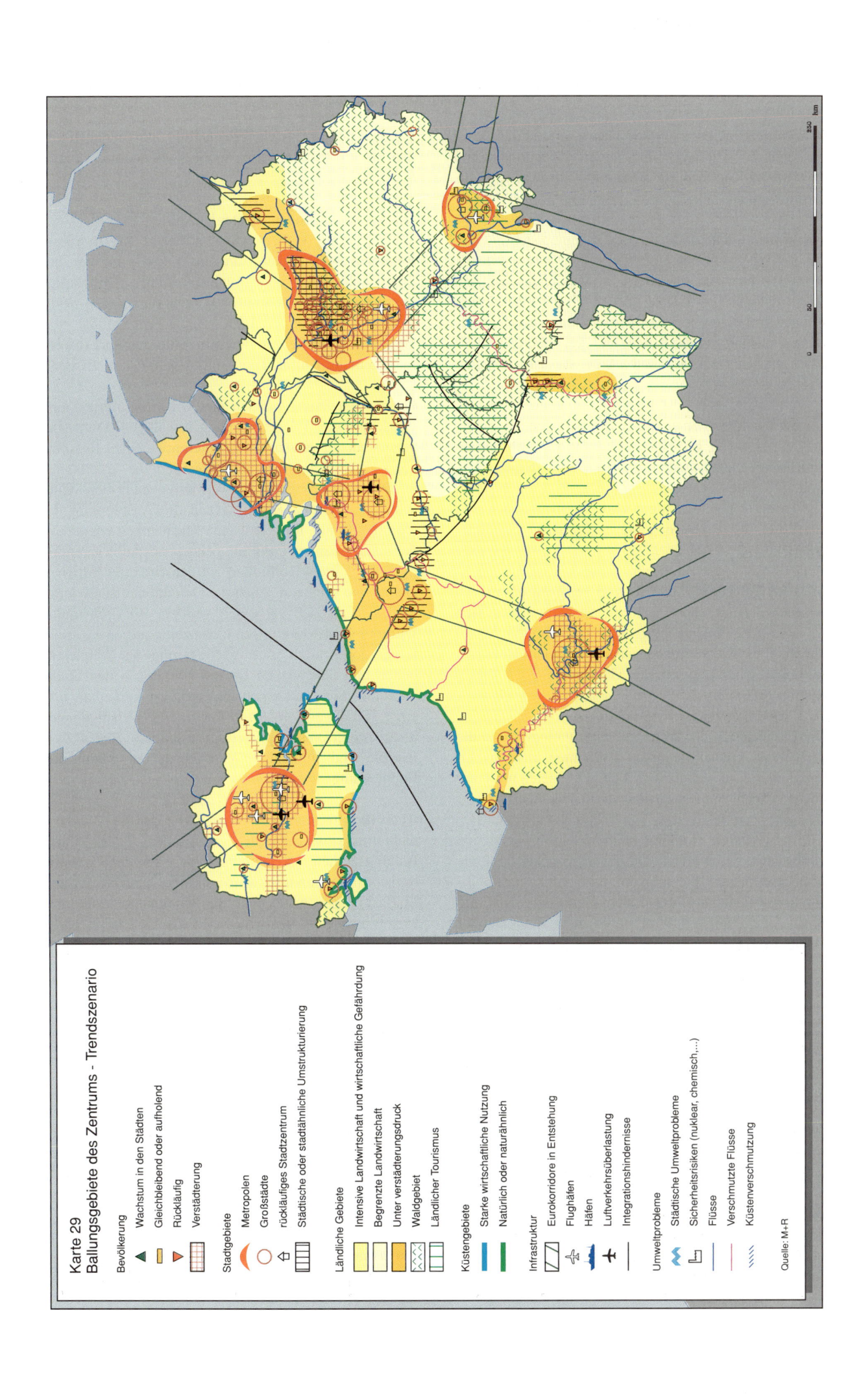

Karte 29
Ballungsgebiete des Zentrums - Trendszenario

Bevölkerung
- ◄ Wachstum in den Städten
- ▭ Gleichbleibend oder aufholend
- ▶ Rückläufig
- ▦ Verstädterung

Stadtgebiete
- Metropolen
- ○ Großstädte
- ⇧ rückläufiges Stadtzentrum
- ▯ Städtische oder stadtähnliche Umstrukturierung

Ländliche Gebiete
- Intensive Landwirtschaft und wirtschaftliche Gefährdung
- Begrenzte Landwirtschaft
- Unter verstädterungsdruck
- Waldgebiet
- Ländlicher Tourismus

Küstengebiete
- Starke wirtschaftliche Nutzung
- Natürlich oder naturähnlich

Infrastruktur
- Eurokorridore in Entstehung
- ✈ Flughäfen
- ⚓ Häfen
- ✈ Luftverkehrsüberlastung
- Integrationshindernisse

Umweltprobleme
- Städtische Umweltprobleme
- Sicherheitsrisiken (nuklear, chemisch,...)
- Flüsse
- Verschmutzte Flüsse
- Küstenverschmutzung

Quelle: M.+R

konzentriert bleiben: London, Paris, Frankfurt und in geringerem Umfang Amsterdam, Brüssel und Luxemburg, die sich auf bestimmte Nischen spezialisieren werden.

Die großen Städte in der Region scheinen sich in einer neuen Expansionsphase zu befinden, sofern sie die Vorteile der stattfindenden Entwicklungen nutzen. Diese Entwicklung könnte aber durch die Überlastung mit ihren Folgen für die Entwicklung des Handels (Kapazitätsgrenzen der Netze) und den höheren Grundstückspreisen, Mieten und Arbeitskosten begrenzt werden.

Einige kleinere Städte dieser Region könnten davon profitieren, da sie geringere Überlastungsprobleme und eine höhere Lebensqualität besitzen. Viele dieser Städte sind Teil eines Städtenetzes, wie z. B. Lüttich, Gent und Eindhoven, viele andere Städte bleiben jedoch eher am Rand der Euro-Korridore und können Nachteile erleiden.

Mehrere Gebiete in dieser Region verfügen über keine wirklichen städtischen Zentren und beschränken sich auf schwache Verbindungen mit dem übrigen Gebiet der Region. Ein räumlicher Dualismus kann daher den wirtschaftlichen und sozialen Zusammenhalt in dieser Region gefährden.

Die Entwicklung der Informationstechnologien und die verbesserte Telekommunikation könnten manche Unternehmen dazu veranlassen, sich in Gebieten mit einer hochwertigen Umweltqualität anzusiedeln. Die Entscheidungszentralen der Unternehmen werden sich jedoch weiterhin auf eine relativ kleine Anzahl von Großstädten beschränken. Diese verfügen stets als erste über diese neuen Technologien, da die dazu notwendigen Investitionen dort die größten Erträge ergeben. Ihre Wettbewerbsfähigkeit wird daher zu Lasten anderer Gebiete verstärkt.

Ein aktives Szenario

Die aktuellen Tendenzen könnten die günstige politische und wirtschaftliche Position der Region unterlaufen. Ein aktiver Ansatz zur Bekämpfung der Dualisierungstendenz des Gebietes und zur Bekämpfung der Überlastung der Stadtzentren ist notwendig. Nicht nur für die Region selbst, sondern auch für die ganze Union ist das Streben nach einer ausgeglicheneren, den großen Städten und den davon profitierenden Regionen ihr internationales Umfeld erhaltenden und begünstigenden Raumstruktur von größter Bedeutung (siehe Karte 30).

Die zu verfolgenden Strategien dürfen sich nicht nur auf die traditionellen wirtschaftlichen Kräfte dieser Regionen beschränken. Größere Vorteile müßten aus ihren politischen und organisatorischen Fähigkeiten durch eine Verbesserung ihrer Position auf den Weltmärkten gezogen werden. Außerdem müßte das Gesamtbild der Region durch Investitionen in Umweltmanagement, Kultur, Tourismus usw. erhalten werden.

Die großen Städte müssen ihre Umstrukturierung und wirtschaftliche Wiederbelebung bewältigen. Dazu sind verschiedene, gegenwärtig unterentwickelte Ressourcen zu mobilisieren, darunter vor allem die Arbeitskräfte. Diese Anstrengung zur Wiederbelebung der Städte schließt auch den Kampf gegen die Ausbreitung der Vororte mit ein. Entsprechende Maßnahmen könnten in der umfassenden Politik eines stadtumringenden „grünen Gürtels" formuliert werden, um die ländlichen Gebiete zu schützen. Auch die Qualität der Stadtviertel muß systematisch verbessert werden. Wirklich multisektorale Politiken müssen gleichzeitig auf eine soziale Integration (durch eine Verringerung der Ungleichheiten und eine soziale Diversifizierung in den Stadtvierteln) sowie auf einen internen Zusammenhalt und ein Gleichgewicht des gesamten Stadtgebietes hinarbeiten. Dies impliziert insbesondere eine aktive, flexible und innovative Verwaltung der städtischen Entwicklungen.

Auch die Zusammenarbeit zwischen den Großstädten, nicht nur zwischen den städtischen Teilen eines Ballungsgebietes, sondern auch zwischen den Gebieten selbst, muß unterstützt werden. Dabei kann es sich um Maßnahmen handeln, die die Komplementarität auf bestimmten Sektoren unter den Großstädten fördern (ohne dabei einen fairen Wettbewerb auszuschließen), oder auch um konzertierte Aktionen, z. B. im Bereich der Verkehrsbeschränkung zur Vermeidung von Nachteilen durch einseitige städtische Initiativen. Eine freiwillige restriktive Verkehrspolitik und die Entwicklung des intermodalen Verkehrs könnten dem Schienen- und Wasserstraßennetz neue Perspektiven bieten. Eine solche Politik muß aber viele Schwierigkeiten, wie die hohen Kosten der neuen Infrastrukturen, Probleme durch Inflexibilität, ungenügende Zusammenarbeit zwischen den Eisenbahngesellschaften oder die Trägheit der durch das Auto bestehenden Gewohnheiten der Bevölkerungsmehrheit überwinden.

Die auf die anderen städtischen Regionen anzuwendenden Strategien müssen an ihre spezifische Situation angepaßt werden. Die kleineren Städte haben die

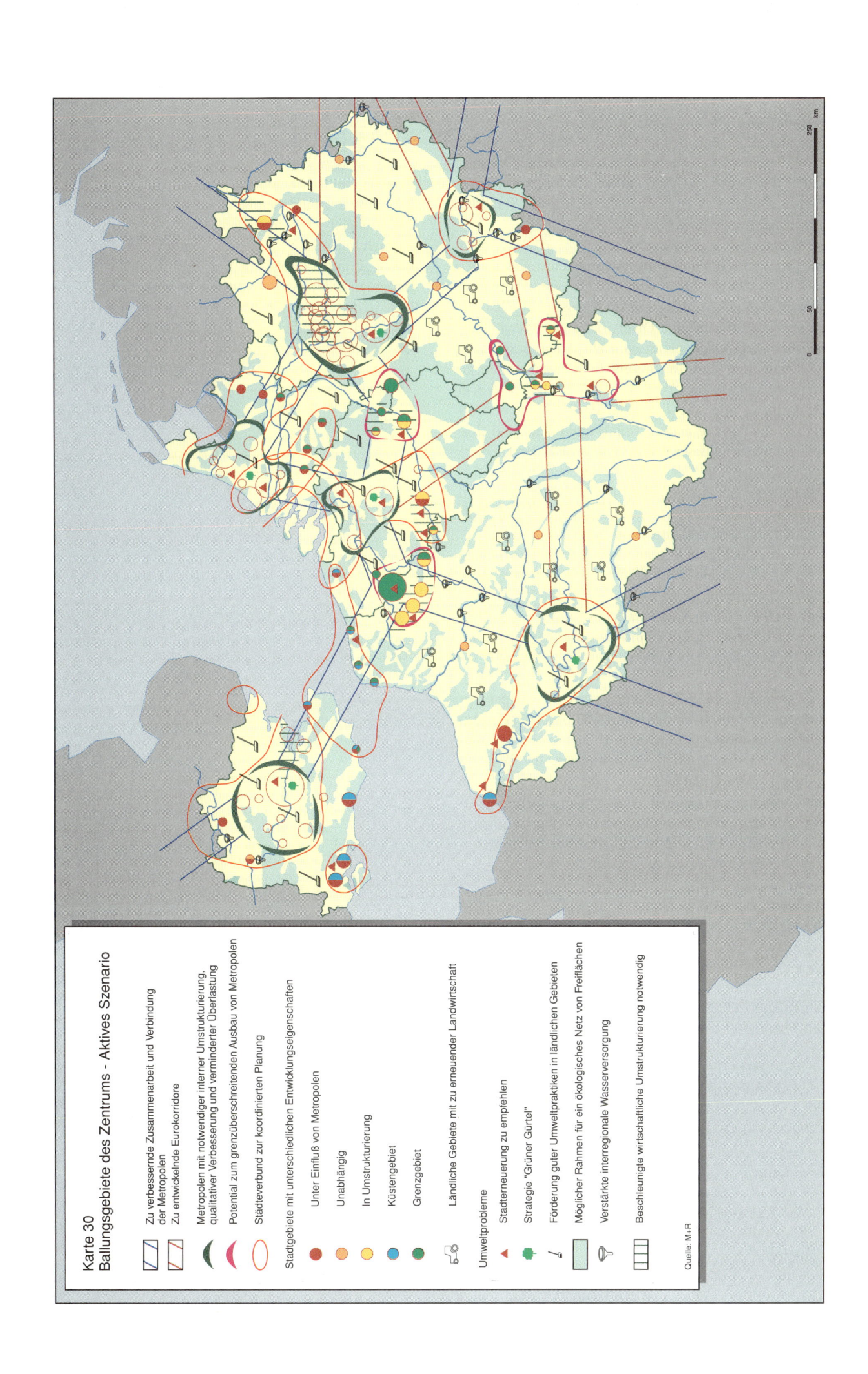

Karte 30
Ballungsgebiete des Zentrums - Aktives Szenario

- Zu verbessernde Zusammenarbeit und Verbindung der Metropolen
- Zu entwickelnde Eurokorridore
- Metropolen mit notwendiger interner Umstrukturierung, qualitativer Verbesserung und verminderter Überlastung
- Potential zum grenzüberschreitenden Ausbau von Metropolen
- Städteverbund zur koordinierten Planung

Stadtgebiete mit unterschiedlichen Entwicklungseigenschaften
- Unter Einfluß von Metropolen
- Unabhängig
- In Umstrukturierung
- Küstengebiet
- Grenzgebiet
- Ländliche Gebiete mit zu erneuender Landwirtschaft

Umweltprobleme
- Stadterneuerung zu empfehlen
- Strategie "Grüner Gürtel"
- Förderung guter Umweltpraktiken in ländlichen Gebieten
- Möglicher Rahmen für ein ökologisches Netz von Freiflächen
- Verstärkte interregionale Wasserversorgung
- Beschleunigte wirtschaftliche Umstrukturierung notwendig

Quelle: M+R

verständliche Neigung, Unternehmen aufzunehmen, die sich außerhalb und dennoch in der Nähe der großen Verdichtungsräume ansiedeln wollen. Diese Tendenz sollte unterstützt werden, jedoch in einer Art und Weise, daß die Lebensqualität als wichtigster Standortfaktor nicht verloren geht.

Die von den Ballungsgebieten und Euro-Korridoren entfernten Städte, deren Zukunft problematischer ist, müssen sich als Ausgangspunkt für regionale Entwicklungen, gestützt auf eine Diversifizierung ihrer ökonomischen Aktivitäten, erweisen. Sehr dynamische, aktive Strategien sind in diesen Fällen gerechtfertigt. Maßnahmen wie die Ausweisung von Oberzentren in Deutschland oder die Dezentralisierung von Verwaltungen aus Paris in andere Teile Frankreichs sind Beispiele dafür, wie dieses Problem gelöst werden kann.

Die aktuelle Entwicklung der modernen Verkehrs- und Telekommunikationsnetze begünstigt nicht die Entwicklung der von den Euro-Korridoren entfernten Städte. Es ist jedoch grundlegend, diese in ein Städtesystem einzubinden, indem gute Verbindungen zu den Großstädten geschaffen werden. Wenn die Hochgeschwindigkeitszüge diesen Gebieten Vorteile bringen sollen, ist es erforderlich, sie in eine Gesamtstrategie einzubinden (siehe Kasten über Lille-Aachen).

Die Bemühungen zur Regionalentwicklung und zur wirtschaftlichen Diversifizierung sind besonders in den Städten ländlicher Gegenden mit einer großen Bedeutung der Landwirtschaft gerechtfertigt, da hier mit weiteren Arbeitsplatzverlusten zu rechnen ist. In bestimmten dieser Gebiete müssen noch andere spezifische Ansätze verfolgt werden. So muß zum Beispiel in den Küstenregionen und in ländlichen Gebieten besonders auf den Umweltschutz geachtet werden.

Die alten, nunmehr in Umgestaltung befindlichen Industrieregionen hängen stark von den im Rahmen der Regionalpolitik auf nationaler und gemeinschaftlicher Ebene zugebilligten Hilfen ab.

Einige grenzüberschreitende Städtenetze sind besonders wichtig für die Zukunft der gesamten Region:

— das MHAL-Netz (Maastricht-Heerlen, Hasselt-Gent, Aachen, Lüttich);

— das grenzüberschreitende Netz von Lille (Lille, Béthune, Lens, Douai, Valenciennes, Tournai und Courtrai);

— das Saar-Lor-Lux-Netz (Saarbrücken, Trier, Nancy, Hagondange-Thionville, Metz, Luxemburg und Arlon).

Alle diese grenzüberschreitenden Regionen besitzen sowohl Zentren alter Industrie als auch wirtschaftlich wohlhabendere Gebiete. Sie müssen in vollem Umfang die neuen im Rahmen der Öffnung der inneren Grenzen der Union entstandenen Möglichkeiten nutzen und ihre Bemühungen zur Zusammenarbeit verstärken, um so wirklich integrierte Städtenetze aufzubauen. Trotz ihrer relativ geringen Größe im Vergleich zu den sechs existierenden Städtenetzen könnten sie eine entscheidende Rolle in der Herstellung des Gleichgewichts der Raumstruktur der Ballungsgebiete des Zentrums spielen und neue Euro-Korridore schaffen.

Der Korridor Lille-Aachen

Die Raumentwicklung des Korridors Lille-Aachen wird stark von der Grenzlage und dem Einfluß von Paris und Brüssel bestimmt. Das Gebiet hat fast 9 Millionen Einwohner und umfaßt Nord-Pas-de-Calais in Frankreich, Hainaut, Namur, Lüttich und Luxemburg in Belgien, Süd-Limburg in den Niederlanden und einen Teil des Kölner Regierungsbezirks in Deutschland; größere Städte sind Lille, Tournai, Mons, Charleroi, Namur, Lüttich, Maastricht und Aachen. Ein Großteil des Korridors Lille-Aachen war traditionell ein Zentrum von Bergbau und Schwerindustrie und erhält daher Gemeinschaftshilfen nach Ziel 2. Die Provinzen Namur und Luxemburg fallen unter Ziel 5b und Hainaut unter Ziel 1.

Die in diesem Korridor gelegenen Städte sind durch einen guten Zugang zu größeren Netzen begünstigt, die Nähe zu nationalen Grenzen hat jedoch für einige von ihnen, wie Lille und Aachen, einen nachteiligen Effekt. Im belgischen Teil der Region laufen die Netze auf Brüssel zu, während Maastricht schlecht an die wichtigsten Kommunikationsnetze der Niederlande angebunden ist. Aachen steht unter dem Einfluß von Köln und die besten Verbindungen für Lille sind die nach Paris, das doppelt so weit entfernt ist wie Brüssel.

Die kommenden Hochgeschwindigkeitszugnetze zwischen Paris, Brüssel, Köln, Amsterdam und London werden zu Veränderungen im gesamten Gebiet führen, wobei Städte wie Lille und Brüssel mit direktem Anschluß an das Netz die größten Vorteile haben werden. Aber auch Lüttich und Aachen werden deutlich gewinnen, während die Vorteile für Mons, Charleroi und Namur von der Erleichterung des Netzzugangs abhängen werden.

Ein Hauptaugenmerk der wirtschaftlichen Strategien der Regionen in diesem Gebiet wird der Verbesserung der Nebennetze zur Anbindung an die Hauptverkehrsverbindungen gelten:

– Nord-Pas-de-Calais hat bereits die Schwerpunkte seiner Strategie auf die neuen Verbindungen ausgerichtet: das Euralille-Dienstleistungszentrum und der Ausbau von Schienen-Straßen-Verbindungen;

– die Zukunft der Provinz Hainaut am Rande vieler wohlhabender Regionen wird stark von besseren Verkehrsverbindungen abhängen;

– für Maastricht und das übrige Gebiet der niederländischen Provinz Süd-Limburg sind neben Verbesserungen der Straßennetze und Binnenwasserwege auch bessere Verbindungen zu den Hochgeschwindigkeitsbahnhöfen in Aachen und Lüttich erforderlich;

– die Aachen/Heinsberg-Region bedarf einer Verringerung der Probleme mit Verkehrsstaus auf den Strecken nach Köln.

Der Alpenbogen

Aktuelle Merkmale und Probleme

Die auffallendsten Merkmale des Alpenbogens sind seine Modernität, seine wirtschaftliche Vielfalt, sein Wohlstand und das Entwicklungspotential dieses Gebiets. Der Alpenbogen ist der zweite Wachstumspol in Europa, der als einziger im Vergleich zu den „Ballungsgebieten des Zentrums" bestehen kann. Dieser Wohlstand ist in Verbindung zu sehen mit der Nord-Süd-Achse, indem es die großen Industriegebiete in Baden-Württemberg und um Mailand sowie das Finanzzentrum Schweiz umschließt.

Während der letzten Jahrzehnte verlagerten sich die deutschen Wohlstandszentren aufgrund der industriellen Dezentralisierung von der Ruhr an den Mittelrhein (Rhein-Main-Neckar). Baden-Württemberg und Bayern haben sich von eher ländlichen Gebieten zu Industriegebieten und Dienstleistungszentren von großer Anziehungskraft entwickelt. Die Alpenregion Italiens ist die eindeutig wichtigste Kraft der nationalen Wirtschaft. Diese Vorherrschaft basiert auf dem Industriedreieck Turin-Mailand-Genua, dem prosperierenden Dienstleistungszentrum in Mailand und dem „Dritten Italien" (Emilia-Romagna), also auf den „Erfolgs-Stories" der Industriegebiete und Verkehrszentren in den 80er Jahren. In Frankreich ist Lyon unleugbar die zweitwichtigste Stadt nach Paris. Das Elsaß und Straßburg erwiesen sich als leistungsfähig hinsichtlich der Schaffung von Arbeitsplätzen, Export und ausländischen Investitionen. Und eines der größten technologischen Zentren Frankreichs, Grenoble, liegt nicht zufällig mitten in den Alpen.

Die Stellung des Alpenbogens als Wachstumspol wird durch den Beitritt Österreichs und die Annäherung der Schweiz noch zusätzlich gestärkt werden. Die Entwicklung des Handels mit Mittel- und Osteuropa wird zusätzliche Wachstumsimpulse für die Alpenregion geben.

Dieser Wohlstand ist jedoch nicht gleichmäßig verteilt. Wirtschaftliche Disparitäten bestehen zwischen den städtischen und touristisch erfolgreichen Gebieten und den inneren Tälern, deren geographische Eigenschaften und Entwicklungspotentiale ungünstig sind. Daneben haben einige westliche Regionen in den französischen Alpen und einige im Osten (Süd- und Ost-Österreich, darunter das Burgenland, das von 1995 nach Ziel 1 der Strukturfonds gefördert wird, und Slowenien) starke strukturelle Probleme und ein fehlendes Wachstumspotential.

Trendentwicklungen

Das Gebiet ist weniger gut mit natürlichen Ressourcen im engeren Sinne des Wortes ausgestattet, in einem weiteren Sinne jedoch hat es davon mehr als reichlich. Obwohl die Region den doppelten Vorteil hat, ein Wachstumszentrum zu sein und ein einzigartiges natürliches Erbe zu besitzen, ruft dies jedoch zugleich auch große Probleme hervor. Insbesondere die Umwelt ist sehr sensibel, fragmentiert und einer hohen Bevölkerungs- und Verkehrsdichte als Nebenprodukt ihres Wachstums und wirtschaftlichen Erfolgs ausgesetzt (Karten 31 und 32).

Die drei größten Gefahren für die Alpenregion ergeben sich aus der Verkehrsentwicklung, der Überlastung der Alpengebiete und dem übermäßigen Tourismus.

Überlastungsprobleme

Die Dynamik des Alpenbogens resultiert aus der ökonomischen Stärke der nördlichen und westlichen Teile einerseits (Deutschland und Frankreich), dem südlichen Rand andererseits (Norditalien) sowie aus den lebenswichtigen Beziehungen zwischen diesen Regionen. Von strategischer Wichtigkeit ist die Entstehung des Nord-Süd-Handels, und zunehmend des Ost-West-Handels, über die von der Union umgebene Schweiz, über das stark nach Westen orientierte Österreich und über Italien. Dies ist vor allem auf den über die Alpen führenden Zugang zu anderen Regionen der Union zurückzuführen.

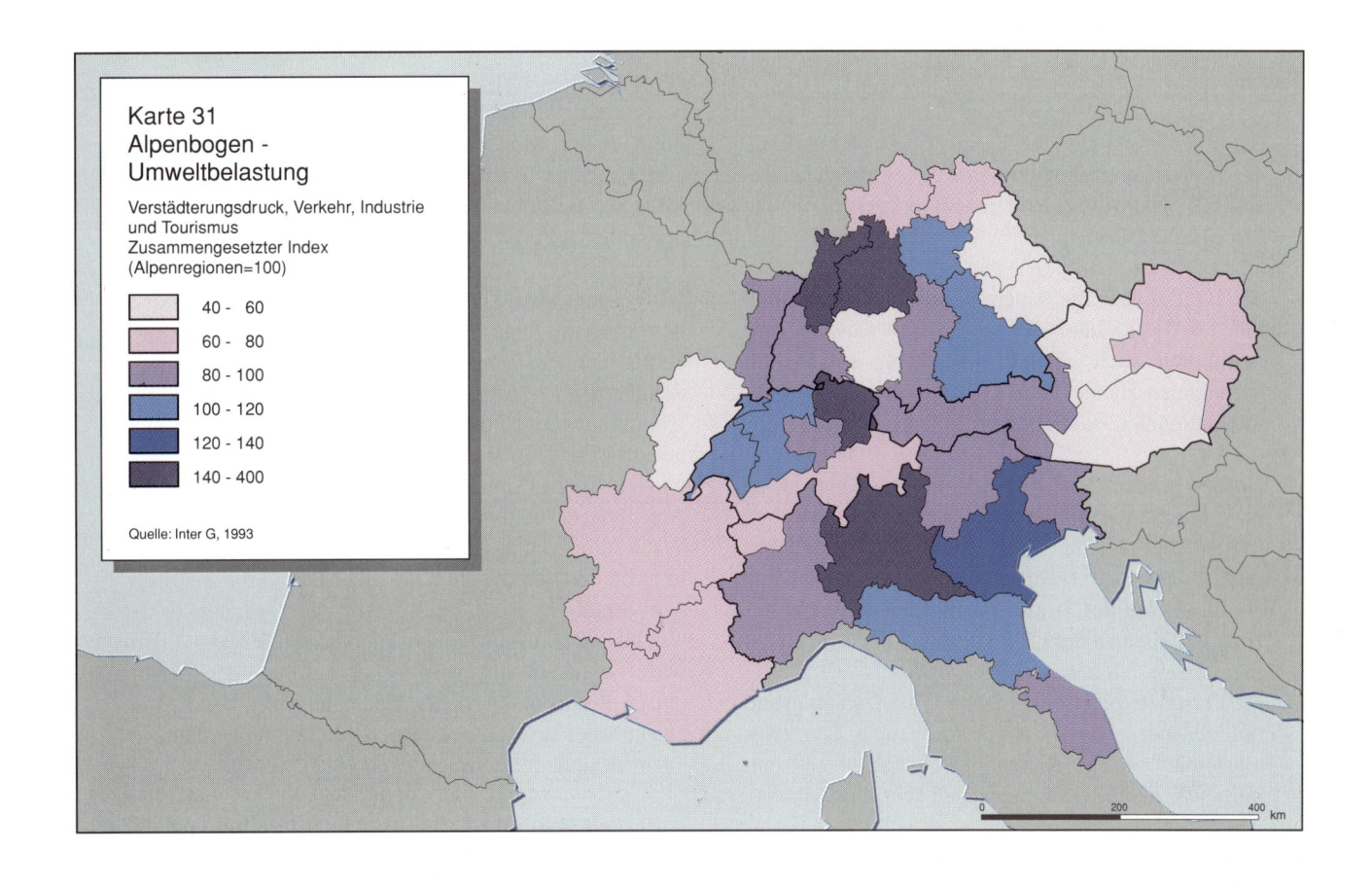

Karte 31
Alpenbogen – Umweltbelastung

Verstädterungsdruck, Verkehr, Industrie und Tourismus
Zusammengesetzter Index
(Alpenregionen=100)

- 40 - 60
- 60 - 80
- 80 - 100
- 100 - 120
- 120 - 140
- 140 - 400

Quelle: Inter G, 1993

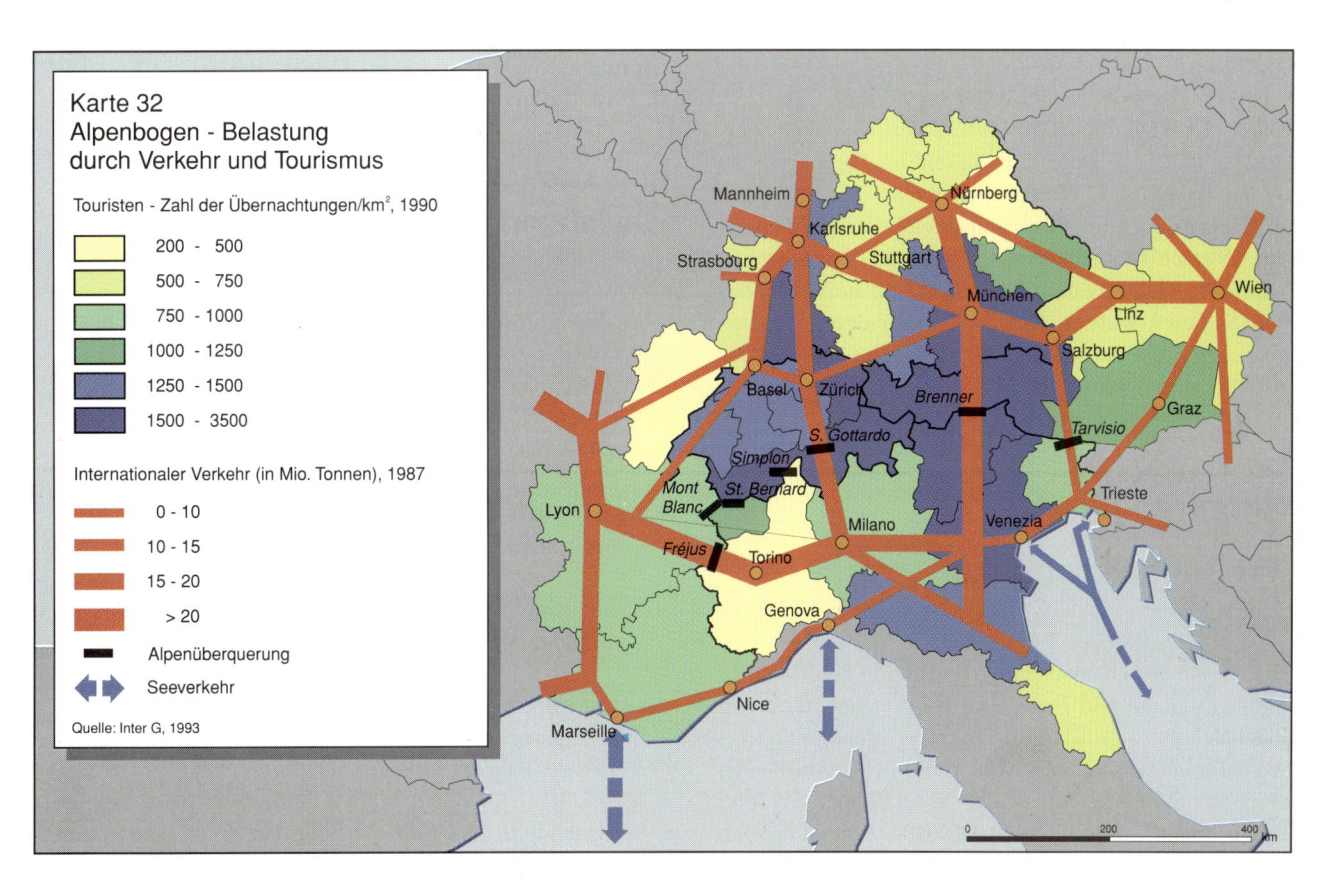

Karte 32
Alpenbogen – Belastung durch Verkehr und Tourismus

Touristen - Zahl der Übernachtungen/km², 1990

- 200 - 500
- 500 - 750
- 750 - 1000
- 1000 - 1250
- 1250 - 1500
- 1500 - 3500

Internationaler Verkehr (in Mio. Tonnen), 1987

- 0 - 10
- 10 - 15
- 15 - 20
- \> 20
- ▬ Alpenüberquerung
- ⇔ Seeverkehr

Quelle: Inter G, 1993

In den letzten zehn Jahren ergab sich eine deutliche Steigerung des internationalen Frachtverkehrs auf dem Landwege:

- das Frachtvolumen durch die Alpen betrug Ende der 80er Jahre 180 Millionen Tonnen pro Jahr, das sind 12 % des gesamten Frachtverkehrs zwischen den Mitgliedstaaten;

- der Handel über die Alpen wächst durchschnittlich mit 2,5 % pro Jahr; diese hohe Zuwachsrate wird vermutlich auch zukünftig bestehen, sowohl im intraalpinen Handel (um 3 % pro Jahr) als auch im internationalen Handel (um 5,5 % pro Jahr);

- ein steigender Anteil des Handelsverkehrs wird über die Straße abgewickelt, besonders zwischen Italien und Nordeuropa; Ende der 80er Jahre wurden etwa zwei Drittel des gesamten Handels über Land auf der Straße transportiert, während der Anteil 1970 noch die Hälfte betrug;

- der Personenverkehr über lange Distanzen aufgrund des Winter- und Sommertourismus ist zwar hinsichtlich der Richtungen relativ gestreut, hinsichtlich der Zeiträume jedoch sehr konzentriert;

- das Wachstum der internationalen Verkehrsströme ist verbunden mit einem starken Anstieg des regionalen Handels wegen des Wohlstands in diesem Gebiet.

Diese Überlastung wird durch den Umstand verschärft, daß die Mittelmeerhäfen im Gegensatz zu denen im Norden Wettbewerbsnachteile aufweisen, so daß ein zunehmender Teil des Güteraufkommens zur Verschiffung Richtung Norden transportiert wird. Die sich aus dem Verkehrswachstum ergebenden Schäden werden durch die besonderen geographischen und klimatischen Bedingungen in der Alpenregion noch verschärft.

Gefahren durch die Bevölkerungskonzentration

Eine genauere Untersuchung der Region zeigt, daß in Süddeutschland und Frankreich die Verfügbarkeit von Flächen kein so großes Problem ist, während es anderswo aufgrund der hohen Bevölkerungsdichte eine deutliche Beschränkung ist (Täler von Rhône, Po und Rhein), bei schwierigen topographischen Verhältnissen und sensibler natürlicher Umwelt.

Die deutschen und österreichischen Regionen werden in Zukunft in großem Maße von der Öffnung des Ostens und der Integration Österreichs in die Union profitieren. Die bereits bestehende Ost-West-Achse zwischen Rotterdam, Stuttgart und München wird noch mehr benutzt werden und sich über Wien hinaus erweitern. Die Verbindung München-Berlin wurde zwar erneuert, wird sich aber erst im Laufe der Zeit entwickeln.

Im Westen wird die Konsolidierung des Rhein-Rhône-Korridors im Zuge der europäischen Integration weiter voranschreiten. Dennoch werden nach wie vor größere räumliche Probleme erhalten bleiben, insbesondere die Überfüllung des Rhône-Tals zwischen Lyon und Avignon und des Gebietes zwischen Basel, Bern und Genf. Die wirtschaftliche Entwicklung des gesamten Gebiets des Alpenbogens wird sich weiter fortsetzen, als Folge des Wachstums von Industrie- und Dienstleistungsbranchen in Lyon und der Dynamik des Oberrhein-Gebietes (Stuttgart, Straßburg, Basel und Zürich); auch wenn es in der französischen Comté einen leichten Niedergang geben wird. Das Wachstum wird jedoch aufgrund der geographischen und ökologischen Bedingungen in der Region zunehmend an seine Grenzen stoßen (vor allem in Salzburg und im österreichischen Tirol).

Aufgrund der Schwächen der Infrastruktur und der Gefährdung einer Reihe von Industrien im Po-Tal (z. B. Textilien und Fahrzeugbau) könnten die südlichen Teile des Alpenbogens stärker vom Zentrum Europas isoliert werden, indem die zukünftigen Entwicklungen Richtung Norden tendieren.

Gefahren für die Umwelt

Zu den vordringlichen Notwendigkeiten gehört ein sensibles und sparsames Flächenmanagement, da es aufgrund der Übernutzung des Landes zahlreiche Verschmutzungsgefahren gibt. Die Verschmutzung hat mehrere Ursachen:

- intensive Landwirtschaft und große stadtähnliche Besiedlung im Alpenvorland;

- die Kanalisierung der zunehmenden Verkehrsströme durch Transitkorridore (enge Täler);

- die Konzentration des Tourismus in bestimmten Gebirgsregionen, an den Rändern der großen Seen oder der Küste;

- die schnelle Zunahme der industriellen Abfälle und des Hausmülls.

Als Folge von Bevölkerungsdichte, Industrie, intensiver Landwirtschaft und Straßenverkehr werden, besonders in den Po- und Rhein-Tälern, alarmierende Verschmutzungsniveaus erwartet. Auch die Stillegung von Agrarflächen kann in manchen Fällen Umweltprobleme verursachen.

Die Alpenregionen sehen sich somit der größer werdenden Schwierigkeit gegenüber, ihren wirtschaftlichen Wohlstand und ihre Funktion als Zwischenglied der internationalen Handelsströme mit den ökologischen Erfordernissen zu vereinbaren, die bedingt sind durch sensible Umweltbedingungen, Übernutzung und unangemessenen Schutz der natürlichen Ressourcen (in Italien und in geringerem Maße in Frankreich).

Ein aktives Szenario

Während in den Ballungsgebieten des Zentrums ein Prozeß der Integration begonnen hat, kann dies von der Alpenregion nicht behauptet werden, wo nationale Verbundenheit immer noch eine große Rolle spielt. So ist Österreich der Union erst spät beigetreten; die Schweiz hält an isolationistischen Tendenzen fest.

Es gibt bedeutende Möglichkeiten für transnationale Entwicklungen, die auf drei verschiedene Weisen verfolgt werden könnten:

- die Intensivierung der grenzüberschreitenden Zusammenarbeit, die auf die reichen Erfahrungen aus den 60er Jahren zurückgreifen kann;

- die koordinierte Planung der Alpenregion auf der Basis der Alpenkonvention, die 1991 von sechs Ländern und der Gemeinschaft unterzeichnet wurde und zur Zeit ratifiziert wird;

- die gemeinsame Entwicklung eines transnationalen Voralpengebietes.

Grenzüberschreitende Zusammenarbeit

Der Alpenbogen weist eine besonders hohe Zahl von nationalen Grenzen auf. Aus historischen, politischen und ökonomischen Gründen haben diese Regionen stets eine große Sensibilität für Grenzfragen gehabt, die in der Vergangenheit Ursache für Marginalisierung, Separation und Diskontinuitäten waren. Das mündete in die Entwicklung bedeutender grenzüberschreitender Zusammenarbeit in verschiedenen Bereichen wie Verkehr, Kommunikation, wirtschaftliche Entwicklung, Raumplanung, Umwelt, Gesundheit, Erziehung und Kultur.

Diese Kooperationsbemühungen haben einen wachsenden Einfluß auf die Raumplanung in den genannten Regionen gehabt (dies zeigt sich z. B. im Bau multinationaler Flughäfen in den Großräumen Genf und Basel oder in der Einrichtung von Systemen zum Transfer öffentlicher Mittel). Die Neustrukturierung des INTERREG II-Programms wurde mit der Absicht der Erweiterung dieser Zusammenarbeit vorgenommen, wodurch: alle Grenzgebiete und nicht nur diejenigen mit bestimmten wirtschaftlichen Problemen eine Förderung erhalten können.

Koordinierte Regionalplanung in der Alpenregion

Die Unterzeichnung der Alpenkonvention zeigte den politischen Willen, die aufgezeigten negativen Tendenzen zu bekämpfen, die eine gleichgewichtige Entwicklung der Alpenregion gefährden (siehe Kasten). Durch die in der Konvention bereits erreichte Zusammenarbeit muß dieser politische Wille Wirklichkeit werden, möglicherweise in einem Rahmen koordinierter raumplanerischer Strategien für die Alpen durch:

- die Aufstellung eines gemeinsamen Rahmenplans zur Entwicklung der Alpen;

- die Harmonisierung der Verkehrspolitiken, um sie mit den Umweltbeschränkungen in Einklang zu bringen;

- Förderung der nationalen und lokalen Behörden zur Verbesserung der Kontrolle der Flächennutzung (Wohnungsbau, Tourismus und Infrastruktur);

- Sicherung einer wirtschaftlichen Grundlage für die Land- und Forstwirtschaft in den Alpen;

- die Festlegung gemeinsamer Leitlinien für den Umweltschutz (Ausweisung von Schutzgebieten, gemeinsame Ziele);

Der Alpenbogen

Das Protokoll der Alpenkonvention über Naturschutz und Landschaftspflege

Die Alpen sind an Pflanzen- und Tierarten außerordentlich reich, doch ist ihre Umwelt aus verschiedenen Gründen ernsthaft durch die Konzentration von Aktivitäten in den engen Tälern gefährdet: übermäßiger Landschaftsverbrauch, starke Verkehrsentwicklung, sportliche Aktivitäten, Wohnungsbau, Wirtschaftstätigkeit und intensive Land- und Forstwirtschaft.

Im Anschluß an die 1991 unterzeichnete Alpenkonvention haben die Unterzeichnerstaaten (Deutschland, Österreich, Schweiz, Liechtenstein, Italien, Slowenien und die Europäische Gemeinschaft) ein Protokoll über Naturschutz und Landschaftspflege formuliert.

Ziel dieses Protokolls ist es, Übereinstimmung über international verbindliche Regeln zu Schutz, Verwaltung und Wiederherstellung der natürlichen Alpengebiete zu erreichen, so daß die Erhaltung von Ökosystemen, die Bewahrung der Landschaft und natürlicher Tier- und Pflanzenarten und ihrer Lebensräume sowie die Aufrechterhaltung der Vielfalt und der Schönheit dieses Gebietes gewährleistet ist. Zur Erreichung dieser Ziele soll die erforderliche Zusammenarbeit zwischen den Ländern gefördert werden.

Die Unterzeichnerstaaten stimmen u. a. darin überein, daß sie bei der Abgrenzung, Ausweisung und Überwachung von Schutzgebieten und ihrer schützenswerten Eigenschaften, bei der Schaffung von Biotopnetzen, bei der Festlegung von Konzepten, Programmen und Plänen zum Umgang mit der Landschaft, bei der Vermeidung von Schäden für die Landschaft und bei Maßnahmen zum Schutz von Tier- und Pflanzenwelt zusammenarbeiten wollen.

Diese Ziele wurden von den Unterzeichnerstaaten in zahlreiche Politikbereiche miteinbezogen, darunter Stadt- und Regionalplanung, Luftqualität, Bodenschutz, Wasser, Tourismus, Landwirtschaft und Energie.

Weiter stimmten sie darin überein, daß sie ein nationales und internationales Netz von Schutzgebieten und Biotopen errichten, bestehende Schutzgebiete erweitern, neue errichten und Pflanzen- und Tierarten wieder ansiedeln wollen.

- die Festlegung detaillierter Raumentwicklungspläne für die von den Alpenübergängen betroffenen grenzüberschreitenden Gebiete.

Die Entwicklung der transnationalen Voralpengebiete

Die raumplanerische Problematik ist in den betreffenden Regionen nicht auf die Alpen selbst und auf die Schwierigkeit ihrer Überquerung beschränkt. Die für Europa sehr wichtigen Voralpenregionen sollten der Gegenstand strategischer Leitlinien sein und neue Priorität erhalten. Die durch die Gemeinschaftspolitik aufgestellten Prioritäten für transeuropäische Netze betreffen diese Gebiete in ähnlicher Weise:

- im Westen ist die Rhein-Rhône-Autobahn traditionell eine wichtige Verbindung zwischen dem Norden und dem Süden Europas, sie ist zum Teil eine Alternative zur Überquerung der Alpen; in der Zukunft könnte sie eine noch wichtigere Rolle einnehmen, wenn die TGV-Ost/Süd-Verbindung verwirklicht ist (Teil des französischen Rahmenplans) und der Rhein-Rhône-Kanal (aufgelistet unter den weiter zu entwickelnden Netzen) fertiggestellt ist, der den Zugang zur Franche Comté erleichtern wird;

- im Norden ist die Öffnung des Rhein-Main-Donau-Kanals das Ergebnis einer langfristig orientierten Politik der deutschen Regierung; die Verbindung zwischen den beiden wichtigsten Flüssen Europas ist ein Element der großen transeuropäischen Strecke nördlich der Alpen, die im Straßenverkehr bereits existiert (die Autobahnen Frankfurt-München-Wien und Nürnberg-Wien); auch für andere Verkehrsmittel sollten ähnliche Möglichkeiten geschaffen werden;

- im Süden darf die relative Isolierung Italiens vom Norden nicht nur durch den Bau von Alpenpässen im Norden überwunden werden (Simplon, Sankt Gotthard, Brenner), sondern muß auch im Osten und Westen durch eine Verbesserung der Strecken zwischen Turin, Genua, Marseille und Lyon versucht werden; dazu kommt die Erweiterung des Mailänder Flughafens, der ein Teil der Politik transeuropäischer Netze ist;

- im Osten ist die Öffnung Mittel- und Osteuropas für Österreich und Nordostitalien von größter Wichtigkeit und könnte für Wien, Triest und Venedig neue Entwicklungschancen bedeuten. Die Prioritäten zum Bau von Netzen berücksichtigen deshalb den Neubau von Verbindungsgliedern wie der Autobahn Nürnberg-Prag und die Verbesserung von Straßen- und Eisenbahnverbindungen zwischen Triest, Venedig, Slowenien, Kroatien und Ungarn.

Die Kontinentale Diagonale

Aktuelle Merkmale und Probleme

Die spanischen und französischen Binnenregionen, die zusammen die Kontinentale Diagonale bilden, sind durch eine niedrige durchschnittliche Bevölkerungsdichte und eine in nur wenigen Zentren stark konzentrierte wirtschaftliche Tätigkeit gekennzeichnet. Sie machen 18,8 % der Gesamtfläche der Union aus, aber nur 6 % ihrer Bevölkerung. Sie sind daher insgesamt stark ländlich geprägt und die Beschäftigung in der Landwirtschaft macht immer noch 10 % aller Arbeitsplätze aus. Es bestehen große Probleme infolge ihrer geringen Bevölkerungsdichte und der Heterogenität dieses Gebietes (siehe Karten 33 und 34).

Drei sehr unterschiedliche Gebietstypen können ausgemacht werden (siehe Tabelle 6).

— die stark verstädterten oder im Einflußbereich einer Großstadt liegenden Gebiete (Typ A), wozu vor allem die Ballungsgebiete von Madrid und Toulouse zählen, sie haben ein eigenständiges Entwicklungspotential und sind gut integriert in die wichtigsten internationalen Verkehrs- und Kommunikationsnetze mit einem beträchtlichen Potential an modernen Unternehmensdienstleistungen und einer hohen technologischen Kapazität; all dies zeigt sich in der ausgeprägten Fähigkeit, Investitionen und Menschen anzuziehen, sei es wegen der politischen Situation als Hauptstadt (Madrid), sei es als Ergebnis einer Politik der Ansiedlung von Hochtechnologie und Hochschulen (Toulouse ist die zweitgrößte Universitätsstadt in Frankreich); einige dieser Gebiete in der Nähe von Großstädten und mit guten Verbindungen zu ihnen (insbesondere in der Provinz Guadalajara bei Madrid und den Départements Eure-et-Loire und Loiret bei Paris) haben ebenfalls ein Potential zur Entwicklung moderner Dienstleistungen und Technologien und können von einer möglichen Verlagerung von Unternehmens- oder Wohnsitzen aus den jeweiligen Großstädten profitieren;

— ländliche Gebiete mit einem entwickelten Städtesystem oder mit einer guten Integration in ein Netz mittelgroßer Städte (Typ B); die Entwicklung dieser Gebiete hängt mit der Verbindung zu ausreichend großen städtischen Zentren zusammen, die notwendige Dienstleistungen und Einrichtungen anbieten; sieben der zehn großen städtischen Zentren der Region liegen in diesen Gebieten: Zaragoza, Valladolid, Pamplona, Tours, Clermont-Ferrand, Dijon und Limoges;

— schließlich gibt es schwach strukturierte ländliche Gebiete, die nur unzureichend an ein Städtenetz angebunden sind (Typ C) und Probleme haben, ihren Bevölkerungsstand aufrechtzuerhalten; in vielen Fällen geht in diesen ländlichen Gebieten die Bevölkerung zurück bzw. die Möglichkeit dazu besteht; in den betreffenden französischen Regionen tritt bereits Abwanderung auf, wenn auch nicht einheitlich in allen Teilregionen; die Bevölkerungszunahme in den spanischen Regionen überdeckt, infolge der hohen Geburtenrate, die hohe Abwanderung und sogar hier gibt es Bevölkerungsrückgänge in einzelnen Teilregionen; die starke Randlage dieses Gebiets, die niedrige Bevölkerungsdichte und die unzureichende Größe der Städte machen die für eine wirtschaftliche Entwicklung notwendige Infrastruktur zu teuer und unrentabel; darüber hinaus ist die Industriebasis schwach und wenig diversifiziert und Unternehmensdienstleistungen sind unzulänglich entwickelt; die Landwirtschaft ist weiterhin wirtschaftlich vorherrschend und sorgt für 21 % aller Arbeitsplätze; fast alle diese Regionen können eine Förderung aus den Strukturfonds erhalten, im wesentlichen nach Ziel 1 oder Ziel 5b.

Trendentwicklungen

Unter der Annahme, daß die gegenwärtigen Trends anhalten, wird der Raum der Kontinentalen Diagonalen wesentlich heterogener sein als zur Zeit, indem die bestehenden regionalen Ungleichgewichte in bezug auf Bevölkerungsdynamik, Produktivität und Wettbewerbsfähigkeit der regionalen Produktionsbedingungen und des Arbeitsmarktes zunehmen werden.

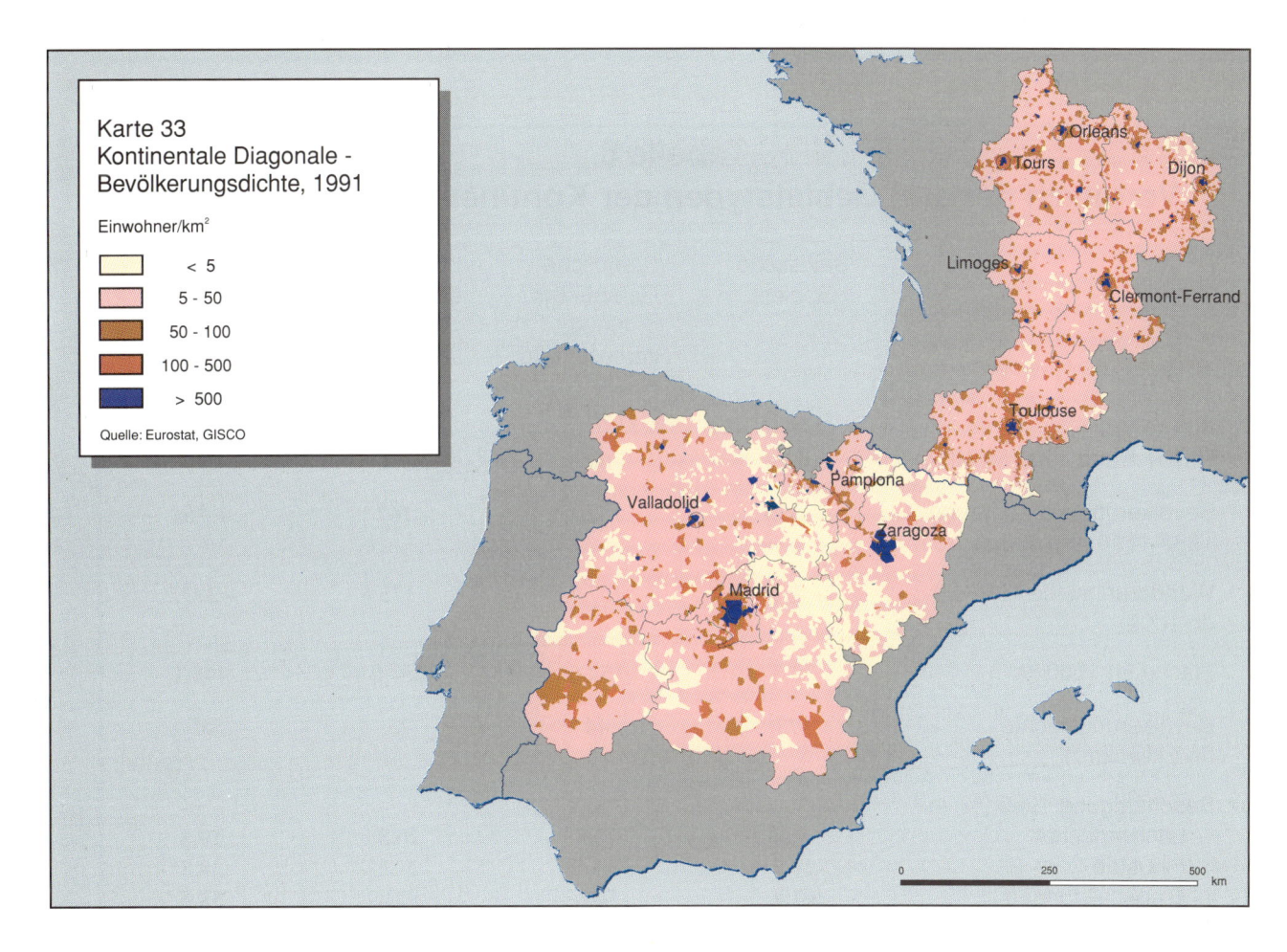

Karte 33
**Kontinentale Diagonale -
Bevölkerungsdichte, 1991**

Einwohner/km²

- < 5
- 5 - 50
- 50 - 100
- 100 - 500
- > 500

Quelle: Eurostat, GISCO

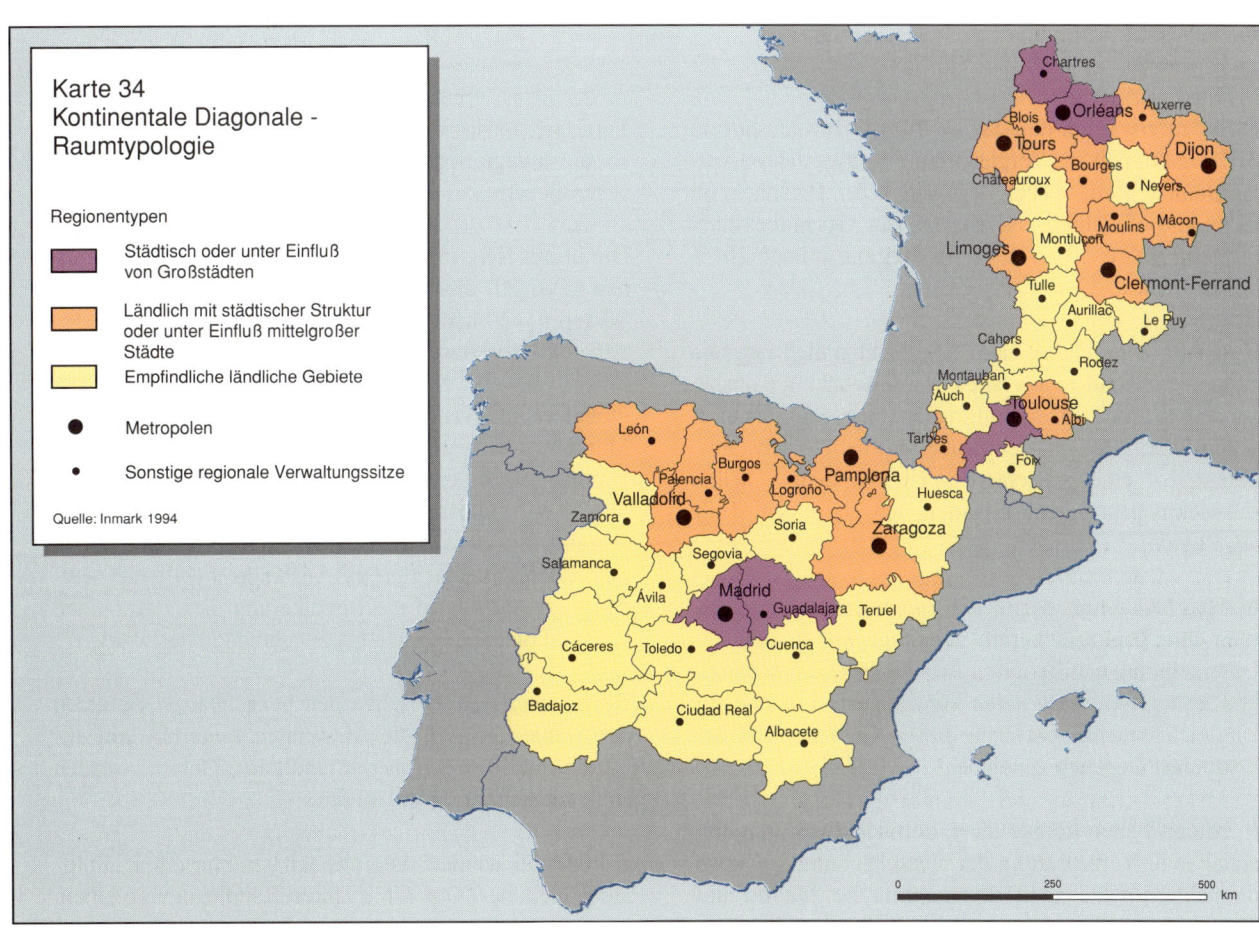

**Karte 34
Kontinentale Diagonale -
Raumtypologie**

Regionentypen

- Städtisch oder unter Einfluß von Großstädten
- Ländlich mit städtischer Struktur oder unter Einfluß mittelgroßer Städte
- Empfindliche ländliche Gebiete
- ● Metropolen
- • Sonstige regionale Verwaltungssitze

Quelle: Inmark 1994

Tabelle 6
Vergleich der drei Gebietstypen der Kontinentalen Diagonalen

	Städtische Gebiete (Typ A)	Ländliche Gebiete mit einem Städtesystem (Typ B)	Schwach strukturierte ländliche Gebiete (Typ C)	Gesamt
Bevölkerung 1990 (in Mio.)	6,9	6,8	6,2	19,9
Bevölkerungsveränderung 1980-1990 (in 1000)	+ 393	+ 204	+ 167 [1]	+ 764
Wanderungssaldo 1980-90 (in 1000)	+ 49,7	107,9	+ 175,6	+ 333,2
Fläche (in 1000 km^2)	39,5	154,6	251,0	445,1
Bevölkerungsdichte (in Einw./km^2)	175	44	25	45
Beschäftigung 1989 (%) in: - Landwirtschaft - Industrie - Dienstleistungen	2,4 29,7 67,9	10,8 34,4 54,8	20,8 27,2 52,0	10,8 30,8 58,4

[1] - 28.000 für die französischen Regionen

Es ist zu erwarten, daß das Bevölkerungswachstum in der Region sich im Vergleich zu den 80er Jahren verlangsamen wird, wobei der Anteil der Personen im Alter von 65 Jahren und älter an der Gesamtbevölkerung im Jahre 2010 in vielen Regionen über 20 % liegen wird.

Regionen vom Typ A werden wahrscheinlich langsam expandieren und relativ stark werden. Dies gilt insbesondere für Madrid, das aufgrund seiner sozioökonomischen Eigenschaften, der Größe und dem Wachstumspotential eine leichtere Überwindung seiner Entwicklungsprobleme erwarten läßt als andere Teile der Region.

In Haute-Garonne dürfte die zunehmende Verstädterung um Toulouse herum anhalten, wo die meisten Unternehmen, qualifizierten Arbeitsplätze, Forschungs- und kulturellen Aktivitäten konzentriert sind und die Ungleichgewichte zwischen diesen Gebieten und den ländlichen Gebieten zunehmen.

In beiden Fällen könnte diese Entwicklung durch eine anhaltende Verbesserung der Verkehrs- und Telekommunikationsnetze verstärkt werden, die Madrid und Toulouse an das europäische Städtenetz anbinden, um so die Integration in die europäische Wirtschaft zu vergrößern.

Die in ein Netz mittelgroßer Städte integrierten Regionen (Typ B), die zum größten Teil den traditionellen Sektoren verbunden sind, könnten unter anhaltenden Arbeitsplatzverlusten infolge von Produktivitätssteigerungen leiden, die zum Überleben auf zunehmend globalen und verschärftem Wettbewerb ausgesetzten Märkten notwendig sind. In einigen Regionen dieser Gruppe ist zu erwarten, daß sie ihre gegenwärtige Situation verbessern werden (Zaragoza, Clermont-Ferrand, Limoges) wenn die Verkehrsprojekte, die sie mit anderen Teilen Europas verbinden, vollendet werden. Insgesamt wird die Bevölkerung dieser Regionen konstant bleiben, wenn auch zunehmend älter werden.

Die Disparitäten zwischen den benachbarten Gebieten der Städte, wo sich die Aktivitäten weiterhin konzentrieren, und den peripheren ländlichen Gebiete werden sich wahrscheinlich ausweiten.

Schließlich werden die schwach strukturierten ländlichen Gebiete (Typ C) in ihrer Randlage verbleiben.

Obwohl neue Kommunikationsverbindungen Erreichbarkeit und interregionale Beziehungen erhöhen, werden diese Verbesserungen den Prozeß allgemeinen Rückgangs kaum bremsen können.

Die fehlende Diversifizierung des Produktionssystems, die schwache Industriestruktur und die im Anfangsstadium befindliche Entwicklung von Unternehmensdienstleistungen werden ein bedeutendes Hindernis zur Aufnahme der von der Landwirtschaft freigesetzten Arbeitskräfte sein. Dies gilt trotz der Zunahme neuer Dienstleistungsbereiche, in Verbindung mit „grünem" Tourismus und Gesundheits- und Sozialdiensten für Ältere, wie sich dies in französischen Gebieten zeigt und in einigen spanischen Regionen ausweiten könnte.

Das Städtesystem, das vorwiegend aus kleinen und mittelgroßen Städten besteht, wird nicht ausreichend koordiniert sein, um regionale Entwicklungsprozesse zu organisieren und anzuregen. Die Bevölkerung wird weiter zurückgehen, und der Anteil der alten und daher unterhaltsbedürftigen Bevölkerung wird ansteigen.

Ein aktives Szenario

Die Region der Kontinentalen Diagonalen muß sich einerseits auf eine enge Anbindung an benachbarte Regionen (des Atlantischen Bogens, des Mittelmeerraums und des Alpenbogens) und andererseits auf eine verstärkte interne Dynamik, u. a. als Beitrag zur Entlastung der überlasteten Küstengebiete, hin entwickeln.

Vor diesem Hintergrund sollten regionale Planungsmaßnahmen drei strategische Prioritäten haben.

Verbesserung der Erreichbarkeit

Eine erste Priorität ist die Nutzung der strategischen Position der Regionen der Kontinentalen Diagonalen als Verbindung zwischen den Mittelmeer- und Atlantikregionen, um die entlang der Küsten und dem Rhône-Tal verlaufenden Ströme zu vermindern.

Dies setzt voraus:

- die Vervollständigung der wichtigsten Verkehrsverbindungen, insbesondere der Hauptstrecke durch die Pyrenäen zur Verbindung von Madrid und Paris, die Querverbindung zwischen Atlantik und Mittelmeer und die Strecke Madrid-Lissabon;

- Entwicklung schneller und qualitativ guter Telekommunikations- und Verkehrsnetze zwischen den mittelgroßen Städten und den internationalen Kommunikationsnetzen; die Straßennetze im Landesinnern müssen an die wichtigsten Autobahnen angeschlossen werden, die Eisenbahnverbindungen sind zu erneuern und an die zukünftigen Hochgeschwindigkeitsnetze anzuschließen, während regionalen Fluggesellschaften Zugang zu internationalen Flughäfen zu gewähren ist.

Überwindung der sich aus der niedrigen Bevölkerungsdichte ergebenden Schwächen

Eine niedrige Bevölkerungsdichte macht eine Entwicklungsstrategie erforderlich, die auf drei Handlungsformen beruht:

- eine aktive Politik zur Unterstützung kleiner und mittlerer Städte, so daß sie als Verbindung zwischen Großstädten und Regionen niedrigerer Bevölkerungsdichte dienen können;

- angepaßte Modelle zur Bereitstellung von Dienstleistungen, vor allem durch die Anwendung differenzierter Preispolitiken und die Nutzung neuer Kommunikationstechnologien, um den Zugang zu mit allen modernen Dienstleistungen ausgestatteten Dienstleistungszentren in ländlichen Gebieten zu verbessern;

- Steigerung der regionalen Unternehmenspotentiale durch Verbesserung ihres Umfelds über die Bereitstellung von grundlegenden Dienstleistungen hinaus, durch die Einführung neuer Kommunikationstechnologien, Unternehmensberatungszentren, Unterstützung bei der Vermarktung lokaler Produkte und bei der Erleichterung von Technologietransfer.

Die möglichen Vorteile aus der Verfügbarkeit von Boden ausnutzen

Der einzige spezifische, in schwach besiedelten Regionen allgemein verfügbare Faktor ist Boden, der zur Wirtschaftsförderung rationeller zu nutzen ist. Insbesondere durch:

- die Verbesserung der Situation des landwirtschaftlichen Sektors durch: Bereitstellung technischer und rechtlicher Hilfe für lokale Qualitätserzeugnisse; Unterstützung kurzer Absatzwege für die Sektoren, die die beste Position im Hinblick auf lokale und saisonale Märkte haben; eine im Rahmen der Agrarpolitik anhaltende Entschädigung für naturbedingte Hemmnisse, die andere Verzerrungen (abgelegene Absatzmärkte und Forschungs- und Technologiezentren) berücksichtigt und umweltschädigende Verhaltensweisen bestraft;

- Waldnutzung und Schutz der natürlichen Umwelt durch: Unterstützung extensiver landwirtschaftlicher Methoden, die zu einer großräumigen Nutzung der ländlichen Gebiete beitragen und die Landschaft und ihre Vielgestaltigkeit aufrechterhalten helfen; Unterstützung umweltfreundlicherer Methoden durch die Entwicklung steuerlicher und sozialer Maßnahmen zur Vermeidung bestimmter Aktivitäten; Hilfen für sehr arbeitsintensive Aktivitäten (Aufrechterhaltung von bebauten Terrassen und von Hecken); Managementverträge mit Landwirten, Handelsvereinigungen und lokalen Behörden, die auf den Bodenschutz achten; Waldnutzung durch Anpassung der Wälder an spezifisch regionale Bedingungen, Ausweitung von Waldgebieten, Ausschluß eines Wettbewerbs mit anderen Bodennutzungen (Landwirtschaft, Tourismus) und Entwicklung einer holzverarbeitenden Industrie in diesen Regionen;

- Förderung ländlicher Regionen als ständige Wohngebiete durch Bodenaufbereitung und Bereitstellung von Dienstleistungen;

- Ausstattung ländlicher Gebiete zur Unterstützung saisonaler Veränderungen der Bevölkerungszahl und Organisation eines echten Tourismussektors durch: eine Verbesserung der Ausbildung und Qualität der Beschäftigten; eine Bestandsaufnahme der zur Verfügung stehenden Ressourcen (natürliche Ressourcen, sehenswerte Gebäude, natürliche Landschaft, Know-how und traditionelle regionale Produkte); Errichtung von Organisationen, die zur Mobilisierung eines Potentials an Touristen in der Lage sind; Einführung von Lehrgängen für Tourismusförderung, Landwirte und Institutionen, wodurch die zu koordinierenden Maßnahmen ermöglicht werden und potentielle Produkte in Verbindung mit Werbung und Verkauf besser erkannt werden können.

Die fünf neuen Bundesländer

Die deutsche Wiedervereinigung und die Eingliederung der fünf neuen Bundesländer und Ost-Berlins in die Europäische Union stellen eine noch nie dagewesene Herausforderung für die Raumplanung dar aufgrund:

— der Notwendigkeit einer Sanierung von Flächen, die durch Verschmutzung, ein überholtes Industriesystem, eine veraltete Infrastruktur und ein ungeeignetes Raumplanungssystem entwertet wurden;

— des Ausmaßes räumlicher Wirkungen aus dem plötzlichen Übergang zu einer Marktwirtschaft, der sowohl die Standortfaktoren der ferneren Vergangenheit (die industrielle Landkarte vor dem Zweiten Weltkrieg) als auch der jüngeren Vergangenheit (die mit mehr oder weniger Rationalität durchgeführten Industrieinvestitionen in den vier Jahrzehnten der zentralen Wirtschaftsplanung) stark in Frage gestellt hat;

— des geopolitischen Wandels der neuen Bundesländer und des früheren Ost-Berlins von einer Position fast völliger Isolierung zu einer zentralen und offenen Position im Binnenmarkt der Union, in direkter Nähe zu den höchstentwickelten Wirtschaftsgebieten.

Zur Lösung dieser gewaltigen Aufgabe räumlicher Reorganisation haben die zuständigen Stellen einen Leitfaden erstellt (*Raumentwicklungskonzept für die neuen Bundesländer*), der die erforderlichen Maßnahmen zusammenfaßt. Dieser hat eine interne politische Diskussion über die zu verfolgende Entwicklungsstrategie für Ostdeutschland in Gang gebracht, die sich vor allem um die Frage drehte, ob eine flächendeckende, gleichmäßige Entwicklung für das gesamte Gebiet oder ob eine Konzentration auf die Entwicklung von Städten und Ballungsgebieten, die als Wachstumszentren fungieren können, anzustreben ist.

Flächensanierung

Zum Zeitpunkt der Wiedervereinigung war der Zustand der Umwelt in den neuen Bundesländern besonders kritisch wegen der Luftverschmutzung von Kraftwerken und der Chemieindustrie mit hohen Emissionen von Schwefeldioxid und Industriestaub. Die ineffizienten Methoden der Energieerzeugung und der verschwenderische Energieverbrauch haben die ehemalige DDR zum größten Verursacher von Kohlendioxidemissionen werden lassen.

Ebenso gab es Probleme bei der Versorgung mit Trinkwasser, da das natürliche Potential eines der geringsten in Mitteleuropa ist. Fast 10 % der Bevölkerung wurden manchmal oder immer mit Trinkwasser schlechter Qualität versorgt.

Daneben hatte die Bodenverschmutzung infolge eines Versickerns aus beschädigten Pipelines (bis zu 30 %) und des übermäßigen Gebrauchs von Düngern ein katastrophales Niveau.

Diese verheerende Situation betraf direkt fast 40 % der Bevölkerung und ruft nach wie vor ernsthafte Gesundheitsrisiken hervor. Der Süden dieser Region und Berlin sind besonders durch Smog betroffen. Wälder sind mit einem Anteil von 36 % (dem doppelten Anteil der alten Bundesländer) stark geschädigt.

Gegenwärtig verbessert sich die Situation durch das Schließen alter Industrien und die Umsetzung westdeutscher Umweltnormen.

Die physische Infrastruktur war allgemein veraltet. Der Bestand an Sozialwohnungen war und ist sowohl unattraktiv als auch von schlechter Qualität, da die Verwaltung dieser Wohnungen durch die Behörden der ehemaligen DDR in der Regel unzureichend war. Straßen- und Eisenbahnnetze waren zwar in bezug auf den Umfang ausreichend, die Qualität war jedoch deutlich rückständig. Da Reparaturen in den 80er Jahren unterblieben, ist der Reparaturbedarf von Straßen, Eisenbahnstrecken und Wasserwegen sehr groß. Die Telekommunikation war sowohl hinsichtlich Quantität als auch hinsichtlich Qualität unzureichend. Je 100 Einwohner standen nur 10 Telefonverbindungen in den neuen Bundesländern gegenüber 50 in den alten Bundesländern zur Verfügung. Die ungleiche Ausstattung innerhalb der neuen Bundesländer selbst war noch dramatischer: Während es ein Telefon in jeder zweiten Wohnung in Ost-Berlin gab, war in Dresden und Rostock das Verhältnis nur 1 zu 10 und 2000 Dörfer waren überhaupt nicht an das Telefonnetz angeschlossen.

Schließlich war die Bodennutzung durch große, für militärische Zwecke in Anspruch genommene Gebiete gekennzeichnet, die fast 5 % des gesamten Staatsgebietes belegten. Die Konversion dieser Gebiete, teilweise schon begonnen, stellt zahlreiche Probleme der Altlastenbeseitigung, der Entschärfung von Munition, der Verschrottung militärischer Ausrüstung, der Umstrukturierung der Rüstungsindustrie und der Umnutzung von Infrastruktur, insbesondere von Flughäfen.

Die regionalen Wirkungen der Wiedervereinigung ohne Übergangsperiode

Angesichts des Beitritts der neuen Bundesländer in eine offene Marktwirtschaft, wurde der Umfang der mangelnden Wettbewerbsfähigkeit der Industrie schnell offenbar. Dies betraf den Bergbau, die Schwerindustrie, die Fluß- und Eisenbahntransporte und andere Wirkungen der Industriepolitik in der Vergangenheit (in bezug auf Energieleitungen, Technologie und Unternehmensorganisation).

Während die traditionellen Industrieregionen der Union einem anhaltenden Anpassungsprozeß über die letzten zwei Jahrzehnte hinweg ausgesetzt waren, hatten die Regionen der neuen Bundesländer ihre Umstrukturierung in Anbetracht der Geschwindigkeit und des Umfangs der Wirkungen der Wiedervereinigung auf die Produktionsstruktur sehr schnell vorzunehmen.

1992 lag die Nettoproduktion der im Umstrukturierungsprozeß befindlichen Industrien bei nur 62 % ihres Niveaus von Ende 1990, während die industrielle Beschäftigung um die Hälfte gesunken war. Der Rückgang in der Landwirtschaft war sogar noch größer, da die Beschäftigtenzahl 1992 nur 26 % des Niveaus von 1990 ausmachte. In Verkehr und Handel fiel die Beschäftigung um 25 % und in den übrigen Dienstleistungen um 20 %.

Folge davon war eine offene und verdeckte Arbeitslosigkeit (in Form von Kurzarbeit, Frühpensionierung oder Umschulung) von etwa 3 Millionen Personen, insbesondere in ländlichen Gebieten und in den von einer einzigen Industrie abhängigen Gebieten (siehe *Fünfter periodischer Bericht, Wettbewerbsfähigkeit und Kohäsion: Tendenzen in den Regionen*, Europäische Kommission, 1994).

Als Reaktion auf den Verlust an Attraktivität hat die Erwerbsbevölkerung die seit dem Bau der Berliner Mauer 1961 verlorene Mobilität wiederentdeckt. Mehr als eine halbe Million Menschen verließen die fünf neuen Bundesländer zwischen 1989 und 1992, um nach Westdeutschland überzusiedeln. Die Bewegungen waren in den ersten Jahren nach der Wiedervereinigung (403.000 Personen 1990) besonders stark, danach jedoch rückläufig (150.000 im Jahre 1992). Zusätzlich reisen 451.000 Pendler regelmäßig aus dem Osten an, um im Westen zu arbeiten (davon 63 % in die westdeutschen Bundesländer und 37 % nach West-Berlin).

Seit 1993 scheint der wirtschaftliche Niedergang die Talsohle durchschritten zu haben. Zeichen eines Aufschwungs werden insbesondere in Wirtschaftszweigen wie dem Bauwesen deutlich, das das Ausmaß des stattfindenden Wiederaufbaus widerspiegelt. Während die Lohnunterschiede zwischen dem Osten und dem Westen geringer werden, gehen die Produktivitätsunterschiede etwas langsamer zurück. Die neuen Bundesländer riskieren damit den Verlust ihrer Wettbewerbfähigkeit in bezug auf die Lohnkosten im Verhältnis zu den mitteleuropäischen Ländern, wobei sie kurzfristig nicht in der Lage sind, ein in Infrastrukturausstattung und Produktivität den alten Bundesländern vergleichbares Niveau zu bieten.

Es entsteht somit eine neue Wirtschaftsgeographie mit einer hohen Zahl neuer Standorte in beträchtlicher Entfernung zu den Bevölkerungszentren. Als Folge davon nimmt die Bedeutung von Zu- und Abwanderung und von langen Wegen vom Wohnort zum Arbeitsplatz zu, woraus sich Konsequenzen für die Regionalplanung, die Anordnung des Wohnungsbaus und die Organisation des Verkehrs ergeben.

Von der Isolierung zu einer neu entdeckten Zentrallage

Für die neuen Bundesländer bringen das Ende der Isolierung und die Integration in Westeuropa verschiedene Herausforderungen mit sich.

Die Wiedervereinigung Berlins erfordert eine Neuplanung für Gebiete, die zuvor künstlich getrennt waren, um zwei Zentren zu verbinden, die sich über vier Jahrzehnte hinweg separat entwickelt haben, die Stadt als Bundeshauptstadt wieder aufzubauen und West-Berlin wieder in die Umgebung einzufügen.

Eine zweite und größere Herausforderung ist die Wiederherstellung eines durch die Aufteilung in alte

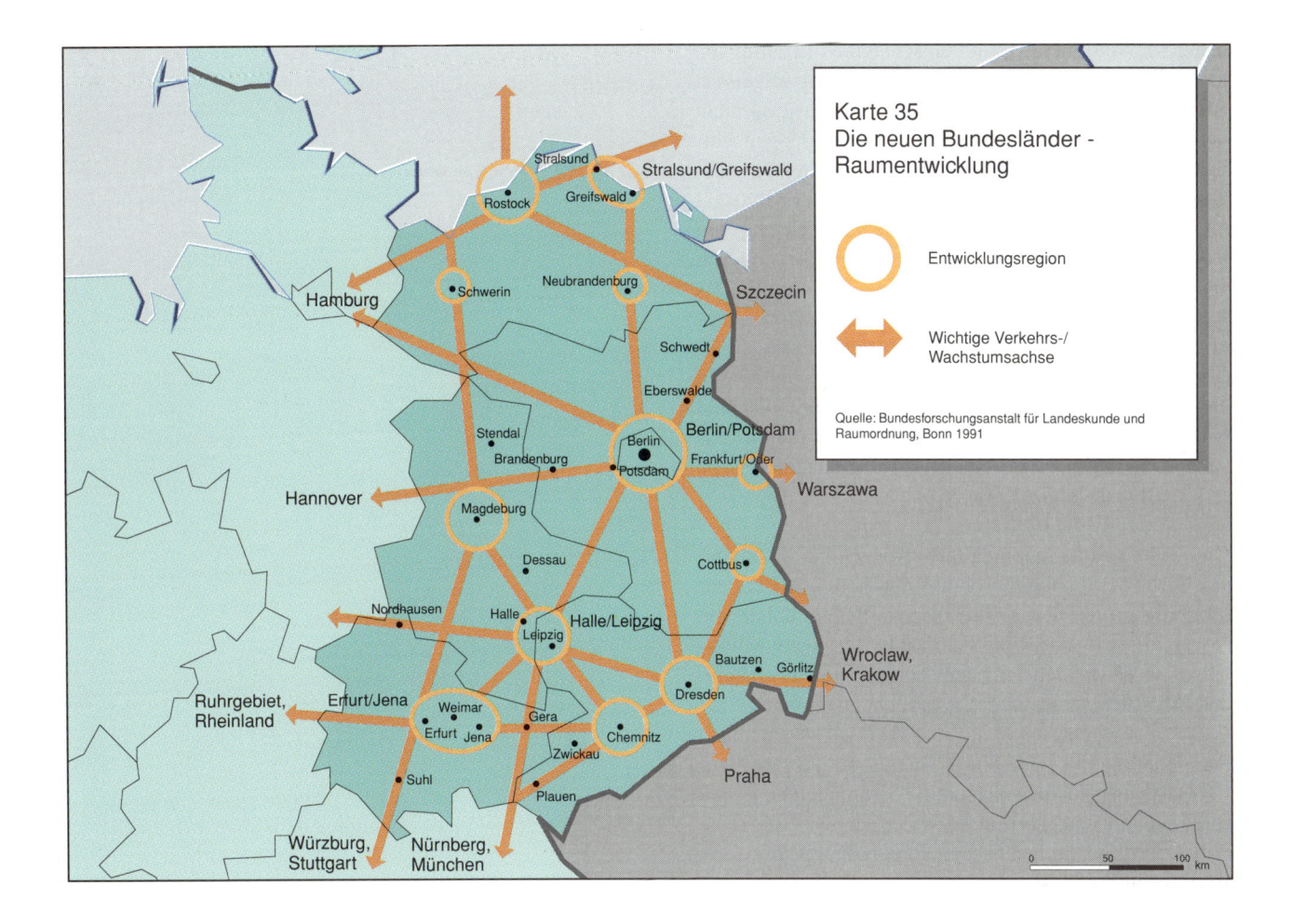

Karte 35
Die neuen Bundesländer -
Raumentwicklung

○ Entwicklungsregion

↔ Wichtige Verkehrs-/ Wachstumsachse

Quelle: Bundesforschungsanstalt für Landeskunde und Raumordnung, Bonn 1991

und neue Bundesländer gespaltenen Gebietes, indem die Verkehrs- und Telekommunikationsnetze verbunden werden und die Raumplanung harmonisiert wird.

Drittens gilt es, die „neue Zentrallage" der neuen Bundesländer in der Union zu nutzen, indem Berlin zu einem strategischen internationalen Zentrum zwischen Nordsee und Warschau entwickelt wird, das die Beziehungen mit Prag, Wien und Budapest wiederherstellt und die Ostseeküste öffnet.

Die westlichen Teile der neuen Bundesländer und Berlins sind zur Bewältigung dieser Herausforderungen durchaus in der Lage. Sie sind gut erreichbar, denn die städtischen Zentren in der Nähe der alten Grenze haben Vorteile durch den Ausbau der Verkehrswege. Daneben besitzen sie viele hoch qualifizierte Arbeitskräfte, auch in der Forschung, kennen die mittel- und osteuropäischen Märkte gut, stellen ein hohes Niveau an sozialen Einrichtungen bereit und besitzen Städte mit einer reichen kulturellen Tradition in einer für Touristen attraktiven landschaftlichen Umgebung.

Im Gegensatz dazu sind die Aussichten für die regionale Entwicklung in den übrigen Gebieten weniger ermutigend. Die östlichsten Regionen werden weniger schnell von einer Verbesserung der Infrastruktur profitieren. Sie haben größere strukturelle Schwächen sowohl wegen der Bedeutung der Land- und Forstwirtschaft als auch wegen des Vorhandenseins stark rückläufiger Industrien. An der tschechischen und polnischen Grenze investieren Unternehmen zunehmend auf der anderen Seite der Grenze aufgrund der niedrigeren Arbeitskosten. Daneben bleibt die Ostseeküste stark isoliert. Um die Ostseehäfen zu entwickeln, müssen die Straßen- und Eisenbahnverbindungen mit dem übrigen Deutschland und mit Polen ausgebaut werden. Die Küste und die benachbarten ländlichen Gebiete haben allerdings ein noch nicht ausgeschöpftes Potential für den Tourismus.

Neue Methoden der Raumordnung

Die von der Bundesregierung und den neuen Ländern vorgelegten Empfehlungen für die zukünftige Regionalentwicklung beruhen auf einschlägigen Erfahrungen im westlichen Teil Deutschlands, obwohl allgemein anerkannt wird, daß diese zumindest gegenwärtig nicht unmittelbar übertragbar sind. Die Empfehlungen entwerfen ein neues Leitbild für die räumliche Entwicklung der fünf neuen Bundesländer, das auf der Reorganisation von Städtenetzen durch die Entwicklung von Verbindungen zwischen Städten beruht, die eng mit anderen Regionen Deutschlands verbunden sind. Das Konzept folgt dem Prinzip der „dezentralen Konzentration" und besteht aus zwölf Stadtsystemen, wie sie in einem Orientierungsrahmen für die Stadtentwicklung in ganz Deutschland ausgewiesen sind. Darunter sind sowohl diejenigen Städte, die eine Förderung benötigen, als auch diejenigen Städte, für die eine Entlastung erforderlich ist (siehe Karte 35).

Das Risiko einer übermäßigen Konzentration in und um Berlin wird dabei besonders deutlich. Der Plan zur Modernisierung der Verkehrsnetze betont daher die Notwendigkeit, ein Ringsystem mit Berlin als Mittelpunkt zu vermeiden und den Vorrang von Eisenbahn und öffentlichem Nahverkehr aufrechtzuerhalten.

Die Planung des ländlichen Raums ist ein weiterer Aspekt des regionalen Planungsprogramms. Die neuen Bundesländer umfassen insbesondere an der Grenze zu Polen und der Tschechischen Republik wenig bevölkerte Gebiete. Sie werden durch spezifische Programme gefördert, die die Schaffung neuer wirtschaftlicher Aktivitäten, die Modernisierung der Infrastruktur, den Schutz natürlicher Räume und die Aufrechterhaltung eines Mindestangebots an Dienstleistungen für die dort lebende Bevölkerung begünstigen.

Im Zusammenhang mit der Erneuerung der Infrastruktur sind diese Programme vor allem durch von der Union kofinanzierte Maßnahmen nach Ziel 1 der Strukturfonds gekennzeichnet. Die Union bietet daneben weitere Unterstützung, vor allem durch die INTERREG II-Initiative, die zusammen mit dem PHARE-Programm die grenzüberschreitende Zusammenarbeit mit Polen und der Tschechischen Republik finanzieren wird.

Die Mittelmeerregionen

Aktuelle Merkmale und Probleme

Um die Untersuchung zu erleichtern, sind die Mittelmeerregionen in zwei Gruppen unterteilt worden:

- den *Romanischen Bogen*, der die acht Küstenregionen von Andalusien in Spanien bis Latium in Italien umfaßt, einschließlich der Balearen, Korsika und Sardinien;

- den *Zentralen Mittelmeerraum*, der die Regionen des italienischen Mezzogiorno und ganz Griechenland umfaßt.

Diese beiden Untergruppen weisen zahlreiche gemeinsame Eigenschaften auf: eine für den Mittelmeerraum typische Tradition, ein zersplitterter Raum, der mit wichtigen Stadtgebieten und Aktivitätszentren ausgestattet ist, eine besonders sensible Umwelt, eine scharfe Trennung zwischen den Küstengebieten und dem Inland sowie eine in den letzten Jahren ansteigende Bevölkerung. Der Zentrale Mittelmeerraum hat eine deutlichere Randlage, da er zur übrigen Union vergleichsweise weiter entfernt ist, und fällt vollständig unter Ziel 1 der Strukturfonds. Im Westen sind die regionalen Probleme etwas weniger gravierend, so daß dort nur zwei Drittel der Bevölkerung in Förderregionen leben.

Ein zersplitterter, ungleich entwickelter Raum

Der gesamte Mittelmeerraum ist ein durch Gebirge und Meer zersplitterter Raum, wodurch die Entwicklungsniveaus und -formen in den verschiedenen Teilen sehr unterschiedlich sind. Zudem ist das kultivierbare Land überall relativ knapp und vereinzelt.

Im Romanischen Bogen können acht 'Typen' nach ihrer strukturellen Entwicklung unterschieden werden (siehe Tabelle 7 und Kasten).

Obwohl der Zentrale Mittelmeerraum Ungleichheiten aufweist, gibt es eine Anzahl von Merkmalen, die allen seinen Gebieten gemeinsam sind. Dazu zählen die Dominanz von Dienstleistungen und Landwirtschaft, ein schwaches industrielles System, ein verhaltenes Wachstum trotz der grundlegenden Wandlung hin zu einer größeren Marktöffnung (vor allem in Griechenland) und ein niedriges Pro-Kopf-Einkommen. Insbesondere der Mezzogiorno umfaßt vier Gebietstypen: hoch dynamische Gebiete entlang der Adriaküste, die die wohlhabendsten sind; Gebiete mit beschleunigter Deindustrialisierung, um Taranta und Syrakus; sich nur langsam industrialisierende ländliche Gebiete entlang der thyrrenischen Achse; und das Binnenland als ärmstes Gebiet. In Griechenland konzentriert sich die wirtschaftliche Entwicklung entlang einer S-förmigen Achse zwischen Athen und Thessaloniki und einer Verlängerung nach Patras. Die wichtigsten Kennzeichen dieses kleinen, sehr zersiedelten Gebietes sind das Nebeneinanderbestehen von traditionellen Wirtschaftstätigkeiten und kleinen, modernen Unternehmen sowie die relativ geringen Unterschiede im BIP pro Kopf zwischen den Regionen (die für die sechs größten Regionen des Landes unter 10 % liegen). Es bestehen große Disparitäten zwischen den Küstengebieten, die stark bevölkert sind und wo sich die meisten Industrien und Dienstleistungen ansiedeln, und den Binnengebieten, die dünn bevölkert, überaltert und von Landwirtschaft geprägt sind (siehe Kasten).

Während der Zentrale Mittelmeerraum unter einer allgemeinen Unterindustrialisierung leidet, dessen Produktionssystem aus wenigen großen Staatsunternehmen besteht (die 93 % der griechischen Großunternehmen ausmachen), ist die wirtschaftliche Landschaft des Romanischen Bogens diversifizierter. Hier konzentriert sich die Industrie in bestimmten Gebieten wie Katalonien, der Toskana, der Provence, Latium und Valencia.

Die Landwirtschaft, in der fast 20 % der Erwerbsbevölkerung beschäftigt sind, vollzieht sich im Großteil des Mittelmeerraums auf kleinen Gütern. Es gibt nur wenige Inseln der Modernisierung, vor allem in

Entwicklungsmodelle im Romanischen Bogen

Die acht Modelle des Romanischen Bogens

- Andalusien ist strukturell unterentwickelt, ein Problem, das durch eine nationale Politik zur Verbesserung seiner Anbindung an Madrid und das spanische Zentrum reduziert wird. Aber Andalusien ist immer noch durch eine deutliche Zweiteilung in rückläufige Branchen und Branchen der Hochtechnologie sowie einen großen Umfang öffentlicher Ausgaben gekennzeichnet.

- Die Region von Valencia, und, auf einer niedrigeren Stufe, die Region von Murcia liegen zwischen Wachstum und Unterentwicklung, zwischen einem dynamischen industriellen Sektor und einem zurückbleibenden Sektor, und sind durch eine schwache Infrastruktur sowie durch Umweltprobleme gekennzeichnet.

- Katalonien ist ein Wachstumspol der spanischen Volkswirtschaft und hat sich seit langer Zeit nach Nordeuropa hin orientiert. Dennoch ist Katalonien mit ernsten Problemen des Strukturwandels in der Textil-, Chemie- und Nahrungsmittelindustrie konfrontiert, worauf es mit technologischer Diversifizierung reagiert. Weiterhin nehmen durch die wachsende Verstädterung die Gleichgewichtsstörungen zwischen Barcelona und dem spärlich besiedelten katalanischen Hinterland zu.

- Die französischen Küstenregionen sind durch umfangreiche Ströme an Touristen, Arbeitskräften und Gütern gekennzeichnet, gleichzeitig auch durch eine gewisse Unterindustrialisierung. Eines ihrer Probleme ist es, einen Teil dieser Ströme aufzufangen, um auf diesem Weg wirtschaftliches Wachstum zu erreichen, das erst noch zu festigen ist und das durch eine Zweiteilung zwischen sehr hoch (Sophia Antipolis) und niedrig qualifizierten Tätigkeiten gekennzeichnet ist.

- Der ligurische Korridor im Nordwesten Italiens ist hauptsächlich in Richtung Norditalien und in geringerem Umfang in Richtung Zentralitalien orientiert. Er hatte Schwierigkeiten mit dem strukturellen Wandel seiner traditionellen Industriezweige wie den Werften, der Stahlerzeugung, dem militärisch-industriellen Komplex und dem Tourismus (die ausländische Besucherzahl ist von 25 % am Anfang der 60er Jahre auf 10 % im Jahre 1990 zurückgegangen).

- Das toskanische und umbrische Modell mit einem dichten Städtenetz ist typisch für das sogenannte „Dritte Italien". Ein Hauptmerkmal ist das sich selbst tragende Wachstum, das auf dynamischen und verschiedenartigen Klein- und Mittelbetrieben sowie einer wirtschaftlichen, touristischen und kulturellen Öffnung nach außen beruht.

- In Latium vollzieht sich die Entwicklung vor allem in und um die Hauptstadt Rom, deren wirtschaftliche Ausstrahlung regional bleibt.

- Jede der Inseln stellt einen speziellen Fall dar. Die Balearischen Inseln bauen auf den Tourismus und Sardinien auf dynamischen und verschiedenartigen Klein- und Mittelbetrieben auf; Korsika steht vor einer unsicheren Zukunft, wenn man die Alterung der Bevölkerung, das geringe Beschäftigungswachstum und die schwache industrielle Struktur betrachtet.

Tabelle 7
Die interregionalen Unterschiede im Mittelmeerraum

	Andalusien	Valencia + Murcia	Katalonien	Languedoc-Roussillon Provence-Alpes Côte d'Azur	Ligurien	Toskana + Umbrien	Latium	Balearen + Korsika + Sardinien	Mezzogiorno	Griechenland
Bevölkerung, 1990 in Mio.	6,9	4,8	6,0	6,4	1,7	4,4	5,2	2,7	21,2	10,2
Bevölkerungsveränderung 1980 – 1990 (in %)	1,0	0,5	0	1,0	-0,6	0	0,4	0,5	0,6	0,6
Fläche (in 1000 km^2)	87,3	34,6	31,9	59,2	5,4	31,4	17,2	37,8	99	132
Bevölkerungsdichte (Einw./ km^2)	79	139	188	109	318	139	301	69	172	77
Beschäftigung 1991 (%) in:										
Landwirtschaft	15,9	10,5	3,5	5,6	3,9	6,3	5,0	10,7	14,5	22,2
Industrie	27,1	36,0	42,8	22	24	33,5	19,7	26,4	23,7	25,7
Dienstleistungen	57,1	53,5	53,7	72,4	72,1	60,2	75,3	62,9	61,8	52,1
Arbeitslosigkeit 1993 (in %)	30,8	22,9	18,0	13,6	10,1	8,3	11,0	18,3	20,7	7,8
BIP pro Kopf 1991 (in 1000 ECU)	8,5	10,9	13,4	14,8	18,2	16,8	18,4	12,5	10,8	5,6
BIP pro Kopf (EUR12=100 in KKS) Durchschnitt 1989-91	58	75	93	97	116	108	117	81	69	48

Unterschiede in der Bevölkerungsdichte zwischen Küsten- und Binnenregionen

In Katalonien, der Provinz von Barcelona, lag die Bevölkerungsdichte 1990 bei einer Einwohnerzahl von 615 pro Quadratkilometer im Vergleich zu 30 in der Provinz von Lérida. Im Languedoc-Roussillon, dem Küstendépartement von Hérault, lag die Bevölkerungsdichte bei 130 Einwohnern pro Quadratkilometer, verglichen mit 14 im Binnenlandsdépartement von Lozère; das Gebiet der Provence-Alpes-Côte d'Azur als Küstendépartement der Alpes Maritimes (225 Einwohner je Quadaratkilometer) und die Bouches du Rhône (345) stehen im scharfen Gegensatz zu den binnenländischen Départements der Alpen der Haute Provence (19) und den Hautes Alpes (20). Latium, das Gebiet um Rom (701 Einwohner pro Quadratkilometer), unterscheidet sich erheblich von der binnenländischen Provinz von Rieti (54). Im Mezzogiorno kann ein ähnlicher Vergleich zwischen den Provinzen von Neapel (2.634 Einwohner pro Quadratkilometer) und Avellino (143) in Campania und zwischen Pescara (247) und L'Aquila (60) in den Abruzzen angestellt werden. Das gleiche gilt in Griechenland, wo sich zum Beispiel in Zentralmazedonien, der Region von Thessaloniki, die Bevölkerungsdichte (265) deutlich von der in Kilkis (32) abhebt, und in Zentralgriechenland, in der die Bevölkerungsdichte von Eubeoa (50) deutlich über der von Eurytania (13) liegt.

Spanien mit einer relativ entwickelten Nahrungsmittelindustrie. Im Mezzogiorno ist die Nahrungsmittelindustrie auf die Weiterverarbeitung von Qualitätsprodukten des Gartenbaus aus Campania und Puglia ausgerichtet, obwohl die Anlagen noch zu modernisieren sind.

Unzureichende und ungleichmäßige Verkehrs- und Kommunikationsnetze

Die Verkehrs- und Kommunikationsnetze sind in der Region ebenfalls ungleichmäßig entwickelt. Der Mittelmeerraum leidet insgesamt an einer Unterausstattung an Infrastruktur und einer Überlastung des Straßennetzes, das 90 % des gesamten Güter- und Personenverkehrs transportiert.

Innerhalb des Romanischen Bogens ist das Verkehrssystem in Spanien relativ unterentwickelt, aber seine Qualität hat sich in jüngerer Zeit verbessert; zu nennen sind vor allem der Hochgeschwindigkeitszug Madrid-Sevilla in Andalusien und in Katalonien der neue Flughafen und der Hafenausbau in Barcelona sowie Straßenanbindungen nach Zaragoza und in Richtung Westen. Die Situation in Frankreich ist besser, wo vor allem Autobahnen sowie Verbindungen von Hochgeschwindigkeitszügen und mittelgroßen Flughäfen mit internationalen Verkehrswegen vorhanden sind. Ebenso ist es in Italien mit einer Küstenautobahn nach Latium, dem Hafen von Genua und dem römischen Flughafen, obwohl das Straßennetz Anzeichen einer Überlastung aufzeigt.

Weit mehr mangelt es im Zentralen Mittelmeerraum an Straßen, vor allem im Mezzogiorno, wo Häfen und Flughäfen nicht darauf ausgerichtet sind, effiziente Verbindungen mit der übrigen Union oder auch den anderen Gebieten des Mittelmeerraums bereitzustellen. In Griechenland ist der einzige international wichtige Flughafen der von Athen. Die Schienen- und Straßenverbindungen sind ebenso unzureichend (0,09 km an Autobahnen pro 100 km^2 im Vergleich zum Durchschnitt der Union mit 1,45 km pro 100 km^2, 31 km an Straßen pro 100 km^2 gegenüber dem Unionsdurchschnitt von 159 km pro km^2 und 1,9 km an Schienengleisen je 100 km^2 gegenüber einem Unionsdurchschnitt von 5,6 km pro km^2).

Insgesamt macht die geographische Zersplitterung und die Verdichtung der Bevölkerung in den

Stadtgebieten an den Küsten die Verkehrssysteme sehr kostspielig und führt zu Verkehrsüberlastungen in den Städten. Hinzu kommt der generell geringfügige Seetransport zwischen den verschiedenen Regionen des Mittelmeerrraums.

Im Hinblick auf den Telekommunikationsbereich sind nur die französischen und norditalienischen Regionen relativ gut ausgestattet. In Spanien wo ISDN-Verbindungen in Sevilla installiert werden, gibt es Fortschritte. Dagegen ist die Situation im übrigen Mittelmeerraum trotz der großen Investitions- und Modernisierungsanstrengungen schlechter.

Ein unausgeglichenes Städtesystem

Der Mittelmeerraum ist durch einige große isolierte Ballungsgebiete gekennzeichnet, denen es nicht gelingt, die benachbarten Regionen wirtschaftlich zu fördern. Zwar gibt es viele kleine und mittelgroße Städte, doch sind diese im allgemeinen schlecht ausgestattet.

Im Romanischen Bogen spielen die zwei großen Städte Barcelona und Rom die Rolle der regionalen Hauptstädte, neben fünf weiteren Großstädten (Florenz, Genua, Marseille, Valencia und Sevilla). Im Zentralen Mittelmeerraum gibt es fünf größere Städte: Athen, Thessaloniki, Palermo, Catania und Neapel. Die verbleibenden Städte haben eine relativ geringe Größe (14 Städte in Italien und sechs in Griechenland, wo 40 % der Bevölkerung in den zwei größten Städten leben).

Eine sensible Umwelt

Die Ökologie ist im Mittelmeerraum durch das Meer und die relativ homogenen, natürlichen Ökosysteme geprägt. Probleme für den gesamten Mittelmeerraum sind der Verlust von Arten und der natürlichen Lebensräume sowie die wachsende Luftverschmutzung. Die Umweltprobleme werden vor allem durch unregelmäßige Regenfälle, die Erosion der Wasser- und Küstengebiete, die Luftverschmutzung aufgrund der starken Konzentration von Menschen auf engem Raum sowie die übergroße Wassernachfrage in der Zeit der Waldbrände und Trockenperioden hervorgerufen.

Die Meeresverschmutzung ist im gesamten Gebiet ein großes Problem. Im Durchschnitt werden 70 % des von den Gemeinden und ein Großteil des von der Industrie genutzten Wassers ohne Klärung abgeleitet. Hinzuzufügen ist die Verschmutzung in Form von Schwermetallen und Pestiziden, die die Flüsse (Rhône, Po, Ebro) mit sich führen (550 Tonnen jährlich). Die Bodenerosion an der Küste trifft im besonderen Griechenland (betroffen sind 30 % der Böden in den Küstengebieten) und den Mezzogiorno (50 %). Trotz der unternommenen Anstrengungen ist das sehr sensible Ökosystem in den letzten 10 bis 20 Jahren überall deutlich beeinträchtigt worden; in manchen Gegenden ist der Zustand der Umwelt sehr kritisch.

Trendentwicklungen

Im Romanischen Bogen würde eine Fortsetzung der laufenden Trends ein unausgewogenes Randgebiet entstehen lassen, das zunehmend von den bedeutendsten europäischen Wirtschaftszentren (Ballungsgebiete des Zentrums und Alpenbogen) abhängig wäre. Sechs Wachstumszentren, darunter nur drei in der Region selbst, werden voraussichtlich an Bedeutung zunehmen: Barcelona, Florenz und Rom innerhalb dieser Region, Lyon, Mailand und Turin im benachbarten Alpenbogen (siehe Karte 36).

Die Entwicklung der wirtschaftlichen Aktivität wird in einer Zunahme der Dienstleistungen, der Konsumgüter- und der Nahrungsmittelindustrie erwartet, andere ländliche Binnenregionen werden wahrscheinlich rückläufig sein.

In der Region des Zentralen Mittelmeerraums wird sich die Zersplitterung fortsetzen, insbesondere, wenn die Konflikte in den Nachbarländern anhalten und dadurch die wirtschaftliche Zusammenarbeit begrenzen (siehe Karte 38). Insgesamt leidet die regionale Wirtschaft an einem Verlust an Wettbewerbsfähigkeit gegenüber der übrigen Union, sofern nicht ein starker Bruch mit den Trends der Vergangenheit und eine wirtschaftliche Umstrukturierung stattfinden. Die Disparitäten in der Region werden sich voraussichtlich verstärken und die Umwelt sich weiter verschlechtern.

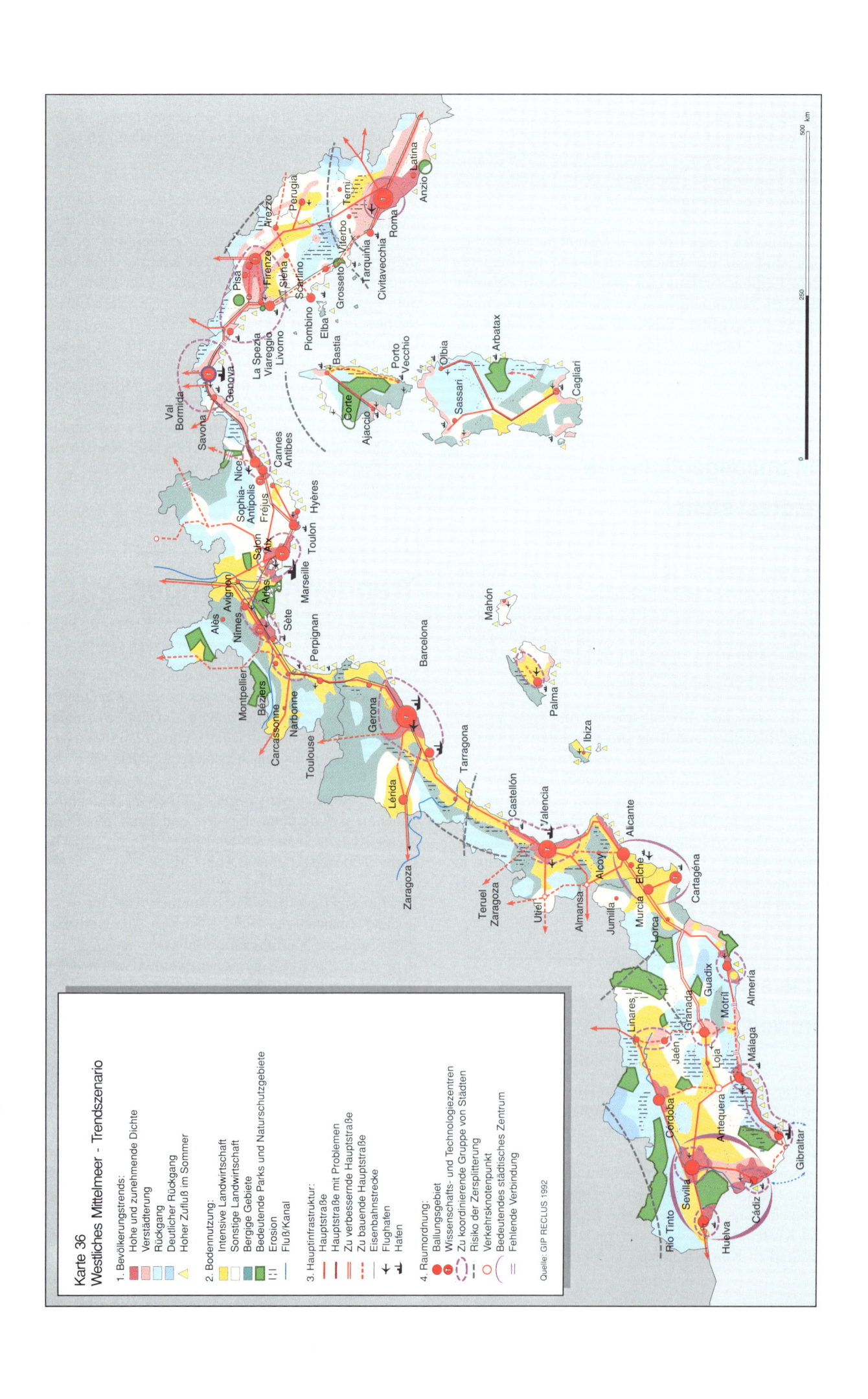

Karte 36
Westliches Mittelmeer - Trendszenario

1. Bevölkerungstrends:
- Hohe und zunehmende Dichte
- Verstädterung
- Rückgang
- Deutlicher Rückgang
- Hoher Zufluß im Sommer

2. Bodennutzung:
- Intensive Landwirtschaft
- Sonstige Landwirtschaft
- Bergige Gebiete
- Bedeutende Parks und Naturschutzgebiete
- Erosion
- Fluß/Kanal

3. Hauptinfrastruktur:
- Hauptstraße
- Hauptstraße mit Problemen
- Zu verbessernde Hauptstraße
- Zu bauende Hauptstraße
- Eisenbahnstrecke
- Flughafen
- Hafen

4. Raumordnung:
- Ballungsgebiet
- Wissenschafts- und Technologiezentren
- Zu koordinierende Gruppe von Städten
- Risiko der Zersplitterung
- Verkehrsknotenpunkt
- Bedeutendes städtisches Zentrum
- Fehlende Verbindung

Quelle: GIP RECLUS 1992

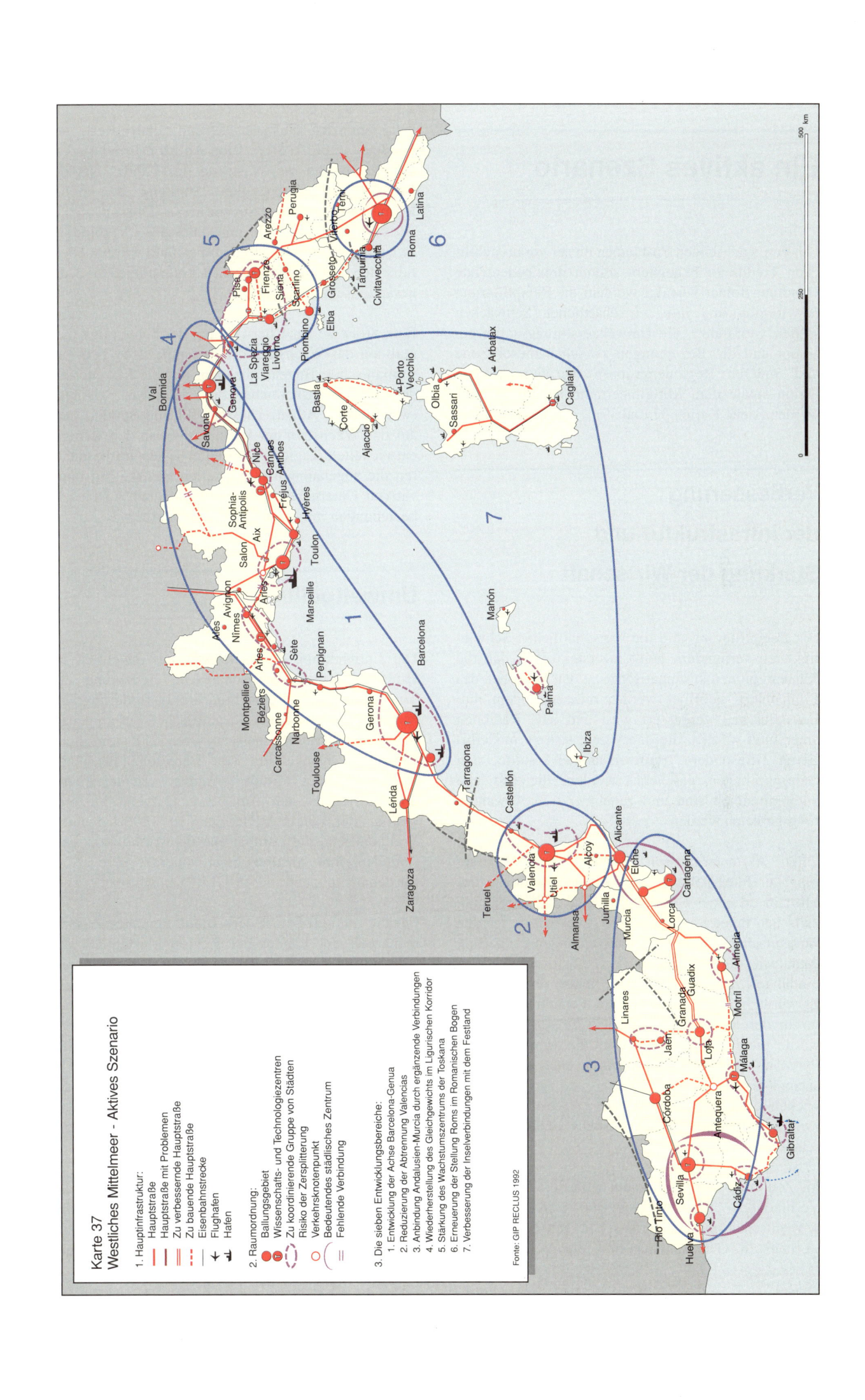

Karte 37
Westliches Mittelmeer - Aktives Szenario

1. Hauptinfrastruktur:
- Hauptstraße
- Hauptstraße mit Problemen
- Zu verbessernde Hauptstraße
- Zu bauende Hauptstraße
- Eisenbahnstrecke
- Flughafen
- Hafen

2. Raumordnung:
- Ballungsgebiet
- Wissenschafts- und Technologiezentren
- Zu koordinierende Gruppe von Städten
- Risiko der Zersplitterung
- Verkehrsknotenpunkt
- Bedeutendes städtisches Zentrum
- Fehlende Verbindung

3. Die sieben Entwicklungsbereiche:
1. Entwicklung der Achse Barcelona-Genua
2. Reduzierung der Abtrennung Valencias
3. Anbindung Andalusien-Murcia durch ergänzende Verbindungen
4. Wiederherstellung des Gleichgewichts im Ligurischen Korridor
5. Stärkung des Wachstumszentrums der Toskana
6. Erneuerung der Stellung Roms im Romanischen Bogen
7. Verbesserung der Inselverbindungen mit dem Festland

Fonte: GIP RECLUS 1992

Ein aktives Szenario

Um den wachsenden Problemen dieser voraussichtlichen Trends zu begegnen, sollten drei bedeutende Handlungsfelder verfolgt werden: die Zersplitterung der Region und ihre wirtschaftlichen Schwächen sollten vermindert, die Umweltzerstörung sollte gestoppt und die Beziehungen zwischen dieser Zone und anderen Regionengruppen der Europäischen Union sowie dem Mittelmeerraum sollten gestärkt werden (siehe Karten 37 und 39).

Verbesserung der Infrastruktur und Stärkung der Wirtschaft

Die Zersplitterung und die wirtschaftlichen Schwierigkeiten vermindern heißt in erster Linie, daß die Küstenregionen systematischer zu den Regionen des Binnenlands geöffnet werden müssen, indem ihre Erreichbarkeit verbessert wird und jene Regionen unterstützt werden, die dabei sind, sich zu modernisieren. Besondere Aufmerksamkeit sollte den Gebirgsgebieten geschenkt werden, die fast alle unterentwickelt sind und zunehmend zu Abwanderungsgebieten werden.

Solche Aktionen müssen Maßnahmen zur Verbesserung der Integration von zahlreichen Regionen des Mittelmeerraumes einschließen, indem die Trennung zwischen ihnen verringert wird. Dies würde für den Romanischen Bogen Voraussetzungen schaffen, Andalusien und Murcia durch eine Stärkung der Verbindungen zur übrigen Region besser zu verankern. Es würde helfen, die Lücken der Verkehrsinfrastruktur in der Region von Valencia zu schließen und würde die Überquerungen über die Alpen und die Pyrenäen verbessern. Dies würde auch den ligurischen Korridor zwischen Zentral- und Süditalien entwickeln und eine Stärkung der Wachstumszentren zwischen Liverno in der Toskana und Barcelona schaffen.

Im Zentralen Mittelmeerraum sollte die Nord-Süd-Verbindung im Mezzogiorno entlang der tyrrhenischen und der adriatischen Achse verbessert werden. In Griechenland sind die Verbindungen zwischen der Peloponnes und dem Rest des Landes (über die Rion-Antirion-Brücke) zu verbessern und die Westseite des Landes aus der Isolation zu führen. Eine Stärkung der Achse Rom-Neapel-Bari-Igoumenitsa-Thessaloniki-Alexandropoulis und eine bessere Verbindung zwischen den Inseln und dem Festland würden ebenfalls den Entwicklungsprozeß unterstützen und die gesamte Region integrieren.

Eine Strategie zur Überwindung der Schwierigkeiten muß auf das Wachstum des dynamischsten Teils des Romanischen Bogens abzielen, auf die Erweiterung der Wachstumsbereiche, die anderswo existieren (wie in Bari, Athen, Thessaloniki und Sevilla), und auf das Wachstum der Kleinbetriebe in den weniger entwickelten Regionen; darunter fallen im besonderen die sogenannten industriellen Bezirke mit innovativen Unternehmen und ausgedehnten Austauschbeziehungen mit den Mittelmeerländern.

Umweltpolitik

Die Entwicklung einer attraktiven Umwelt ist im Hinblick auf die wirtschaftliche Bedeutung des Tourismus die zweite wichtige Herausforderung. Die Mittelmeerländer haben in politischer Zusammenarbeit bereits Maßnahmen ergriffen: 17 von ihnen haben die Konvention von Barcelona für einen Aktionsplan des Mittelmeerraums („Blauer Plan") unterschrieben, der Teil des Umweltschutzprogramms der Vereinten Nationen ist. 1990 haben die Weltbank und die Europäische Investitionsbank entschieden, ihre Anstrengungen in einem Programm für den Mittelmeerraum (METAP) zu vereinen.

Für die Zukunft betont der „Blaue Plan" die Zusammenarbeit der Länder der Region hinsichtlich der Verwaltung von Küstenregionen (geschützte Zonen und Kläranlagen), von städtischen Gebieten (Abfall, Reduzierung der Luftverschmutzung, städtischer Verkehr), des Wasserangebotes, des Meeres (Kampf gegen die Meeresverschmutzung durch die Schiffahrt, Verwaltung der Fischbestände), die Aufrechterhaltung und Erweiterung der Wälder und die Bekämpfung der Brandstiftung, die Verhinderung und die Verringerung der Hauptrisiken der Erosion, der Erdbeben, Meeresunfälle und Giftabfälle.

Eine weitere, wichtige schützenswerte und entwicklungswürdige Ressource ist das kulturelle Erbe, das ein Kennzeichen des ganzen Romanischen Bogens und des Zentralen Mittelmeerraums ist und bedeuten-

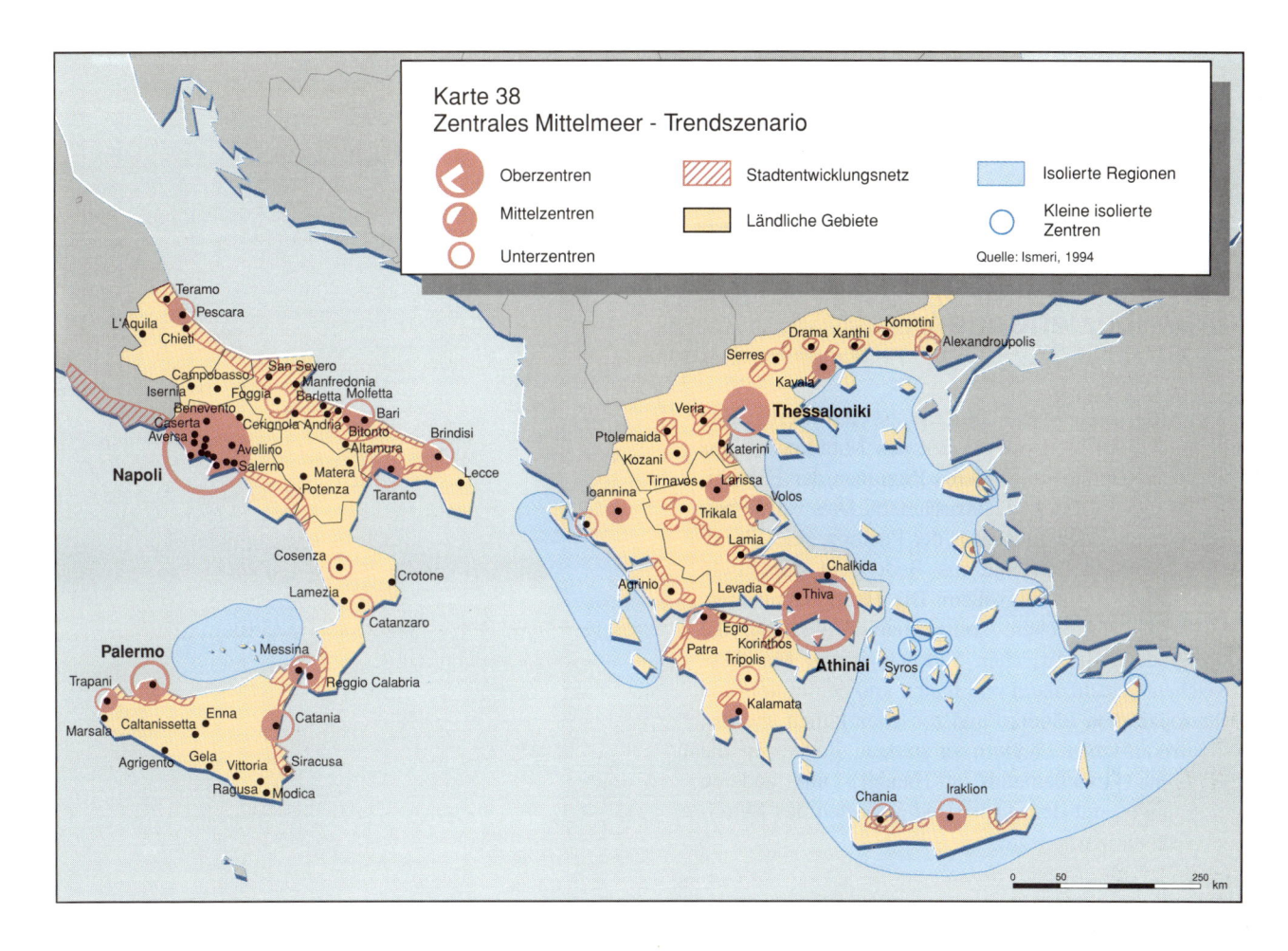

Karte 38
Zentrales Mittelmeer - Trendszenario

- Oberzentren
- Mittelzentren
- Unterzentren
- Stadtentwicklungsnetz
- Ländliche Gebiete
- Isolierte Regionen
- Kleine isolierte Zentren

Quelle: Ismeri, 1994

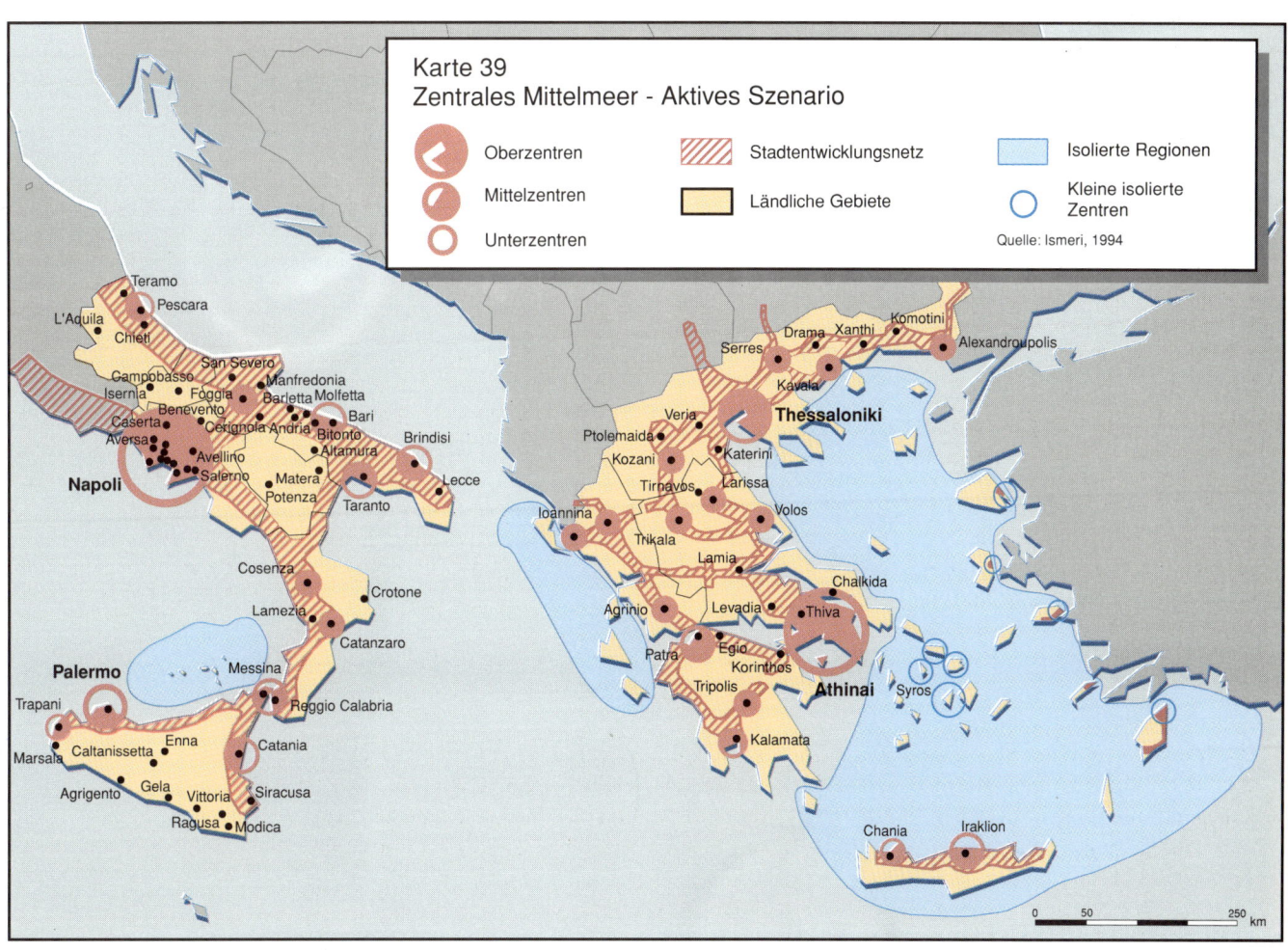

Karte 39
Zentrales Mittelmeer - Aktives Szenario

- Oberzentren
- Mittelzentren
- Unterzentren
- Stadtentwicklungsnetz
- Ländliche Gebiete
- Isolierte Regionen
- Kleine isolierte Zentren

Quelle: Ismeri, 1994

de Chancen zur Ausweitung des internationalen Tourismus und der Dienstleistungsbereiche bietet.

Verbesserung der Außenbeziehungen

Der dritte strategische Bereich ist das verbesserte Zusammenwirken der Regionen des Mittelmeerraums untereinander und mit anderen Regionen der Europäischen Union und den Nachbarländern. Dies würde beispielsweise Griechenland aus der Position eines Randgebiets heraushelfen und die Bedeutung der Inseln Sizilien und Kreta vergrößern. Die Hauptmaßnahmen, um dies zu erreichen, sollten darauf abzielen, die Zusammenarbeit zwischen Südspanien und Marokko, zwischen Griechenland und Italien und den mittel- und osteuropäischen Ländern und zwischen Italien und den nordafrikanischen Ländern zu stärken. Zudem ist die Bedeutung Griechenlands in Handels- und anderen Beziehungen mit dem Osten und Südosten des Mittelmeers zu stärken.

Der Atlantische Bogen

Aktuelle Merkmale und Probleme

Die atlantische Küste ist, zusammen mit dem Mittelmeerraum, unter den hier betrachteten Gebieten das weitläufigste. Die offensichtliche Gemeinsamkeit dieses Gebiets, die sich aus seiner Küstenlage ergibt, überdeckt die relativ ausgeprägten Differenzen der unterschiedlichen Atlantikregionen in bezug auf Landschafts-, Wirtschafts- und Bevölkerungsstrukturen.

Ein schwaches und unausgewogenes Städtesystem

In zahlreichen Gebieten der Region scheint sich die urbane Entwicklung auf Städte von bestimmter Größe zu konzentrieren, in denen eine unzulängliche Ausstattung an Einrichtungen anzutreffen ist (Beispiele sind Coimbra, Gijon, Santander und Belfast). Nur einige wenige Städte haben mehr als 500.000 Einwohner. Die großen Städte der Atlantikküste (Lissabon, Porto, Bilbao, Dublin, Glosgow, Nantes und Bordeaux) spielen daher eine dominierende Rolle, zum Teil durch die natürliche Konzentration von höherwertigen Aktivitäten in diesen Ballungszentren. Dies behindert manchmal die Entwicklung kleinerer Städte in der Nähe solcher Ballungszentren, die dadurch nur unzureichend ihre Umgebung versorgen können.

Darüber hinaus erscheinen die urbanen Systeme unausgeglichen, was gegenläufige Entwicklungen der Bevölkerungs- und Wirtschaftsstruktur zur Folge hat. Einige Gebiete der Region sind stark bevölkert (Südwales, das Baskenland, die Gegenden um Lissabon und Porto), dagegen weisen bestimmte ländliche Gebiete, besonders im Landesinnern und in den Randzonen eine sehr geringe Bevölkerungsdichte auf. Unterschieden werden sollte ebenfalls zwischen Regionen mit starkem Bevölkerungswachstum und Gebieten mit rückläufigem Bevölkerungszuwachs, wie z. B. in den ländlichen Binnenregionen Portugals, Galiziens und der Bretagne. Diese Gebiete liegen weit entfernt von großen Städten und haben keine nennenswerten Verkehrsverbindungen.

Aufgrund ihrer Wirtschaftsgeschichte und ihrer geographischen Randlage leidet die Region insgesamt unter einer Reihe weiterer Defizite.

Eine deutliche Randlage

Die deutliche Randlage des Atlantischen Bogens zeigt sich in der im Unionsvergleich relativ starken Isolierung von größeren Verkehrsnetzen, mit Ausnahme der französischen Regionen.

In bezug auf den Straßenverkehr stellt die Verbindung der atlantischen Regionen mit ihren jeweiligen Hauptstädten einen Fortschritt dar, vor allem in Ziel 1-Regionen. Dennoch ist bezüglich der Verbindungen der einzelnen Verkehrsnetze untereinander noch viel zu tun, insbesondere in Spanien, Portugal und bestimmten Gebieten Frankreichs. Im Vereinigten Königreich ist es notwendig, daß Schottland, der Südwesten und Wales besser mit dem Kanaltunnel verbunden werden (siehe Karte 40).

Der Schienenverkehr spielt immer noch eine untergeordnete Rolle in diesem Gebiet und ist weitgehend unzureichend entwickelt. Das spanische und das portugiesische Schienennetz ist in weiten Gebieten unzureichend und veraltet. Wegen ihrer sternförmigen Ausrichtung bieten die französischen, britischen und irischen Schienennetze keine befriedigende Verbindung zu ihren Küstenregionen. Im Gegensatz dazu wurde durch den TGV die Anbindung der atlantischen Regionen Frankreichs sehr verbessert.

Die Häfen entlang der Atlantikküste sind fast alle von mittlerer Größe und meist nicht sehr diversifiziert. Sie sind kaum an das ausgedehnte europäische Streckennetz des kombinierten Verkehrs angegliedert. Die Straßen- und Schienenverkehrsverbindungen zu und zwischen den zahlreichen kleineren Regionalhäfen sind noch schlechter entwickelt. Es gibt daher wenige Orte, wo alternative Verkehrsformen existieren, die die Häfen miteinander verbinden. Auch gibt es wenig

Der Atlantische Bogen

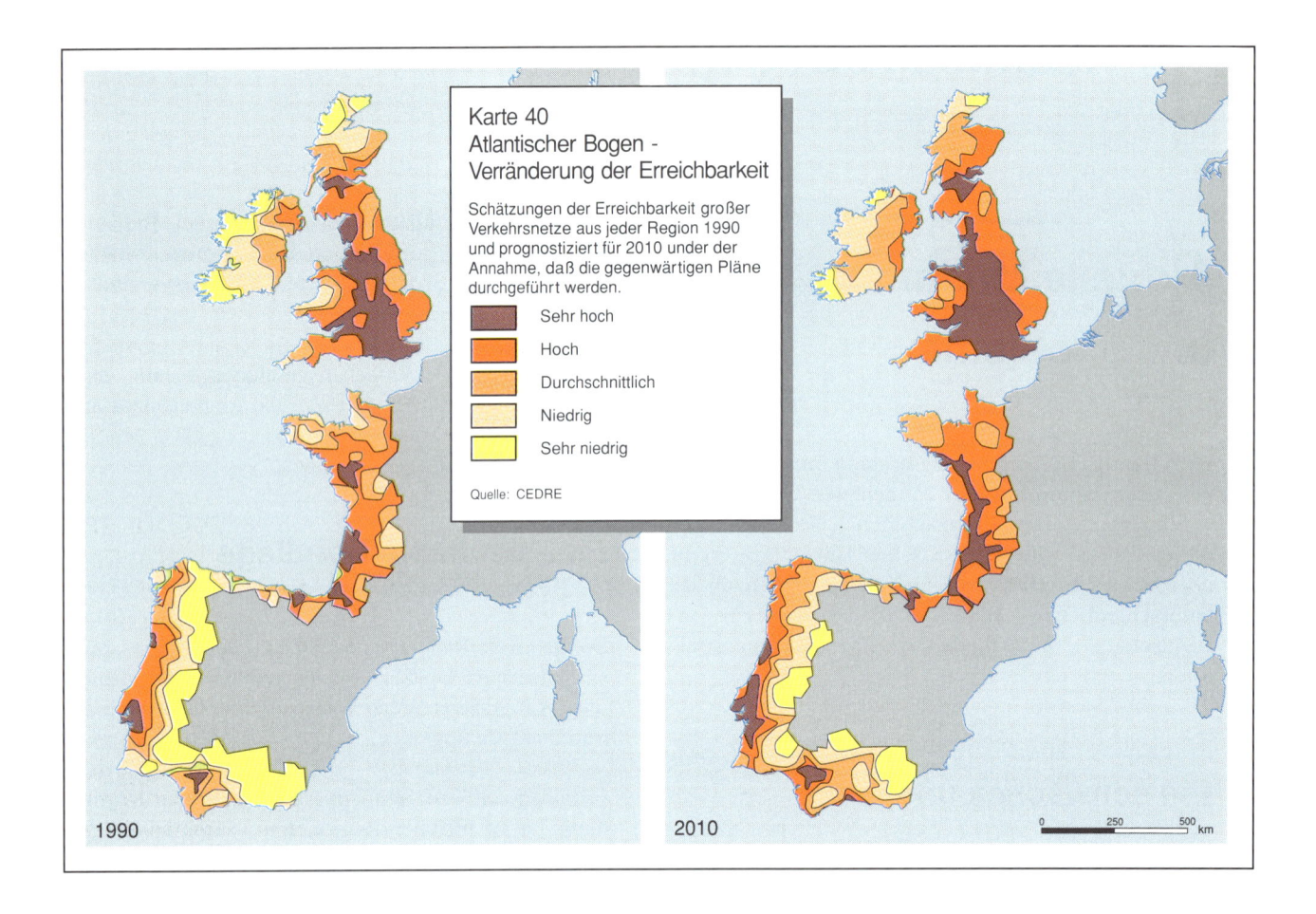

**Karte 40
Atlantischer Bogen -
Verränderung der Erreichbarkeit**

Schätzungen der Erreichbarkeit großer Verkehrsnetze aus jeder Region 1990 und prognostiziert für 2010 under der Annahme, daß die gegenwärtigen Pläne durchgeführt werden.

- Sehr hoch
- Hoch
- Durchschnittlich
- Niedrig
- Sehr niedrig

Quelle: CEDRE

1990 | 2010

Zusammenarbeit zwischen benachbarten Regionen, um die Verkehrsverbindungen auszubauen.

Der Atlantische Bogen besitzt eine große Anzahl von Flughäfen, jedoch sind Anzahl und Häufigkeit der An- und Abflüge und die Flugziele begrenzt. Die wichtigsten Flughäfen sind gut mit den großen europäischen Städten verbunden, aber die Verbindungen zwischen den Flughäfen selbst sind sehr unzureichend.

Produktionssektoren im Niedergang

Die landwirtschaftliche Produktivität entlang der Atlantikküste ist, bezogen auf Arbeit und Boden, im Durchschnitt relativ niedrig. Die atlantische Region stellt 15 % der Bevölkerung der EU, 24 % der europäischen Beschäftigten in der Landwirtschaft arbeiten hier, die 28 % des zu bewirtschaftenden Bodens bebauen, jedoch nur 19 % der landwirtschaftlichen Bruttowertschöpfung der Union produzieren.

Es besteht eine deutliche Abhängigkeit der atlantischen Region von der Fischerei. Die Fischereiflotte ist in diesem Gebiet für 36 % der in der Union gefangenen Tonnen und für fast 49 % des erwirtschafteten Wertes verantwortlich ist. Ungefähr 46 % aller europäischen Meeresfischer sind in diesen Regionen tätig.

Mehrere der hier angesiedelten verarbeitenden Industrien befinden sich im Niedergang, da die regionale Spezialisierung begrenzt und aus Mangel an großen Zentren und fehlender Komplementarität zu anderen regionalen Aktivitäten mehr verstreut als konzentriert ist. Die dominanten Beschäftigungs- und Einkommensfelder finden sich oft in den traditionellen Sektoren, wie Textilien, Kohle, Stahl, Schiffsbau und die Agrarindustrie. Die Industrie bestimmter Regionen ist darüber hinaus stark von staatlichen Aufträgen abhängig (Luftfahrt und Werftbau). Diese Gesichtspunkte sind Gründe für die sich verschlechternde Industrielage, die zu signifikanten Arbeitsplatzverlusten in den betroffenen Regionen führen kann.

Es gibt zwar einige Hochtechnologieindustrien in der atlantischen Region, doch sind sie eher selten und nur an wenigen Standorten konzentriert (Silicon Glen in

Schottland, Nantes und Bordeaux in Frankreich). Zugleich sind die Systeme für Technologietransfer und Innovation wenig entwickelt im Vergleich zu den zentraleren Regionen der Union.

Der Tourismus ist ebenfalls ein wichtiger Wirtschaftszweig. Tourismus findet hier hauptsächlich im Sommer statt, konzentriert sich auf die Küstengebiete und hängt oft mit traditionellem Familienurlaub zusammen. Hinsichtlich des Angebots und der Entwicklung des Tourismus bietet die atlantische Region viele kulturelle und natürliche Attraktionen, die jedoch nicht völlig ausgeschöpft werden und sich hauptsächlich im abgelegenen Landesinnern befinden.

Trendentwicklungen

Zukünftig werden die Entwicklungsunterschiede in bezug auf Bevölkerung und Wirtschaft zwischen den verschiedenen Teilen der Region höchstwahrscheinlich bestehen bleiben. Der Bevölkerungsrückgang aufgrund von Abwanderung in Gegenden mit besseren Beschäftigungsmöglichkeiten wird anhalten, besonders in vielen ländlichen Binnenregionen und in Industriegebieten, die sich einem Strukturwandel unterziehen. Dagegen wird die Bevölkerung in den großen Städten und Küstenregionen weiterhin zunehmen (siehe Karte 41).

Doch wird die Region vom bereits begonnenen oder geplanten Ausbau transeuropäischer Netze profitieren, wobei die Vorteile ungleichmäßig verteilt und die Erreichbarkeit vieler Regionen schlecht bleiben wird.

Insbesondere die Förderung des Ausbaus sternförmiger Verkehrssysteme und die Entwicklung von Größenvorteilen im Verkehrswesen (Hochgeschwindigkeitszüge, Großraumflugzeuge) werden nur zur Verbesserung einer kleinen Anzahl bevorzugter Gebiete beitragen. Im Gegensatz dazu werden Städte von mittlerer Größe, die entfernt von Hauptverkehrsachsen liegen und schlecht angebunden sind, immer weniger in der Lage sein, eine bedeutende Rolle zu spielen und die sie umgebenden ländlichen Gebiete zu unterstützen. Dies könnte unwiderruflich den Abstieg dieser Regionen beschleunigen.

Ähnlich wird sich die Entwicklung fortschrittlicher Telekommunikationsnetze und -dienstleistungen vollziehen, die große Ballungsgebiete begünstigen, in denen sich die Kosten für solche Investitionen und Innovationen schnell bezahlt machen. Sie werden zu Lasten kleinerer Städte und ländlicher Regionen bevorzugt werden, was die unterschiedliche Ausstattung an Standortvorteilen noch verstärkt.

In der Landwirtschaft werden die umfangreichen Arbeitsplatzverluste in Anbetracht der niedrigen Produktivität und der hohen Beschäftigtenzahlen anhalten. In der Fischerei werden die von der Union eingeführten Vorschriften zur Reduzierung des Ungleichgewichts zwischen den verfügbaren Ressourcen und der Fangquote eine einschneidende Wirkung sowohl auf die Beschäftigung der Fischer als auch auf die Beschäftigungssituation in vor- und nachgelagerten Industrien haben. Diese Marktregulierung wird zudem voraussichtlich dazu führen, daß sich der Fischfang auf Häfen mit vergleichsweise wettbewerbsfähigen Einrichtungen und guter Anbindung zum Vertriebs- und Verarbeitungssystem konzentrieren wird. Die meisten Häfen, auf die dies zutrifft, liegen jedoch außerhalb der atlantischen Region.

In der Industrie stehen weiterhin große Arbeitsplatzverluste in den traditionellen Wirtschaftszweigen an, insbesondere im Textilgewerbe und im Süden der Region, da der Wettbewerbsdruck durch Niedriglohnländer außerhalb der Union weiter zunimmt. Gleichzeitig werden die entstandenen Fortschrittsinseln und jene Regionen, die sich in einem Aufholprozeß befinden (Irland, Wales, Nordportugal), weitgehend isoliert bleiben. Aus diesem Grunde werden die Wirkungen ihrer Größe, ihr Potential an Synergieeffekten und damit ihre Wettbewerbsposition gegenüber den bedeutendsten Technologiezentren im Zentrum Europas notwendigerweise begrenzt sein.

Der allgemeine Trend geht in Richtung auf eine zunehmende Zweiteilung und unterschiedliche Entwicklung der Gebiete dieser Region auf verschiedenen Ebenen:

- zwischen Regionen, die relativ zahlreiche Entwicklungshemmnisse haben (Kantabrische Küste, Nordirland, Alentejo), und solchen Regionen mit großen Dienstleistungs- und Technologiezentren (der östliche Teil des Südwestens Englands, Westfrankreich, Nordportugal, Lissabon und das Tejo-Tal);

- noch ausgeprägter ist diese gegenläufige Entwicklung zwischen den großen Zentren und ihrer unmittelbaren Umgebung einerseits sowie dem Rest der atlantischen Region andererseits; zurückzuführen ist dies auf die unzureichende Entwicklung von Städten mittlerer Größe; die

Karte 41
Atlantischer Bogen - Trendszenario

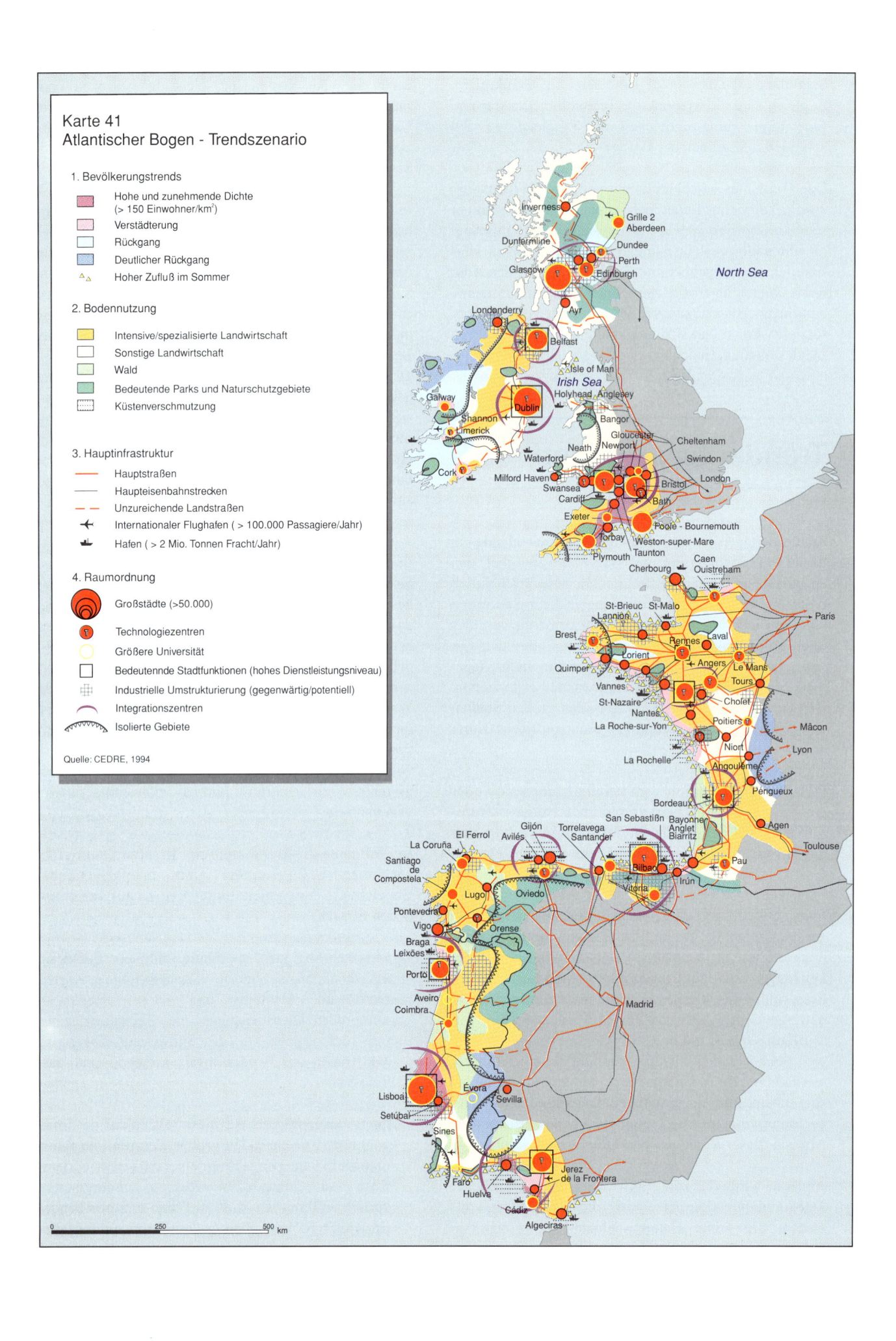

1. Bevölkerungstrends
- Hohe und zunehmende Dichte (> 150 Einwohner/km²)
- Verstädterung
- Rückgang
- Deutlicher Rückgang
- Hoher Zufluß im Sommer

2. Bodennutzung
- Intensive/spezialisierte Landwirtschaft
- Sonstige Landwirtschaft
- Wald
- Bedeutende Parks und Naturschutzgebiete
- Küstenverschmutzung

3. Hauptinfrastruktur
- Hauptstraßen
- Haupteisenbahnstrecken
- Unzureichende Landstraßen
- Internationaler Flughafen (> 100.000 Passagiere/Jahr)
- Hafen (> 2 Mio. Tonnen Fracht/Jahr)

4. Raumordnung
- Großstädte (>50.000)
- Technologiezentren
- Größere Universität
- Bedeutennde Stadtfunktionen (hohes Dienstleistungsniveau)
- Industrielle Umstrukturierung (gegenwärtig/potentiell)
- Integrationszentren
- Isolierte Gebiete

Quelle: CEDRE, 1994

meisten der Bestimmungsfaktoren, die zur Entwicklung der Region beitragen, wie Bevölkerung, Finanzierung, Unternehmen, Technologien, Kultur, Verkehrsmittel und moderne Telekommunikation, werden sich auf die Großstädte konzentrieren (Dublin, Bristol, Rennes, Nantes, Bordeaux, Bilbao und Lissabon); dem stehen zahlreiche, immer weiter rückläufige Gebiete gegenüber; vor allem relativ unproduktive ländliche Gebiete, isoliert liegende mittelgroße Städte sowie alte Industrieregionen.

Ein aktives Szenario

Ein aktiver politischer Ansatz zur Entwicklung der atlantischen Regionen wurde schon in den besonderen Programmen festgelegt, die von den Strukturfonds in diesem Gebiet gefördert werden, wovon ein Großteil eine Förderung nach den Zielen 1, 2 und 5b erhält.

Maßnahmen, die einerseits auf Innovation und Industrialisierung und andererseits auf Verkehrs- und Kommunikationsverbindungen zielen, könnten zu Veränderungen führen, die die wirtschaftliche Situation der Atlantikregion mit wichtigen Impulsen beeinflussen werden. Trotzdem sollten andere Maßnahmen zur Weiterentwicklung der Region nicht vernachlässigt werden (siehe Karte 42).

Technologie

Vor allem in bezug auf Technologie sollten die Maßnahmen darauf ausgerichtet sein, sowohl Verbindungen von Zentren technologischen Know-hows als auch Netze zur effektiven Verbreitung dieser Technologien in Unternehmen zu schaffen. Dazu bieten sich die Universitäten und die technologischen Ausbildungszentren der mittleren Städte in dieser Region als Anknüpfungspunkte an.

Netze könnten in den folgenden Spezialisierungen geschaffen werden, in denen es zahlreiche Wissenschaftszentren in der Region gibt:

– Ingenieurswissenschaften;

– Biologie und Meereswissenschaften;

– angewandte Technologien zur Verarbeitung und Verbesserung von Agrarprodukten;

– Elektroingenieurswesen und Elektrotechnik;

– Entwicklung neuer Rohstoffe;

– Technologien zur Bekämpfung von Umweltverschmutzung und zum Erhalt der Umwelt.

Die Verbreitung dieser Technologien soll einerseits darauf zielen, den Prozeß der Modernisierung und der industriellen Diversifizierung in Regionen mit alten Industrien zu beschleunigen (Strathclyde, Nordirland, Wales, das Baskenland, Kantabrien, Asturien, die Provinz Huelva, die Region um Lissabon und das Tejo-Tal) und andererseits soll sie dazu dienen, die Technologie der einheimischen Industrie zu verbessern (Irland, Schottland, der englische Südwesten, die französischen Atlantikgebiete, Galizien sowie Nord- und Mittelportugal).

Diese Strategie zur Dynamisierung des Industriesystems durch Technologietransfer sollte durch umfangreiche Unterstützungsprogramme für Ausbildung (was einige Regionen, wie Poitou-Charentes, bereits als vorrangige Entwicklungsstrategie gewählt haben) und Finanzmanagement begleitet werden, um die für diese Region notwendige Kapitalzufuhr zu erleichtern.

Verbesserung der Erreichbarkeit

Bezüglich des Verkehrswesens ist es besonders wichtig, daß bei der weiteren Entwicklung der großen Netze auf die Integration neuer Strecken geachtet wird, damit ein Ausgleich zum bereits existierenden, sternförmig ausgerichteten Netz geschaffen wird. Zusätzlich zu dem Vorschlag transeuropäischer Netze wird es ebenfalls notwendig sein, bestimmte Verbindungen auszubauen und zu elektrifizieren, wie z. B. die Zugverbindungen zwischen Cornwall und Wales und dem Kanaltunnel.

Besonderes Augenmerk sollte hierbei auf die Knotenpunkte der Verkehrsnetze gelegt werden, in denen die Autobahnen aus nord-südlicher sowie west-östlicher Richtung zusammenlaufen, z. B. in Nantes, Bordeaux, Bayonne und dem Baskenland. Der Ausbau dieser Hauptverkehrsknotenpunkte kann dazu beitragen, effektive Systeme des kombinierten Verkehrs zu entwickeln, die wiederum zur Entlastung des Verkehrs auf den Autobahnen beitragen. Durch ihren hohen Grad an Erreichbarkeit werden sich um diese Hauptverkehrs-

Karte 42
Atlantischer Bogen - Aktives Szenario

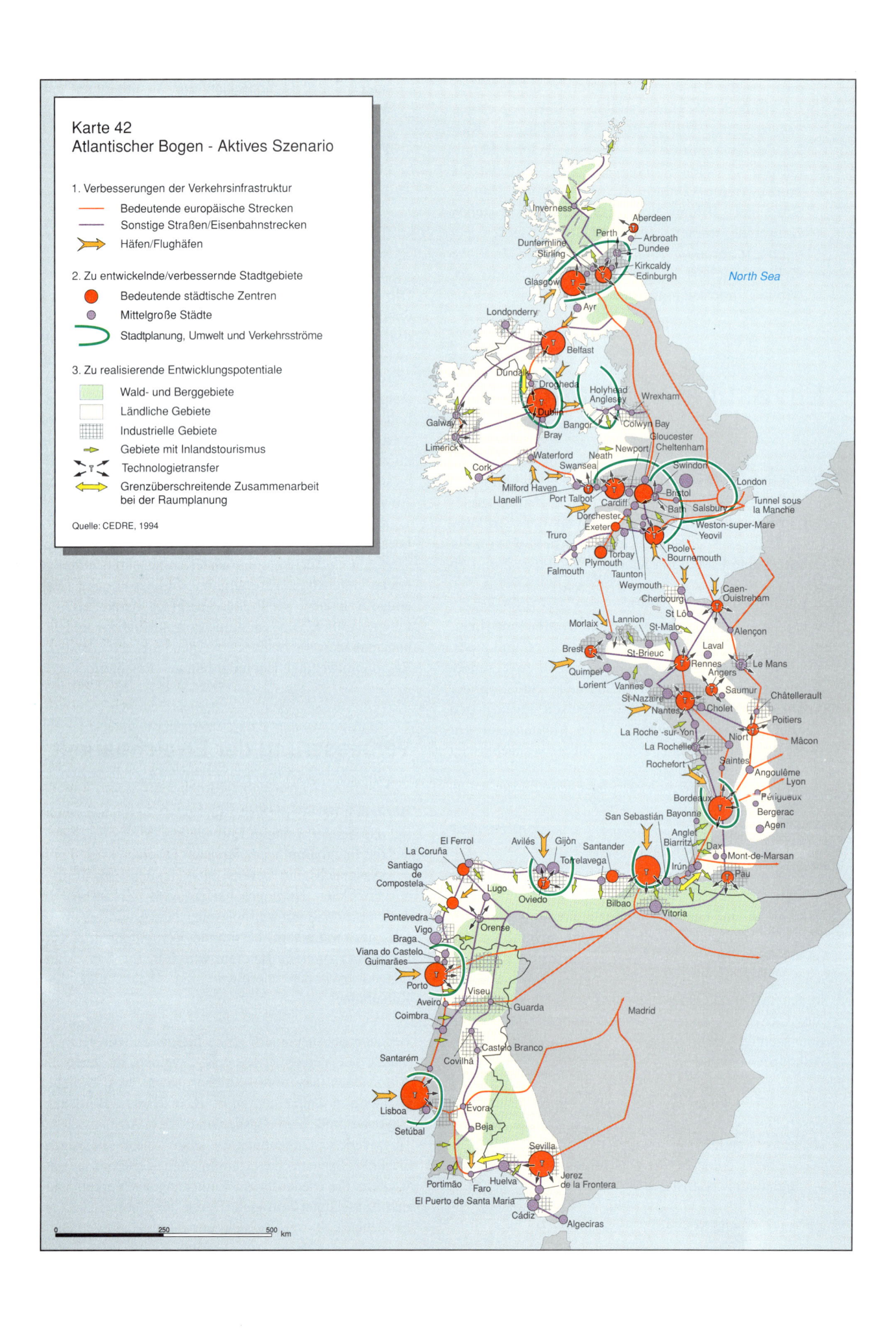

1. Verbesserungen der Verkehrsinfrastruktur
   - Bedeutende europäische Strecken
   - Sonstige Straßen/Eisenbahnstrecken
   - Häfen/Flughäfen

2. Zu entwickelnde/verbessernde Stadtgebiete
   - Bedeutende städtische Zentren
   - Mittelgroße Städte
   - Stadtplanung, Umwelt und Verkehrsströme

3. Zu realisierende Entwicklungspotentiale
   - Wald- und Berggebiete
   - Ländliche Gebiete
   - Industrielle Gebiete
   - Gebiete mit Inlandstourismus
   - Technologietransfer
   - Grenzüberschreitende Zusammenarbeit bei der Raumplanung

Quelle: CEDRE, 1994

zentren wahrscheinlich neue Wirtschaftszweige, besonders für den Dienstleistungssektor, ergeben.

Ein Programm zur wirtschaftlichen Gesundung der Häfen und der Schiffahrt sollte sich auf zwei zusätzliche Faktoren beziehen: die Zusammenarbeit zwischen den Häfen und die Förderung von interregionalen Schiffahrtsverbindungen. Zusammenarbeit zwischen den Häfen gibt es schon und zwar beim Aufbau von Telematiknetzen für den „real-time"-Austausch von Daten bezüglich der Verkehrsströme. Dies sollte zur Auswahl von ein oder zwei der wichtigsten Häfen führen, deren interkontinentale Verbindungen ausgebaut werden sollten, um den Einfluß der Nordseehäfen auszugleichen. In diesen Haupthäfen sollten zusätzlich interregionale Verbindungen von weniger großen Häfen entlang der Atlantikküste zusammenlaufen. Die Förderung dieser interregionalen Verbindungen erfordert neben der Unterstützung durch öffentliche Gelder auch einen integrierten Ansatz zur Leitung der Verkehrsströme und die fortschreitende Verbindung der Häfen untereinander.

Förderung mittelgroßer Städte

Besondere Bedeutung kommt der Förderung mittelgroßer Städte zu. Der Zugang zu diesen Städten sollte durch den Ausbau des Straßensystems und durch Verbesserung des Nahverkehrsschienennetzes mit Anschlußmöglichkeit an Hochgeschwindigkeitszüge, welche wiederum die wichtigsten Städte der Region verbinden, erleichtert werden.

Moderne Telekommunikationssysteme sollten ebenfalls in Städten mittlerer Größe eingeführt werden, so daß sich auch dort ein hohes Niveau an Dienstleistungen entwickeln kann. In Fällen, wo eine Nutzung von Größenvorteilen notwendig ist, sollte die Netzverbindung mittelgroßer Städte gefördert werden, damit gemeinsame Projekte (zur Förderung von Universitätszentren, regionalen Flughäfen, usw.) mit Hilfe der regionalen oder lokalen zuständigen Stellen durchgeführt werden können.

Verbesserung der Nutzung der Ressourcen im Landesinnern

Die Diversifizierung der ländlichen Aktivitäten und hier besonders die des grünen Tourismus, könnten sogar in Regionen mit weniger einladendem Klima den Einkommensverlust der Landwirtschaft ausgleichen. Diese Entwicklung sollte es möglich machen, die Arbeitslosigkeit in ländlichen Regionen zu mindern. (Es wurde geschätzt, daß in der atlantischen Region durch solche Maßnahmen ca. 300.000 Arbeitsplätze erhalten oder geschaffen werden könnten.) Die Tourismusbranche sollte sich in zwei voneinander unabhängige Richtungen entwickeln: zum einen hin zum „neuen Tourismus", wobei Qualität und Vielfalt im Mittelpunkt stehen; zum anderen sollten die Ressourcen der Region, besonders die des Binnenlandes (die Küstenregion Kantabriens, das Mittelgebirge Portugals und Galizien), verstärkt genutzt werden. Hier sollte insbesondere die Fremdenverkehrsschulung gefördert werden. In mehreren Regionen sollten deshalb Projekte zur Zusammenarbeit im Tourismussektor gefördert werden.

Zugleich sollte die Qualität der Umwelt erhalten bleiben und durch Austausch von Know-how verbessert werden. Eine Verbesserung der Standortattraktivität dieser Gebiete für Unternehmen und Bevölkerung in Verbindung mit einem ausgeglicheneren Städtesystem wird sowohl die Überlastungsprobleme in den großen Städten – innerhalb und außerhalb der Region – begrenzen helfen als auch den Druck auf die Küstenregionen, insbesondere im Süden der Region, verringern.

Auf den Inseln dieser Region sollten spezielle Programme Anwendung finden, die vor allem auf die Unterstützung für die dort ansässige ländliche Bevölkerung abzielen. Auf den schottischen Inseln könnte das Bevölkerungsniveau konstant gehalten werden, würde man sich dort hauptsächlich auf die Landwirtschaft und die Produktion von Dienstleistungen in kleinen Orten konzentrieren, auch wenn die Rentabilität oft nur gering ist. Die Förderung von qualitativ hochwertigen Produkten, zusammen mit Ausgleichsmaßnahmen, könnte die wirtschaftliche Situation sichern helfen.

Die Nordseeregionen

Aktuelle Merkmale und Probleme

Die Nordseeregionen umfassen eine Vielzahl von unterschiedlichen Gebieten, die von sehr dünn besiedelten ländlichen Gebieten Schottlands, des Nordostens der Niederlande und den östlichen Teilen von Jütland bis zu intensiv besiedelten Ballungsgebieten wie Hamburg und Kopenhagen mit Umgebung reichen. Trotz dieser Vielfalt verbindet diese Regionen eine Reihe von Problemen wie überlastete Straßen, der Niedergang von Industrien (unter den Regionen befindet sich ein hoher Anteil an Ziel 2-Gebieten in der Gemeinschaft) und die wachsenden Umweltprobleme. Obwohl nicht alle Regionen an die Nordsee grenzen, hat diese doch einen wichtigen Einfluß auf die Entwicklung des gesamten Gebietes, indem dadurch sowohl Zugang zu den natürlichen Ressourcen besteht (Primärenergien und Fischbestände) als auch die Möglichkeit der Nutzung von billigen und einfachen Transportmitteln für Güter- und Personenverkehr geschaffen wird. Zugleich stellt die Nordsee ein Hindernis für engere Verbindungen zwischen den Regionen der verschiedenen Seiten dar.

Probleme rückläufiger Wirtschaftszweige

Viele der großen Ballungsgebiete in der Region, im Vereinigten Königreich und in Deutschland, waren von traditionellen Schwerindustrien abhängig, wie Schiffbau, Stahl, Kohlebergbau und Maschinenbau, Textil- und Bekleidungsgewerbe. Diese Industrien mußten in den vergangenen 20 Jahren, teilweise durch die Konkurrenz von Importen, mit einem erheblichen Stellenabbau fertig werden.

Es wurden zwar neue Dienstleistungsbereiche geschaffen, doch zu oft waren diese außerhalb der betroffenen Gebiete, in denen der Stellenabbau sich vollzogen hatte, und in vielen Fällen wurden keine passenden Beschäftigungsmöglichkeiten für die Industriearbeiter geschaffen, wodurch eine beachtliche Anzahl von Langzeitarbeitslosen geschaffen wurde.

Seit 1988 erhält ein großer Teil der Region Unterstützung aus den Strukturfonds der Gemeinschaft, so daß 38 % der in der Region lebenden Bevölkerung in Fördergebieten wohnt.

Umweltprobleme

Viele Umweltprobleme sind das Erbe der Schwerindustrie und des Kohlebergbaus (siehe Karte 43). Diese wurden zudem in vielen Gegenden durch den hohen Verbrauch an fossilen Brennstoffen zur Elektrizitätserzeugung, die Emissionen des Straßenverkehrs und die intensive Landwirtschaft mit der Nutzung von Düngern und Pestiziden verstärkt. Der Rückgang der traditionellen Industrien hat daneben zu einem Verfall der Innenstädte geführt, wo Unternehmen schließen mußten und Gebäude sich selbst überlassen wurden, was wiederum den Druck auf die Umsiedlung von Wirtschaft und Bevölkerung verstärkte.

Energie

Die Nordsee ist die Hauptenergiequelle der Gemeinschaft, indem sie die Hälfte des Primärenergiebedarfs liefert (mehr als 75 % aus Ölfeldern des Vereinigten Königreiches, mehr als 20 % aus niederländischem Gas). Obwohl Energie eine wichtige Einnahmequelle für die Region darstellt (etwa 20 % des niederländischen BIP), hat sie für die Beschäftigung und die Wirtschaftätigkeit nur einen räumlich begrenzten Einfluß, da sie auf wenige Standorte wie die Shetland-Inseln und Nordostschottland beschränkt ist, wo Öl und Gas in Raffinerien an den Küsten weiterverarbeitet werden. Die 20.000 Arbeitsplätze in der Öl- und Gasbranche sind zum größten Teil von Gastarbeitern besetzt.

Karte 43 Nordseeregionen - Umweltmanagement

- Empfindliche Küstengebiete
- Gebiete nach EG-Vogelrichtlinie und CORINE-Biotope
- Meeresgebiete der EUROREP-Berichterstattung (Transport gefährlicher Güter)
- Schiffahrtsverbindungen mit >5 Schiffen pro Tag
- Fähren
- Gebiete mit empfindlicher Umwelt
- Öl-/Gasfelder und -bohrinseln

Quelle: Europäische Kommission, TF-EEA

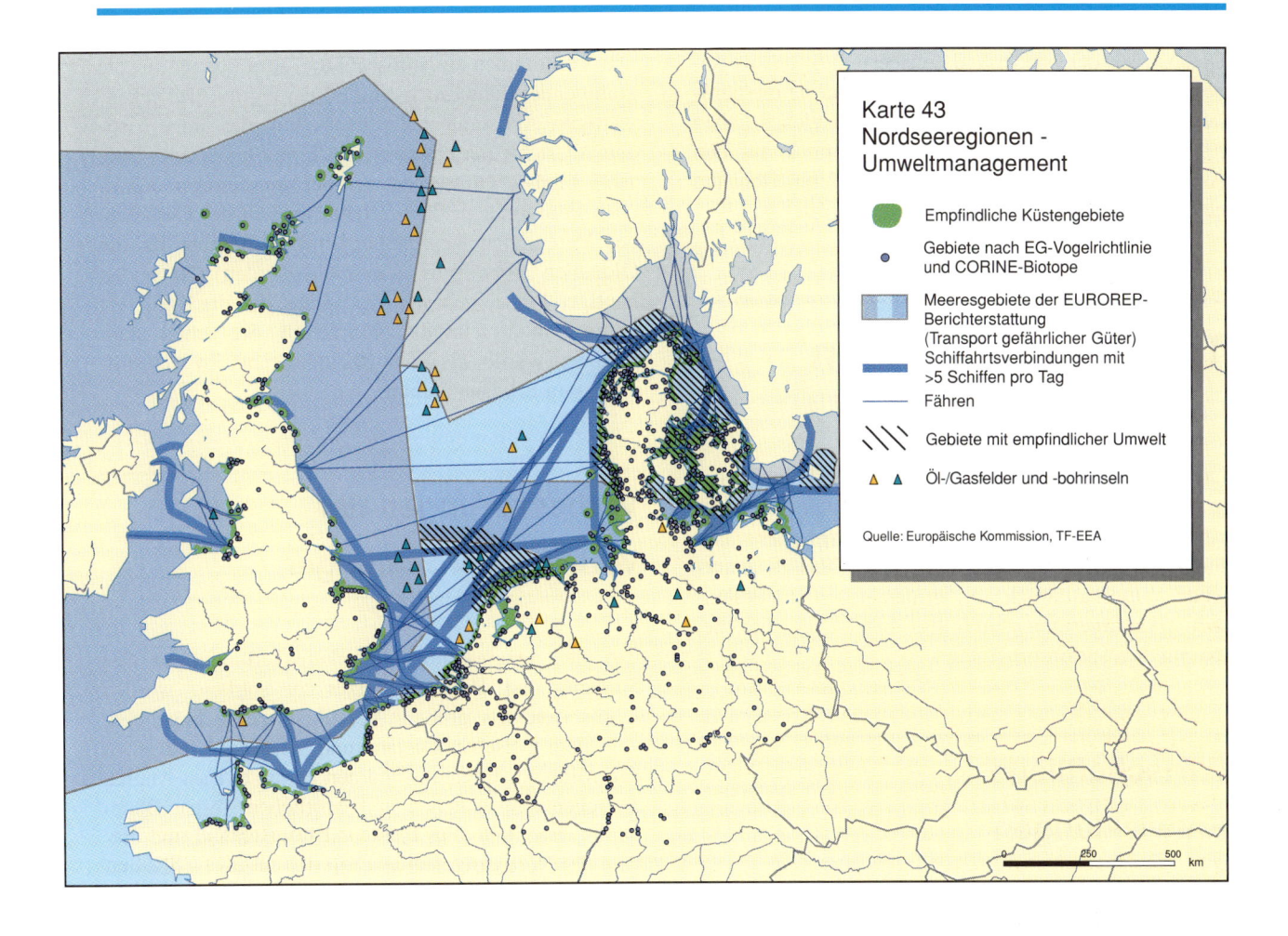

Weitere 15 % des Primärenergiebedarfs der Gemeinschaft werden durch britische Kohle gedeckt. Aber im Zuge der Schließung von Bergwerken nimmt dieser Anteil rapide ab, mit schwerwiegenden Folgen für Einkommen und Beschäftigung in mehreren Gegenden Nordenglands.

Fischerei

Die Fischbestände der Nordsee sind die Grundlage für eine bedeutende Anzahl an Arbeitsplätzen in den Küstenregionen. Das Überfischen und die Verschmutzung in Verbindung mit den Beschränkungen der Fangquoten und den modernen Fangmethoden haben jedoch zu einer kontinuierlichen Abnahme der Fischbestände und der Arbeitsplätze geführt. In der Region sind nur noch weniger als 30.000 Menschen auf Fischerbooten beschäftigt, mehr als die Hälfte davon im Vereinigten Königreich. Des weiteren beschäftigen die fischverarbeitende Industrie und die Fischfarmen etwa 75.000 Menschen. Diese Bereiche sind insbesondere für Dänemark von Bedeutung.

Verkehrssysteme

In bezug auf den Verkehr ist festzustellen, daß das Straßennetz insbesondere innerhalb und zwischen den Ballungsgebieten gut ausgebaut ist, wenn auch zunehmend überlastet, teilweise hervorgerufen durch die rückläufige Nutzung der Eisenbahn. Die größte Schwäche des regionalen Verkehrssystems liegt aber in der nicht vollständigen Nutzung der Nordsee als Verkehrsträger. Zum Nachteil von kleineren, regionalen Häfen hat sich der Schiffsverkehr in einigen wenigen großen Häfen konzentriert (Rotterdam als wichtigstes Beispiel). Die Folge ist, daß immer mehr Mengen an Fracht über immer längere Strecken über die Straße transportiert werden.

Die zunehmende Bedeutung kurzer Lieferzeiten und regelmäßiger Leistungen hat die Entwicklung des Langstreckenschiffsverkehrs zwischen den nördlichen Häfen des Vereinigten Königreichs und der Küste Deutschlands, Dänemarks und den Niederlanden oder auch der Südostküste des Vereinigten Königreichs und Skandinaviens beeinträchtigt.

Die Nordseeregionen

Der Norden der Niederlande, insbesondere die Regionen Groningen, Drenthe und Friesland sowie die nördlichsten Gebiete des Vereinigten Königreiches haben bis jetzt noch kein besonderes Augenmerk auf den Ausbau der Beziehungen zu den zentralen Gebieten gelegt und sind somit Randgebiete geworden.

Trendentwicklungen

Die Zukunftsaussichten für die räumliche Entwicklung in der Region sind insbesondere beeinflußt durch den bevorstehenden Beitritt Schwedens, Norwegens und Finnlands zur Gemeinschaft und durch das zu erwartende Wirtschaftswachstum in den neuen Bundesländern, hervorgerufen durch das bereits angelaufene, enorme Investitionsprogramm.

Wirtschaftliche Entwicklungen

In der Landwirtschaft werden sich wahrscheinlich die ländlichen Gebiete des Nordens, in denen dieser Sektor noch immer wichtig ist, und den südlichen und östlichen Gebieten, wo eine wachsende Konzentration von hochproduktiven Bauernhöfen immer weniger Arbeiter benötigen und in der Nähe der Hauptverkehrswege und Häfen liegen, auseinanderentwickeln.

Obwohl die traditionellen Industrien wie Stahl und Schiffsbau nach einer Umstrukturierungsphase erste Zeichen der Erholung zeigen (die Anzahl der Schiffswerften stabilisierte sich erst 1991 und 1992 nach einem signifikanten Abbau über die letzten 20 Jahre), bleibt die Notwendigkeit einer großen Zahl neuer Arbeitsplätze in den alten Städten wie Liverpool, Newcastle, Hamburg und Bremen erhalten. Zwar haben es viele Gebiete geschafft, Hochtechnologieindustrien aufzubauen, die zum Beispiel in der Elektrotechnik, der Computersoftwarebranche oder in der medizinischen Forschung spezialisiert und oft rund um Universitäten und Technologiezentren angesiedelt sind (so wie in Cambridge, Hamburg und Hannover), doch werden einige von ihnen bei rückläufigen Verteidigungsausgaben und staatlichen Ausgaben für Forschung und Entwicklung wahrscheinlich zunehmend Probleme bekommen.

Die Vorkommen an Nordseeöl und -gas können für die kommenden Jahre noch eine Förderung mit der gegenwärtigen Abbaurate aufrechterhalten, die längerfristigen Aussichten erscheinen jedoch problematisch (Ende 1993 blieben Ölreserven, die bei der heutigen jährlichen Fördermenge für 6,7 Jahre im Fall der Ölquellen des Vereinigten Königreiches und 11,3 Jahre für die Ölquellen Norwegens ausreichen werden). Nach den heutigen Plänen geht man davon aus, daß die Kohleförderung im Vereinigten Königreich, die schon stark reduziert wurde, bis Ende des Jahrzehnts im wesentlichen zum Erliegen kommt.

Verbesserungen der Verkehrsverbindungen

Um die unzureichenden Verkehrsverbindungen des Straßen- und Eisenbahnnetzes zu stärken, wurden schon vielerorts größere Verkehrsprojekte begonnen; vor allem zwischen England und Schottland, zwischen den Midlands Englands und den Häfen in East Anglia, zwischen den östlichen und westlichen Teilen Dänemarks, zwischen Dänemark und Deutschland und entlang der Nordseeküste zwischen den Niederlanden und Norddeutschland.

Mit dem anstehenden Beitritt Finnlands, Norwegens und Schwedens zur Union liegen die wichtigsten Projekte im Bau von drei Straßen- und Eisenbahnverbindungen zwischen dem Westen und Osten Dänemarks (Großer Belt), zwischen Dänemark und Schweden (Øresund) und im Süden zwischen Dänemark und Deutschland. Das erste Projekt ist bereits im Bau und wird den kontinentalen Teil Dänemarks (Jütland) mit der Inselgruppe um Kopenhagen, die bereits durch Brücken verbunden sind, verbinden; das zweite noch zu genehmigende Projekt verbindet Kopenhagen und Malmö; das dritte ist ein längerfristig angelegtes Projekt (für das bisher nur Durchführbarkeitsstudien vorliegen), um die Distanz zwischen Hamburg und Kopenhagen zu verringern, und wird die deutsche Insel Fehmarn, die bereits durch eine Brücke mit dem Kontinent verbunden ist, mit der Insel Lolland verbinden.

Diese Projekte werden darauf hinwirken, Dänemark in den Kontinent einzubeziehen und seine zentrale Stellung zwischen Deutschland und den nördlichen Ländern zu verstärken.

Des weiteren wurden in anderen Teilen der Region Verbesserungen vorgeschlagen, um insbesondere Autobahnen und Hochgeschwindigkeitszugverbindungen auf- oder auszubauen, wie zwischen Hamburg, Hannover und Berlin, entlang der Ostseeküste von Lübeck nach Stettin und in den Niederlanden, zwischen Rotterdam und Hengelo an der deutschen Grenze. Später könnte aus der Verbindung über Hannover mit den neuen Ost-West-Strecken ein neuer Verkehrskorridor zwischen Rotterdam und Berlin entstehen, der die wirtschaftliche Entwicklung entlang der Strecke fördern könnte, insbesondere an Schnittpunkten mit Nord-Süd-Strecken, und zu einer Konkurrenz zu dem bereits bestehenden Korridor werden, der im Südosten von Rotterdam ins Ruhrgebiet und weiter führt.

Diese Entwicklungen im Straßen- und Eisenbahnnetz werden die Dominanz des Rotterdamer Hafens, der bereits größte Hafen der Umgebung ist, verstärken und somit zusätzlich die Wettbewerbsfähigkeit von kleineren Häfen schwächen. Zusammen mit dem Bau der festen Verbindungsstrecken mit Dänemark könnte dies aber auch zu einer Stärkung der Stellung Hamburgs und Bremens/Bremerhavens und somit zu einer Verschiebung der Frachten auf deutsche und dänische Häfen, darunter Kopenhagen, führen.

Diese Entwicklungen könnten auch Folgen für die Häfen des Vereinigten Königreichs haben, denen bereits eine Konkurrenz durch den Bau des Ärmelkanaltunnels entstanden ist. Der Tunnel wird wohl nicht viel Fracht aus den nördlich gelegenen Häfen abziehen, aber dies könnte, zum Nachteil anderer Gegenden, die Wirtschaft des Südostens stärken. Die Verbesserungen der Verkehrsverbindungen zwischen Skandinavien und dem nordeuropäischen Kontinent und das zusätzliche Wachstum Rotterdams werden wahrscheinlich eher die im Süden liegenden Häfen des Vereinigten Königreichs bevorteilen und es für die nördlicher liegenden Häfen schwerer machen, Unternehmen anzusiedeln und neue Fährverbindungen zu schaffen.

Dies würde zusätzlich zu den direkten wirtschaftlichen Problemen in den betroffenen Gebieten den Frachtverkehr auf die Straßen verlagern und somit Konsequenzen für die Umwelt, die Überlastung und den Bedarf an Infrastrukturausgaben haben.

Ein aktives Szenario

Die größte Herausforderung für die Politik in diesem Gebiet ist es, wirksame Gegenmaßnahmen zum wirtschaftlichen Niedergang und zum Verlust von Arbeitsplätzen in den ländlichen Gebieten, Küstengebieten und Innenstadtvierteln zu entwickeln, bei einer langfristigen Verschiebung des wirtschaftlichen Mittelpunktes vom Nordwesten zum Südosten, d. h. in Richtung der Wachstumsgebiete mit besonders wettbewerbsfähigen Industrien in Süddeutschland und in Norditalien. Diese Entwicklung wird durch das marktwirtschaftlich orientierte Wachstum der mittel- und osteuropäischen Volkswirtschaften unterstützt.

Der Beitritt Finnlands, Norwegens und Schwedens zur Gemeinschaft, verbunden mit dem Wachstum und der Umstrukturierung der Wirtschaft der neuen Bundesländer, könnte diese Entwicklung verhindern helfen. Bedingt durch die Nordsee als Hindernis werden diese dynamischen Kräfte wahrscheinlich eher Dänemark und Norddeutschland als Schottland und Nordengland nutzen.

Im Rahmen der Strukturfonds 1994 bis 1999 werden Hilfen für Ziel 1-Gebiete an Flevoland in den Niederlanden gewährt. Zugleich wurden die Ziel 2-Gebiete um Gegenden in den Niederlanden und die Ziel 5b-Gebiete um westliche Gebiete Dänemarks erweitert.

Die Bedeutung der Verkehrspolitik bei der Raumentwicklung

Das Hauptziel der Politik muß es sein, den peripheren Gebieten zu helfen, ihre Position im Verhältnis zu den zentraleren Gebieten zu stärken. In diesem Zusammenhang kann die Vervielfachung von Verkehrsverbindungen eine wichtige Rolle spielen und zur gleichen Zeit auch der Region eine Umgehungsfunktion für südliche Gebiete liefern. Dies könnte auch der deutlich sichtbaren Entwicklung einer Konzentration des Güterverkehrs auf einige große Häfen in der Nordseeregion entgegensteuern. Die Folgen wären zum Nachteil der kleineren Häfen und ihrer Wirtschaft sowie eine Zunahme der Straßentransporte schwerer Güter. Dies würde die Probleme der Überlastung lösen und kleine und mittelgroße Häfen, auf beiden Seiten der Nordsee, unterstützen; nicht nur an der britischen Küste, sondern auch den dänischen Häfen in Jütland. (Eine Vielzahl von Initiativen wurde zur Förderung der Zusammenarbeit gestartet, um ein Netzwerk von Sekundärhäfen zu schaffen, gefördert nach Artikel 10 des EFRE.)

Eine besser verteilte wirtschaftliche Entwicklung und ein effizienteres und umweltfreundlicheres Verkehrssystem könnte gefördert werden durch:

- eine Politik des kombinierten Verkehrs in der Union, die auf eine Steigerung der Rentabilität des Langstreckenverkehrs auf dem Seeweg durch eine Verhinderung des Langstreckenverkehrs über Straßen abzielt und die hohen finanziellen Anreize abbaut, die für die Reeder anfallen, wenn sie nur eine begrenzte Anzahl von Schiffsverbindungen und größeren Häfen nutzen; dies könnte besonders für längere Strecken durch die Nordsee von den nördlich gelegenen Häfen aus zutreffen; ab einem bestimmten Frachtvolumen könnte dann mit einer Senkung der Transportkosten gerechnet werden, ohne daß sich notwendigerweise die Gesamtfahrtzeiten erhöhen; daneben könnte dies die Nordsee stärker mit der Ostsee verbinden;

- es müssen Maßnahmen zur optimalen Nutzung von Binnengewässern (Flüsse und Kanäle) in den Regionen entwickelt werden; dazu wurde geschätzt, daß die Frachtkapazitäten des Rheins verdoppelt und die der Kanäle des Nordwestens der Union verdreifacht werden könnten, ohne die Schleusen in größerem Umfang auszubauen oder zu erweitern; die Verbindung von bis jetzt noch getrennten Wasserwegen wie dem Twente-Kanal und dem Mittellandkanal in Niedersachsen – vorgesehen in den europäischen Leitlinien für Binnengewässer – könnten die Verbindungen zwischen sonst vernachlässigten Gebieten mit den Hauptachsen Berlin/Rotterdam oder Kopenhagen/Hannover ermöglichen, sofern andere Verkehrsträger gleichzeitig ausgebaut werden;

- das Ausschöpfen der Möglichkeiten, die eine Liberalisierung des Flugverkehrs in der Union bietet, durch die Schaffung von direkten Flugstrecken zwischen regionalen Flughäfen und der besseren Anbindung dieser an die wichtigsten Knotenpunkte;

- es müßte auch eine Verbesserung der Straßen- und Eisenbahnverbindungen, insbesondere zwischen Nordengland und Schottland, zwischen dem Westen und dem Osten Englands und zwischen den Niederlanden und Norddeutschland erfolgen; dies könnte eine gleichmäßigere wirtschaftliche Entwicklung unterstützen und die Verbindung zum transeuropäischen Netz herstellen.

Energiepolitische Optionen

In einer Vielzahl von Fällen sind die abgelegenen Gegenden wichtige Standorte für die Entwicklung von neuen und erneuerbaren Energiequellen, wie Wind- und Wellenenergie. Dies könnte langfristig zur Ersetzung des Einkommens und der Beschäftigung in der zur Zeit noch von Nordseeöl und -gas abhängigen Gegenden, wie einigen Küstenregionen und den schottischen Küsteninseln, beitragen.

In Dänemark ist geplant, daß bis zum Jahre 2000 ca. 9 % des Energiebedarfs durch erneuerbare Energiequellen gedeckt werden. Sie verschmutzen die Umwelt weniger als fossile Brennstoffe, und bei einer guten Raumplanung könnte die Beeinträchtigung der Landschaft begrenzt sein.

Optionen für die Wirtschaftsförderung

In den stärker industrialisierten Gegenden sollte in Zusammenarbeit mit dem privaten Sektor der Aufbau von Technologieparks und Forschungszentren gefördert werden. Sie würden die Entwicklung wissensintensiver Wirtschaftsbereiche voranbringen, indem sie dichte Netze von Forschungszentren und höheren Bildungseinrichtungen in der Region nutzen, insbesondere in den Bereichen der erneuerbaren Energien, der Biotechnologie, der Gentechnologie, der Agronomie und der Meeresforschung. Die neuen Techniken im Schiffsbau könnten genutzt werden, um der zukünftigen Nachfrage nach energiesparenden und hohen Sicherheitsstandards entsprechenden Schiffen zu entsprechen.

All diese Maßnahmen könnten den möglichen Impuls für eine wirtschaftliche Entwicklung, einerseits durch den Beitritt der skandinavischen Länder und andererseits durch die Umstrukturierung und das Wachstum in den neuen Bundesländern, in vollem Umfang sichern.

Zwar ist es vorstellbar, daß alle Regionen bei Eintreten der bestmöglichen Bedingungen hieraus einen Vorteil ziehen werden, doch ist es dafür wahrscheinlich wichtig, daß engere wirtschaftliche Beziehungen nicht nur zwischen peripheren und zentralen Gebieten, sondern auch zwischen den peripheren Gebieten entstehen, um ihre gemeinsamen Vorteile zu steigern und ihre Ressourcen zu bündeln. Es gibt in der Region bereits einige Beispiele für interregionale Zusammenarbeit, so die Konferenz der nordwesteuropäischen Regionen, AMRIE (Allianz der maritimen regionalen Interessen in Europa), die Nordseekommission und die Versammlung der lokalen und regionalen Gebietskörperschaften sowie der Nördliche Bogen (welcher Regionen der nordischen Länder umfaßt). Die Verbindungen zwischen den norwegischen und schwedischen Regionen wurden

Karte 44
Nordseeregionen - Zukunftsszenario

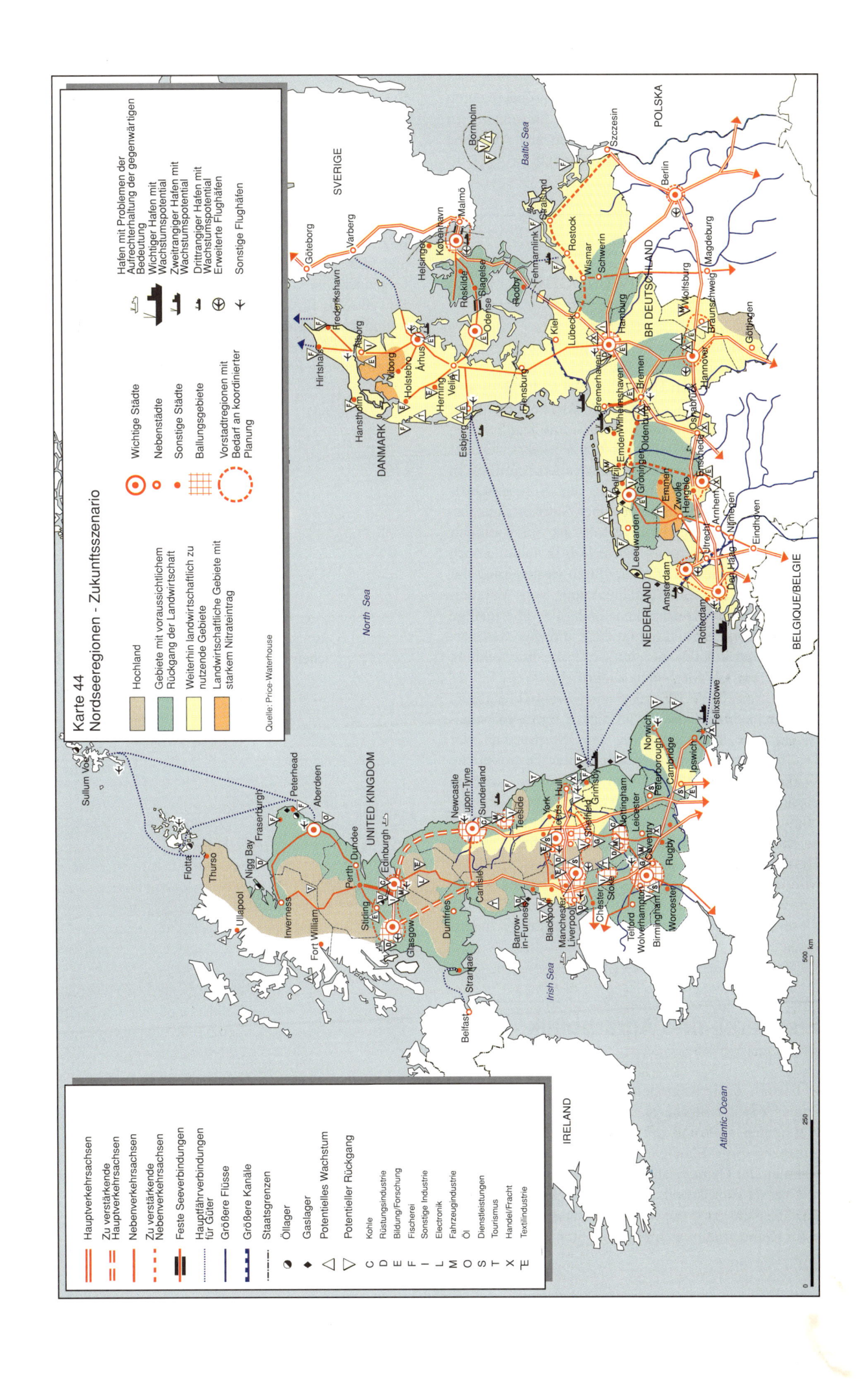

Legende (oben rechts):

- Hochland
- Gebiete mit voraussichtlichem Rückgang der Landwirtschaft
- Weiterhin landwirtschaftlich zu nutzende Gebiete
- Landwirtschaftliche Gebiete mit starkem Nitrateintrag

- Hafen mit Problemen der Aufrechterhaltung der gegenwärtigen Bedeutung
- Wichtiger Hafen mit Wachstumspotential
- Zweitrangiger Hafen mit Wachstumspotential
- Drittrangiger Hafen mit Wachstumspotential
- Erweiterte Flughäfen
- Sonstige Flughäfen

- Wichtige Städte
- Nebenstädte
- Sonstige Städte
- Ballungsgebiete
- Vorstadtregionen mit Bedarf an koordinierter Planung

Quelle: Price-Waterhouse

Legende (unten links):

- Hauptverkehrsachsen
- Zu verstärkende Hauptverkehrsachsen
- Nebenverkehrsachsen
- Zu verstärkende Nebenverkehrsachsen
- Feste Seeverbindungen
- Hauptfährverbindungen für Güter
- Größere Flüsse
- Größere Kanäle
- Staatsgrenzen
- Öllager
- Gaslager
- Potentielles Wachstum
- Potentieller Rückgang

- C Kohle
- D Rüstungsindustrie
- E Bildung/Forschung
- F Fischerei
- I Sonstige Industrie
- L Electronik
- M Fahrzeugindustrie
- O Öl
- S Dienstleistungen
- T Tourismus
- X Handel/Fracht
- E Textilindustrie

in den vergangenen Jahren gestärkt, insbesondere durch die Fährverbindungen zwischen Stavanger in Norwegen und Göteborg in Schweden und Aberdeen und Newcastle im Vereinigten Königreich.

Optionen für einen verbesserten Umweltschutz

Gleichzeitig sollte die Politik und somit die Verteilung der wirtschaftlichen Entwicklung insbesondere auf die drängendsten Umweltprobleme der Regionen achten. Die Entwicklung und Ausweitung einer Politik des kombinierten Verkehrs, mit dem Schwerpunkt auf einer Verlagerung des Verkehrs von der Straße zu umweltfreundlicheren Verkehrsmitteln, in Verbindung mit der Förderung der Nordseeschifffahrt, die eine Abnahme der über Straßen transportierten Frachten bewirken würde, ist ein wichtiger Schritt in diese Richtung. Diese Politik müßte jedoch auf der einen Seite vor allem durch Besteuerung der Emissionen die Luftverschmutzung von Verkehr, Industrie und Kraftwerken und die übermäßige Nutzung von Chemikalien in der Landwirtschaft verringern und auf der anderen Seite die Entwicklung von alternativen Methoden fördern.

Mit diesen Maßnahmen würde auch mit dazu beigetragen, die Verschmutzung der Nordsee an der Quelle zu verringern. Um jedoch eine bestmögliche Wirkung dieser Maßnahmen zu erzielen, müßten diese durch bestehende Konventionen und Abkommen zur Zusammenarbeit zwischen den Ländern, die an die Nord- und Ostsee angrenzen (die in dieser Hinsicht zusammen gesehen werden müssen), ob sie Mitglieder der Union sind oder nicht, begleitet werden, um gemeinsame Aktionsprogramme zum Schutz dieser gemeinsamen und wichtigen Ressource zu entwickeln.

Fischerei- und Agrarpolitik

In bezug auf die Regionen und Gemeinden, die noch immer von der Fischerei abhängig sind, könnten die Aussichten aufgrund der Durchführung eines neuen Ansatzes zum Management der Fischbestände im Rahmen der Gemeinsamen Fischereipolitik mittelfristig besser sein. Dies könnte zu einer Erneuerung der Fischbestände und zur Verbesserung der Rentabilität einer Reihe von lokalen Flotten beitragen.

In bezug auf Gebiete, in denen auf schlechten Böden intensive Landwirtschaft betrieben wurde und in denen die Preisrückgänge in Folge der GAP-Reform wahrscheinlich zu einem Einkommensverlust führen werden, ist der Wechsel zu Qualitätserzeugnissen auf der Grundlage von extensiver Bebauung und Weidewirtschaft erforderlich. Diese Strategie könnte gut in die Region eingepaßt werden, da die öffentliche Meinung und die politischen Entscheidungsträger in diesen Gegenden im allgemeinen erste Anzeichen eines Bewußtseins für den langfristigen Wert einer umweltfreundlicheren Landwirtschaft und eines verantwortlichen Umgangs mit ländlichen Gebieten zeigen und daher eine solche Politik eher befürworten als anderswo.

Die Nordseeregionen

Die äußersten Randgebiete

Die äußersten Randgebiete der Europäischen Union nehmen wegen ihrer Entfernung zum europäischen Kontinent eine Sonderstellung ein. Sie bestehen aus den vier französischen Überseegebieten – Guadeloupe, Guyana, Martinique, Réunion – den Kanarischen Inseln (Spanien) sowie den Azoren und Madeira (Portugal).

Trotz ihrer Unterschiedlichkeit haben diese Regionen eine Reihe von Eigenschaften gemeinsam, vor allem aufgrund ihrer geographischen Lage, ihrer Landschaft und ihrer Geschichte (siehe Tabelle 8).

Sie sind alle Regionen mit einem BIP pro Kopf weit unterhalb des Unionsdurchschnitts und daher Fördergebiete nach Ziel 1 der Strukturfonds. Da sie alle eine beträchtliche Entfernung zum europäischen Kontinent haben, sind die Transportkosten wesentlich höher als in der übrigen Union. Dies stellt eine besondere, die Insellage verstärkende Belastung dar. Im allgemeinen erhalten sie eine Vorzugsbehandlung von den jeweiligen Mitgliedstaaten in der Form niedrigerer Steuern, die ihnen – abgesehen von weiteren besonderen Vorteilen – für ihren Status als Exportländer oder Steuerfreigebiete gewährt werden. Darüber hinaus werden sie von bedeutenden öffentlichen Hilfen begünstigt, in manchen Fällen doppelt so hoch wie sonst in den Mitgliedstaaten üblich (insbesondere die portugiesischen Regionen), und von den in nicht unbedeutendem Umfang rückgeführten Einkommen der Emigranten. Dies verringert den Abstand im verfügbaren Einkommen zwischen ihnen und den Mitgliedstaaten, denen sie angehören.

Mit Ausnahme Guyanas und der Azoren haben sie im allgemeinen eine gleiche oder noch höhere Bevölkerungsdichte wie die Regionen der Union, zudem ist die Bevölkerung stark anwachsend und relativ jung (ausgenommen die portugiesischen Regionen, wo das natürliche Wachstum durch eine stärkere Abwanderung ausgeglichen wird).

Ihre wirtschaftliche Grundlage beruht im wesentlichen auf der Nutzung ihrer natürlichen Ressourcen. Landwirtschaft und Viehhaltung sowie Fischerei sind sehr wichtig. Darüber hinaus sind Dienstleistungen wie Tourismus oder öffentlicher Dienst von großer Bedeutung. Eine Ausnahme bildet Madeira, wo im Gegensatz zu den übrigen äußersten Randgebieten die Baumwolle verarbeitende Textilindustrie einen großen Teil der Beschäftigung ausmacht. Insgesamt haben diese Regionen Schwierigkeiten in der Diversifizierung ihrer Wirtschaftsstruktur.

Die Verkehrssysteme (Straßen, Häfen, Flughäfen) bleiben trotz der in einigen Regionen kürzlich erfolgten Verbesserungen unzureichend. In zahlreichen Fällen ziehen sie Vorteile aus einer besonderen Natur und Landschaft, die jedoch gefährdet ist und mit großen Problemen zu kämpfen hat (die Inselwelt, das Wasser, das tropische oder Äquatorialklima, die Erosion, Stürme und Vulkanausbrüche); und die sie in manchen Fällen mit ihren Nachbarländern teilen (Sturmwarnungen im Indischen Ozean, das Management der Fischbestände).

Für alle diese Regionen besteht die wichtigste Herausforderung darin, eine auf natürlichen Ressourcen basierende wirtschaftliche Entwicklung (tropische Landwirtschaft, Tourismus) mit einer Diversifizierung der wirtschaftlichen Aktivitäten in Einklang zu bringen. Dies ist notwendig, um für Beschäftigung und ein angemessenes Einkommensniveau für eine Bevölkerung, die in der Regel anwächst und jung ist, zu sorgen; gleichzeitig ist jedoch eine empfindliche und bedrohte Natur zu bewahren.

Um eine Entwicklung in diese Richtung voranzubringen, sollten Maßnahmen in folgende Richtungen zielen:

– Ausbau und Modernisierung der Straßen- und Seeverkehrssysteme, damit eine gleichmäßige räumliche Verteilung der wirtschaftlichen Aktivitäten zwischen Küste und inneren Gebieten und eine Reduzierung der innerregionalen Unterschiede sichergestellt wird;

– Ausbau der Personen- und Güterverkehrssysteme (Flughäfen, Häfen), um die wirtschaftlichen Beziehungen zur Union und zum Rest der Welt zu entwickeln und mit anderen Teilen der Welt um die Touristen konkurrieren zu können;

– Entwicklung ihres Produktionssystems, um die wirtschaftlichen Grundlagen und ihre Chancen auf eine sich selbst tragende Entwicklung zu diversifizieren;

– Förderung der Entwicklung des Humankapitals (Bildung und Ausbildung), um Güter und Dienst-

Tabelle 8
Sozioökonomische Indikatoren für die äußersten Randgebiete

	Guadeloupe	Französisch Guyana	Martinique	Réunion	Kanarische Inseln	Azoren	Madeira
Fläche (in km²)	1700	83500	1100	2500	7200	2200	800
Bevölkerung (in 1000)	385	115	359	595	1589	237	253
Bevölkerungsdichte (in Einw./km²)	227	1	319	237	220	108	317
Bevölkerungsveränderung (1980-90, in %)	+17,7	+57	+9,9	+17,7	+16,2	-2,5	+0,5
Sektorale Beschäftigung (in %)							
- Landwirtschaft	11	6	11	8	8	25	21
- Industrie	18	19	15	19	22	25	38
- Dienstleistungen	72	75	74	73	70	51	41

Anmerkung: Die Beschäftigungsquote bezieht sich auf 1986 in den ersten drei Regionen, auf 1990 für Réunion und der Kanarischen Inseln und auf 1989 für die beiden portugiesischen Regionen.

leistungen von Qualität und mit hoher Wertschöpfung zu produzieren;

– Nutzung ihres natürlichen und kulturellen Erbes, indem ein Gleichgewicht zwischen touristischer Entwicklung und Umweltschutz zur Erhaltung ihrer natürlichen Ressourcen erreicht wird;

– Aufrechterhaltung der Verbindungen mit der europäischen Wirtschaft und Ausnutzung des Vorteils ihrer Mitgliedschaft in der Union, um die interregionale Zusammenarbeit auf wirtschaftlichen, kulturellen oder ökologischen Gebieten zu entwickeln.

Die Nachbarländer der Europäischen Union

Die nordischen Länder

Die hier betrachteten nordischen Länder sind diejenigen, die bereit sind, 1995 der Europäischen Union beizutreten (Finnland, Norwegen, Schweden), und Island. Sie verbindet eine gemeinsame Geschichte und Kultur, sie haben Kooperationsabkommen mit den anderen nordischen Ländern, insbesondere Dänemark, den Färöer Inseln und Grönland getroffen, (z.B. den Nordischen Rat und den Nordischen Ministerrat), sind Teil einer ausweisfreien Zone (seit 1954) und eines gemeinsamen Arbeitsmarktes und haben eine gemeinschaftliche Anerkennung von Berufsqualifikationen und sozialen Sicherheitsansprüchen.

Hauptmerkmale

Zusammen erstrecken sich die vier Länder über ein Gebiet von 1.215.000 km^2, also über ein größeres Gebiet als das der derzeitigen Union, wobei die Gesamtbevölkerung lediglich 18 Millionen Einwohner zählt, 5 % der Unionsbevölkerung. Die Bevölkerungsdichte beträgt daher nur 15 Einwohner pro km^2 im Gegensatz zu 145 pro km^2 in der Europäischen Union. Aufgrund ihrer geographischen Lage und der extremen Kälte im Norden ist die Bevölkerung ungleichmäßig verteilt. Der Hauptteil der Einwohner, ungefähr 70 %, lebt südlich der Linie Bergen-Tampere, in einem Gebiet, das nur 25 % der Gesamtfläche ausmacht. Dementsprechend herrscht in diesem Gebiet eine Bevölkerungsdichte von 44 Menschen pro km^2 gegenüber 6 im Norden.

Städte jeder Größenordnung liegen alle im Süden, an oder in der Nähe der Küste. In Norwegen gibt es nur drei Städte mit mehr als 100.000 Einwohnern, in Finnland sechs und in Schweden elf, wobei nur 27 % der Norweger und 35 % der Finnen in Städten mit mehr als 50.000 Einwohnern leben; die entsprechende Zahl für Schweden liegt etwas höher, etwa bei 50 %, obwohl dies immer noch viel weniger ist als in der Union. Während diese relativ verstreute Bevölkerungsverteilung wahrscheinlich die Lebensqualität erhöht, steigert sie gleichzeitig die Kosten der Bereitstellung öffentlicher Einrichtungen.

Klima und Landschaft, fast die Hälfte des Gebiets befindet sich in einer Höhe über 300 Metern, haben zu einer wesentlich anderen Raumnutzung geführt als in der Europäischen Union. Die Landwirtschaft beansprucht nur 5 % der Fläche verglichen mit 35 % in der Union, das Wiesenland bedeckt 3 % gegenüber 24 % in der EU. Anderseits sind 49 % der Gesamtfläche mit Wald bedeckt, in Schweden und Finnland noch mehr, zweimal soviel wie in der Union, während der Rest (43 %) aus kahlem Gebirge, Tundra und Gletschern besteht.

Kommunikation gestaltet sich sehr schwierig, besonders im Norden. Es gibt nur wenige Straßen (zwischen 0 und 2 km je 1.000 km^2 gegenüber 25 km in Deutschland und 16 km in Dänemark). Gleiches gilt für das Schienennetz (25 km oder weniger je 1000 km^2 gegenüber 123 km in Deutschland und 53 km in Dänemark). Dagegen haben Flugverkehr (zwischen 11 und 20 Flugkilometer pro Einwohner gegenüber 5 km in Deutschland und 10 km in Dänemark) sowie Schiffahrt eine größere Bedeutung. Die Länder sind vom Atlantik, der Nordsee, der Ostsee und der Barentssee umgeben (siehe Karte 45). Die Telekommunikationsnetze sind ebenso hoch entwickelt (zwischen 500 und 700 Hauptlinien auf 1000 Einwohner gegenüber 432 in Deutschland oder 482 in Frankreich), und die Zahl der Mobiltelefone pro Einwohner ist die höchste der Welt.

Die wirtschaftliche Struktur ähnelt im Hinblick auf die Beschäftigungslage derjenigen der Union. 1990 lag der Anteil der in Land-, Forst- und Fischereiwirtschaft Beschäftigten zwischen 3 und 10 %, in der Industrie zwischen 24 und 31 % und im Dienstleistungssektor zwischen 60 und 69 %.

Fischerei ist sowohl in Norwegen bedeutend (durchschnittlich 2,3 Millionen Tonnen Fisch zwischen 1991 und 1993) als auch in Island (1,4 Millionen Tonnen). Ein großer Teil des Fangs wird exportiert, in weit entfernte Länder wie Spanien, Portugal, Frankreich und Italien. Die Forstwirtschaft ist in Finnland und Schweden bedeutend (die Produktion dieser beiden Länder inklusive Norwegen ist so hoch wie die der gesamten Union).

Im Energiesektor wird im Vergleich zur Union 40 % mehr Elektrizität durch Wasserkraft erzeugt, während Norwegen 1993 aus der Nordsee genau so viel Erdöl förderte wie das Vereinigte Königreich.

Die nordischen Länder

**Karte 45
Die nordische Perspektive**

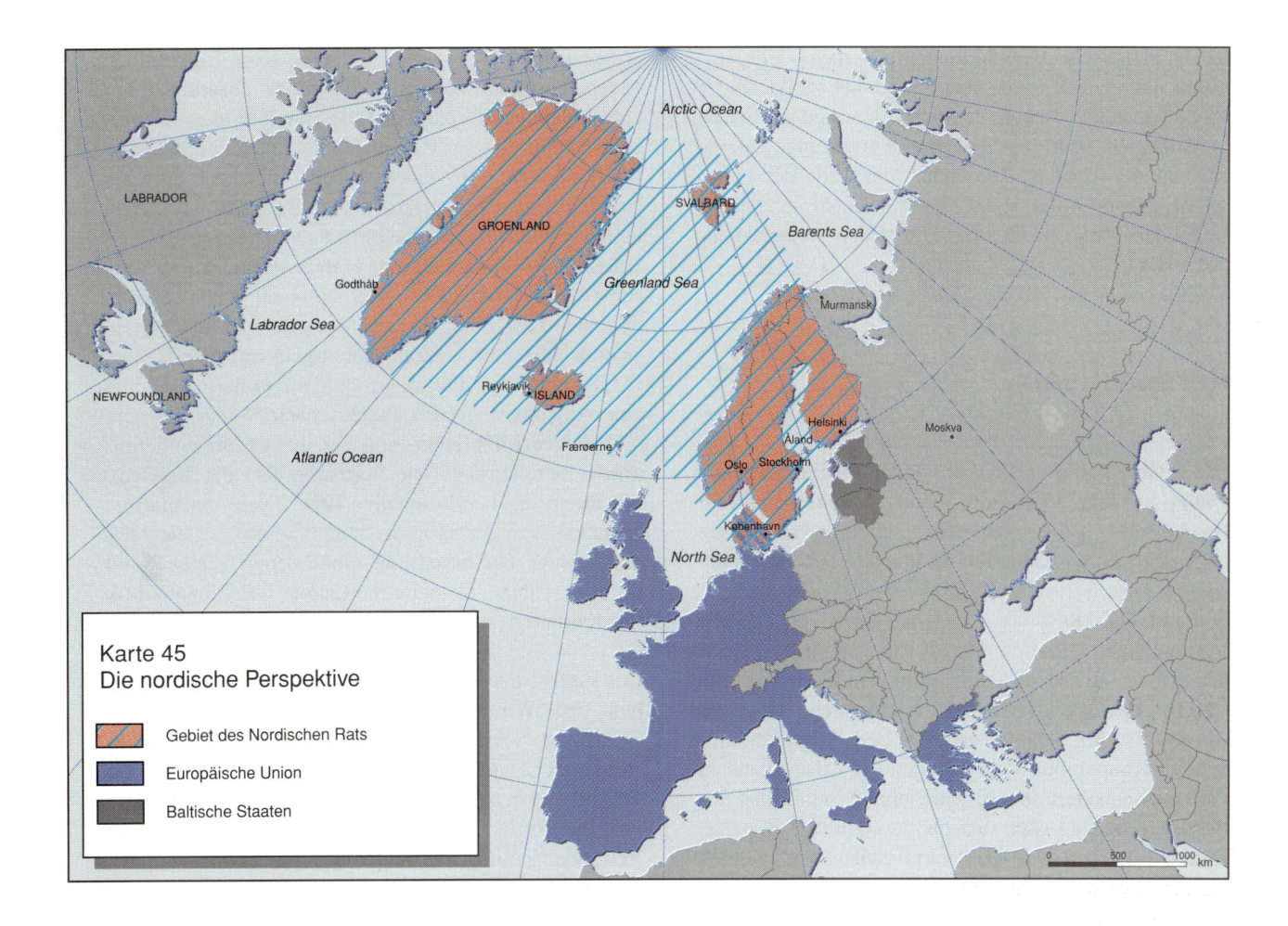

- Gebiet des Nordischen Rats
- Europäische Union
- Baltische Staaten

Im Verarbeitenden Gewerbe ist Schweden weltweit mit führend sowohl im Maschinenbau (Werkzeugmaschinen, Elektrogeräte, Autos und Flugzeuge) als auch in der Elektrotechnik und Telekommunikationsausstattung, die beide dort und in Finnland als eine neue und wichtige Wachstumsquelle entstanden sind.

Im Dienstleistungsbereich steht die norwegische Handelsflotte gemessen an der Zahl der registrierten Schiffe in Westeuropa an zweiter Stelle hinter Griechenland.

Das durchschnittliche BIP pro Kopf der vier Länder – ausgedrückt in Kaufkraftparitäten – liegt in der Nähe des Durchschnitts der EU, etwas niedriger in Finnland, etwas höher in Norwegen und Schweden und bedeutend höher in Island.

Der Anteil der Frauen im erwerbsfähigen Alter an der Erwerbsbevölkerung liegt deutlich über dem Durchschnitt der Union (75 % gegenüber 60 %), obgleich niedriger als in Dänemark.

Der öffentliche Sektor ist ein bedeutender Arbeitgeber in den am dünnsten besiedelten Gebieten, in denen örtliche Behörden eine große Spanne an Leistungen bereitstellen (Bildung, Gesundheitsfürsorge und soziale Dienste inklusive Kinderhort-Einrichtungen) und trotz der Privatisierung einiger Leistungen immer noch 75 % der im öffentlichen Sektor Beschäftigten ausmachen.

Im Hinblick auf den Außenhandel machten 1993 die vier Länder durchschnittlich mehr als 10 % der gesamten Importe der Mitgliedstaaten der Union (oder etwa 30 % der Importe aus Nicht-Unionsländer) und 8 % der Exporte (ungefähr 25 % des Gesamtexports an Nicht-Unionsländer) aus. Dänemark, Deutschland, das Vereinigte Königreich und die Niederlande sind besonders wichtige Handelspartner.

In bezug auf die Raumplanung stellen Verkehrsprobleme einen Schwerpunkt dar. Verbindungen innerhalb der Länder, mit anderen Ländern in der Region und mit dem restlichen Europa müssen alle verbessert und direkter gemacht werden.

Naturschutz, Umweltschutz und nachhaltige Entwicklung sind Angelegenheiten von beachtlichem aktuellem – und historischem – Interesse, teils aufgrund ethnischer Strukturen der Bevölkerung (insbesondere die lappländische Bevölkerung im Norden), teils aufgrund der Größe und der Bandbreite gravierender Probleme: saurer Regen, der die Wälder und die Fische in den Seen bedroht; Meeresverschmutzung, die die Küstenlinie schädigt; Tourismus, der Teile der Landschaft zerstört, und sogar die Viehzucht in einigen Gegenden, wo das Klima den Pflanzennachwuchs erschwert.

Perspektiven

Der Beitritt von drei der vier Länder zur Europäischen Union im Jahr 1995 und Islands Mitgliedschaft im Europäischen Wirtschaftsraum scheinen für deren zukünftige Entwicklung die wichtigsten Determinanten zu sein. Der Beitritt sollte die wirtschaftliche Integration mit dem Rest der Union beschleunigen, engere Verbindungen schaffen und die Bedingungen verändern, unter denen sie mit Mitgliedstaaten über die Ostsee und die Barentssee kooperieren. Dennoch werden alle drei Staaten nach dem Beitritt ihre traditionellen Kooperationsverbindungen in den meisten Fällen beibehalten, inklusive derjenigen mit Teilen des Nordseegebietes – das sich bis zur Ostküste Kanadas erstreckt – die aus der Union außen vor bleiben werden.

Die zukünftigen Beziehungen Islands, das keine Mitgliedschaft wünscht, mit der Union scheinen sich um dessen weitergehende Möglichkeiten zu drehen, Fisch und damit in Verbindung stehende Produkte als seine Hauptressource in die Union, besonders in das Vereinigte Königreich, aber ebenso nach Portugal und Deutschland zu exportieren. Diese Möglichkeiten werden von den zu treffenden Maßnahmen abhängen, um das Fischvolumen davor zu bewahren, daß es die Selbsterneuerungsrate überschreitet.

Für Finnland, Norwegen und Schweden dürfte der Beitritt zu einer Verbesserung der Eisenbahn- und Straßenverbindungen mit Dänemark und Deutschland einerseits und Mittel- und Osteuropa andererseits führen (durch den Bau einer Brücke zwischen Dänemark und Schweden, den schwedischen Hochgeschwindigkeitszug, andere Hochgeschwindigkeitsstrecken und mögliche Verbindungen zwischen dem Süden Finnlands und der Union über Rußland, die baltischen Staaten und Polen).

Der Beitritt wird gleichfalls eine Einbeziehung der nördlichen Regionen der drei Länder in die Union mit sich bringen, die unter einem dauerhaften rauhen Klima leiden und dünn besiedelt sind, aber eine niedrige Arbeitslosenquote und ein Pro-Kopf-Einkommen haben, das dem andernorts entspricht aufgrund einer entsprechenden Regionalpolitik, einem großen öffentlichen Sektor und der Existenz kapitalintensiver Produktionseinheiten mit einer hohen Wertschöpfung je Beschäftigten (Wasserkraftwerke, Bergbau und Verarbeitende Industrie). Diese entfernten Zonen profitieren von Berufsbildungszentren, Universitäten, sowie Wissenschaftszentren. Die Verbindungen über Straße, Schiene, Luft oder Wasser, besonders in Norwegen, sichern eine gute Verkehrsanbindung mit dem Süden. Die beschriebene Politik ermöglichte in diesem Gebiet eine Nutzung wichtiger Bodenschätze (Holz, Eisenerz und andere Mineralien) und den Erhalt der einheimischen Bevölkerung (wie beispielsweise die Lappen), mit ihrem eigenen kulturellen Erbe. Diese einzigartige Situation, von der es in der Union keine vergleichbare gibt, führte zur Schaffung eines neuen Zieles 6 im Rahmen der Gemeinschaftlichen Regionalpolitik (ausführlich dazu siehe *Fünfter periodischer Bericht*).

Der Beitritt der skandinavischen Länder dürfte zusätzlich den Wirtschafts- und Kulturaustausch in der Ostseezone verstärken und zu einer stärkeren Zusammenarbeit zwischen den Anrainerstaaten führen. Im Westen werden die Öffnung der Brücke bei Øresund und die Verbindung von Fehmarn, die eine direkte Verbindung mit Schleswig-Holstein und Mecklenburg-Vorpommern darstellen, den Handel mit Deutschland verstärken. Noch weiter östlich leben 14 Millionen Einwohner in der Ostseeregion an der Ostküste Schwedens. Während dieses Gebiet zur Zeit sehr gespalten ist, hat es dennoch ein großes Entwicklungspotential, und eine Autobahn (die Via Baltica) dürfte die Verbindungen sowohl zwischen den Ländern in diesem Gebiet als auch mit dem restlichen Europa verbessern.

Kleinbetriebe und kulturelle Zusammenarbeit zwischen Küstengebieten Finnlands und Estlands einerseits und zwischen Küstengebieten Schwedens und den baltischen Staaten andererseits könnten durch die interregionalen Kooperationsprogramme der Union verstärkt werden.

Seit einigen Jahren erfährt die alte Tradition von Austausch und Zusammenarbeit zwischen den Anrainerstaaten der Ostsee eine Renaissance mit der Ausdehnung der Handels- und Kulturbeziehungen sowie der Schaffung im Jahre 1992 des „Rates der Ostseestaaten". Darüber hinaus haben die 10 Ostseeanrainerstaaten und Norwegen im gleichen Jahr eine gemeinsame Strategie entwickelt mit den folgenden Zielen: Erneuerung alter Schiffahrtsbeziehungen, steigende gegenseitige Ergänzung der Häfen, Schaffung eines funktionalen Systems für die an der

Ostsee liegenden Städte, Verwaltung der Küstengebiete und der Flüsse sowie Verstärkung grenzüberschreitender Zusammenarbeit. Im Hinblick darauf könnte Finnland, mit seinen 1.270 Kilometer gemeinsamer Grenze und alten Handelsbeziehungen mit Rußland und den baltischen Staaten eine wesentliche Rolle in der Entwicklung neuer Beziehungen zwischen der EU und anderen Ländern dieses Gebietes spielen (siehe Karte 46 und Kasten).

Seit dem politischen Wandel im Osten gerät im hohen Norden die Region der Barentssee zum Mittelpunkt des Dialogs zwischen Westeuropa und Rußland. Diese Region wird durch ein weitreichendes Territorium, ein strenges Klima, eine verstreute Bevölkerung und einen Reichtum an größtenteils noch nicht genutzten natürlichen Rohstoffen charakterisiert. 1993 wurde die Zusammenarbeit in der Barentssee-Region mit der Kirkenes-Erklärung formal aufgenommen, unterzeichnet von den nordischen Ländern, Rußland und der Europäischen Kommission, allen Mitgliedern des Euro-Arktis-Rats von Barents und anderen wichtigen Ländern, die als Beobachter teilnahmen. Die Hauptbereiche der Zusammenarbeit sind kulturelle Beziehungen und Tourismus, wirtschaftliche Beziehungen, Umwelt, einheimische Bevölkerung, regionale Infrastruktur, Wissenschaft und Technologie. Fünf Hauptuntersuchungsgebiete wurden herausgestellt: ein Aktionsprogramm für die Barents-Euro-Arktis-Region, ein wissenschaftliches Austauschprogramm, Festlegung von Kooperationsprojekten in der Region, Informationsnetze und Seminare.

Durch die Schaffung eines Ortes, an dem nationale Regierungen und regionale Behörden zusammenkommen können, könnte die Barents-Region dazu beitragen, in Nordeuropa Stabilität herzustellen und politische Spannungen und Ungleichheiten im Lebensstandard zu reduzieren, die in letzter Zeit offensichtlich wurden und die auf der politischen Tagesordnung stehen sollten.

Unternehmenskooperationen nehmen ebenfalls zu, aber es bedarf längerer Zeit, um die materielle und immaterielle Infrastruktur in dem zur Erreichung der politischen Ziele notwendigen Umfang zu entwickeln. Die Herausforderung, der sich die Barents-Region gegenübersieht, ist gewaltig. Maßnahmen müssen daher nicht nur von den nordischen Ländern, sondern vom gesamten Europa ausgehen.

Ostsee 2010: Aussicht und Strategien

Elf Ostseestaaten arbeiten zur Zeit an einem Raumentwicklungskonzept für die Ostseeregion, wie in dem Bericht „Aussicht und Strategien für die Ostsee 2010" beschrieben.

Das Projekt startete im August 1992, als der schwedische Minister für Infrastrukturplanung ein Treffen der für Raumplanung verantwortlichen Minister aller Ostseeanrainerstaaten zusammen mit Verantwortlichen einer Anzahl von Regionen organisierte. Bei Betrachtung der historischen, ökonomischen, kulturellen und ökologischen Verbindungen, die zwischen den beteiligten Ländern bestehen, scheint dies ein naheliegender Schritt zu sein.

Es wurde angenommen, daß durch die Schaffung gemeinsamer Zukunftsaussichten für diese Region und übereinstimmende Strategien zu deren Erreichung die Entwicklungs- und Kooperationsmöglichkeiten verstärkt werden könnten und gleichzeitig das gemeinsame Einvernehmen innerhalb der teilnehmenden Länder (Finnland, Rußland, Estland, Lettland, Litauen, Weißrußland, Polen, Deutschland, Dänemark, Schweden und Norwegen) wachsen würde.

Das Ziel dieser Initiative war, einen allgemeinen Referenzrahmen für eine gemeinsam vereinbarte Raumstruktur zu erstellen, der als Richtlinie für Entscheidungen über Raumentwicklung dienen könnte, sowohl auf nationaler, regionaler und lokaler Ebene als auch für transnationale sektorale Initiativen, Investoren und Finanzinstitutionen. Konkreter gesprochen, war es das Ziel, gemeinsame Empfehlungen zu machen und politische Maßnahmen zur Umsetzung festzulegen.

Der erste Schritt in diesem Prozeß war, die Ostseeregion zu untersuchen und einen Überblick über ihre bestehende Situation zu erhalten.

Vier Hauptaspekte wurden ausgewählt:

– „die Perlen": die Städte und das Städtesystem;

– „die Fäden": die Kommunikations- und Energieversorgungsnetze;

– „die Flicken": spezifische Gebietstypen in bezug auf Landschaft, natürliche Ressourcen, Bedarf an Umweltschutz, Tourismuspotential, Grenzlage oder die Tatsache, daß sie Inseln oder Küstengebiete sind;

– „das System": Raumplanung in verschiedenen Ländern.

Als zweiter Schritt werden Strategien zur zukünftigen Raumentwicklung in der Ostseeregion umrissen. Dies wird beherrscht durch Schlüsselkonzepte, wie „nachhaltige Entwicklung", „wirtschaftlicher und sozialer Zusammenhalt" und „gleichgewichtige Flächennutzung".

Der dritte, und nicht weniger wichtige Schritt in diesem Prozeß wird sowohl für die Region als Ganzes als auch für die einzelnen Staaten sein, die Ziele und Strategien in Gang zu setzen.

Die ganze Zeit über wird es Beratungen mit anderen relevanten Institutionen und Programmen geben, die sich mit diesem Gebiet beschäftigen.

Ende 1994 werden sich die Minister aller beteiligten Länder in Tallinn in Estland treffen, um über den allgemeinen Planungsrahmen und die Ziele abzustimmen und einen ersten Schritt in Richtung Verwirklichung zu unternehmen.

Karte 46
Zusammenarbeit in de Ostseeregion

- ⬭ Gebiete bestehender Zusammenarbeit
- ⬭ Gebiete neuerer Zusammenarbeit
- ☐ Von "Vision und Strategien um die Ostsee 2010" erfaßtes Gebiet
- ▪ Mitglieder der Vereinigung von Ostseestädten

Quelle: Vereinigung von Ostseestädten

Gebiete bestehender Zusammenarbeit:
- Nordkalott
- Kvarken
- Zentraler Norden
- ARKO
- Archipelago
- Östfold-Bohus
- Öresund
- Bornholm-Skåne
- Schleswig
- Oder
- Düna

Gebiete neuerer Zusammenarbeit:
- Barents-Euro-Arktis
- Finnland/Rußland
- Finnischer Meerbusen

Mittel- und Osteuropa

Der Reformprozeß, der sich in den letzten Jahren im gesamten Mittel- und Osteuropa ausgebreitet hat, beinhaltet sowohl Chancen als auch Herausforderungen für die Union. Die Öffnung der Märkte könnte das Wirtschaftswachstum im gesamten europäischen Raum entscheidend stimulieren. Dagegen stellen die Probleme, die mit dem Übergang von einer Planwirtschaft zu einer Marktwirtschaft verbunden sind, verknüpft mit dem Vermächtnis einer jahrzehntelangen Vernachlässigung der Umwelt sowie entscheidender Teile der Infrastruktur und der Effizienz des Produktionssystems, wesentliche Hürden für eine wirtschaftliche Entwicklung dar. Sollten diese nicht überwunden werden können, besteht die Gefahr andauernder politischer Instabilitäten und sozialer Unruhen in dieser Gegend, sowie wirtschaftlicher Stagnation und zunehmender Armut, offen ausgetragener Konflikte zwischen ethnischen Gruppen und massiver Auswanderungsströme, und dies wird negative Rückwirkungen auf die Gemeinschaft mit sich bringen (siehe Karte 47, die die beteiligten Länder und ihre Nachbarländer zeigt).

Hauptmerkmale der aktuellen Entwicklung

Seit dem Beginn der Reformbewegungen sind alle Länder Mittel- und Osteuropas durch eine tiefgreifende wirtschaftliche Rezession getroffen worden. Diese steht im Zusammenhang mit hoher Inflation, steigender Arbeitslosigkeit und sinkendem Realeinkommen, welches nicht nur zu wachsender Armut sondern auch zu einer Verlangsamung des Reformprozesses geführt hat, aus Angst vor immer weiter steigenden Preisen, größeren Arbeitsplatzverlusten und zunehmenden sozialen Unruhen.

Im Laufe des Jahres 1993 waren jedoch in den meisten Teilen der Region Anzeichen einer Verbesserung zu erkennen. Zum ersten Mal seit dem Beginn des Übergangsprozesses zur Marktwirtschaft scheint die Produktion in Polen angestiegen zu sein, während sich in den anderen Ländern das Tempo, mit der die Produktion zurückgegangen ist, verlangsamt hat.

Mit Ausnahme der Tschechischen Republik haben alle Länder ernsthafte Zahlungsbilanzprobleme und ein hohes Niveau der Auslandsverschuldung. Trotz eines starken Anstiegs des Handels zwischen den Ländern der Gemeinschaft und Mittel- und Osteuropas in den letzten Jahren – besonders hinsichtlich derer, die beantragt haben, in die Union einzutreten – bleiben für die meisten Mitgliedstaaten und die meisten Regionen die Ausfuhren in diese Länder sehr gering. Sie machten 1992 insgesamt nur 5 % der gesamten Gemeinschaftsausfuhren in Drittländer aus. Exporte aus diesen Ländern in die Union haben ebenfalls zugenommen. Sie bestehen hauptsächlich aus Rohstoffen und Grunderzeugnissen, einschließlich solch hochsensibler Wirtschaftsgüter wie Stahl und Textil, obwohl der Handel zur Zeit kaum ein Ausmaß erreicht, welches eine Wettbewerbsbedrohung für die Produzenten in der Gemeinschaft und die Problemregionen, in denen diese sich befinden, bedeuten würde.

Das Wachstum des Handelsvolumens ist einhergegangen mit einem Anstieg der Direktinvestitionen aus dem Westen. Diese sind jedoch noch in den meisten Gebieten gering und belaufen sich insgesamt auf 7,3 Milliarden ECU im Zeitraum 1989 bis 1991, welches weniger als 10 % der Direktinvestitionen aus der Gemeinschaft in den Rest der Welt ausmacht. Kapitalströme nach Mittel- und Osteuropa sind ungleichmäßig auf die Länder verteilt und konzentrieren sich hauptsächlich auf die Tschechische Republik und Ungarn, wo die Risiken am niedrigsten sind, und andernorts hauptsächlich auf Hauptstädte und andere große Städte, in denen sich Dienstleistungen am schnellsten entwickelt haben und wo Arbeitsplatz- und Realeinkommensverluste am niedrigsten gewesen sind, so daß der Trend zu einer ungleichmäßigen räumlichen Entwicklung verstärkt wird.

Die Vernachlässigung der Umwelt und die weitverbreitete Anwendung von Methoden der industriellen, landwirtschaftlichen und energiewirtschaftlichen Produktion, welche im hohen Maße Luft, Boden und Wasser verschmutzen, haben zu einer drastischen Umweltbelastung in großen Teilen der Region geführt. Dies trifft vor allem in den meisten Ballungsgebieten zu, insbesondere in den Hauptstädten und Industriegebieten, wie z. B. Nord- und Ostböhmen in der Tschechischen Republik, Oberschlesien und Danzig in Polen oder Sofia und Plovdiv in Bulgarien.

Karte 47
Die Länder Mittel- und Osteuropas -
Umweltverschmutzung

- Hauptgebiete mit Umweltschäden (Informationen für Bulgarien nicht verfügbar)
- Konzentration von Cadmium-Immissionen

Waldsterben - in % der betroffenen Bäume, nach Ländern
- > 75
- 50 - 75
- 40 - 50
- < 40
- Keine Daten

Ex-Jugoslawien: Daten für das gesamte Gebiet

Mittel- und Osteuropa

Dies beinhaltet nicht nur ein Problem für die betroffenen Länder, sondern auch für die Gemeinschaft, da ein bedeutender Anteil der Verschmutzung über den Luft- und Wasserweg über die Grenze transportiert wird (Elbe und Oder sind dafür bekannte Beispiele).

Das Ausmaß der Auswanderungsbewegung von Mittel- und Osteuropa in die Gemeinschaftsregionen scheint sich innerhalb der Übergangsperiode erheblich verlangsamt zu haben (auch wenn ein akutes Defizit an verläßlichen Daten besteht). Der Auswanderungsstrom zumindest aus Polen, der Tschechischen Republik und Ungarn scheint heute auf einem relativ niedrigen Niveau zu liegen und setzt sich hauptsächlich aus Personen zusammen, die vorübergehend in den Nachbarländern arbeiten. Der Rückgang der Wanderungsbewegungen kann teilweise auf die Verschärfung der Kontrollen in den Zielländern zurückzuführen sein. Er kann aber auch Ausdruck einer Verbesserung der wirtschaftlichen Lage in Mittel- und Osteuropa sein oder darin liegen, daß diejenigen, die am ehesten auswandern wollten – wie z. B. Personen mit deutscher Abstammung – dies auch getan haben, sobald es ihnen möglich war.

Perspektiven

Die zukünftigen Entwicklungen in dieser Region sind sehr unsicher. Dies liegt nicht zuletzt daran, daß der Reformprozeß noch nicht in allen Ländern abgeschlossen ist.

Das Wachstums- und Umstrukturierungspotential differiert beträchtlich zwischen den einzelnen Teilen der Region. Gebiete, die heute am besten dastehen, sind nicht notwendigerweise diejenigen, die auch in der Vergangenheit solide waren. Die Entwicklung weg von der Schwerindustrie – deren Unternehmen sowohl nicht wettbewerbsfähig waren als auch vielfach erhebliche Umweltschäden verursachten – wird eine Anzahl an Gebieten geschwächt zurücklassen, in denen sich diese Industrie konzentrierte.

Die Hauptstädte und die umliegenden Gebiete befinden sich aufgrund der Konzentration von Dienstleistungen und Finanzinstitutionen in der besten Ausgangssituation, insbesondere da sie weiterhin Ziel ausländischer Investitionen zu sein scheinen. Langfristig scheinen sich Regionen, die an bestehenden oder zukünftigen Verkehrsverbindungen liegen – sowohl in der Union als auch in den Ländern selbst – in einer guten Position zu befinden, wie beispielsweise die Verbindungen von Prag nach Nürnberg, oder von Budapest über Ljubljana nach Triest, oder intern von Budapest durch Bratislava nach Prag, oder von Prag durch Lódz nach Warschau.

Unter Berücksichtigung bisheriger Erfahrungen könnte sich das Verkehrsvolumen auf den Straßen zwischen der Gemeinschaft und Mittel- und Osteuropa in den nächsten 10 bis 20 Jahren um ein Vielfaches erhöhen, ebenso das auf Schienen, mit der größten Zunahme entlang der Ost-Weststrecke in den nördlichen und mittleren Gebieten. Diese Verkehrszunahme wird erhebliche Verbesserungen der bestehenden Straßen- und Schienennetze erfordern, welche schon jetzt an vielen Orten überlastet sind, insbesondere an den Hauptgrenzübergängen.

Entscheidende Verkehrsverbindungen sind schon heute zum Ausbau in den meisten Ländern festgelegt worden. Im wesentlichen gibt es zwei zukünftige Nord-Süd-Achsen:

— von Dresden über Nordböhmen nach Pilsen und München;

— von Warschau nach Katowitz, Ostrava, Brno, Bratislava, Wien und Budapest;

sowie drei Ost-West-Achsen:

— von Berlin nach Warschau, Danzig und St. Petersburg;

— von Prag nach Nürnberg und Frankfurt;

— von Bratislava und Budapest nach Triest und Norditalien.

Hinzu kommen zwei zukünftige Achsen in den Süden der Region, eine von Budapest nach Arad, Craiova, Sofia und Thessaloniki (mit Verlängerungen nach Tirana in Albanien und Istanbul in der Türkei) und eine durch Ungarn und Rumänien (von Budapest nach Arad, Bukarest und Constanza), welche die Länder in diesem Teil öffnen und sie mit Griechenland und dem Rest Mittel- und Osteuropas verbinden könnten.

Die Ost-West-Achse über die Donau ist nicht nur als Verkehrsweg von größter Bedeutung, sondern auch als Mittel zur Verbesserung der Raumplanung in diesem Gebiet (siehe Karte 48). Dieser Fluß, der 2.850 km lang ist, verbindet ein Gebiet von 817.000 Quadratkilometern in 14 Ländern und besitzt ein Potential zur Erzeugung von 43 Milliarden Kilowatt Elektrizität sowie zur Bewässerung von 4 Millionen

Mittel- und Osteuropa

**Karte 48
Das Donaubecken**

- Auffanggebiete
- +++ Rhein-Main-Donau-Kanal

Hektar Land. Eine Arbeitsgruppe aus den Ländern entlang der Donau, welche einen Ausschuß zu Raumordnungsfragen mit Vertretern aus 21 Ländern und Regionen von Deutschland bis zum Schwarzen Meer umfaßt, wurde 1990 mit dem Ziel gegründet, eine gleichmäßige Entwicklung des Gebietes zu erlangen, bei einer gleichzeitigen Einheit der Ziele wirtschaftliche Entwicklung und Umweltschutz. Dies ist eine langfristige Aufgabe, welche eine Reihe von Problemen in sich birgt, wie sie im Falle des Konfliktes zwischen der Slowakei und Ungarn um den Gabcikovo-Damm zum Ausdruck kommen.

Die zukünftige Verkehrszunahme ist allerdings mit der Perspektive einer zunehmenden Luftverschmutzung verbunden. Die Verschmutzung, insbesondere der Luft, jedoch auch der Flüsse und des Bodens, hatte schon 1988 ein großes Ausmaß erreicht, bevor überhaupt die Reform in den meisten Ländern des Gebietes einsetzte. In Polen und Schlesien wurden die ökologischen Höchstwerte oft um mehr als das 100- oder 200-fache überschritten, und es bestanden 27 als ökologisch zerstört eingestufte Gebiete insbesondere im Süden des Landes; in der Tschechischen Republik gehörten die CO_2-Emissionen (4 Tonnen pro Einwohner) zu den höchsten Europas, insbesondere in Prag und in Nordböhmen. Auch in der Slowakei und in Ungarn gab es erhebliche Umweltverschmutzungen (insbesondere in Städten) sowie in anderen Ländern der Region, für die weniger Daten verfügbar sind.

Die für einige Länder verfügbaren Informationen deuten darauf hin, daß die unternommenen Anstrengungen zur Reduzierung dieser Niveaus bereits zum Teil einen Erfolg gebracht haben. Zwischen 1988 und 1992 sind die Emissionen in der Slowakei, Ungarn und Polen deutlich zurückgegangen. Die Beträge, die der Senkung der Luftverschmutzung gewidmet wurden, sind in diesen zwei Jahren in der Slowakei vervierfacht worden und in Polen und Ungarn mehr als verdoppelt worden.

Der Fortschritt wird allerdings von der Verfügbarkeit von Finanzmitteln bestimmt. Dieser Zustand wird solange bestehen bleiben, bis das Wirtschaftswachstum hergestellt ist, und sich die finanziellen Beschränkungen gelockert haben.

Auswirkungen auf Gemeinschaftsgebiete

Die Entwicklungen in Mittel- und Osteuropa haben zwei mögliche wichtige Effekte auf die Grenzgebiete in der Union. Der eher positive Effekt ist ein „Kohäsionseffekt", welcher aus einer zunehmenden wirtschaftlichen Integration resultiert, und der am wahrscheinlichsten in Gebieten mit relativ hoher Bevölkerungsdichte auftritt, in denen es keine geographischen Hindernisse für eine Annäherung gibt. Als Beispiele sind die Gebiete an der deutsch-polnischen Grenze zwischen Dresden und Breslau zu nennen, sowie die Gebiete zwischen Prag und Nürnberg, zwischen Triest und Ljubljana und zwischen Sofia und Thessaloniki in Griechenland.

Der eher negative Effekt ist ein „Drainageeffekt", wodurch wirtschaftliche Aktivitäten aus den Grenzgebieten in naheliegende Städte und Ballungsgebiete im Hinterland abgezogen werden. Dies tritt am wahrscheinlichsten in dünnbesiedelten und wenig entwickelten Gegenden auf. Ein mögliches Beispiel ist die Gegend zwischen Griechenland und der ehemaligen jugoslawischen Republik Makedonien.

Insgesamt wird in Grenzgebieten oder anderswo das Wachstum der Märkte in Mittel- und Osteuropa dazu neigen, Regionen zu begünstigen, die bereits wettbewerbsfähig und in großem Umfang am internationalen Handel beteiligt sind, inbesondere aber auch jene Regionen, die aufgrund ihres Standortes relativ leichten Zugang zu diesen Märkten haben. Hingegen werden die zunehmenden Billigimporte aus diesen Ländern wahrscheinlich negative Rückwirkungen auf jene Regionen haben, die sich auf die Herstellung ähnlicher Produkte spezialisiert haben. Diese Regionen werden im wesentlichen auch die wirtschaftlich schwächeren und weniger entwickelten sein.

Die wirtschaftlich schwächeren Regionen, die am ehesten betroffen sind, werden solche sein, in denen die Stahl- und Textilindustrie dominiert oder in denen landwirtschaftliche Erzeugnisse mit relativ niedriger Effizienz hergestellt werden. Die meisten der empfindlichen Regionen liegen wahrscheinlich im Süden der Gemeinschaft – in Griechenland, Süditalien, Spanien und Portugal – dort, wo es an wirtschaftlicher Entwicklung fehlt.

Die neuen Bundesländer sind jedoch in einer besonders empfindlichen Lage, wie bereits früher in diesem Anhang festgestellt wurde, da sie in direkter Konkurrenz mit den wirtschaftlich stärkeren Gebieten Mittel- und Osteuropas stehen – insbesondere der Tschechischen Republik, Ungarn und Polen – und das nicht nur in bezug auf den Handel, sondern auch als Standort für Direktinvestitionen. Darüber hinaus werden die neuen Länder von ihrem Standort Vorteile haben, sofern durch die Entwicklung in Mittel- und Osteuropa ein neues Zentrum des Wirtschaftswachstums in Europa entsteht.

Alle Effekte wirtschaftlicher Integration verdeutlichen den Bedarf an Entwicklung neuer, auf Zusammenarbeit basierender Raumordnungsmaßnahmen. Was die Union betrifft, verdienen drei entscheidende Punkte, die zum Teil schon in dem PHARE- und INTERREG-Programm Berücksichtigung gefunden haben, besondere Beachtung:

– gemeinsame Untersuchungen und Maßnahmen über die Ausdehnung und Integration von transeuropäischen Netzen; dies bezieht sich nicht nur auf die Verkehrsnetze und die Donau, wie oben schon erwähnt, sondern auch auf Energieversorgungsnetze (Erdgas, Elektrizität) und Telekommunikationsnetze;

– gemeinsame Maßnahmen zur Bekämpfung der Umweltverschmutzung, zum Schutz der Umwelt und zur Sanierung von Altlastgebieten;

– Maßnahmen, die eine grenzüberschreitende Zusammenarbeit nicht nur mit den Nachbarländern der Union, sondern auch zwischen den Ländern Mittel- und Osteuropas selbst, fördern, so daß die wirtschaftliche Integration weitergebracht wird und die Auswirkungen der Isolierung in der Vergangenheit korrigiert werden können.

Die ehemalige UdSSR

Nach dem Beitritt Finnlands und Norwegens wird die Union mehr als 1.500 km gemeinsame Grenze mit der ehemaligen UdSSR haben. Eine Anzahl von raumplanerischen Problemen, denen sich die Länder der ehemaligen UdSSR gegenübersehen, sind sowohl für die zukünftige räumliche Entwicklung Europas als auch für die Beziehungen zwischen diesen Ländern von Bedeutung:

– die Landessicherheit: diese Länder haben ernste Probleme, die durch viele Jahrzehnte der Vernachlässigung von Umweltbelangen entstanden sind; verschiedene Ereignisse der letzten Zeit, insbesondere die Katastrophe von Tschernobyl, haben ihre Bedeutung für die anderen europäischen Länder, einschließlich der weiter entfernt liegenden Gebiete, gezeigt;

– Wanderungsdruck: nach siebzigjähriger planwirtschaftlicher Verwaltung von Wirtschaft und Land wird die Wiederherstellung der Marktwirtschaft die Faktoren, die die regionale Anordnung der wirtschaftlichen Aktivitäten bestimmen, radikal ändern; ein bedeutender Teil der Bevölkerung lebt oder wird in Regionen leben, die ihren Bewohnern keine ausreichende Lebensgrundlage mehr bieten;

– Kommunikationssysteme: die Errichtung neuer Grenzen wird eine substantielle Neuorganisation sowohl des Verkehrswesens als auch der Energieversorgung erfordern.

Regionale Probleme

Das Ausmaß der Umweltschäden ist einerseits durch historische Umstände zu erklären – die Verwüstungen des Zweiten Weltkriegs und die Fixierung auf wirtschaftliches Wachstum –, andererseits durch das erst späte Bewußtsein für diese Problematik. Die eigentliche Ursache jedoch ist die Wirkung des kommunistischen Systems selbst auf die physische Umwelt, aufgrund der technokratischen Arbeitsweise und der Abwesenheit jeglicher Form von Diskussion und politischer Opposition.

Die Planwirtschaft resultierte in einer allgemeinen Verschwendung von Ressourcen, die zur Verwüstung ganzer Gebiete führte, insbesondere durch die rücksichtslose Abholzung der Wälder. Nur 60-65 % der Rohstoffe wurden effektiv genutzt, und es wurden keinerlei Versuche unternommen, Abfallmaterial als Nebenprodukte zu verwerten.

Nach Angaben des Moskauer Geographischen Instituts zählen heute mindestens 30 Regionen der ehemaligen UdSSR zu Katastrophenregionen. Einige der Katastrophen sind aufgrund ihrer Größe und Sichtbarkeit allgemein bekannt, so die Austrocknung des Aralsees, die durch unkontrollierte Bewässerung bewirkt wurde, oder der Atomunfall in Tschernobyl, durch den mehr als 18 Millionen Menschen in unterschiedlicher Stärke radioaktiv kontaminiert wurden. Andere Katastrophen, mindestens ebenso dramatisch, sind schleichender, wie z. B. die Verschmutzung des Baikal-sees, der größten Frischwasserreserve der Welt, durch die chemische Industrie an seinen Ufern, und die Kontamination der Kara- und Barentssee durch radioaktive Abfälle. Darüber hinaus gibt es eine große Zahl „empfindlicher" ziviler und militärischer Einrichtungen (militärische Forschungseinrichtungen, Müllkippen usw.).

Zukünftige Bevölkerungsbewegungen

Die Ansiedlung der Bevölkerung basierte in vielen Regionen lange Zeit auf überholten und künstlichen Kriterien. Diese führten zu einer Reihe von Problemen:

– durch die anhaltende geringe Produktivität in der Landwirtschaft ist die Bevölkerung in ländlichen Gebieten im Vergleich zu den meisten westeuropäischen Ländern sehr hoch;

– die Politik der systematischen Besiedlung von „Ressourcen-Regionen", kostspielig finanziert durch Budgets, die inzwischen reduziert werden, führte in diesen Randregionen angesichts der derzeitigen wirtschaftlichen Leistungskraft und des Angebots an Arbeitsplätzen zu einem Überschuß an Menschen;

– interne Wanderungen, die zu einem Ausgleich der Ungleichgewichte hätten beitragen können, wurden

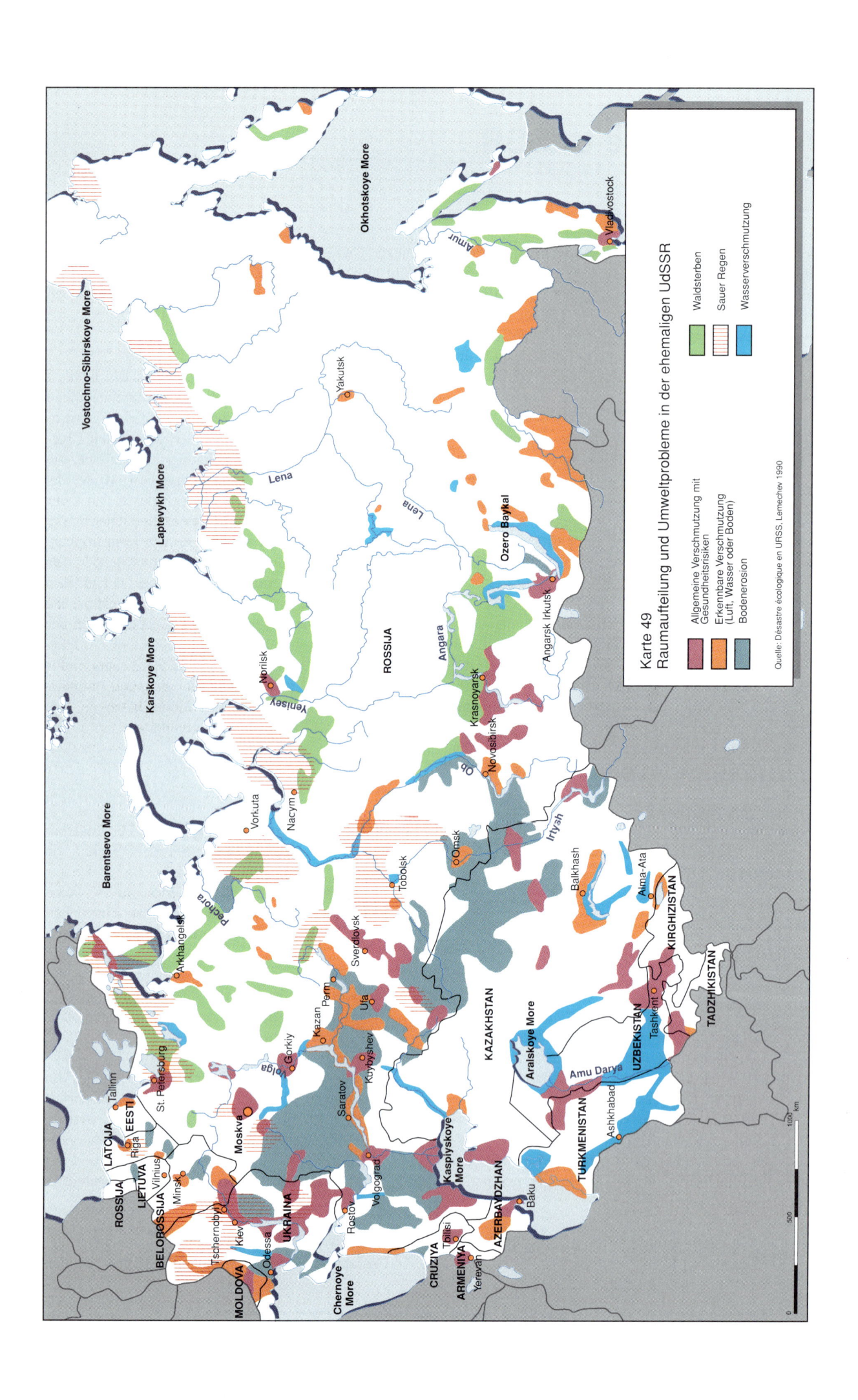

Karte 49
Raumaufteilung und Umweltprobleme in der ehemaligen UdSSR

Allgemeine Verschmutzung mit Gesundheitsrisiken
Erkennbare Verschmutzung (Luft, Wasser oder Boden)
Bodenerosion

Waldsterben
Sauer Regen
Wasserverschmutzung

Quelle: Désastre écologique en URSS, Lemechev 1990

lange Zeit durch administrative Beschränkungen der Niederlassungsfreiheit eingeschränkt, insbesondere in großen Städten.

Die Wirtschaftspolitik schuf in manchen Regionen wirtschaftliche Verhältnisse, die auf größtenteils künstlichen Bedingungen beruhten. Das Verschwinden von nunmehr unrentabel gewordenen Wirtschaftszweigen wird unzweifelhaft auf die räumliche Neuverteilung der Bevölkerung einwirken, besonders in eher spezialisierten Regionen, die keine Möglichkeiten zur Umstrukturierung haben. In diesem Zusammenhang betreffen die gegenwärtigen Entwicklungen insbesondere drei Gebietstypen:

- die Polarregionen nördlich des 60. Breitengrades, die seit dem Beitritt von Norwegen und Schweden, insbesondere von Finnland für die Union von besonderer Bedeutung sind; die Ansiedlung von Menschen in diesen Gebieten ist entweder das Ergebnis der dort geschaffenen Strafkolonien („Archipel Gulag") oder der intensiven Militarisierung einiger strategischer Gebiete (Halbinsel Kola) oder aber einer Politik der freiwilligen Besiedlung (Norilsk Epic);

- ländliche Gebiete des Staates, in denen verglichen mit westlichen Volkswirtschaften immer noch ein großer Teil der Bevölkerung im Agrarsektor beschäftigt ist; nach der Volkszählung von 1989 leben in der Ukraine und Moldawien 35 % der ländlichen Bevölkerung auf dem Land, im Nordkaukasus, in Transkaukasien und in Kasachstan 43 % und in Zentralasien 60 %, gegenüber nur etwa 20 % in der Union;

- monoindustrielle Regionen, die durch die in der Planwirtschaft erzeugte, extrem vertikale Organisation der Wirtschaft geschaffen wurden; diese sind nun mit Problemen der Umstrukturierung konfrontiert, besonders im Verteidigungssektor, der einen bedeutenden Anteil an der industriellen Produktion hat.

Der Wiederaufbau von Netzen

Die Umorientierung eines großen Teils des Handels in den Westen verlangt neue Verkehrssysteme, wie die Merkmale des sich stark von dem anderer westeuropäischer Länder unterscheidenden Verkehrssystems hervorheben:

- im Jahre 1988 wurden 74 % des Güteraufkommens auf Schienenwegen transportiert, 19 % per Schiff, 5 % auf Binnenwasserstraßen und nur 3 % auf der Straße; für den Personenverkehr war der Luftverkehr ziemlich wichtig, er erreichte 50 % des Aufkommens im Schienenverkehr;

- Rußland besitzt einen Anteil von 7 % am weltweiten Schienennetz, transportiert aber 35 % des weltweiten Frachtaufkommens und 18 % aller Bahnreisenden.

Wegen des einschneidenden Rückgangs des Handels zwischen der ehemaligen UdSSR und ihren früheren Handelspartnern, ist besonders der Güterverkehr von Änderungen betroffen. Während immer weniger über die Schienennetze transportiert wird, steigt der Transport auf der Straße an. Dies spiegelt im Handel mit Mitteleuropa teilweise den Wandel von schweren Gütern in Richtung Konsumgüter wider, die aus dem Westen importiert werden. In ähnlicher Weise entwickelt sich der Personenverkehr. Der Luftverkehr zwischen den mitteleuropäischen Staaten und dem Westen stieg in drei Jahren um 50 %, während der mit der Ex-UdSSR um fast zwei Drittel abgenommen hat.

Langfristig werden Rußland und seine Nachbarn den Handel mit den Staaten im Westen bedeutend ausweiten müssen. Es wird deshalb erwartet, daß in Rußland große Modernisierungen vorgenommen werden, um die Außenbeziehungen, besonders mit anderen europäischen Ländern, zu stärken. Zu diesen Maßnahmen gehören zum Beispiel:

- die Modernisierung der Eisenbahnverbindungen zwischen Moskau und Minsk und weiter bis Warschau und Berlin, zwischen Moskau und Sankt Petersburg und von dort weiter bis Helsinki, zwischen Moskau und Kiew und von dort nach Bratislava und Budapest in eine Richtung, und in der anderen Richtung bis Odessa und bis zum Balkan;

- zusätzliche Investitionen in Häfen am Schwarzen Meer und der Ostsee;

- Neubau von Öl- und Gaspipelines zwischen den neu erschlossenen Öl- und Gasvorkommen in Aserbaidschan bzw. Zentralasien und den russischen Häfen am Schwarzen Meer (z.B. Noworossirsk); der Schiffsverkehr in den Dardanellen und der Ägäis wird dadurch ebenfalls stark betroffen werden.

Maßnahmen der Gemeinschaft, insbesondere das TACIS-Programm zur technischen Unterstützung, tragen bereits zu dieser Entwicklung bei. In Kürze wird auch die Regionalpolitik der Gemeinschaft eine Rolle spielen, nämlich durch das INTERREG II-Programm, das ab 1995 bis zur Grenze zwischen der Union (Norwegen-Finnland) und Rußland ausgeweitet werden wird.

Die südlichen und östlichen Mittelmeerländer

Die südlichen und östlichen Mittelmeerländer (SEMC) umfassen zwölf Staaten, von denen elf Assoziierungsverträge mit der Europäischen Union unterzeichnet haben; die einzige Ausnahme bildet Libyen (die zwölf Länder sind in Tabelle 9 aufgeführt).

Hauptmerkmale

Das wichtigste und deutlichste gemeinsame Merkmal ist die Bevölkerungsexplosion, die während der letzten 25 Jahre in den SEMC stattgefunden hat. Die Bevölkerung wuchs in diesem Zeitraum gleichmäßig und dauerhaft mit einer Rate von 2,5 % pro Jahr, und die Bevölkerungszahl liegt heute bei mehr als 200 Millionen. Im Jahr 2025 soll sie mit 345 Millionen die gegenwärtige Größe der Europäischen Union erreichen. Als Folge dieser Entwicklung werden zwischen 1990 und 2000 zusätzlich 30 Millionen auf den Arbeitsmarkt treten, zwischen 2000 und 2010 ca. 44 Millionen und zwischen 2010 und 2025 ca. 74 Millionen.

Im Jahr 1990 betrug der Bevölkerungsanteil von Jugendlichen unter 20 Jahren in der Türkei 45,6 %, in Tunesien 48 %, in Marokko und Ägypten 50 %, in Algerien 53 % und in Syrien 58 %.

Von 1965 bis 1990 wuchs das Bruttosozialprodukt der SEMC mit einer durchschnittlichen Rate von 5,1 % pro Jahr. Das Wachstum des BIP pro Kopf stieg jedoch nur um 1,8 % pro Jahr, weniger als in den Mitgliedstaaten der Gemeinschaft. 1960 erreichte das durchschnittliche Pro-Kopf-Einkommen (in Kaufkraftstandards) 26 % des Niveaus in der Europäischen Gemeinschaft im Jahre 1960; 1990 fiel es auf 23 %.

Das starke Bevölkerungswachstum im Vergleich zur ökonomischen Leistungskraft zeigt, daß die SEMC mit dem schwierigen Problem konfrontiert sein werden, eine ausreichende Schaffung neuer Arbeitsplätze zu gewährleisten, um der wachsenden Zahl Arbeitssuchender gerecht zu werden, ohne diejenigen in Betracht zu ziehen, die zur Zeit arbeitslos oder nicht Teil der offiziellen Erwerbstätigen sind (die Arbeitslosenquoten werden derzeit auf 15 % bis 20 % geschätzt, aber ohne verdeckte Arbeitslosigkeit).

In den letzten Jahren hat sich der Handel zwischen den SEMC und der Europäischen Union zugunsten der Union entwickelt. Die Exporte der Mitgliedstaaten in die SEMC stiegen von 7,9 % aller Exporte der EU in den Rest der Welt im Jahre 1989 auf 9,5 % im Jahr 1993. Exportiert wurden vor allem Agrarprodukte, Nahrungsmittel und Hochtechnologieprodukte. Die Exporte der SEMC in die Europäische Union bestanden – abgesehen von Energieträgern, die 1990 50,6 % ausmachten – vor allem aus Textilien (13,2 %), Agrarprodukten (7 %) sowie elektrotechnischen und elektronischen Gütern. Die Importe der EU aus den SEMC blieben zwischen 1989 und 1993 insgesamt relativ stabil bei etwa 7 %.

Der Handel zwischen den SEMC und der Europäischen Union ist in den nördlichen Ländern Europas größer als in den südlichen. Dies beruht teilweise auf der Konkurrenz zwischen den SEMC und den südlichen Mitgliedstaaten hinsichtlich Landwirtschaft, Nahrungsmitteln, Textilien, Leder und Bekleidung sowie Baumaterialien (beinahe 75 % der Unionsimporte aus den SEMC gingen in die nördlichen Mitgliedstaaten zwischen 1989 und 1993, und fast 70 % der Unionsexporte in diese Länder kamen aus dem Norden – Frankreich wurde für diese Berechnungen in Nord und Süd unterteilt).

Voraussichtliche Entwicklungen

Obwohl eine Abschwächung des Bevölkerungswachstums im 21. Jahrhundert zu erwarten ist, werden sich dennoch Millionen junger Menschen auf die Suche nach Arbeit und Einkommen begeben, und das zu einer Zeit, in der sich aufgrund unterschiedlicher Wettbewerbsfähigkeit der Produktionssysteme und unterschiedlicher Wachstumskapazitäten im Vergleich mit Europa und anderen Ländern die Abstände in den Einkommensniveaus zunehmend vergrößern. In der Folge werden sich die Europäische Union und die reichen arabischen Staaten wie Saudi-Arabien einem steigenden Einwanderungsdruck gegenübersehen.

Die Bevölkerungskonzentration in den Städten wird zunehmen. Wegen der anschwellenden Wanderungsströme in die Städte werden stadtplanerische Maßnahmen immer geringere Wirkung haben. Dadurch können

Die südlichen und östlichen Mittelmeerländer

Karte 50
Die südlichen und östlichen Mittelmeerländer
Zahl der Kinder je Frau, 1990
- 1,3 - 1,6
- 1,6 - 2,1
- 2,1 - 3,5
- 3,5 - 5,0
- > 5,0
- Keine Daten

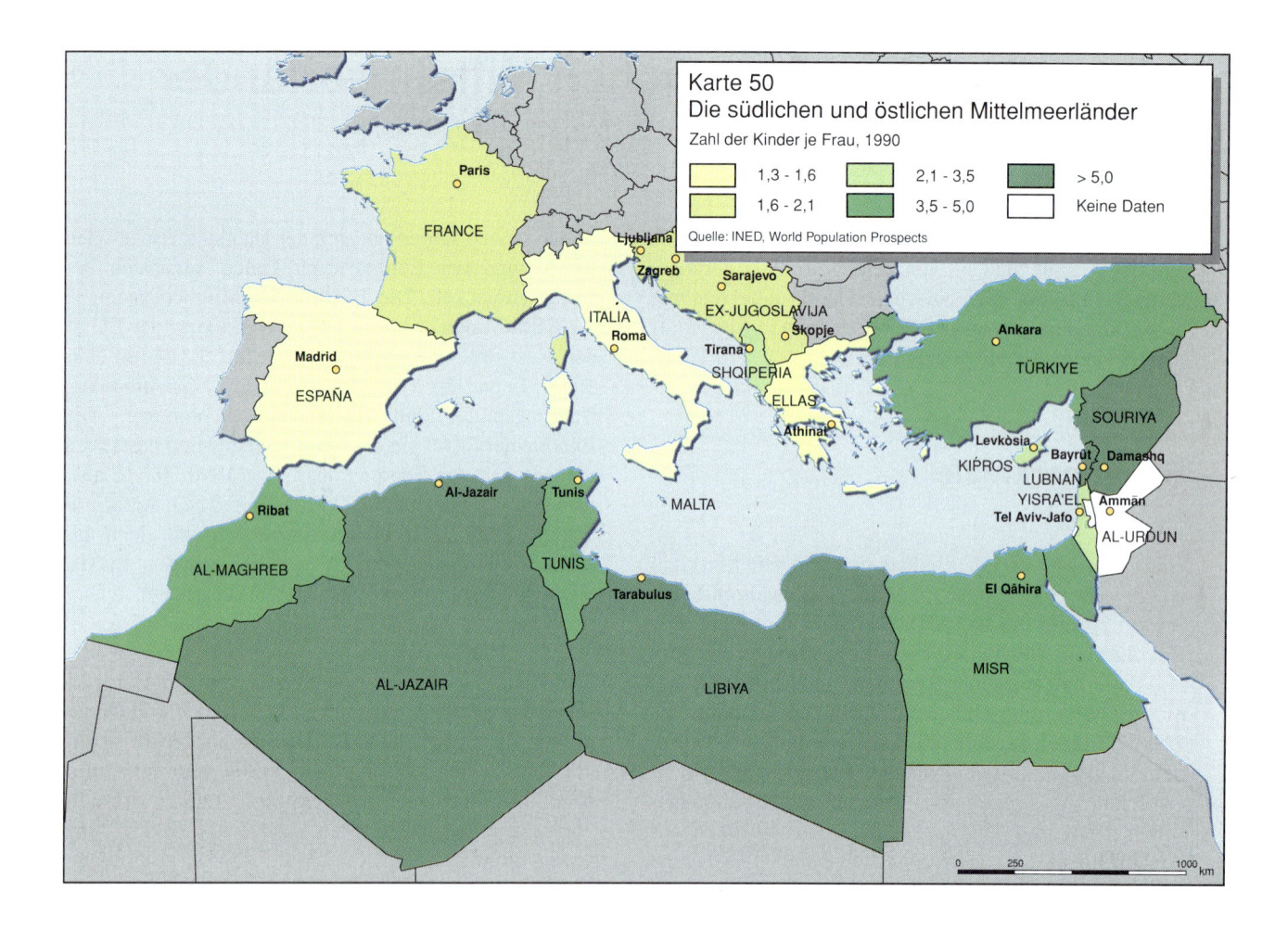

Quelle: INED, World Population Prospects

auf Arbeitslosigkeit und Armut zurückzuführende soziale Probleme verschärft werden.

Die wirtschaftliche Entwicklung wird jedoch von Land zu Land variieren entsprechend der Dynamik der nationalen oder „regionalen" Märkte (unterstützt durch Präferenzabkommen und Freihandelszonen, insbesondere mit Europa) und entsprechend der Fähigkeit, Kapital und Investitionen anzuziehen. Israel, die Türkei sowie Zypern und Malta sollten von den arabischen Ländern in dieser Hinsicht unterschieden werden. Denn alle vier zeichnen sich durch ein Wachstumspotential aus, das im Falle Israels und der Türkei durch ausländisches Kapital und inländische Nachfrage genährt wird.

Die an Israel grenzenden arabischen Länder – Libanon, Syrien, Jordanien und die besetzten Gebiete – stehen vor der dringenden Aufgabe, ihre Wirtschaftssysteme und öffentlichen Dienste zu reformieren, während der Friedensprozeß voranschreitet. Ägypten hat kaum solche Möglichkeiten, mit Europa und Asien zu konkurrieren, denn seine Wirtschaft ist ungenügend entwickelt und steht in vielfältigen Abhängigkeiten. Die Maghreb-Staaten befinden sich im Modernisierungsprozeß, erkämpfen sich aber nur schwer ihren Platz auf dem Weltmarkt, von einzelnen Ausnahmen wie Öl, Dünger und bestimmten landwirtschaftlichen Erzeugnissen abgesehen.

Allgemein sind die SEMC hinsichtlich des Handels mit der Europäischen Union einem schärfer werdenden Wettbewerb mit anderen Ländern ausgesetzt, insbesondere mit asiatischen Ländern. Der Erhalt einer speziellen Position wird sehr schwierig werden.

Die größten Probleme der Raumplanung

Diese zukünftigen Entwicklungen scheinen die fünf wesentlichen raumplanerischen Probleme in dieser Region zu verschärfen:

Erstens wirft das Wachstum großer städtischer Agglomerationen wie Kairo, Istanbul, Casablanca, Tunis, Alexandria und Izmir Probleme auf hinsichtlich des Verstädterungsgrades, der Wasserversorgung, der

Tabelle 9
Sozioökonomische Indikatoren für die südlichen und östlichen Mittelmeerländer

	Bevölkerungswachstum 1965-1990 (in % jährlich)	BIP pro Kopf (KKS in 1000 Dollar 1990)	Änderungen des BIP pro Kopf von 1969-1989 (in % jährlich)	Anteil der Landwirtschaft an der Wertschöpfung (in % 1988)	Anteil der Industrie an der Wertschöpfung (in % 1988)	Anteil der Dienstleistungen an der Wertschöpfung (in % 1988)	Handelsbilanz mit der EU (in Milliarden ECU 1990)	Anteil am Tourismus im Mittelmeerraum (in %)	Anteil der städtischen Bevölkerung 1960 (in % der Gesamtbevölkerung)	Anteil der städtischen Bevölkerung 1991 (in % der Gesamtbevölkerung)
Algerien	3,0	3011	1,9	14,9	43,8	41,2	1,1	0,8	30	52
Zypern	0,8	9953	6,9	7,2	27,5	65,3	-0,7	1,1	36	53
Ägypten	2,6	1988	4,2	19,3	30,0	50,7	-1,7	1,8	38	47
Israel	2,4	10840	2,7	3,4	27,9	68,7	-1,8	0,7	77	92
Jordanien	2,6	2345	-1,6	6,6	26,1	67,3	-0,7		43	68
Libanon	0,9	2300		27,0	65,0	8,0	-0,6		40	84
Libyen	4,2	7000	-4,5	1,6	76,4	22,0	5,3		23	70
Malta	0,4	8732	6,9	3,9	40,5	55,6	-0,6	0,6	70	87
Marokko	2,6	2348	2,3	17,1	33,6	49,3	-0,5	2,0	29	48
Syrien	3,5	4756	2,4	38,3	16,0	45,6	0,4	0,4	37	50
Tunesien	2,3	3579	3,2	13,5	32,4	54,1	-0,7	2,2	36	54
Türkei	2,4	4652	2,6	17,5	36,3	46,2	-0,1	3,7	30	61
Spanien	0,8	11723	2,7	5,7	39,3	55,0		29,4	57	78
Frankreich	0,6	17405	2,4	3,3	29,3	67,3		34,0	62	74
Griechenland	0,7	7366	3,0	16,4	30,0	53,6		6,0	43	62
Italien	0,4	15890	3,0	3,7	33,7	62,7		18,1	59	69

Kanalisation, der Müllbeseitigung und des öffentlichen Nahverkehrs. Im Ballungsgebiet Istanbul beträgt der jährliche Bevölkerungszuwachs zwischen 300.000 und 500.000 Menschen. In allen Ländern konzentriert sich die Bevölkerung auf wenige Großstädte. Der Anteil der Bevölkerung, der in Städten mit über 1 Million Einwohnern lebt, beträgt in Algerien 23 %, in der Türkei 35 % (24 % allein in Istanbul), in Marokko 36 % (26 % in Casablanca), in Jordanien 36 % (alle in Amman), in Tunesien 37 %, in Israel 45 %, in Ägypten 52 % (39 % in Kairo) und in Syrien 66 % (33 % in Damaskus). Die Bevölkerungsdichte erreicht dort teilweise extreme Ausmaße, so in Kairo, wo fast 30.000 Einwohner pro Quadratkilometer leben, gegenüber 20.000 in Paris und 17.500 in Barcelona, zwei der überfülltesten Städte Europas.

Zweitens sind, was den Mittelmeerverkehr betrifft, die Luft- und Seeverkehrsdienste gegenwärtig technisch überholt, unzuverlässig und unpünktlich; zudem müßte die Infrastruktur der Häfen und Flughäfen verbessert und ausgedehnt werden. Das Mittelmeer erschwert daher eher den Handel, statt ihn zu erleichtern.

Drittens sind die SEMC insgesamt nicht nur Energieexporteure, sondern auch bedeutende Verbraucher. Nach einer Schätzung im „Blauen Plan" führt dies dazu, daß sich die tatsächlichen und möglichen Energiereserven der meisten ölexportierenden Länder (mit Ausnahme Libyens) zwischen 2000 und 2025 erschöpfen werden. Die Energieversorgung und die Suche nach alternativen Energiequellen wird auf die Entwicklung der SEMC in Zukunft einen großen Einfluß haben.

Umweltprobleme bilden ein viertes Hauptanliegen, insbesondere die Verschmutzung des Mittelmeers. Sowohl Landwirtschaft und Tourismus als auch städtische Kanalisation und Industrie tragen zu den steigenden Abwassermengen bei, die ins Meer geleitet werden.

Schließlich erfordert das Verfügbarkeitsproblem von Wasserreserven große Brunnenprojekte, Bewässerungsanlagen und die Entsalzung von Meerwasser.

Schlußfolgerungen für die Europäische Union

Um die Risiken für sich selbst und die ganze Region zu begrenzen, sollte die Europäische Union ihre neue Mittelmeerpolitik fortsetzen und die Aktivitäten der SEMC in Richtung Zusammenarbeit und partnerschaftliche Entwicklung unterstützen. Die EU muß mögliche Spannungen und Unruhen vermeiden, und daher sowohl die Gefahr massiver Einwanderung als auch den Rückfall in den Protektionismus. Folglich muß sie die Entwicklung von Wirtschaft und Demokratie in den SEMC fördern und dabei Rückhalt geben für Anstrengungen zur Verbesserung der Infrastruktur und des Umweltschutzes, um die Lebensqualität in den Mittelmeerländern vor einer Verschlechterung bewahren zu helfen.

Dieses Szenario verlangt verschiedene zusammenhängende Maßnahmen:

– Unterstützung der Handelsliberalisierung durch die Öffnung des europäischen Binnenmarktes für die SEMC, die auf dieser Grundlage über einen vernünftigen Zeitraum Maßnahmen entwickeln könnten, die selektiv wettbewerbsfähig oder in Ergänzung zu denen europäischer Produzenten sein könnten; Zypern und Malta sind Kandidaten für die EU-Mitgliedschaft, Handelsvereinbarungen mit Marokko und Tunesien werden zur Zeit getroffen, und eine Zollunion mit der Türkei, einem weiteren Anwärter auf die EU-Mitgliedschaft, wird für das Jahr 1995 erwartet;

– Unterstützung der Zusammenarbeit zwischen den SEMC durch die Bildung regionaler Freihandelszonen im Maghreb und im Mittleren Osten;

– Investitionshilfen für wirtschaftliche Entwicklung, die denjenigen Ländern bereits gewährt werden, die ein Protokoll mit der Europäischen Union unterzeichnet haben, und eine verbesserte Koordinierung mit anderen Finanzierungsquellen;

– Einführung umfangreicher dezentralisierter Kooperationsmaßnahmen in bestimmten Gebieten zur Förderung von Netzen zwischen Unternehmen, Universitäten, öffentlichen Verwaltungen und lokalen Behörden, um diesen, unter Berücksichtigung der lokalen Besonderheiten, den Transfer von Technologie und Know-how zu ermöglichen; dies ist die Idee einer Reihe von experimentellen Programmen, wie MEDURBS und MEDINVEST; solche Maßnahmen sind bedeutsam, vor allem für die Bereiche Verkehr, Telekommunikation, Stadtplanung und die Entwicklung natürlicher Ressourcen;

– Fortsetzung und Intensivierung gemeinsamer Bemühungen Europas und des Mittelmeerraums zur Eindämmung von Schadstoffzuflüssen ins Mittelmeer und zur Erhaltung von Biotopen; auf der Basis der in Nikosia verabschiedeten Erklärungen könnte die Europäische Union einen konkreten Aktionsplan vorschlagen, mit Maßnahmen für Küstengebiete, für die Verwaltung von Häfen und für die Entsalzung von Meerwasser;

– eine aktive Politik zur Verbesserung und Erweiterung des Bildungsniveaus von Jugendlichen, besonders derer, die Jungunternehmer werden wollen; dies insbesondere durch Kooperationsprogramme zwischen den SEMC und der Union.

Europäische Kommission

Europa 2000+ — Europäische Zusammenarbeit bei der Raumentwicklung

Luxemburg: Amt für amtliche Veröffentlichungen der Europäischen Gemeinschaften

1995 — 246 S. — 21,0 x 29,7 cm

ISBN 92-826-9097-0

Preis in Luxemburg (ohne MwSt.): ECU 16